中国大百科

中华传世藏书

【图文珍藏版】

马博⊙主编

线装书局

目 录

军事百科

探索百科

中华传世藏书

中国大百科

目录

三

中华传世藏书

中国大百科

目录

六

中华传世藏书

中国大百科

目 录

七

中华传世藏书

中国大百科

目 录

中国大百科

军事百科

马博⊙主编

导　读

　　烽火连天、兵戎相见、枪林弹雨、血流成河、尸横遍野……这可能是大多数人对军事战争的理解。

　　除了这些，军事战争还有更多方面值得人们注意，虽然战争对于热爱和平的人们来说，是个人人感到恐惧的字眼，从历史上的无数军事战争中，我们看到无数的无辜生命成了刀下之鬼，善良人也被战争逼成了杀人的魔鬼；原本和谐安宁的家园顿时充满了血腥，或毁于一旦；多少人在战争中痛失亲人，多少不谙世事的儿童成了孤儿……

　　战争是令人痛恨的！可是，人们痛恨战争，却无法避免战争，因为有政治就会有战争。战争是作为政治集团之间、民族（部落）之间、国家之间的矛盾最高的斗争表现形式，是解决纠纷的一种最高、最暴力的手段，通常也是最快捷最有效的解决办法。

　　中国古代有这样一句军事俗语："忘战必危，默默必亡。"今天，我们身处和平时代，更要居安思危，防患未然。

　　军事是一把双刃剑，它可以成为吞噬人类文明的机器，给国家和社会造成极大的甚至是毁灭性的灾难；它也可以作为最有力的武器，用来保卫国家的安全和人民的幸福生活。因此，我们不能忘记军事战争，而且应主动去了解它。

　　我们应该了解军事战争的起源、性质、意义、影响、军事武器的运用与发展等，并从中国历史上的历次战争中认识到战争给人类带来的灾难，只有这样，我们才能知道维护世界和平对于人类是多么重要，才会倍加珍惜这来之不易的幸福生活。

　　此外，人们经常说，"商场如战场、职场如战场、考场如战场、情场如战场……"现实生活中，有时征服一个困难、处理一事情、进行一场谈判真的就如同打一场战役。因此，了解军事战争，对你的为人处世也是获益匪浅的。

　　本卷《军事百科》部分，从多方面展开叙述，同时配以大量精美的插图，并集知识性、故事性、趣味性、可读性于一体，是一本难得的军事科普读物。

军事思想

　　人们在长期参与军事实践的过程中总结了大量的经验教训,并对其进行系统的理论概括,这就形成了军事思想。军事思想有鲜明的时代性、阶级性,也会因国家、地域和文化背景的不同而呈现不一样的形态。总的来说,军事思想是对军队的组织建设、国防的基本问题以及作战理论与实践的理性认识,是军事科学的重要组成部分,主要内容有战争观、作战指导思想、军队建设指导思想等基本内容。历史上有很多著名军事家在军事思想的理论研究方面有所建树,孙武的《孙子兵法》时至今日仍深受社会各阶层人士的重视。现在世界各地也有许多著名军事院校旨在通过军事思想的研究,来揭示战争的深层本质和基本规律,以求得军队建设及作战实践的一般原则。理论来源于实践,又能给实践以指导,并随实践的发展而发展,军事思想与军事实践之间的关系正是如此。

军事思想理论

　　军事理论是对军队以及战争的含义和概念、内容和范畴、原理和原则等方面的系统研究成果,揭示了军事活动的本质及其客观规律。军事理论来源于军事实践,并对军事实践予以指导,从而在接受军事实践检验的基础上不断得到丰富和发展。

战争理论

　　战争理论作为一种知识体系和系统化的理性认识,探讨的是关于战争的一系列问题,它是由战争观、战争准备和战争实施理论组成的一个整体。科学的战争理论能够正确反映战争的相关规律,可以作为战争准备与实施的指导性思想。战争理论可以反映战争产生、发展和消亡的规律,揭示战争的性质、目的以及历史作用,从而使人们明确对待战争的态度,还可以揭示战争与和平之间的关系。更重要的是,战争理论主要负责研究战争与政治、经济、科学技术、自然条件等因素的相互关系,进而阐述这些因素在战争中所起的作用。战争理论还创造了指导战争和作战方法的理论与原则。理论是实践的产物,战争理论更是血与火的结晶,经受了无情的战争实践的检验。因此,战争理论的科学与否对战争结果的影响极大,并且关系到国家与民族的生死存亡。

我国是世界上产生战争理论最早的国家。春秋晚期成书的《孙子兵法》是世界公认最早的战争理论名著,它和后来成书的《孙膑兵法》《吴子兵法》《六韬》等兵书共同揭示了一些普遍的战争规律和指导原则,其中不乏至今仍具指导意义的原理,对中外战争理论的发展影响巨大。除理论著作之外,政治、经济、文化、科技、军事领导人的才能、军队的实战经验、国家所处地理环境和国际战略形势都是制约战争理论发展的重要因素。

战争观理论

战争观反映了人们对战争的根本性看法,是人的价值取向在对待战争问题时的具体体现,这一理论包括对战争的起源、本质、性质、动因、目的、历史作用的基本看法,还包括对待战争的态度、抑制战争爆发的途径、战争与和平的关系等问题的基本观点。影响战争观的因素主要有阶级立场、世界观和认识能力等,因此形成了各种各样的战争观,其中不乏精辟见解,也多有错误认识。有人认为战争是"优等种族"和"劣等种族"间矛盾的产物,有人把战争看作人口的"调节器",有人认为战争是神的意志,有人认为战争是不祥之器,有人认为战争源于"生存空间"之争等等。

无产阶级的战争观,指出战争的根源是私有制,资源的分配不均以及政治经济发展的不平衡导致战争的爆发,只要这种所有制存在战争就永远不会消亡,帝国主义、霸权主义则是现代战争的根源。马克思主义战争观并不盲目反对一切战争。该理论认为,战争是政治斗争、阶级斗争的最高形式,战争分正义战争和非正义战争两类,因此要支持正义战争,反对非正义战争。

管子的军事思想

管子名夷吾,字仲,春秋时期著名政治家,辅佐齐桓公成就霸业。《管子》一书托名管仲所作,基本反映了管仲的主要思想。

《管子》一书蕴涵着丰富的军事思想,在战争观、军队建设理念和作战指导思想等方面均有独到的见解。在战争观方面,管子着重强调了战争的重要作用,肯定了战争在社会生活中的意义,认为战争将直接决定君主地位的尊卑和国家处境的安危,是实现国君尊贵、社会安定的重要途径。《参患》篇上说:"君之所以卑尊,国之所以安危者,莫要于兵。"这句话一语道破了管子的战争观,因此他反对无条件的偃兵。同时,管子也反对轻易发动战争,认为"兵事者,危事也",也就是说战争是一件危险的事情。在军队建设方面,管子站在法家的立场上强调赏罚严明的重要性。《八观》篇中说"赏罚不信,五年而破",指出赏罚不明的国家五年就会被敌人攻破,《兵法》篇中也说"战而必胜者,法度审也"。管子还非常重视人才的培养和罗织,因此他在《七法》篇中说"收天下之豪杰,有天下之骏雄"。在作战指导思想方面,管子主张把握机会,审时度势,力争战局的主动权,指出领兵打仗的关键是"明于机数"和"遍知天下",即对战机的把握和对形势的筹算。管子指出,用兵应行动诡秘,灵活自如,不可拘泥于一招一式,要因敌制胜。他在《幼官》篇中说"无方,胜之机","无方"就是不拘泥于一招一式之意。

另外,在战略思想方面,管子还提倡以道义为旗号来争取战争的主动权,齐桓公在他的建议下以"尊王攘夷"为口号奠定了中原诸侯盟主的地位。

老子的军事思想

老子,名聃,又名李耳,春秋末期楚国人,道家学派创始人,我国古代著名思想家。相传老子留有著作五千言,名为《老子》,后来成为道教经典,故又称《道德经》。《老子》一书分"道"和"德"两大部分,共八十章,是一部义理深邃的哲学著作,探讨并研究了社会和人生的方方面面,其中军事思想在书中占有相当的篇幅。老子多从考察历史以及战争的视角来阐释其哲学思想,因此所论述的内容往往对军事实践具有重要的借鉴意义。唐朝人王真在其所著的《道德经论兵要义述》中曾说,该书"未尝有一章不属意于兵也"。

老子的军事思想,主要表现为谨慎用兵和以柔克刚两个方面。对于战争观,老子认为"夫兵者,不祥之器",指出战争是不祥之物,因此"师之所处,荆棘生焉;大军之后,必有凶年",也就是说战乱常常带来社会经济的凋敝和人民生活的苦难。道家学者站在历史的高度审视战争,充分认识到战争的巨大破坏性对人类社会发展所造成的消极影响,从而对战争提出了批判的态度。老子指出,"以道佐人主者,不以兵强天下",这种思想与其清静无为的政治立场是相一致的。然而老子不是一个寝兵主义者,他并非反对一切战争,因此也提出了一些在今天看来仍有借鉴意义的战略思想。老子主张知雄守雌、以柔克刚,他认为"万物负阴而抱阳",就是说任何事物都包含着既对立又统一的两个方面,宇宙间的真理就是"柔弱胜刚强"。在矛盾的统一体中,柔弱虚静的一方总是占据主导地位,制约着刚强躁动的一方,因而应当学会以退为进。这一"柔弱胜刚强"的思想体系客观上为弱小的新生力量战胜强大的腐朽势力提供了有力的思想武器。另外,老子还特别注重军队的后勤保障,提

老子

出了"君子终日行不离辎重"的观点,在我国古代战略思想中占有非常重要的地位。

孔子的军事思想

孔子名丘,字仲尼,春秋末期鲁国人,儒家学派创始人,我国古代伟大的思想家、教育家。孔子是一个没落贵族,通礼、乐、射、御、书、数六艺,其中的"射"和"御"指射箭和驾车,与军事有一定关系。他曾聚徒讲学,中年时先后担任鲁国中都宰、司寇,后来因为与鲁国统治者政见不合而周游列国,希望通过游说实现自己的政治主张,却始终没有得到任用。晚年时,孔子致力于古籍整编、学术研究和教育弟子。"仁"是孔子学说的核心,"礼"是儒家提倡的道德行为规范,"正名""克己复礼"则是其政治思想的终极目标。

孔子

记载孔子及其弟子言行的《论语》一书也收录了孔氏关于战争的看法的言论,在战乱频繁的春秋战国时期,学者不谈论战争是不可想象的。孔子以"礼"为标准来衡量战争的正义性,主张"礼乐征伐自天子出",反对"礼乐征伐自诸侯出""自大夫出"的礼崩乐坏现象。他称颂尊王攘夷、讨伐叛逆的战争,抨击灭国绝祀、犯上作乱的行为。孔子还从礼仪和仁德治国的立场出发,提出了慎重对待战争的观点,他本人最慎重的三件事情为"齐、战、疾",即斋戒、战争和疾病。孔子把"足食""足兵""民信"作为国家大治的必备条件,主张将"民信"作为治国的根本,"足食"为次,"足兵"再次,将取信于民与充实军备统一到"仁"的思想体系中。孔子还强调对民众进行长期的军事训练,认为"不教民战"无益于抛弃民众。儒家最高道德的体现是仁、智、勇的合一,这种既重道义又略显迂腐的观念基本反映了先秦军事思想的概况,对后世军事理论的发展产生了积极的和消极的双重影响。

孙子的军事思想

孙子名武,春秋末期齐国人,曾为吴王阖闾效力,是我国古代著名的军事理论家,"知己知彼,百战不殆"是他最负盛名的言论。孙子认为,战备是战争的重要前提,不可寄希望于敌人不来进犯,只要自己严阵以待就不会临战忙乱,因而要立足于使自己拥有让敌人无法前来进犯的力量。

孙子指出,军队的主帅有五种潜在的致命危险,一是盲目冲锋,二是贪生怕死,三是急躁易怒,四是过于在意名声,五是讲究妇人之仁。因为盲目冲锋可能导致被诱杀,贪生怕死可能导致被俘虏,急躁易怒则可能做出不客观的判断,过于在意名声就可能因敌人的羞辱而失去理智,讲究妇人之仁就容易导致军队的烦劳而不得安宁。这五点既是将帅自身的弱点,又是用兵的大忌。军队覆灭或将帅被擒杀大多由这五种潜在危险引起,所以不可不对其予以充分的重视。

孙子

在治军方面,孙子认为赏罚必须严明。在将士攻城略地或者打了胜仗后,如果不能及时对其论功行赏,军中就必定会生出祸患。这就要求国君和军队统帅慎重地考虑这一问题,并试图寻求解决问题的方法。孙子指出,在没有利益可图的情况下不要用兵,在没有获胜把握的前提下不要用兵,不到危急关头也不要用兵。孙子虽然是一位军事家,但他也认为用兵是慎之又慎的大事,建议国君和将帅不可因一时的愤怒而兴兵开战。另外,他所提出的国家利益至上的观念在今天看来仍具指导意义,不符合国家利益的战争没有必要进行下去。孙子认为,善于带兵打仗的人总是能够使自己立于不败之地,同时又不放过任何击败敌人的机会。因此常胜之师总是能够率先创造出获胜的条件,而后才寻求同敌人展开决战。而那些总是急于跟敌人交战的军队,即使一时侥幸取胜,也难以改变整个战局。

孙子的军事思想博大精深,在战略战术等方面均提出了不少精辟的见解,对中外军事理论的发展产生了重要的影响。

成吉思汗的军事思想

成吉思汗及其子孙能够以很少的兵力在短时间内攻略广大土地、统治众多人口,这足以体现其非凡的政治军事才能。有人认为成吉思汗战无不胜全凭神力,有人认为其制胜之道是依靠烧杀掠夺来威慑敌人,其实他的军事思想才是其中的关键所在。

成吉思汗的军事指挥才能是在战争实践中锻炼出来的。其实在统一漠北的战争中,成吉思汗并没有表现出特别杰出的军事才能,"十三翼之战"的惨败就足以证明他的指挥并不高明。然而他善于在失败中总结经验教训,因此从统一蒙古诸部战争的后期,其战术思想日臻成熟。在伐金时,成吉思汗针对金朝的实际情况采取了消耗战略,以降将打头阵,终于取得成功。西征花刺子模,其指挥艺术趋向成熟,以双钳形攻势直捣敌方重镇撒马耳干,堪称世界战争史的典范。

在军队组织方面,成吉思汗强调法令和制度的重要性,在蒙古军中营造纪律严明、团结奋进的风气。更重要的是,成吉思汗知人善任,能够选择有能力、有威信的将领担任各级军官。在军事训练方面,成吉思汗继承了祖先以组织大规模围猎活动的方式加强军队战斗力和凝聚力的做法。在后勤保障方面,成吉思汗命人在军队所到之处建立驿站,以便为军队后勤保障提供服务。成吉思汗还十分重视研发新式武器和军事装备,使蒙古军由单一骑兵部队发展为多兵种部队。

成吉思汗

成吉思汗很少打防御战,在对金朝发动的几次大规模战争中,淋漓尽致地发挥了蒙古军善打进攻战的特长。此外,成吉思汗还惯用运动战,常常从数百上千里外长距离行军,并分进合击,实施战略包围,攻其不备,出其不意,力求全歼敌军主力。成吉思汗还善用迂回战术,在进攻西夏时每次都选择从对方防守较弱的西线进兵,伐金时也是先避开黄河防线而假道西夏进行包抄。他临终前安排的灭金方略,其核心也是避开潼关正面,绕道南宋迂回前进。蒙古军有时也会采取以退为进、以逸待劳的策略。由于蒙古军队数量少,因此成吉思汗的取胜秘诀就在于集中兵力,速战速决。

蒙古军队的所向披靡,很大程度是建筑在机动性上的,其优异的骑射能力,常常将笨重的敌军彻底击溃。由于成吉思汗深知蒙古军人数上处于劣势,所以采取了极为残酷的战后处理,大体上是无条件投降者生,略加抵抗者死。为了恫吓没有投降地区的军民,蒙古军甚至对完全不曾抵抗的城市也予以彻底毁灭,这是一种极端的心理战。

毛泽东的军事思想

毛泽东的军事思想是指导中国革命战争和解决军队问题的科学理论体系,是毛泽东思想的重要组成部分,主要内容是人民军队、人民战争及其战略战术。毛泽东军事思想体系是马列主义与中国革命战争的具体实践相结合的产物,是中国人民革命战争历史经验的升华。

毛泽东的军事思想奠基于井冈山革命斗争时期,形成于第二次国内革命战争前期,成熟于第二次国内革命战争后期和抗日战争时期,在解放战争、抗美援朝战争和社会主义国防建设时期,不断得到发展与完善。

土地革命战争的前中期,毛泽东总结大革命失败的教训,提出了"枪杆子里面出政权"的著名论断，并在创建人民军队和开辟革命根据地的实践中探索出中国革命战争的特定规律。长征结束后，毛泽东在土地革命战争的经验上总结出中国革命战争的指导理论，包括人民战争及其战略战术的理论，抗日游击战争的战略地位和持久战的理论，人民军队建设和统一战线中独立自主的理论等。解放战争时期，毛泽东的军事才能得到了淋漓尽致的发挥，他提出了以集中优势兵力打歼灭战为核心的十大军事原则，创造了独特的战略进攻包括战略决战的理论，制定了战略追击阶段的作战指导原则，解决了最后夺取国家政权重大历史关头的战略和策略问题。新中国成立后，毛泽东提出建设强大的正规化现代化国防军和抵御外敌入侵的历史任务，他根据国际形势的突变，果断做出了抗美援朝、保家卫国的重大决策，并提出了与高度现代化敌人作战的一系列新的军事原则。

一代伟人毛泽东

毛泽东运用辩证唯物主义和历史唯物主义探索战争的普遍规律和中国革命战争的特殊规律，在特定的时代背景和特定的国情下，解决了中国革命战争的理论和实践问题，发展了马列主义的军事理论和战争指导艺术。

毛泽东不但是一位战略战术大师，更是一位杰出的军事理论家，他在指导中国革命战争和社会主义国防建设的过程中积累了大量经验，同时撰写了大量的军事著作。中共中央文献研究室和中国人民解放军军事科学院合编的《毛泽东军事文集》六卷本于1993年12月出版，收录了毛泽东从1937年8月到1972年12月关于军事方面的文章、报告、命令、批示、电报等，共有1600余篇，200多万字，全面而系统地反映了毛泽东军事思想的内容，对研究和发展其军事理论具有重要的指导意义。

军事哲学思想是毛泽东军事思想的最高层次，其灵魂是一切从实际出发、实事求是地研究和指导人民战争的方法论。毛泽东的军事思想在新的历史条件下将会在新的军事实践活动中得到新的发展、发挥新的作用。

战略思想

战略就是为了达到军事行动的目的，以长远的眼光对战争计划进行周密部署，并能够大规模地运用于武装力量建设和使用的方针和策略。古往今来，有很多军事家在战略思想的研究上得出了独到的见解。

军事战略思想

军事战略就是筹划与指导整个战局的方针和策略,也是军事指挥者运用战争的力量与工具和作战的原则与方法,达成实现战争目的或制止战争的谋略。

战略思想是为一定的国家、阶级或政治集团服务的,因此其性质、目标和任务,都是由特定的政治纲领来决定的。殖民主义、帝国主义、霸权主义国家的军事战略思想是为对外扩张、争夺地区或世界霸权的政治目的服务的。无产阶级、社会主义国家的军事战略思想则是为无产阶级的政治目的和广大人民的根本利益服务的。战略在执行的过程中又分为进攻战略和防御战略两种。殖民主义、帝国主义、霸权主义国家为了推行侵略扩张政策,往往采取进攻战略。无产阶级和被压迫民族,在进行阶级斗争和民族解放运动时,务必要以进攻战略为指导思想,这样才能化被动为主动,实现彻底的解放;在成功实现独立自主后,就要实行积极的防御战略以巩固新兴政权。

战略是战争实践的产物,是一门筹划和指导战争的艺术。长期以来,战略作为专门用于筹划和指导战争的思想体系,一直是一个单独的概念。随着总体性战争的发展,英国于1929年提出了"大战略"的概念,后来美国又将其称为"国家战略"。至此,战略的内涵和外延不断扩大,出现了一系列诸如"国家战略""全球战略""国防战略""联盟战略""核战略""海军战略""宇宙战略"等概念,而"军事战略"仍然是其中最引人注目的核心概念。

军事战略由政治战略决定,受国家的政治、经济、军事、科技、文化、民族性格、地理环境、国际形势、统帅才能、战争经验等多种因素的制约。战略思想是指导战争的基本观点,是在对敌对双方各种因素进行实际分析评估的基础上提出的,是制定国防政策和作战原则的重要理论依据。军事战略思想将随战争的发展而不断丰富,在指导当前国防建设和未来战争方面具有重大的指导意义,可以称之为制胜的法宝。

战略原则

战略原则就是按照一定的战略理论以及战略思想确立起来的指导战略行动的标准和原则,主要规定了作战的基本方式方法、方针策略和行动规范,是实施战略行动的重要前提和理论依据。战略原则是对战争指导规律和军事实践活动的抽象概括,也是对以往战争和军事思想的经验总结。

战略原则有一定的层次性,一般来说它体现了战略作战的共性和普遍指导规律,可以分为一般战略原则和具体战略原则。许多国家都把规定战争目的和作战目标、强调战争的灵活机动、掌握战争的主动权、统一指挥、集中兵力等,作为一般战略原则。因此可以说,一般战略原则具有长期的稳定性和广泛的适用性。反映某一特定时期或某一场战争的战略作战指导规律的战略原则就是具体战略原则,它有较强的针对性。在解放战争中,毛泽东提出了以歼灭国民党有生力量为主的战略方针,在战争的初期不计较一城一地的得失,并在此基础上制定了著名的十大军事原则,最终指导解放战争取得了伟大胜利。

战略企图

战略企图就是为了达到一定的战略目的而做出的基本战略设想和打算,是战略决策的关键部分,包括确定主要的战争样式、作战形式和主要战略打击方向,并制定战略目标以及实现这一目标所需采取的手段。

战略企图是制定战略方针的根本前提,是在作战行动中制定一切战略、战术的主要依据。从根本上说,战略企图的确定取决于国家或政治集团在战争及其他军事活动中的政治目的,同时还可能受到战略方针、战略力量、战略思想、军队统帅的判断决策能力和外部形势等客观条件的制约和影响。为了达到预期的战略目的,进而取得战争的最终胜利,敌对双方都将十分注意隐蔽己方战略企图,发挥己方的战略优势,以期用这种手段制服对方。通过分析判断或情报的搜集获取敌人的主要意图就可以针锋相对地采取对策去打破对方的战略企图。准确判明敌方战略企图,是己方实施正确战略指挥、取得战略主动权的前提。判断失误将使己方陷入被动局面中,从而蒙受重大损失甚至导致战争的失败。

战略决策

战略决策就是对全局性的重大问题所做出的关键性决定,这里重点指军事战略决策,即对战争问题做出的决定。战略决策是战争活动中主观指导的最重要表现,通常应对的是关于战争的基本问题做出明确的规定,如是否开战、开战的时间和地点、作战的目的、作战时采取的方针原则、主要参战力量、基本战术打法等,体现了战争指导者的战略决心。战略决策的正确与否,可以起到加速或延缓战争进程、把前进的方向引入坦途或困境的作用。

战略决策分为指导整个战争的基本决策和指导某一战略阶段的决策,还可以包括就某一具体方向或某一重大军事行动所做的决策。这些应用于不同范围的决策,可以解决不同的问题,有总体的,也有阶段性和个别战争领域的。在具体的指挥和组织活动中,战略决策可以形成对战争全局的系统指导。朝鲜战争期间,党中央和中央军委做出了以中国人民志愿军的形式进行抗美援朝战争的基本决策,与此同时还在不同的战略阶段,先后确定了在运动战中歼灭敌人以及在阵地战中实行"持久作战,积极防御"的阶段性的决策,后来又在战争转入相持阶段时,高瞻远瞩地做出了同意举行停战谈判,"充分准备持久作战和争取和谈达到结束战争"的战略决策。

战略方针

战略方针就是方向性明确的指导战争全局的纲领,是军事战略思想的重中之重。战略方针是国家与军队进行战争准备和采取一切军事行动的基本依据,是战争实践需求及其客观规律的反映,是由国家或政治集团的最高军事领导机关根据以往的基本政策和一贯奉行的战略思想,在全面分析敌我双方的政治、经济、军事、科技、文化、民族性格、地理环境、国际形势、统帅才能、战争经验等因素的基础上制定出来的。

战略方针按照适用范围和时间,可以分为总揽战争全局的战略总方针和指导战争不同阶段和不同战区的具体战略方针。战略总方针有较大的稳定性,具体战略方针则往往随战争进程和战争形势的发展而适时做出调整。如抗日战争的战略总方针是"持久战",在不同阶段又有具体的战略方针,战争的第一阶段以战略防御为主,第二阶段以战略相持为主,第三阶段则以战略反攻为主。

通常来说,在一定的客观条件下,战略方针的正确与否将会对整个战争进程起着决定性的影响。如在抗日战争中,国共两党执行的是两种截然不同的战略方针,也导致了两种截然不同的结果。国民党实行消极防御战略,处处被动,致使正面战场形势不断恶化,造成了军民生命财产的重大损失。共产党领导人民军队深入敌后开展游击战,开辟了 19 个抗日根据地,作战 12 万余次,歼灭日伪军 170 余万人,解放了近 100 万平方公里的国土和 1.2 亿的人口。虽然双方的作战任务和遭遇的具体情况不尽相同,但应该看到战略方针的制定对战争走向的确起着决定性影响。

战略方向

战略方向就是在统筹战争全局的过程中确定具有战略意义的作战方向,通常指向战略目标具有一定深度和广度的地区,其中有一条基本的行动轴线。

战略方向选择的正确与否将直接影响到战争的进程和结局,因此无论是进攻还是防御,一般都有主要战略方向和次要战略方向之分,但在某一特定时间范围内,主要战略方向只能有一个。20 世纪 30 年代,中央红军在前四次反"围剿"中,都将主要兵力集中于一个战略方向,而在其他方向则配置钳制兵力,这样做虽然会在次要战略方向上丧失一部分土地,但对战争全局来说只不过是一种局部性和暂时性的损失,主要战略方向上的胜利对于反"围剿"战役来说才是根本性和决定性的胜利。第五次反"围剿"的失败就存于军事决策者不分主次,选择了"六路分兵""全线防御"的战略方向,结果陷入全局被动,导致最终的失败。

由此可见,主要战略方向是敌对双方争夺的焦点,是兵力投入的重心所在,在达成战略目的的过程中起着至关重要的作用,所以确定主要战略方向是解决战争问题的首要问题。在进攻时,主要战略方向应该选在能给敌人以致命打击之处,这样将会对其全局有瓦解作用,便于集中优势兵力。在防御时,主要战略方向就应该选在对己方威胁最大之处,或干脆选在敌人进攻的主要战略方向上。

主要战略方向和次要战略方向之间的关系相对稳定,但也会像主次矛盾一样,在一定条件下相互转化。

尊王攘夷

我国古代的军事家和政治家很早就开始注重战略思想的研究与实践,春秋时期齐桓公和管仲提出的"尊王攘夷"就是一种非常高明的战略。桓公执政后任用管仲为相,对内进行政治、经济和军事改革,在积攒了雄厚的实力之后开始谋求建立中原霸权。桓公针对周王室日趋没落和戎、狄、蛮、夷对华夏诸国的侵扰等问题,适时地打出了"尊王攘夷"的旗号,以盟主的身份挟天子以令诸侯。

管仲箭射公子小白

"尊王"就是尊崇周天子的权威,维护周王朝的宗法制度。公元前 655 年,周惠王有另立太子的想法,齐桓公立即召各路诸侯在首止集会,请求天子确立太子的正统地位。次年,齐桓公以郑文公在首止集会期间擅自离开为由,率诸侯联军讨伐郑国。几年后,桓公又召集各路诸侯与周襄王的使者会盟,以确立周襄王的威信。公元前 651 年,桓公召集鲁、宋、曹等国国君和周王室的太宰孔在葵丘会盟,正式确立了自己霸主的地位。此后凡遇到周王室权威被侵犯的事,齐桓公都会过问和干预。

"攘夷"就是对北方的戎、狄等游牧民族和南方的楚国对中原诸侯的侵扰进行抵御。公元前 664 年,山戎进攻燕国,齐桓公率军救燕。公元前 661 年,狄人侵犯邢国,桓公又率军打退了狄兵,并为邢国建立了新的都城。公元前 655 年,齐桓公率诸侯联军伐楚,迫使楚国同意向周王室进贡,并加入以齐国为首的联盟。齐国伐楚抑制了楚国北侵,保护了中原诸国。

齐桓公和管仲实行的"尊王攘夷"的战略,使其争霸活动披上了合法的外衣,但客观上保护了中原地区的经济、文化,为中华文明得以延续做出了巨大的贡献。因此,孔子赞叹道:"微管仲,吾其被发左衽矣。"意思是说,如果没有管仲,华夏民族就会被蛮夷征服了。

合纵与连横

合纵与连横合称纵横捭阖之术,是战国时期的一种外交及军事策略。《韩非子·五蠹》中说:"从者,合众弱以攻一强也;横者,事一强以攻众弱也。""从"即"纵",合纵指多个实力较弱的国家联合起来对付一个实力较强的国家,首倡者为苏秦。当时战国诸侯中以秦国实力最强,严重威胁其他国家的生存。苏秦在游说秦惠文王推行连横政策不成之后,转而游说六国联合对抗秦国。在合纵之势形成的时候,苏秦一度佩六国相国印。然而东方六国之间也存在着各种矛盾,苏秦就因被怀疑为燕国间谍而被齐王杀死,至此合纵联盟逐渐瓦解。连横指秦国联合一些弱国进攻其他弱国,主要倡导者是张仪、范雎等人。某些游说之士看到秦国最有希望统一中原,于是纷纷为秦国效力,他们推行连横之术的目的是打破六国的联盟关系,进而制造事端使六国彼此间产生内讧。在这样的指导思想下,秦国就会凭着雄厚实力,利用连横策略瓦解六国的联合,然后各个击破。

古人称南北方向为"纵",东西方向为"横"。六国联盟为南北方向的联合,所以叫"合纵";六国中的某一国事奉秦国而与其他国家为敌则属于东西方向的联合,故称"连横"。到处游说、推销纵横捭阖之术的人一般被称为纵横家。

远交近攻

远交近攻之策既是军事谋略,又是一国的最高领导者和军事统帅所采取的政治战略,可以理解为一种胡萝卜加大棒的策略。这种战略思想的原则就是不与邻国结交,以避免变乱在近处发生。从长远来看,所谓的远交也绝不可能是与远处国家长期友好,在消灭近邻后,远交之国也就成了近邻,因此新一轮的征伐就不可避免了。

远交近攻是范雎对秦昭王进献的策略,《战国策·秦策》记载范雎的话说:"王不如远交而近攻,得寸,则王之寸;得尺,亦王之尺也。"这是范雎游说秦昭王的一句名言。远交近攻,是指分化瓦解敌方阵营,然后各个击破,结交暂时难以攻伐的远方之国而先攻打邻国的战略。

战国时期,秦国经过商鞅变法逐渐发展为实力强大的诸侯国。在孝公、惠文王、武王几代国君的治理下,秦国一跃成为最强的国家。秦昭王时开始图谋吞并六国,独霸中原。公元前270年,秦昭王打算伐齐,范雎此时献上远交近攻之策,劝阻攻齐的做法。他认为,齐国的国力仅次于秦国,离秦国又最远,远征齐国,秦军要经过韩、魏两国,军队派少了则难以取胜,即使胜了也不能有效占领齐国的土地。于是他指出,不如先攻打邻国韩、魏,然后逐步推进。为了防止齐国与韩、魏结盟,秦昭王派使者主动与齐国结盟。此后的四十余年间,秦国国君始终坚持远交近攻之策。秦始皇灭六国的过程中,首先攻下韩、魏,然后从两翼进兵灭赵、燕,接着南下破楚国,最后才攻占东方的齐国。

当战略企图受到地理条件的制约而难以实现时,就应该先攻取近处的敌人,而不能越过近敌长途跋涉地去攻打远处的敌人。同时要防止敌方结盟,所以就必须千方百计地分化瓦解敌人,进而各个击破。消灭了近处之敌以后,远方之敌又成为新的攻击对象。由此看来,远交近攻之策的目的,实际上就是为了避免树敌过多而采用的军事外交诱骗。

先发制人

"先发制人"出自《史记·项羽本纪》。陈胜、吴广起义后,项羽随叔父项梁来到会稽郡守府上。郡守殷通打算趁乱起事,于是对项梁说:"江西皆反,此亦天亡秦之时也。臣闻先即制人,后则为人所制。吾欲发兵,使公及桓楚将。"意思是说民众揭竿而起,秦朝气数已尽,应该先发制人,否则难成大事。项梁不想成为殷通的下属,于是对殷通来了一招"先发制人",命项羽将其斩杀,夺了印玺,在会稽起兵反秦。

通常情况下,人们都希望在战争的一开始就占据优势地位,从而压制住敌人的攻势,这就要求决策者在对手有所行动之前率先发动进攻,使敌方受制于自己。如果后发动进攻,就有可能贻误战机,甚至使自己受制于人。所以在战争中,先发制人的一方往往能够掌握战争的主动权,这非常有利于夺取战争的胜利。

秦始皇统治残暴,以至于天人共愤,导致民众揭竿而起。改朝换代已经是大势所趋,如果在此时能够审时度势,在形势还不明朗的前提下先行一步,就有很大机会执天下之牛耳,这也是先发制人的道理所在。然而,想要真正运用这一战略思想是需要具备一定条件的,所有人都可以做到"先发",却并非都能达到"制人"的目的。因此,审时度势的能力就显得十分重要,这就是先发制人的基础。

在第三次中东战争中,以色列就采取了"先发制人"的战略,在十天之内就解决了战斗,堪称这种策略的典型范例。第二次中东战争后,阿拉伯世界空前团结,以色列感受到一种前所未有的威胁。1967年6月5日早7时45分,以色列对埃及、伊拉克和叙利亚的机场进行了大规模空袭,半小时后地面部队开始发动进攻。阿拉伯军队仓促应战,经过顽强抵抗也没有挽回颓势,最终以失败告终。从古至今,先发制人都是重要的制胜法宝。

坚壁清野

坚壁清野作为一种军事战略,其含义主要是指在敌人进入某一区域时破坏该地的一切可能为敌所用的东西,包括通过烧毁农作物来断绝敌人的食物来源、破坏房屋、交通运输线、通信设备以及工业设施。此类行动常常会被位于敌军占领区内的残余军队继续贯彻执行。

恺撒在进攻高卢的战争中就曾吃过这种策略的苦头,罗马军队因此一度陷入绝境。中国古代的战争经常会使用这种策略,比如在粮食成熟之前强行收割,从而使敌方军粮短缺,造成敌军内部的士气涣散。在战国末期的长平之战中,廉颇即以这种策略成功地遏制了秦军的攻势。

到了近现代,类似坚壁清野的战略仍然被广泛使用。1812 年,拿破仑入侵俄国,俄军统帅库图佐夫在撤退时沿途放火,将一座残败不堪的莫斯科城留给了法军。这一做法打乱了拿破仑速战速决的计划,使其边作战边抢夺补给的计划彻底泡汤。拿破仑率领疲惫之师占领了空城莫斯科之后,俄军突然反攻,最终打败了法军。在第二次世界大战中,希特勒的军队重蹈了拿破仑的覆辙。

在抗日战争期间,坚壁清野被称为"焦土政策"。国民党军队在花园口炸开了黄河大堤以阻隔日军的进攻,共产党军队在解放区内实施坚壁清野。与此同时,日军也实行了"三光政策"。

在越南战争期间,美军使用化学药剂来摧毁北越的农作物,同时为了不给游击队留有藏身之地,还大量使用燃烧弹来烧毁森林。

坚壁清野一定程度上体现了军队与敌人抗争到底的决心,但使普通民众蒙受了重大的损失。

十大军事原则

十大军事原则是毛泽东在 1947 年 12 月召开的一次会议上所做的《目前形势和我们的任务》的报告中提出来的,其主要内容是:第一,先打分散和孤立之敌,后打集中和强大之敌;第二,先取中小城市和广大农村,后取大城市;第三,主要目标是歼灭敌人有生力量,而不是保守或夺取城市和地方;第四,集中绝对优势兵力,四面包围敌人,力求全歼;第五,不打无准备之仗,不打无把握之仗,每战务必力求有所准备,力求在敌我条件对比下有胜利的把握;第六,发扬勇敢战斗、不怕牺牲、不怕疲劳和连续作战的作风;第七,力求在运动中歼灭敌人，同时注重阵地战，以夺取敌人的据点和城市；第八，对于敌人守备薄弱的据点和城市要坚决夺取，对于有中等程度的守备的据点和城市要相机夺取，对于守备强固的据点和城市则等待时机成熟后再夺取；第九，以敌人的武器装备及人员来补充自己，我军人力物力的主要来源在前线；第十，学会利用两个战役的间隙休息和整训部队，但休整时间不宜过长，尽量不给敌人喘息之机。

杨家沟革命旧址

十大军事原则是毛泽东领导和指挥人民军队同国内外敌人长期作战的产物，是在第二次国内革命战争、抗日战争和解放战争初期的作战原则的基础上发展出来的。这十项原则对作战的目标与任务、目的与方针、形式与方法、部署与兵力运用、准备与物资保障，以及战斗作风和整训部队的方法等方面，都做了明确的规定。它使人民解放军的作战原则更趋系统化、理论化，把马列主义的人民战争战略战术发展到一个新的高度。

十大军事原则的核心是集中兵力打歼灭战，以"保存自己，消灭敌人"为作战目的，以歼灭敌人的有生力量为主要作战目标，以集中优势兵力各个歼灭敌人为基本作战方针，以运动战为主要的作战形式，同时注重阵地战、游击战的配合。

十大军事原则建立在人民战争的基础上，因此具有鲜明的阶级性。十大军事原则还具有鲜明的时代特征，将随时代和战争形势的变化而不断发展。其中某些原则要依据变化了的情况进行修改和完善，其基本精神既适用于过去的战争，也将适用于未来的战争。

战略侦察

战略侦察就是为了保障国家安全和获取对战争有指导意义的情报而进行的侦察，是军事决策者制定战略方针、筹划和指导战争的重要依据。

战略侦察的基本任务主要是获取五方面的情报：一是查明包括有关国家、政治集团的战略企图和战略指导思想在内的关于战争全局的情况，二是查明敌方武装力量的数量以及战略部署，三是查明敌方的作战潜力，四是查明敌方发动战争的征候和意图，五是查明敌方的主要作战方向以及开战时间和方式。

实施战略侦察的手段与方式主要有搜集和分析公开资料、谍报侦察、无线电技术侦察、航空侦察、卫星侦察等。孙子说："知己知彼，百战不殆。"纵观中外战争史可以得出一个道理，那就是通过战略侦察来探知敌方的情况，并了解与战争有关的政治、经济、军事、科技、文化等因素,才能使战略指导有理有据。中国共产党在领导和指挥中国人民开展革命战争的过程中,能够做到以较落后装备战胜较先进装备的敌人,取得无数辉煌战果,其中一个很重要的原因,就是运用各种战略侦察手段,提前获知敌人的战略企图、兵力部署情况和作战计划,从而保证了战略的决策适时、行动得当和举措正确。1982年以色列对贝卡谷地叙利亚导弹基地的空袭和1986年美国对利比亚的空袭之所以能够取得成功,都离不开战略侦察获取的准确情报的帮助。

防御战略

防御战略就是以防御行动来达到保障国家安全的战略目标的战略,通常是国家或政治集团为反对侵略和压迫,并维护己方利益而采取的筹划和指导战争全局的方针、策略及方法。在交战双方势均力敌的情况下,双方都有可能采取防御战略,从而形成长期对峙的局面。防御战略不仅可以用来指导战时防御,而且也能够用于指导平时的国防建设。

一般来说,防御战略分为积极的防御战略和消极的防御战略两种。防御战略的基本原则是实行积极防御,反对消极防御。只有实施积极防御才能改变敌我力量的对比关系,扭转战争全局的形势,从而打破敌人的进攻态势,为己方转入战略反攻创造条件。实行积极防御不仅要适时地进行战略反攻,还要在整个防御的过程中积极采取攻势行动,使防御更加具有活力。现代战争要求防御战略遵循实行大立体全纵深防御、重点设防和守备、灵活运用作战形式、充分备战、密切协同等原则。

全局防御是战略行动的基本类型之一,也常常成为战争进程中的某一个阶段,目的是保存并积蓄力量,在消耗中逐渐消灭敌人,为战略反攻创造条件。实行防御战略的国家和军队通常在力量对比上处于劣势,这种战略一般在战争初期采用。实行进攻战略的国家和军队在其进攻态势被打破后,也往往会采取或转入战略防御。实行防御战略对保存军队有生力量、等待有利时机有很大帮助,因此可以说成功的防御对实现战略目标有着极为重要的作用。

战术思想

战术即达到战略目的的手段,通常指在战场上指挥作战的谋略,往往能够取得小规模胜利或实现小规模优化。战略的特点是规划,战术的特点则是行动。

军事战术思想

战术就是进行战斗的方法,其主要内容包括兵力部署、协同合作、临战指挥、具体作战原则和方法以及后勤保障的具体措施。

按照不同的标准,战术可分为很多类型:按照战略思想,可分为进攻战术和防御战术;按照参战兵种,可分为步兵战术、骑兵战术、合同战术;按照作战规模,可分为部队战术、兵团战术和分队战术等。

《孙子兵法》对战术的解释是"用兵之法",古希腊则称"战术"为"布阵的艺术"。战术随战争的出现而产生,随军事技术和实践的进步而发展,经历了由古代的单兵方阵向现代诸兵种合同作战的演变过程。冷兵器时代,交战双方在排兵布阵后以白刃战的方式进行对抗。火器投入战争以来,产生了火力杀伤与冲击相结合的纵队战术和线式战术等作战方法。第一次世界大战中,随着坦克、飞机的出现,产生了多兵种的合同战术。第二次世界大战爆发后,这种多兵种合同战术更是得到了全面的发展。"二战"后,核武器、导弹、直升机以及其他常规武器的大量发展,部队机械化程度的不断加深,又使得合同战术进入到一个高速度、大纵深、立体化的发展阶段。

在战争特点和理论不断发展变化的新时期,诸兵种协同作战的合同战术必将被世界上大多数国家的军队所采用。合同战术的基本原则主要有明确目的、知己知彼、主动灵活、集中兵力、密切协同、出其不意和全面保障等。科技的进步和武器装备的发展也会对战术的发展产生深远的影响,原有的基本原则将会不断地被充实进新的内容,因此将有一些新的战术原则应运而生。

中国人民解放军在长期的革命战争实践中,逐步形成了一整套以人民战争为基础、以劣势装备战胜优势装备之敌的灵活机动战术。从第二次国内革命战争到抗日战争时期,游击战成为基本战术,奔袭、急袭、破袭、伏击和袭扰则是基本样式。解放战争时期,运动战逐渐成为主要战术,阵地战也得到了较大发展。

步兵战术

步兵战术,简单而言就是步兵采用的作战方法。由于步兵是人类战争史上出现时间最早,也是存在时间最久的兵种,因此在不同的历史时期就会有不同的战术。在冷兵器时代,步兵战术主要为接近敌人后进行砍杀,布阵则会有效地将敌军切割成众多小块,然后各个歼灭。热兵器时代到来以后,随着武器装备发展的日新月异,战术也趋向多样化和复杂化。

在欧洲中世纪，士兵主要依靠力量和勇气来取得胜利，如法兰克人通常会以掷出的斧头来瓦解敌军的阵式。骑士阶层的兴起一度让步兵失去了存在的价值，因为欧洲中古时期的步兵来源主要是没有受过良好军事训练的农民，再加上武器装备的欠缺，就使步兵在骑兵面前显得弱不禁风。北欧的维京人和撒克逊人发展出一种称为盾牌墙的防御阵式，也就是让士兵手持长盾紧紧靠在一起连成一道防线。在骑兵和弓箭手不足的情况下，这道盾牌墙能够在一定程度上保护己方不受敌方骑兵和弓箭手的攻击。

像苏格兰和瑞士这样的山地国家，建立重装骑兵是一件比较困难的事情，因此步兵再一次受到了重视。这些地区的军队在实战中发现，骑兵很难突破由长枪组成的阵式，所以受过严格训练的长枪兵能够遏制精锐的重装骑兵，而且这种战术的成本比骑兵要低廉得多。电影《勇敢的心》以 13 世纪苏格兰独立战争为背景，其中有一个苏格兰长枪兵对付英格兰骑兵的场景，这基本上反映了当时的步兵战术。

中国古代步兵仍然以布阵为主，然而中国的阵法要比同时期的欧洲先进得多，其中最有名的要数以八阵为主的阵法体系了。

骑兵战术

骑兵战术最早产生于一些盛产马匹的游牧民族的围猎活动中，如北非的迦太基和亚洲东北部的匈奴都建立了以骑兵为主的军队。

欧洲中世纪时的骑兵在作战时一般会被划分为三部分，然后分三波进攻敌军。第一波的攻击负责突破或冲散敌军的队形，第二波和第三波的攻击则是对敌加以制服。实战经验证明，骑兵之间协同作战的威力要远大于个人行动。

在 1346 年的克雷西战役中，法国军队拥有 4 万人的兵力，远远超过英军 1 万人的兵力，且其中不乏优秀的骑士。英国军队则把弓箭手分为三队，在长枪的防护下投入战场。在这三个队伍之间有两队卸下马的骑士，而第三队卸下马的骑士则被保留做预备军。法军也将麾下骑士编为三队，并以弓箭手去射击英军的骑士，但因弓箭被弄湿而无法取得可观的效果。与此同时，法军的骑士忽视了保持阵形的意义，在见到敌军后就狂怒不已，喊着口号冲锋陷阵。由于弓箭手的一再失准，法军便决定让骑士前进，这正好遂了骑士们的心愿。最后，英军骑士和弓箭手打败了那些毫无纪律、乱成一团的法军骑士。

中世纪晚期，重装骑兵在战场上的价值逐渐降低，几乎与投射部队和步兵毫无二致。在这一时期，人们已经了解到谨慎地制定战略部署和训练步兵的重要性。战争的形势改变了，长枪、陷阱和壕沟常常被军队用作抵抗骑兵攻击的防护性工具。

骑射战术和大范围包抄迂回战术曾使蒙古骑兵横行天下，灵活机动是骑马的弓箭手得以战胜中亚和欧洲的重装骑兵的重要原因。

投射战术

标枪和弓箭为主要的投射武器,是人类在狩猎活动中发明出来的。在中世纪,投射部队多由弓弩手构成,使用的武器主要是短弓、弩和长弓。弓弩手的优势在于能够远距离击杀敌人,这比进行肉搏战要轻松得多。在古希腊和古罗马时代,弓弩手就已经显示出非凡的价值了,但在骑士主宰战场的中世纪,投射战术竟然一度被人们遗忘。

应该承认,弓弩手在冷兵器时代是相当具有战斗力的实用兵种,所以在1066年的黑斯廷斯战役中,原本重视骑兵战术的诺曼底公爵威廉一世正是依靠弓弩手的出色发挥才获得了决定性的胜利。诺曼底的弓弩手射死了盎格鲁—撒克逊的国王哈罗德,战争随即宣告结束。

弓弩手通常是以多达数千人的大型阵势参与作战的,他们足以将进入射程范围之敌的铠甲射穿。在射程范围内,弓弩手会集中射击目标,以密集的攻击让敌军遭受重创,使其丧失还手之力,从而瓦解敌军的阵形。长枪和标桩可以阻挡骑兵的冲击,却挡不住弓弩手的射击。英国与欧洲大陆国家相比,人口数量较少,因此兵源也相对匮乏,因此弓箭手就显得非常重要。英国人根据长弓的性能,发展出密集射击的技术,使其能够在兵力不占优势的情况下赢得战争的胜利。弓弩手在发射弓箭时需要得到防护,这就成了运用投射战术的一大难题,因此以长枪阵或盾牌阵为掩体进行射击就成了弓弩手最主要的战术。弓弩手和普通步兵的协同作战也是一种行之有效的战术。在这种战术下,步兵阻挡敌军的进攻,对弓弩手进行掩护,使其能够有充分的时间向敌军射击。

到了近代,欧洲的投射部队逐渐被火器取代,战术也因此发生重大的变革。与此同时,清政府八旗铁骑以弓马得天下,使火器在中国的发展彻底停止了,骑射作为一种落后的战术得到延续。

火攻战术

火攻是中国古代战争中常用的战术,在野战、城池攻守甚至水战时都经常被采用。

火攻是指以放火的方式来猛烈地打击敌人,歼灭敌人的有生力量,摧毁敌人的战争资源,从而掌握战争的主动权。在冷兵器时代,火攻堪称威力最大、效果最明显的战术之一。这一战术一旦奏效,就会让敌方的战略物资、武器装备等在顷刻之间化为乌有,战斗人员也会随之毁伤殆尽,从而为施火攻的一方赢得主动进攻的良好战机。明代抗倭名将戚继光说:"夫五兵之中,唯火最烈;古今水陆之战,以火成功最多。"意思是说,所有战术中只有火攻是最猛烈的,历代战争中也是以火攻取得的战果最丰硕。

《孙子兵法》中有《火攻》一篇,根据攻击目标的不同,将火攻分为"火人""火积""火辎""火库"和"火队"五种类型。"火人"即焚烧敌方的人马,属于最主要的火攻类型,周瑜在赤壁之战中、陆逊在彝陵之战中运用的都是这一战术。"火积"即焚烧掉敌军的粮草,目的在于动摇敌方的军心,官渡之战中曹操采纳许攸之计火烧乌巢就属于对这一战术的运用。"火辎"即焚烧敌军的辎重,也就是劫持并毁坏敌人行军时携带的器械和粮草,破坏敌军的后勤保障,其出发点与"火积"类似。"火库"即焚烧敌军的仓库,破坏其后方战略资源,使对方无法进行持久抵抗,隋灭陈之前,高颎献计,派人潜入陈朝后方烧仓库搞破坏,为隋朝的统一创造了有利形势。"火队"即焚烧敌方的交通线,阻断补给和行军的道路,张良火烧栈道就属于对这一战术的应用。

周瑜赤壁纵火

孙子说:"行火必有因,因必素具。发火有时,起火有日。"意思是说,行火攻之术的时候应选择正确的时机,另外还要具备一定的条件。火攻的条件概括起来主要包括气象和设备两方面。赤壁之战中,周瑜正是把握住了初冬时节难得的东南风才成功使用了火攻战术。设备条件则主要指火攻用的器材物资,这些东西必须在平时准备好。

火攻是一把双刃剑,运用不好可能会伤及自身,而且这种战法过于残酷,所以孙子提出了"安国全军之道",告诫后人慎用火攻。

三十六计

"三十六计"是我国古代军事思想和战争经验的结晶,是中华民族宝贵的文化遗产。《三十六计》作为一部兵书,成书年代较晚,作者已不可考。通过学者的研究考证可知,这部军事著作主要思想的形成应该经历了比较漫长的过程。《南齐书·王敬则传》上有"檀公三十六策,走为上计"之语,这就是"三十六计"一词的出处。"檀公"指南朝宋武帝时期的名将檀道济,这句话的意思是说,在败局不可挽回的情况下,以退为进不失为一种上策。北宋惠洪的《冷斋夜话》将《南齐书》之语总结为:"三十六计,走为上计。"元朝时这句话已经成为颇为流行的民间谚语,明末清初引用这句话的人就更多了。

"三十六计"分为六套,即胜战计、敌战计、攻战计、混战计、并战计和败战计,其中前三套计策适用于己方处于优势之时,后三套则适用于敌方处于优势之时。胜战计包括瞒天过海、围魏救赵、借刀杀人、以逸待劳、趁火打劫、声东击西；敌战计包括无中生有、暗度陈仓、隔岸观火、笑里藏刀、李代桃僵、顺手牵羊；攻战计包括打草惊蛇、借尸还魂、调虎离山、欲擒故纵、抛砖引玉、擒贼擒王；混战计包括釜底抽薪、浑水摸鱼、金蝉脱壳、关门打狗、远交近攻、假途伐虢；并战计包括偷梁换柱、指桑骂槐、假痴不癫、上屋抽梯、树上开花、反客为主；败战计包括美人计、空城计、反间计、苦肉计、连环计、走为上计。这些计策饱含《易经》中的阴阳变化的哲理，凝结了历代军事家刚柔、奇正、虚实等辩证思想。

坦克兵战术

坦克兵战术是指以坦克兵投入战斗的作战方法，有时也称为装甲兵战术。这种战术主要内容有兵力部署、协同动作、战斗行动的方法、战斗指挥的原则以及各种保障措施。

坦克在第一次世界大战中期的索姆河战役中首次投入战斗，英军将坦克分散配属步兵，用来摧毁敌军机枪的火力点，并以破坏铁丝网的方式引导步兵冲击敌军的防御阵地。在1917年的康布雷战役中，英军在主要进攻方向上集中使用坦克，并采取了隐蔽坦克行动的手段，增强了进攻的突然性。更重要的是，在这次战役中出现了坦克兵与炮兵、步兵协同作战的情况，为后来坦克兵战术的发展与实践奠定了基础。

第二次世界大战时期，坦克兵战术得到了更大的发展。在进攻的过程中，坦克通常被集中编为突击队，使用在主攻方向上，同时作纵深梯次部署，在行进间展开。在这样的情况下，坦克就可以在航空兵和炮兵的火力支持下突破敌军的防御，并迅速向纵深方向推进，从而扩大战果、围歼敌人。

现代条件下，坦克兵战术的基本原则是快速灵活机动、疏散隐蔽配置、密切协同作战、实施集中和纵深的突然性攻击、组织可靠保障等。实行进攻战略时，坦克通常被集中部署在具有决定性意义的方向上，在行进间展开成战斗队形，在地面和空中火力的支持下进行突然袭击，从而突破敌人的防御，并围歼敌人。实行防御战略时，坦克通常被用于向敌方实施反击，有时也会用于制止敌军向纵深方向扩张。

战术协同

战术协同是指各兵种或部队之间为执行共同的战斗任务，按照统一的战略企图和战略部署实施协调一致的军事行动，体现的是军队整体的威力。战术协同是使军队形成整体力量，有效打击敌人，从而赢得战争最后胜利的基本条件。战术协同通常根据预定的战斗进程，针对敌人可能采取的行动，按目标、时间、地点在前线就地组织，也可以在沙盘模型和地图上进行。

史料记载,古代战争中就已经产生了互相配合的行动。《孙子兵法·九地》中说:"善用兵者,譬如率然。率然者,常山之蛇也。击其首则尾至,击其尾则首至,击其中则首尾俱至。"孙子把善于用兵的人比喻成灵活敏捷的常山之蛇,蛇身是部队的主体,首和尾则是担负钳制敌人任务的协同部队,这样无论哪一部分遭到攻击,其他部分都会及时前来援助。骑兵、水师出现后,车、骑、步与水军组成的水陆协同使战争的规模进一步扩大。热兵器时代到来后,使用火器的步兵与使用传统冷兵器的步兵、骑兵配合作战也一度成为威力十足的战术。17世纪末,欧洲首次出现了步兵、炮兵、骑兵三个兵种的战术协同。

第一次世界大战期间,飞机、坦克、无线电通信技术纷纷出现在战场上,于是出现了航空兵之间、航空兵与地面部队之间的战术协同,同时产生了无线电协同通信及其相关兵种。第二次世界大战期间,陆、海、空三军之间的战术协同发展到新的高度。"二战"后,出现了核武器、化学武器、生物武器等大规模杀伤性武器,导弹兵、陆军航空兵、电子对抗兵等新兴兵种在科技的发展中应运而生,战术协同手段更趋多样化,内容日益复杂化。

现代条件下,战术协同将朝着更加复杂的方向发展,这就要求协同的主动性、时效性和准确性不断提高。战术协同在实际的过程中极易遭到破坏,因此必须预先做好准备,制定出恢复被破坏的协同计划的应急方案和措施,从而保障实施及时有效的协同动作。

堑壕战

堑壕战是一种利用低于地平面的能够对士兵进行保护的战壕进行作战的战争形式,而挖战壕则可以看成是一项战术需要,交战的双方一般都有固定的防线。当双方火力异常猛烈,同时现有移动能力和通信设备对部队的推进没有明显的帮助时,堑壕战就会开始。

在古代战争中,人们为了保护自己而建造碉堡。由于当时战争规模较小,武器射程有限,因此双方只能守住较短的防线。中国的长城和英国的哈德良长城虽然属于较长的防线,但是仍然不能彻底阻止敌人的突破,通常只能起到威慑作用。

壕沟出现在战场上以后,对应的武器装备也随之产生了,射程较远的步枪、机枪、迫击炮、毒气都成了颇具杀伤力的武器,飞机和坦克更是摧毁对方战壕的有效工具。在防御方面,布设地雷和铁丝网仍然是行之有效的方法。此外,堑壕战的特点决定了士兵头部极易受伤,因此在"一战"期间,头盔被各国军队普遍采用。

火力配系

火力配系就是对战斗编程内的火炮等攻击性武器作适当配置和分工所构成的火力

系统,是防御体系的重要组成部分,可分为地面火力配系、水面火力配系和防空火力配系。

根据作战任务、敌人的具体情况以及地形特点等因素,火力配系通常以炮兵、导弹兵和防空兵的火力为核心,并结合航空兵、坦克兵和步兵的火力,形成一套全方位的立体式火力系统。通过各方面火力的密切协同,在防御阵地的全方位、全纵深构成多层、多道、立体的火力网,并与障碍物配系相结合,以实现大量杀伤敌人、消耗敌人有生力量、挫败敌人进攻的战略目标。对于地面火力配系和水面火力配系,力求构成以打坦克和灵活机动的舰船为主,正射、侧射与反射的明暗曲直结合的火力网。对于防空火力配系,通常要以防空导弹和高射炮为主,结合高射机枪和步枪、机枪的火力以及航空兵的火力,力求构成高、中、低空和远、中、近程相结合的立体防空火力网。

现代条件下,火力配系将进一步朝立体、纵深和灵活机动的方向发展。

十六字诀

"十六字诀"即"敌进我退,敌驻我扰,敌疲我打,敌退我追",是中国工农红军在第二次国内革命战争期间进行游击战的作战指导原则。

1928年1月,毛泽东总结了从秋收起义到转战井冈山期间的作战经验,在江西省遂川县召开的工农革命军前委和遂川、万安两县县委的联席会议上提出了游击战争的基本作战原则。1929年4月5日红四军前委给中共中央的报告上说:"我们的战术就是游击的战术。大概说来是:'分兵以发动群众,集中以应付敌人'、'敌进我退,敌驻我扰,敌疲我打,敌退我追'。三年以来,都是用的这种战术。"同年9月28日的《中共中央给红军第四军前委的指示信》中,第一次将那十六个字的原则归纳为"十六字诀"。

毛泽东、朱德等红军领导人运用"十六字诀"的作战方针,指导红一方面军打退了国民党军队的三次"围剿",赢得了歼敌7.5万人,缴获枪支4.7万件的重大胜利。通过这三次反"围剿",红军的作战原则基本形成了,内容也大大丰富起来,然而其基本原则仍然是"十六字诀"。

"十六字诀"的基本精神是,从敌强我弱的基本特点出发,利用根据地创造的有利形势,灵活地使用兵力和变换战法,在战争中保存自己,并不断地完善自己,逐步改变敌强我弱的形势,夺取战争的最后胜利。"十六字诀"是对马列主义军事思想的发展,为中国人民解放军战略、战术思想体系的形成和发展奠定了坚实的基础。

游击战

游击战是以袭击为主要手段,具有高度的流动性、主动性、进攻性、灵活性,并能广泛动员群众投入的非正规作战方式。游击战的作战核心原则是选择适当的作战时机和地点、快速部署兵力、合理分配兵力、战斗结束后迅速撤退。

中国古代兵书《握奇经》上说："游军之形,乍动乍静,避实击虚,视赢挠盛,结陈趋地,断绕四经。"这句话对游击战法作了较生动的描述。中国古代战争很早就开始运用游击战术,楚汉战争期间的彭越就是一个善用这种战法的将领。

毛泽东是世界公认的游击战大师,他认为,游而不击是逃跑主义,击而不游是拼命主义。因此游击战的精髓就是"敌进我退,敌驻我扰,敌疲我打,敌退我追",这"十六字诀"也是毛泽东游击战的基本原则。毛泽东游击战的基本作战形式是进攻以袭击为主,其游击战理论赖以生存和发展的依托是革命根据地,指挥原则是战略上的集中指挥与具体战役上的分散指挥相结合。毛泽东指出,游击战一定要朝正规战的方向发展,通过创造有利条件,使游击队发展成正规军。使正规战与游击战紧密配合,是加快战争胜利进程的重要手段。

古巴革命和越南战争也是游击战大显威力的舞台,装备差、人数少的游击队能够击败强于自己的敌人,靠的就是灵活多变的游击战术。

伏击战

伏击战是指通过预先设伏对敌人进行突然打击的作战方式,一般分为待伏和诱伏两种。待伏就是在侦察到敌人的出动兵力、行动时间和行军路线等情报后,预先设下埋伏,待机歼敌。诱伏就是以主要兵力在有利地形上设下埋伏,然后用少量部队以佯攻的方法引诱敌人,等敌人进入伏击圈后再给予打击。

伏击的对象主要为敌方战斗人员较少的运输队和零星小股分队,或疲惫不堪的战斗部队,力求速战全歼。伏击战往往可以用较小的代价,换取极大的战果。

伏击的地点一般选择在敌人的必经之路上,这需要通过侦察获知。更重要的是要合理利用有利地形来配置兵力,便于突然发起攻击和迅速转移,同时可以有效地限制敌人的还击、突围和逃窜。

伏击前要迅速隐蔽,并严密封锁消息,做好伪装。伏击战的指挥要灵活果断,发起战斗要及时,火力要突然、猛烈、集中,在敌人措手不及时速决全歼。遇到强敌时,若不能达到速决,就要在给予一定火力杀伤后迅速转移,不可恋战。一般情况下,可把兵力分为侧击、堵击、尾击三部分,实施以侧击为主,辅以堵头、斩腰、截尾的战术。

坑道战

坑道战即依托地道工事展开的作战行动,是平原游击战和城市防御战的有效作战方法,优势是在保存兵力的基础上出其不意地打击敌人,有利于坚持长期对敌斗争。

《墨子·备穴》中所说的"凿穴迎之"是世界上最早的关于坑道战的论述。太平天国运动期间,湘军与太平军交战时,双方都曾采用坑道战。中法战争期间,清军在金鸡山防御战中,也曾运用坑道战抗击了法军的进攻。抗日战争时期,华北平原抗日根据地地道战也属于这一范畴。值得一提的是,华北平原的地道战与地雷战、破袭战等战术相结合,神出鬼没地主动打击、伏击和袭扰敌人,使日伪军疲于奔命。朝鲜战争中,中国人民志愿军对坑道战进行了发展,构成了坑道与野战工事相结合的阵地防御体系。这种新型防御体系退可守、进可攻,有效地增强了防御的稳定性,对化解敌人的攻势和稳定战局起到了重要的作用。

现代条件下,坑道战仍将是一种有效的战法,是坚守阵地、保存兵力、减少伤亡、有效钳制和杀伤敌人的有效途径。坑道战作为一种有效的战法和防御作战形式,其最大的特点在于可以采用冷兵器与热兵器相结合的手段,出其不意地打击敌人。

地雷战

地雷战就是使用地雷打击敌人的作战方法,是一种经常被游击采用的战法,抗日战争时期根据地军民利用自制地雷巧妙地同敌人进行战斗使这种战术名声大噪。地雷战的目的是限制敌人的行动,摧毁敌人的机械化作战装备,并杀伤敌人的有生力量。

地雷战纪念雕塑

中国明代就已开始将地雷投入到战争中了。第一次世界大战期间,随着坦克的参战,针对坦克研发的地雷也随之被应用于战场。第二次世界大战期间,地雷得到了广泛使用,并取得重大战果。在抗日战争中,根据地军民采取了灵活多变的布雷手段,将地雷与火力完美结合,在保卫战、破袭战、伏击战中广泛使用地雷,消灭了大量敌人。

"二战"后,地雷得到了迅速发展,出现多种新型地雷,使地雷战不再局限于防御。此外,布雷手段的多样化,布雷的远距离化、大面积化和快速化使这一战法的打击范围和效果进一步增大。因此,地雷战在未来的高技术战争中,仍将发挥重要作用。

然而,使用地雷实际上是一种较具杀伤力的做法。经过数十年的战争,世界上有60多个国家埋设着超过1亿颗的地雷,据联合国估计,按现在的排雷速度,若想彻底清除这些地雷需要花 1100 年的时间。

近战

近战是指敌对双方在直射武器的有效射程内展开的作战行动,是歼灭敌人的一种行之有效的作战方法。近战可以充分发挥战士英勇顽强的精神和近战兵器的威力,减少或避免敌方远战火力的杀伤。

在冷兵器时代,近战是主要的战法,交战双方主要以刀、剑等武器进行白刃格斗,水战则以战船撞击的方式为主。热兵器时代到来以后,近战一般由远距离的火力战开始,而后以突击后的白刃格斗来决出胜负。19 世纪末,随着速射武器的出现和发展,近战主要以火炮、机枪、步枪的抵近射击以及手榴弹的投掷来杀伤敌人。第二次世界大战期间,以坦克或坦克引导步兵突击为主的战术成为近战的主要内容。在"二战"末期,甚至出现了飞机冲撞战术。苏联飞行员在卫国战争中对德军飞机进行过数百次的冲撞攻击,日本的"神风特攻队"更是以自杀式袭击闻名于世。第四次中东战争期间,交战双方共出动了 1800 多辆坦克,出现了坦克冲撞的近战。

现代条件下,近战通常由坦克兵、步兵、炮兵和武装直升机协同实施,进一步增强了近战的合同性。近战特点突出,主要包括短兵相接、紧张激烈、行动迅速、在短时间内解决战斗等方面,大多发生在向敌人发起冲击、歼灭防御工事中的残敌,或抗击敌人的冲击、坚守工事等场合。

强攻

强攻就是集中优势兵力,并以强大的火力对防御的敌军实施强行攻击的战法,主要用于进攻阵地防御、城市防御的战斗。

在冷兵器时代,强攻多以攻城的形式出现。战国时期,军队往往运用抛石车、云梯等器具攻城,在强行突入城内之后与敌人进行白刃格斗。南宋军队在与金、蒙军队交战的过程中,首次使用了霹雳炮等火器。当时的主要战术是,以火器配合步兵、骑兵强攻夺取城寨。太平天国创造了通过挖地道增强爆炸威力的战术,用来攻取城市。这种被称为"穴地攻城"的强攻战术,被很多学者誉为太平天国得以存在十四年的绝招。

19 世纪,西方一些国家的军队采取编组纵队实施强攻,在炮兵、步兵的火力掩护下进攻敌人的要塞和堡垒。第一次世界大战期间,强攻部队一般为多兵种合成编组。第二次世界大战时,各国军方更加强调充分发挥坦克兵、炮兵和航空兵的作用,以机动性和强大的火力与突击行动紧密结合,实施连续纵深突破。有的时候,强攻行动还会与战术空降相配合,从而呈现立体化的进攻态势。

现代条件下,高科技武器与全新战略战术理念的发展,使强攻行动更加注重机动与火力的价值,追求空中火力突击、地面强攻和空降突击三者的紧密结合。

狙击战术

"狙"是一种猴子,"狙击"即像猴子躲在树上一样在暗处隐蔽起来并伺机进攻的袭击手段。《史记·留侯世家》记载,秦始皇出巡的车队经过博浪沙,事先在此埋伏好的张良用铁锤袭击了秦始皇的座驾,但未成功。《史记》称这种事先埋伏好,然后从远距离实施偷袭的手段为"狙击"。我国古代的远距离攻击武器主要是弓弩,"仰手接飞猱,俯身散马蹄"的神箭手往往在战争中充当狙击手的角色,"射人先射马,擒贼先擒王"就成了狙击手的主要作战原则。1004年,契丹围攻北宋澶州,大将萧挞凛在城下察看地形时被宋军的弩射杀。1201年,后来被称为"哲别"的只儿豁阿歹突施冷箭,射伤铁木真坐骑。

现代意义的"狙击"则源于18世纪末驻印度英军猎杀小鸟的一种游戏。后来,那些经过专门训练、在隐蔽工事中对敌射击的人就被称为狙击手。

狙击手的瞄准部位一般为头部、胸部和腹部,目的在于使射击目标大量失血,并造成其组织和器官的致命性损伤。狙击手的射击目标包括敌方的人员和器材,其中主要目标为敌方重要人员,如军官、通信兵等,作为同行兼对手的敌方狙击手则是优先目标。

狙击手一般会选择居高临下之处作为防御据点,同时会利用望远镜来确认目标,有时也会以无线电装置来支持情报工作的运作。使用伪装或频繁而缓慢的移动也是狙击手常用的蒙蔽敌人的方法,从而使其逐渐缩短与敌人之间的距离,因此有些狙击手甚至可以在数十米的短距离内射杀目标而不被发现。

狙击虽然不会左右战局的走向,但从打击敌方士气的方面来看,这种战术还是非常有效的,因此狙击战术可以被看成是一种心理战。在某些战争中,狙击手会通过射杀一队士兵中走在最前面者威慑敌军,使其认为走在最前面是非常危险的。这种做法会在敌军中散布恐怖气氛,从而使其失去作战的主动性。

现代战争中,狙击手的基本作战原则是:避免轻率的和不必要的射击,每次只发射一颗子弹;尽量使每颗子弹都能击中目标,力求一击致命;如果第一次射击没有打中目标,就必须变换射击位置,以免被敌人发现。

阵法

阵法就是排列阵形的方法,属于传统战术思想的重要组成部分。冷兵器时代,军队作战讲究队形严谨，一直到热兵器时代早期，排列阵形仍是军队的主要作战方法。

"阵"的原意是土山前排列的战车，本作"陈"，意思是军队排列的战斗队形。"阵"是在军队产生的过程中，因组织军队和指挥战斗的需要而产生的。原始社会，即人类战争历史的初级阶段，由于还没有出现职业军队，因此就谈不上什么战术打法，部落间的战争大多表现为群殴式的一拥而上，主要靠勇力取胜，当然也就没有什么阵法了。随着职业军队的产生，战争开始讲究一定的规则。交战双方都发现，作战时采用一定的队形比混战更加有效，于是原始的阵形就产生了。一些甲骨卜辞的资料显示，商王武丁时期的军队已经有了左、中、右"三师"的编制，由此可以推测当时已经开始采用固定的阵形。

早期阵法比较简单，一般呈一字或者方形排列。西周至春秋时代的战争极为重视布阵，两军相约于某地会战，在列阵整齐后进行厮杀。公元前

孔明巧布八阵图

638年的泓水之战中，宋襄公墨守成规，固执地等待楚国军队排列好阵形后再交战，最终导致惨败。这一事件告诉人们，交战不再是一种君子之争，从而推动了战略战术思想朝复杂化的方向发展。中国的阵法在春秋和战国时期得到了大发展，《孙子兵法》《六韬》《吴子兵法》《孙膑兵法》都谈到了布阵的问题。在这以后，诸葛亮的"八阵图"是一种影响极大的阵法。唐朝的李靖、南宋的岳飞和明代的戚继光都对阵法做了深入的研究。

岳飞在抗击金兵的战争中运用了"撒星阵"的步兵阵法，大破敌方被称为"拐子马"的两翼并进骑兵阵法。"撒星阵"的作战方法是：步兵在敌军骑兵冲来时散开而使其扑空，在敌人后撤时再聚拢起来，主攻骑兵马腿。

戚继光在江南一带抗击倭寇，在总结了多年的经验后创设出一种被称为"鸳鸯阵"的多兵种协同作战集团阵法。这种阵法的作战方法是：将士兵按使用武器的不同分为三队，在敌人距离百步远时第一队士兵以火器进行攻击，距离六十步远时第二队士兵以弓弩进行攻击，距离十步远时第三队士兵持刀矛冲击敌人。

八阵

"八阵"是我国古代兵法中应用最广泛的阵法体系，最早见于《孙膑兵法》，后经诸葛亮"八阵图"而发扬光大。《孙膑兵法·十阵》上说"凡阵有十：有方阵，有圆阵，有疏阵，有数阵，有锥行之阵，有雁行之阵，有钩行之阵，有玄襄之阵，有火阵，有水阵"，其中前八

种就是著名的"孙膑八阵",而"火阵"和"水阵"只是两种作战方式,不能算作阵法。

"八阵"产生时间较早,传说为黄帝的大臣风后所创。这一说法虽然未必可信,但可以肯定的是,"八阵"一定产生于孙膑之前,而"孙膑八阵"也是在前人的影响下创设出来的。唐人假托风后所做的《握奇经》对"八阵"进行了较详细的阐述。唐朝人独孤及将"八阵"解释为天覆阵、地载阵、风扬阵、云垂阵、龙飞阵、虎翼阵、鸟翔阵、蛇蟠阵等八种。《李卫公问对》记载,李靖在回答唐太宗关于"八阵"的提问时说:"八陈本一也,分为八焉。若天、地者,本乎旗号;风、云者,本乎幡名;龙、虎、鸟、蛇者,本乎队伍之别。后世误传,诡设物象,何止八而已乎?"他认为,天、地、风、云是军队的旗帜名,龙、虎、鸟、蛇则是部队番号名,都不是阵名,并指出阵法千变万化,绝不止八种。南宋王应麟在《小学绀珠》中将"八阵"解释为洞当、中黄、龙腾、鸟飞、折冲、虎翼、握机、连衡等八种。

"八阵"的阵法体系被广泛应用于步兵对抗骑兵的战斗中,通常以垒石、木栅为防卫工事,在立足防御的前提下伺机进攻。诸葛亮以及后来的两宋军事家对"八阵"的布阵思想进行了发展,主要是由于蜀汉与两宋政权要对抗善用骑兵战术的北方曹魏政权以及辽、金等游牧民族政权,因此制定出这种偏重防御的步兵阵法。

却月阵

"却月阵"是南朝宋武帝刘裕创制的一种步兵、车兵、骑兵和水军多兵种协同作战的阵法,主要用于对抗北方游牧民族的重装骑兵。"却月阵"由水陆两军共同组成,车兵在这一阵法中占据着非常重要的地位。

东晋至南北朝时期,马镫逐渐得到广泛的应用,这使骑兵的装备臻于完善,促进了被称为"铁骑"的重装骑兵的出现。重装骑兵具有较强的防护力和冲击力,面对步兵和没有装甲的轻骑兵时,优势十分明显。南方因受地理条件和自然资源的限制,不利于发展骑兵战术,军队仍以步兵为主导。此外,水军是南方的主要兵种,不但可以直接参与作战,还具有运输便捷的特点。

东晋末年,权臣刘裕率军进行了多次北伐,并灭掉了鲜卑人建立的南燕和羌人建立的后秦,显示了卓越的军事才能。他十分重视水军的建设,并对古老的战车在新时期的战争中进行了灵活的应用。北方游牧民族不习水战,使晋军掌握着制水权,加上刘裕精于战术,都为"却月阵"的形成创造了条件。

417年,刘裕伐后秦,亲率水军自彭城北上,打算派人向北魏请求借路。北魏明元帝害怕刘裕以借道为名实施偷袭,于是派兵尾随晋军对其予以监视。魏军的袭扰令晋军将士十分不满,刘裕决定与之一战。刘裕选好战场后,派丁旿率700人及战车百乘抢渡黄河北岸,在距河岸百余步的地方布下弧形阵,每辆战车配备7名士兵。此阵因形似新月,故称"却月阵"。一开始魏军不解其意,没敢贸然进攻。刘裕见魏军迟疑,便命令朱超石率2000人接应丁旿,每车又增设20人,持弩执盾,严阵以待。魏军这才恍然大悟,于是向晋军展开围攻。晋军先以弓弩射击,使魏军伤亡惨重。但魏军兵源充足,不断逼近晋军阵地,弓弩逐渐失去作用,于是晋军以槊刺击。由于弧形阵的迎击面小,因此魏军越靠近,所受到的伤害就越大,终因抵挡不住而撤退。

"却月阵"对地形的要求极高,对方骑兵若从侧翼穿插或者从后翼突进则可破此阵。而刘裕正是抓住了敌人急于求成的心理,合理利用地形,最终大破敌军。

军事著作

任何思想理论都需要通过著作来传承,军事思想理论也不例外。我们之所以能看到两千多年前的兵书《孙子兵法》,主要得益于古人对这一著作的保存和整理。在信息传播渠道多样化的今天,军事著作仍然是人们了解和研究军事思想和理论的主要媒介。

《孙子兵法》

《孙子兵法》是我国古典军事文化遗产中的瑰宝,中国优秀传统文化重要的组成部分,《武经七书》之一。《孙子兵法》的作者是春秋时期的军事家孙武,全书十三篇,内容博大精深,思想精髓,逻辑缜密。

《孙子兵法》大约成书于春秋末期,是我国古代流传下来的最早、最完整的军事著作,在中国军事史上占有很重要的地位,书中的思想对中国历代军事家、政治家、思想家都产生过深远的影响,其已被译成英、俄、德、日等29种语言文字,在世界各地广

孙武子演阵斩美姬

为流传,享有"兵学圣典"的美誉,不少国家的军校还把它列为教材。据报道,1991年海湾战争期间,交战双方都曾研究《孙子兵法》,借鉴其军事思想以指导战争。

《孙子兵法》体现了丰富的辩证法思想,书中探讨了与战争有关的一系列矛盾的对立和转化,如敌我、主客、胜败、众寡、攻守、强弱、利患等。《孙子兵法》正是在研究这些矛盾及其转化条件的基础上,提出关于战争的战略和战术的。这当中体现的辩证思想,在中国辩证思想发展史上占有极其重要的地位。《孙子兵法》集"韬略""诡道"之大成,被历

代军事家广为引用。《孙子兵法》以其缜密的军事、哲学思想体系，深远的哲理以及变化无穷的战略战术，在世界军事思想领域享有极高的声誉。

《孙子兵法》以自然科学为基础，根植于中国传统哲学。今天，它巨大的影响力已经深入到社会的各个领域，甚至成为商战的必备手册。因此，《孙子兵法》一书不但可以启迪人的思维，而且可以开发人的智慧。

《司马穰苴兵法》

《司马穰苴兵法》又称《司马法》，是我国古代著名兵书，《武经七书》之一。据《史记·司马穰苴列传》记载，齐威王命大臣编订古代兵法，将春秋末期齐景公时司马穰苴所著的兵法附入其中。《汉书·艺文志》收录了《司马法》，全书一百五十五篇。此后该书多有散佚，《隋书·经籍志》收录的《司马法》为三卷五篇，即今本《司马法》的原型。

《司马法》主要记录了我国古代的军事制度，受到历代军事家和史学家的重视。由于书中兼论春秋的制度和战国的制度，因此对于该书的真伪、成书年代和作者等问题，历代学者均有不同看法。无论如何，《司马法》都是我国古代的一部重要兵书。

司马穰苴本名田穰苴，在齐景公时曾担任司马，主管军事，以治军严谨著称。后来田氏代齐，司马穰苴的兵法逐渐受到重视，齐威王时将其编订成书。西汉时，武帝以《司马法》为标准选拔武官，当选者的地位与博士相当。东汉以后，马融、郑玄等经学家，以及曹操等军事家都在各自的著作中引用过《司马法》中的语句。北宋时期，《司马法》被列为《武经七书》之一，定为带兵将领的必读之书，其受重视程度可见一斑。

《司马法》在流传的过程中亡逸很多，现仅残存五篇。然而就在这残存的五篇中，仍能反映春秋、战国时期的一些作战原则及方法，为今人研究当时的军事思想提供了重要的帮助。

《吴子兵法》

《吴子兵法》是我国古代著名兵书，《武经七书》之一，其作者相传为战国初期的吴起。《汉书·艺文志》收录了《吴子》四十八篇，《隋书·经籍志》则录为一卷。今本《吴子兵法》为两卷，含《图国》《料敌》《治兵》《论将》《应变》《励士》等六篇。

《吴子兵法》的核心思想是"内修文德，外治武备"，兼顾文治和武功，认为政治和军事之间是存在紧密联系的。在治军方面，《吴子兵法》认为军队实力的强弱不在于士兵数量的多寡，因此要重视选贤任能，重用勇猛的有志之士。用人时，要因人而异，做到"短者持矛戟，长者持弓弩，强者持旌旗，勇者持金鼓，弱者给厮养，智者为谋主"，从而使将士发挥各自的专长。管理时，要做到赏罚严明。《吴子兵法》还强调了主帅以身作则的重要性，并要求主帅与众将士同甘共苦。在作战方面，《吴子兵法》主张料敌用兵，因情击敌，除研究对方军队的战略战术外，还要对敌国的政治、经济、地理形势、风土民情有全面认识，然后对症下药，提出相应的作战方针和方法。

《吴子兵法》继承和发展了《孙子兵法》的相关军事思想，因而在历史上与《孙子》齐名，两部兵书并称为"孙吴兵法"。该书深受历代军事家的重视，并在海外流传甚广，被译为日、英、俄、法等多种文字。

吴起

《尉缭子》

《尉缭子》是我国古代的著名兵书，《武经七书》之一。其实《尉缭子》是一部杂家著作，除论及兵法外，还包括政治、经济等诸多领域的问题，只因北宋时将其收入《武经七书》，才被归为兵家著作。

《尉缭子》的作者和成书年代一直存在争议，一般认为该书是战国末期魏国人尉缭所著，又经后世重新编订而成，因此其内容繁杂，曾一度被认为是一部伪书。《汉书·艺文志》录有《尉缭》三十一篇，后来散亡逸。唐代魏徵编纂的《群书治要》辑有《尉缭子》四篇，对后世考校此书有重要的参考价值。今本《尉缭子》分为五卷二十四篇。

卷一包括《天官》《兵谈》《制谈》《战略》《攻权》五篇，主要讲的是政治、经济和军事的关系，并论述了作战的基本原则，主张依靠人的智能和主观能动性克敌制胜，反对迷信鬼神。卷二包括《守议》《十二陵》《武议》《将理》《原官》五篇，主要讲的是战争的性质、作用，更重要的是这部分论述了守城的基本原则。卷三包括《治本》《战权》《重刑令》《伍制令》《分塞令》五篇，主要讲的是用兵原则、军纪军法和奖惩制度。卷四包括《束伍令》《经卒令》《勒卒令》《将令》《踵军令》五篇，主要讲的是战场纪律、指挥方法、军队编组、战斗序列等。卷五包括《兵教上》《兵教下》《兵令上》《兵令下》四篇，主要讲的是军队的训练方法。

《六韬》

《六韬》又称《太公兵法》，是后人假托西周初年的太公望所作，现在一般认为该书成于战国时期。《汉书·艺文志》收录的兵家类图书中不见此书，而在儒家类录有《国史六》一书，唐朝学者颜师古作注说"即今之《六韬》也"，可见《六韬》又名《国史六》，被班固认为是儒家著作。《隋书·经籍志》则明确收录了《太公六韬》五卷。《六韬》版本众多，今有 1972 年山东临沂银雀山汉墓竹简残本、1973 年河北定县八角廊汉墓竹简残本、唐代《群书治要》摘要本、清代《四库全书》本、清代《续古逸丛书》影、宋代《武经七书》本、1935 年中华学艺社影宋刻《武经七书》本等。

太公望

《六韬》是一部集先秦时期军事思想之大成的著作，全书以太公望与周文王、周武王对话的方式编成，对后世军事思想的发展影响很大。《史记·齐太公世家》中说："后世之言兵及周之阴权，皆宗太公为本谋。"意思是说，太公望的用兵之道是后世兵法权谋的始祖。北宋时期，《六韬》被列入《武经七书》。

《六韬》分为"文""武""龙""虎""豹""犬"六部分。"文韬"讲的是治国用人的韬略，"武韬"讲的是用兵的韬略，"龙韬"讲的是军事组织，"虎韬"讲的是战争环境以及排兵布阵，"豹韬"讲的是战术，"犬韬"讲的是军队的指挥训练。

《六韬》16 世纪传入日本，18 世纪传入欧洲，现在已经被译为日、英、法、俄、朝、越等多种文字。

《李卫公问对》

《李卫公问对》是我国古代的一部著名兵书，《武经七书》之一。一般认为该书为唐代著名军事家李靖所作，是唐太宗与李靖讨论军事问题的语录集。有人怀疑这部兵书是北宋阮逸假托李靖所作，但没有确切证据可以证实这一观点。

今本《李卫公问对》共三卷，记录了唐太宗与李靖问答九十八条，共万余字。全书内容丰富，多联系唐代以前战例以及太宗、李靖本人的亲身经历，并参照历代兵家言论，围绕着夺取战争主动权、分析形势等一系列军事问题展开讨论。清代纪昀在《四库全书总目提要》中说："其书分别奇正，指画攻守，亦易主客，于兵家微言，时有所得。"这句话基本概括了李靖军事思想的主旨,可谓简明扼要。

根据纪昀的概括,可知《李卫公问对》主要包含了李靖关于"奇正""攻守"和"主客"等方面的军事思想。"奇"与"正"是中国古代军事思想的一对重要范畴,《孙子兵法》提出了"凡战者,以正合,以奇胜"的观点,历代兵家都对这两个概念提出了不同的看法和解释。《李卫公问对》认为,对敌人进行政治声讨属于"正"的范畴,进行军事打击则属于"奇"的范畴;公开出兵属于"正"的范畴,突然袭击则属于"奇"的范畴;主要战略方向属于"正"的范畴,次要战略方向则属于"奇"的范畴。该书还认为,善于用兵之人,没有"正"和"奇"之分,所以"正亦胜,奇亦胜"。《李卫公问对》还提出了攻守合一的观点,指出"攻是守之机,守是攻之策,同归于乎胜而已矣",也就是说,合理运用策略,无论攻守都能赢得最终的胜利。关于"主客",该书提出了"致人而不致于人"的观点,就是掌握战争主动权,让敌人受制于己,而不让自己受制于人。

《李卫公问对》十分重视军队建设和军事训练,提出分三个阶段训练士兵,提倡由浅入深、循序渐进的训练方法。此外,该书还根据八阵推演出很多种阵法。更重要的是,《李卫公问对》对《孙子兵法》的很多命题进行了阐发,丰富和发展了《孙子兵法》的军事思想。

《守城录》

《守城录》是一部城邑防御专著,为南宋的陈规、汤璹撰写。

陈规曾任德安、顺昌知府,在任期间以善于守城闻名于世。汤璹曾在德安任教授。《守城录》由三部分组成,分别为陈规的《靖康朝野佥言后序》《守城机要》和汤璹的《建炎德安守御录》,宋宁宗以后三部分合为一书,并刊行于世。《靖康朝野佥言后序》主要讲的是为避免"靖康之难"重演而提出的御敌之策,《守城机要》阐述了陈规防守德安府时的战略战术思想,《建炎德安守御录》追忆了陈规防守德安府的事迹。

《守城录》根据攻城武器的发展和实战经验阐述了守城战法的改革,提出"守中有攻"的思想,强调沟通城内外道路,以便随时乘隙出击。该书主张改革城门、城墙旧制,由"重城重壕"代替原来"一城一壕"的城防体系,以增强城邑的防御能力。引人注目的是,该书具体阐述了枪炮等火器在守城中的具体操作方法,并记载了陈规于 1132 年研制的长竹竿火枪在守城作战中发挥的作用。这种火枪是最早的管形火器之一,在科技史上具有重要的意义。使用炮的时候,该书主张由城上观察目标,并纠正了射击方向和炮弹的落点。

今本《守城录》主要为清代乾隆年间的抄本以及嘉庆、道光时期的刻本,共分四卷,17000 余字。

《纪效新书》

《纪效新书》是明朝军事家戚继光撰写的一部军事著作,涵盖了战略、战术、行军、作战、训练、武器、律令以及兵员选拔等诸多方面,是他在东南沿海平定倭寇之乱期间治军和作战经验的总结。他在《自序》中说:"夫曰'纪效',明非口耳空言;曰'新书',所以明其出于法而非泥于法,合时措之宜也。"意思是说,"纪效"的含义是本书并未凭空所言,而是有理有据的,"新书"则说明了本书的主要思想源于古法却又不拘泥于古法,凸显了新意。《纪效新书》撰写于1560年,共十八卷,戚继光晚年时将其修订为十四卷。

戚继光

《纪效新书》结合东南沿海的地形和敌我双方的实际情况,论述了练兵的必要性和重要性,并提出了一套较为完整的治军理论和计划。该书图文并茂,详细而具体地讲述了从兵员选拔、训练到作战等方面的内容,关于兵器、旗帜、阵法、习艺姿势的插图形象而逼真。书中重点讲解了戚继光创设的"鸳鸯阵",并阐述了这一阵法在实战中的作用。《纪效新书》文字通俗易懂,《四库全书总目提要》称其语言"率如口语,不复润饰",使文化程度不高的普通士兵也能理解其中的道理。《纪效新书》反映了戚继光在东南沿海带兵打仗时的实际情况,他针对江浙一带兵士战斗力低下的状况,强调从严治军,并制定了整顿军队风气的具体措施。《纪效新书》重视兵员的选拔,认为"兵之贵选",即士兵的价值在于选拔。在练兵方面,该书强调按实战要求从严训练,还要求将帅不仅要具有文韬武略,而且要精通各种技艺,要做士兵。《纪效新书》还强调赏罚严明在治军过程中的意义,主张赏不避仇,罚不避亲。

《纪效新书》是我国古代的著名兵书,理论结合实际,又出于名将之手,因此具有极高价值。

《论持久战》

《论持久战》是毛泽东在抗日战争刚刚进入相持阶段的时候写的一本小册子,阐述了持久战的战略思想,目的在于鼓励全国军民的抗战热情。战争全面爆发后日军狂言三个月结束战斗,在国民党内部则出现了"速胜论"和"亡国论"的论调,在共产党内部也有一些人寄希望于正面战场的抗战。然而到了1938年,战争进入到相持阶段,日军三个月灭

亡中国的幻想被打破，"速胜论"和"亡国论"也被实践证明是错误的，这就使抗日战争的走向成为人们关注的焦点。在这样的背景下，毛泽东发表了《论持久战》，对抗战的经验进行了初步的总结，并批驳了当时盛行的一系列错误观点，明确阐述了持久战的战略方针。

在《论持久战》中，毛泽东对中日两国的社会形态、战争的性质、国际社会的支持情况进行了深入分析，得出了抗日战争是持久战的结论，并指出中国一定可以赢得最后的胜利。该书将抗日战争分为战略防御、战略相持和战略反攻三个阶段，强调全民抗战的重要性。这部著作是中国共产党领导抗日战争的纲领性文献，它指明了抗战的前途，提出了正确的路线。此外，《论持久战》在国民党内部也引起了重视。

《论持久战》批判了"速胜论"和"亡国论"，坚定了中华民族抗战到底的信心，为中国人民取得抗日战争的最后胜利指明了道路，也体现了毛泽东卓越的军事才华。

著名军校

军事院校是孕育高级军事指挥人才和优秀军事理论学术研究人员的摇篮，而著名将领和军事家就是他们所就读过的军校最耀眼的勋章。

黄埔军校

黄埔军校即第一次国共合作时期建立的陆军军官学校，因校址在广州东南的黄埔岛，故称黄埔军校。该校与美国西点军校、英国桑赫斯特皇家军事学院和俄罗斯伏龙芝军事学院并称为世界"四大军校"。

黄埔军校

20 世纪 20 年代初，国民革命运动风起云涌。1923 年9 月，孙中山派蒋介石、张太雷和沈定一率"孙逸仙博士考察团"访问苏联，学习建军经验。1924 年，国共两党实现了第一次合作。孙中山本着"教育为神圣事业，人才为立国大本"的思想，在广州创办了国立广东大学（今中山大学）和黄埔军校这一文一武两所学校。1946 年，该校改称中华民国陆军军官学校。1949 年底，军校迁往台湾高雄县凤山市，在大陆期间共办了 23 期。

黄埔军校以孙中山的"创造革命军队，来挽救中国的危亡"为宗旨，以"亲爱精诚"为校训。军校成立的主要目的是为国民革命培养军事和政治人才,作为武装推翻帝国主义和封建军阀在中国统治的主力军。军校采用军事与政治并重,理论与实践结合的教学方针,为中国革命做出了重大的贡献。

黄埔军校的首任校长为蒋介石,廖仲恺为国民党党代表,李济深、邓演达为教练部正、副主任,王柏龄、叶剑英为教授部正、副主任,戴季陶、周恩来为政治部正、副主任,何应钦为总教官,另有不少共产党人在军校担任教官。

黄埔军校为国共两党培养了大批优秀军事人才,其中不少人后来都成为中国军事和政治舞台上的风云人物,其中较为著名的国民党将领有杜聿明、胡宗南、宋希濂、戴笠、廖耀湘、戴安澜等,共产党将领有徐向前、林彪、陈赓、刘志丹、罗瑞卿、张学思等。

中国人民解放军国防大学

中国人民解放军国防大学是我国最高军事学府,也是我国唯一一所高级合同指挥院校。学校的主要任务是讲授以马克思主义及其在中国当代社会的新发展、军事高科技与军事变革、国家安全和军事战略等课程,并结合基础知识进行综合演练,着力构建由政治理论、战争与战略理论、作战理论、国防和军队建设理论、现代军事科技与武器装备运用理论等学科群组成的新型学科体系,并且结合当前形势建设信息化军队,与时俱进地走创新和发展军事与政治理论、紧密跟踪研究世界军事和政治热点问题及重大事件的学术科研道路,为党和国家培养高素质新型高级军事人才。

中国人民解放军国防大学

1927年,毛泽东在井冈山创建了红军教导队。1936年,几所在第二次国内革命战争期间建立起来的红军军事学校合组为中国工农红军大学。1937年红军大学改名为中国人民抗日军事政治大学。新中国成立后,该校先后改组为高等军事学院、军政大学等。1985年12月,军事学院、政治学院、后勤学院合并成立中国人民解放军国防大学。

国防大学直属中央军委领导,其教学科研机构下辖有战略、战役、马克思主义理论、信息作战与指挥训练、军队建设与军队政治工作、军事后勤与军事科技装备等教研部,开设了哲学、法学、经济学、军事学、教育学等五个学科门类。

国防大学坚持以马列主义、毛泽东思想和邓小平理论为指导思想,以中央军委新时期的军事战略方针为依据,以教学和科研为中心,坚持现代化,放眼世界,面向未来,为我军培养了大批优秀的军事人才。因此可以这样说,我军的跨世纪人才将从这里起步。

军事科学

随着社会分工的日益细化,不同传统学科重新进行了排列组合,从而产生许多新学科和边缘学科。近现代的几次工业革命和科技革命不但促进了军事技术的发展,也推动了军事思想的变革,使军事正式成为一门科学,因此众多军事学科应运而生。

战略学

战略学是一门研究战争全局并对战争进行全局性指导的学科,属于军事科学的核心学科,主要包括战争理论和战略理论两大理论体系。

战略学是军事学术的最高领域,来源于战争实践,制约其形成与发展的因素包括国家的政治、经济、军事、科技、文化、地理环境、国际形势和统帅才能等。世界上最早的战略理论著作是《孙子兵法》,西晋司马彪撰写的《战略》一书是世界上最早以"战略"命名的军事著作。我国古代战略学专著层出不穷,到明末发展到高峰,清代以后走向衰落。拜占庭皇帝莫里斯的《战略》写于 6 世纪末,是欧洲最早的战略学著作。中世纪时期,西方战略理论的发展十分缓慢,直到 18 世纪末才有了较大发展。马克思、恩格斯关于军事问题的论述,奠定了无产阶级战略理论体系的基础,列宁、斯大林、毛泽东在发展和完善这一理论体系的过程中也做出了伟大的贡献。

战略学在战争实践的过程中不断得到发展与完善,并以战争为研究对象。这一学科的根本任务是揭示战争规律,为战争的准备和实施提供指导理论和方法。战略学从属并服务于国家、政党的政治,因为政治决定战争的性质、目的,并规定了战略学的任务和发展方向。

在任何历史时期,战略学都必须做到放眼世界、面向未来,要紧跟科技发展的形势,预测未来战争的发展趋势,研究打赢战争以及制止战争的理论和对策。

战役学

战役学是一门研究战役及其指导规律的学科,属于系统化的战役知识体系,是军事科学的重要组成部分。

以《孙子兵法》为代表的我国古代兵书,很早就提出了许多适用于战役的指导规律。

古希腊色诺芬的《长征记》是一部较早论述作战理论的著作。在长期的战争实践中,作战经验不断得到积累,作战理论也不断得到充实和发展。19世纪初,普鲁士军事理论家克劳塞维茨的《战争论》较为系统地阐述了作战指导问题。20世纪,武器装备不断更新,战役实践和理论也得到了进一步的发展。

中国人民解放军战役学是在长期革命战争的战役实践中,由以毛泽东为代表的无产阶级军事家应用马克思主义的基本原理,对古今中外的战役理论知识进行深入研究后建立起来的。这套战役学理论揭示了人民战争的战役规律及指导规律,在一系列的军事实践中形成了以劣势装备打败优势装备之敌的鲜明特色。

战役学与军事科学的其他学科相互联系,并相互影响。战役学在战略学和战术学之间起着承上启下的作用,它受战略学理论的指导,并对战术学理论起指导作用。

战术学

战术学是一门研究战斗规律和指导战斗实践的学科,随战斗的产生而形成,随战斗的发展而完善。

我国是世界上较早产生军事战术理论的国家,春秋时期的《孙子兵法》提出的一些作战原则和方法在今天仍有指导意义。西方早期的一些军事历史著作也开始论述战法,18世纪后,军事家们正式将战术学理论作为一门独立的军事学科来进行研究。

战术学的研究目标主要包括战斗的性质、类型、特点和规律,以及战斗的组织与实施等问题。知己知彼、积极消灭敌人、集中优势兵力、争取战斗的主动权、出其不意、密切协同、实施全面保障是最常见的战术原则,同样也是战术学的主要研究内容。

中国人民解放军的战术理论,是在对以劣势装备战胜优势装备之敌、从游击战斗发展到现代合同战斗的实践总结中形成和发展起来的,其战术思想的发展历程是:第二次革命战争到抗日战争时期,以游击、伏击、破袭为主要战术;解放战争时期,以运动战为主,阵地战在此时也得到了较大发展;朝鲜战争中,前期以运动战为主,中后期以阵地战为主。

在科学技术飞速发展的今天,以信息技术为代表的高科技武器装备在战斗中被广泛应用,战术学的内容也必须要有新的发展,力争朝系统化、科学化的方向发展。

军队指挥学

军队指挥学是一门研究军队组织指挥的理论及其实施方法的学科,其基本任务是揭示军队的指挥规律,为军队的建设、作战等军事活动服务,并与战略学、战役学、战术学等军事科学的主要学科有着密切的联系。军队指挥学包含了作战指挥学、军事运筹学、军事情报学、军事通信学、密码学以及军事教育训练学等二级学科。

作战指挥学指的是研究作战指挥规律，并对作战指挥实践活动进行指导的学科。这一学科的任务主要有两点：一是总结作战指挥的实践经验，并揭示其基本规律；二是明确作战指挥的原则，从而探求正确实施作战指挥的有效途径和方法。

军事运筹学指的是应用数学工具和计算技术对军事问题进行量化分析，为战略决策提供可靠数据的学科。在现代条件下，若想解决国防建设以及军事活动中的指挥控制问题，除具备高超的指挥能力外，还要有一套用于高速计算分析的现代科学方法作为辅助，军事运筹学就是为解决这一问题而设立的一门学科。

军事情报学指的是以军事情报及其实践活动为研究对象的学科，主要用来研究军事情报的本质、原则、特点、范围、内容和方法，以及军事情报工作的建设和管理等。

军事通信学指的是在军事条件下进行通信保障的学科，是一门由计算机科学、信息学、自动化等学科组成的综合性学科。

密码学指的是研究编制密码和破译密码的技术的学科，按照研究对象的不同分为编码学和破译学两大类。

军事教育训练学指的是研究军事教育训练活动及其规律的学科，主要任务是通过总结军事教育训练的历史经验，来研究其理论与实践的相关问题，并预测其发展趋势，为国家的军事教育和训练实践活动提供理论依据。

战争动员学

战争动员学是一门研究国家由平时状态转入战时状态，通过调动人力、物力、财力及精神力量，为国家安全和战争活动提供保障的学科，主要内容包括动员基础理论、武装力量动员理论和部门动员理论三大部分。

战争动员指的是国家采取一系列紧急措施和手段，由平时状态转为战时状态，从而使政治、经济、军事、教育、科技、文化以及外交等活动为战争服务，是介于国家武装力量的建设与运用之间的一个战略问题，其重点在于后备军事力量的建设。战争动员可以分为很多种类型，按规模可分为总动员和局部动员，按时间可分为战争初期的应急动员和战争中后期的持续动员，按方式可分为公开动员和秘密动员。

战争动员通常由国家最高权力机关决定，由国家元首或政府首脑发布命令予以实施。动员的范围通常包括武装力量动员、防空动员、群众防卫动员、政治动员、国民经济动员、国家战略储备动员以及科技动员等，其中以武装力量动员为核心。

动员的各项准备工作主要是在平时进行，因此要制定国家动员法及其相关法规制度,同时要健全动员机构,加强新式武器装备及军事科学的研究工作,并对战略物资进行储备。预备役部队的建设及其人员的培训也是动员准备工作的重要内容。

军队后勤学

军队后勤学是一门研究军队后勤建设及后方勤务的组织指挥和保障工作的学科,主要用来计划和执行部队的运输与维护,有"军事物流学"之称。

后勤通常指,军事设施与装备的研发、设计、筹措、建造、存储、配送、维护、撤离和处置;人员的运输、撤离和医护;服务的筹措与提供。这门科学要求负责的军官将理性的科学知识与感性的直觉判断相结合,掌握专业知识和军事行动其他部分的相互关系。

后勤在我国古代一直被称为辎重,学者及军事家们很早就意识到后勤保障对军事行动具有重要的意义。老子说:"君子终日行不离辎重。"孙子也说:"军无辎重则亡,无粮食则亡,无委积则亡。"

现代化的军队后勤学需要与世界进一步联系起来,依靠良好的管理系统,同时注重运输与仓储的作用。

军事医学

军事医学是一门运用一般医学原理和技术,研究军队平时和战时特有卫生保障的学科,是军事科学的重要组成部分。其科研成果通过卫生勤务的实施,达到维护军人身心健康,巩固与增强部队战斗力的目的。此外,军事医学还注重解决提高野战医疗及防疫水平等问题,为军队建设与作战行动提供服务。

自古以来,军中就有了专门为官兵治病疗伤的卫生组织和医生,但直到19世纪才出现独立的军事医学。由于军队在作战和训练的过程中总会遇到在日常生活中少见的医学问题,这就需要进行专门的研究并对其予以解决,这就促进了军事医学的产生和发展。

火器时代到来之后,随着常规武器的发展,产生了性质和程度不同于以往的创伤,因此需要及时研究治疗及防护方法。战争规模的扩大,使更多的重伤员需要迅速向后方转移。所以这就要求加大对战伤病理和战伤外科学的研究力度,实施合理的分级

野战医院

治疗,使伤员死亡率降到最低。在野战的特殊条件下,要求研制便于携带的医疗技术设备,以适应部队机动作战的需要,同时需要针对不同军兵种的具体情况,制定不同的营养标准,并解决战时应急口粮以及野战饮水卫生等问题。

中国人民解放军一贯重视军事医学的研究,我国已经建立了战伤外科学、卫生勤务学、军队卫生学、军队药材供应管理学、军队流行病学、核武器伤防护医学、生物武器伤防护医学、化学武器伤防护医学、军事航空医学、军事航海医学等军事医学学科。

军事地理学

军事地理学是一门研究地理环境对国防建设、军事行动的影响,以及在军事上运用地理条件的规律的学科,主要用于为制定战略方针、进行战场准备、研究武装力量建设、指导作战行动提供理论依据。军事地理学通常由普通军事地理学、区域军事地理学和部门军事地理学三部分组成,既是军事科学的重要组成部分,也是地理学的分支学科。

历史上许多军事家都十分重视地理环境和地理因素对战争的影响,孙子就曾说过"知天知地,胜乃不穷",孟子也说过"天时不如地利"。三国时诸葛亮三分天下的战略正是以地理形势为基础制定出来的,而周瑜火烧赤壁则是因得天时、地利而获胜的经典战例。18世纪中期,普鲁士国王腓特烈二世在《给将军们的训词》中说:"地理知识对一个将领来说,犹如枪炮之于士兵,数学之于科学家一样重要。"19世纪初,拿破仑兵败俄罗斯,地理因素对法军不利就是其中的一个重要原因。

军事地理学主要包括地理形势、自然条件、社会状况、城镇要地、经济因素以及交通运输等。

地理形势主要包括一个国家或战争发生地的位置、范围、面积、陆海疆界的长度和自然特征及其对军事行动的作用和影响。

自然条件主要包括地貌、水文、植被和气象等因素及其对作战行动和交通运输等的影响。

社会状况主要包括社会制度、政治体制、对外政策、阶级关系、人民与政府的关系、人民的政治倾向以及对战争的态度、人口分布、民族分布、宗教信仰、民间文化习俗、社会整体文化程度等。

城镇要地主要包括重要居民区、军事基地、岛屿、关隘等。

经济因素主要包括各种战略资源的分布、蕴藏量和产量,工业的分布、技术水平及生产能力,农业的分布特点和主要农产品的生产状况,国民经济结构、生产总值和人均产值,战时经济动员能力以及对战争的支持能力。

交通运输主要包括铁路、公路、航海线、内河航运路线、航空线和地下管道的整体布局,主要线路及其通行、输送能力,重要交通枢纽、车站、港口和机场等的吞吐能力和遭受破坏后的恢复能力,各种交通工具的数量和战时生产能力。

军事地形学

军事地形学是一门从军事应用的角度研究和利用地形的学科,主要研究的内容包括地形对战斗行动的影响及其规律、军用地图和航空航天照片的识别与应用原理和战场简易测量方法等。

自古以来,军事家们一直都把地形视为指挥作战的重要条件,因此非常重视对地形的利用。大战之前,将领们常常将其所认为的有利地形作为本方阵地。孙子说:"夫地形者,兵之助也。"《孙子兵法》中就有《地形》一篇。除观察地形外,军用地图也常常成为组织军事行动的重要依据。

现代战争虽然不像古代战争那样注重阵形的排列,但战场范围的扩大、参战军兵种及人数的增多、部队机动能力的提高等因素决定了地形对战争的影响不但没有减弱,反而更加重要了,因此军事地形学逐渐发展为一门重要的学科。军事地形学主要包括地形分析、方位判定、识图用图、简易测量以及照片判读等内容。

地形分析指的是通过分析地貌、水系、道路、居民区的分布和土壤植被情况,来判断其对部队采取军事行动的影响,对工事构筑以及大规模杀伤性武器袭击的防护具有决定性意义。

判定方位指的是判定部队所处具体方位,明确站立点与周围地形的关系位置。

识图用图指的是对地形图、航海图、航空图和影像地图的识别与使用,重点是掌握地形图的基本知识和研究地形图的正确使用方法。

简易测量指的是快速测定战场目标的距离、高度、地面坡度和角度的方法。

照片判读指的是研究航空及航天照片判读的理论与实际问题。

军事海洋学

军事海洋学是一门研究和利用海洋自然规律,为海上军事行动提供科学依据并实施保障的学科,是在军事科学和海洋科学的基础上建立和发展起来的新型边缘学科。

军事海洋学主要研究海洋声学、深海底地质地貌、海底工程、深潜技术和反潜战环境预报等。这门学科与海洋学的各分支学科有着密切的关系,并随科学技术的进步而不断发展。

海洋与人类的生活息息相关,很早就有人利用海洋现象来达到某种军事目的,由于缺乏对海洋规律的了解而导致失败的例子也不少。13世纪中后期,蒙古军队东征日本,由于不习海战,再加上不了解海洋气象规律,终因遭遇风暴而全军覆没。从15世纪开始,历史进入到航海时代,海洋与军事的结合也更加紧密。1661年,郑成功的军队利用涨潮穿过了鹿耳门登陆台湾岛,最终打败荷兰人收复了台湾。

军事海洋学是一门年轻学科,因此尚处在发展阶段。在人类与海洋的关系日益密切的今天,这门学科将显示出更加重要的作用和独特的魅力。

军事历史学

军事历史学是一门通过研究历史上发生过的战争、军事制度、军事思想来总结经验,从而揭示军事指导原则和军事发展规律的学科。这门学科有着悠久的历史,在每一个历史时期都具有特别重要的作用,因此至今仍然受到各国的重视。

军事历史学很早就受到了人们的重视,史学家在撰写历史著作的过程中,非常重视对战争的描写和分析,中国的《左传》《战国策》以及"二十四史"都把军事作为主要内容来记述,古希腊的《伯罗奔尼撒战争史》、波斯的《世界征服者史》对战争的描述更是不惜笔墨。近现代以来,随着战争规模的不断扩大,各国军事制度、武器装备的发展也日新月异,军事史的研究也越来越受到重视。

军事史是军事历史学的主要研究内容,包括战争史、军事思想史、军事学术史、军事制度史、军事技术史、军队史等,而当代的军事理论就是在研究军事史和现实情况的基础上产生和发展起来的。军事史指的是对以往的军事战略部署、军事装备等问题的记载,是军事历史学的基础,也是历史学的分支学科。研究军事史可以鉴古知今,并为军事家提供参考,有助于根据现实状况实施适当的军事部署。另外,军事史对一个国家以往的军事状况做了全面的概括,因此还有助于了解当时该国的政治状况。

在新时期,军事历史学还将继续发挥其巨大的指导性作用。

军事经济学

军事经济学是一门研究军事经济资源配置的学科,属于经济学的一个重要分支,主要研究的是军事经济资源配置的规律。军事经济是国民经济的重要组成部分,既与军事行动紧密相连,又遵循经济运行的一般规律。军事经济的资源配置不同于一般经济的资源配置,作为一个相对独立的封闭系统,它主要用于保障军事建设为战争需要做准备,因此该学科又是一门探讨市场经济与计划经济相结合的学问。

军事经济学的经济效益是国家的政治、经济、军事效益与军事经济效益的统一,同时这门学科又是不同国家、地区、政治集团、军事集团间相互联系的军事经济史和现实军事经济的结合体。因此，研究军事经济行为的历史起点与逻辑起点，就成为军事经济学的重点研究领域和内容。

世界政治格局的变化对各国家和地区经济、军事战略的发展有着现实和潜在的影响，同时也会对军事经济的资源配置发挥重要作用。不同国家和地区有着不同的军事经济战略，相应地也会影响到军事领域从生产、分配、交换到消费的全过程。

总的来说，全球范围以及区域性的军事经济资源配置，一般遵循着此消彼长的规律，并朝平衡的趋势发展，从而适应世界政治、经济、军事战略格局发展趋势的变化，同时对各国家和地区军事领域的生产、分配、交换和消费产生影响。

军事工程学

军事工程学是一门研究军事工程技术、国防工程建设及其工程保障等理论与实践的学科。这门学科主要研究的内容有军事工程建设的方针和原则、国防工程的战略与技术要求、永久性军事设施的建造与维护、各种军事工程保障的特点与任务、工程兵和军事工程技术的运用、各种军事工程的理论与实践问题以及工程装备的设计与发展等。

军事工程学源于军事工程的实践活动，从人类社会出现战争开始，军事工程就受到了军事家们的重视。我国早在春秋战国时期就已产生了关于防御和进攻的军事工程理论，其中包括筑城、设置障碍物、伪装、渡河的理论与方法，长城是我国古代最著名的军事工程设施。城池的攻防是我国古代战争的重要内容，因此城防设施的修筑以及攻城设备的建造就成了当时军事工程的重点。古埃及和两河流域的一些国家也有悠久的筑城历史。此外，古罗马还经常修筑用于军事行动的道路。火器的使用改变了传统的军事工程理论，加固城墙的城防体系开始逐步向炮台式要塞的体系演变。两次世界大战中，出现了空前坚固的防御工事，促进了军事工程学的发展。

随着战争规模的不断扩大，军队作战行动对军事工程的要求也日益提高，于是军事工程学逐渐成为一门独立的学科。在自动化、信息化程度越来越高的未来战争中，军事工程学将发挥越来越关键的作用。

军事技术

军事技术指的是直接运用于军事领域的技术，是建设武装力量和进行战争的物质基础与技术手段，包括武器装备的研发、使用和维护技术，以及军事工程的相关技术。军事技术是军事科学的重要组成部分，也是衡量国家军事实力的重要标准之一，往往对战争的走向起着决定性的作用。军事技术的发展受军事思想和战略、战术的指导,并且会对军事思想和战略、战术产生重大影响,是军队建设的重要因素,其发展的动力是军队的军事需要。

一个国家的最新科技成果往往优先应用于军事领域,从而引起军事技术的变革。另一方面,军事技术的发展又在一定程度上促进了科技的进步。例如,纳粹德国在第二次世界大战后期研制的 V-2 火箭,在战后为航天火箭和导弹技术的发展奠定了基础;战后初期用于测算弹道轨迹的电子计算机,后来朝微型化发展,如今已经走进千家万户。

武器装备是军事技术的主体,集中体现了军事技术的发展水平。现代军事技术可以分为许多种类,按武器装备可以分为轻武器技术、火炮技术、坦克技术、舰艇技术、导弹技术、核技术、军用雷达技术、军用通信技术、电子对抗技术等,按军兵种可以分为海军技术、空军技术、装甲兵技术、炮兵技术、战略导弹部队技术等。

总的来说,军事技术的发展取决于国家的经济发展状况和科技发展水平,生产力决定军事技术的发展水平。

军用航天技术

军用航天技术指的是以军事应用为目的,开发和利用宇宙空间的综合性工程技术。

1957 年,苏联发射了人类历史上的第一颗人造地球卫星"斯普特尼克 1 号",标志着人类历史从此进入航天时代。人类制造的航天器原理都比较简单,发射上天后一般无法回收,所以基本不具备军事价值。1960 年,美国成功发射并回收了一颗侦察卫星,由此拉开了军事利用宇宙空间的序幕。1962 年,美国成功发射了"电星 1 号"能动型通信卫星,开始了卫星通信的历史。1969 年,美国"阿波罗 11 号"宇宙飞船载人登月成功,标志着人类已完成初期的空间探索与应用试验。1971 年,苏联发射了第一个宇宙空间站"礼炮 1 号",从此以后,航天器开始朝高效、多功能的方向发展。随着航天技术的发展,人类相继研制了永久性空间站和航天飞机,并实现了空间站与宇宙飞船的对接,为人类对外层空间进行更大规模的军事开发利用创造了条件。

军用航天器的发展使军事侦察、测绘、通信、导航、定位、监视、预警和气象预报等能力得到了空前

中国神舟七号飞船大比例模型

的提高。军事航天技术的应用主要包括四个方面,即航天监视、航天支持、航天作战以及航天勤务保障。

1985 年,美国成立了联合军事航天司令部。1992 年,俄罗斯组建了航天部队。迄今为止,世界上拥有航天技术的主要国家,其航天技术人员主要为军人,而各国发射的航天器中,有 70%用于军事目的。

1970 年"东方红 1 号"的发射成功,标志着我国成为世界航天俱乐部的一员。从2003 年发射成功的"神舟五号"载人宇宙飞船起,我国开始步入航天军事强国之林。

军事制度

亚当·斯密说："在人类社会的棋盘上，每一个体都有其自身的行动规律，这与立法者试图施加的规则不是一回事。如果它们能够相互一致，按同一方向作用，人类社会的博弈就将会像行云流水一样结局圆满。然而如果两者相互抵触，那么博弈的结果就将苦不堪言，社会在任何时候都可能陷入高度的混乱之中。"所以国无法不治，家无法不宁，法令和制度是要求人们共同遵守的行为准则和行事规程，社会需要以此来维持其组成部分的正常运转。军队作为国家机器的重要组成部分，必须要由一套系统而健全的制度来指导和调控。历史可以证明，军人阶层若是失去了制度的制约，社会秩序就将堕入万劫不复之地。军事制度指的是构建武装力量的一整套制度，主要包括军事领导制度、军事组织体制编制、军队的管理及后勤保障制度、兵役制度、国防经济管理制度、国防教育制度和军事法律制度等。

兵役制度

稳定的兵源是建设一支实力雄厚的军队的关键，因此自从战争在人类历史上出现以来，兵役制度就随之产生了。

征兵制

征兵制，又称义务兵役制，是公民在一定年龄内必须承担一定期限的军事任务的兵役制度。公民履行兵役义务可以是在军队中服现役，也可以是在军外服预备役。在我国，高等院校和高级中学的学生参加军事训练，也属于履行兵役义务。

征兵制古已有之，古希腊、古罗马规定每一自由民出身的男子都有服兵役的义务。在中国的商、周时期，有受田权利的男子都必须服兵役。秦朝和汉朝初期，成年男子有在军中服役两年的义务。中国历史上，是否实行征兵制曾与国家是否强盛有一定联系。比如秦、西汉都实行征兵制，唐朝改良后的府兵制也是征兵制的一种。反过来，相对羸弱的东汉、两宋以及清末则实行募兵制。

征兵制是相对募兵制而言,由于义务役成员属强迫性、非自愿的,且仅服役一段时间,因此通常在实施征兵制的国家,亦同时实施募兵制。实行义务兵役制,分担在公民个人身上的兵役义务较合理,同时能够保障军队有充足的兵员来源,且有利于积蓄训练有素的后备兵员。

我国当前实行义务兵和志愿兵相结合、民兵和预备役相结合的兵役制度。

军户制

军户制是中国古代一种兵役制度,这种制度下的士兵及其家属的户籍属于军府,世代充差为兵。军户制最早出现于东晋、南北朝。据《宋书·孝武帝纪》记载:大明二年(458年)诏"吏民可赐爵一级,军户免为平民"。北魏的军户部分是由俘虏来充当。其北方六镇戍防兵士,又称"府户",本是鲜卑高门子弟,而传了数代之后"役同厮养",沦落为地位卑下的阶层,地位还不如一般农户。在宋朝,应募充军的人户称为军户,待军士年老退伍后除籍。

元明两朝是军户制度大发展的阶段。元朝军户的成年男子必须服役军中,父子罔替,兄死弟及,世代相袭。军户的管理也自成体系,在万户府和千户翼中设立的奥鲁官,管理蒙古军户和探马赤军户。元灭宋以后,将原南宋军队及家属编成新附军户,由管军管理。政府只发给士兵口粮、食盐以及衣装,其他如马匹、兵器等费用需各户自理。这样下来,军户的负担就过于沉重,常被迫逃亡,所以自元顺帝开始军户制逐渐荒废。

明初,军队由四部分构成,分别是"从征""归附""谪发""垛集"。1388年,明太祖以元代旧籍册为基础,由兵部进行仔细审查,建立起新的、较为完备的军户制度。军户的社会地位低于一般民户,非经放免,不得脱籍。军户与民户一般难以通婚,因为如果通婚,民户子女也会被连累进去。军户丁男只可以有一人为生员,同时不许将子侄过房于人,以此脱免军籍。兵丁出征,装备盘费等费用一律自备。一丁出征,全家以至一伍、一里受累。军户负担更加沉重,逃亡现象愈发严重,因此渐渐被募兵制所取代。

府兵制

府兵制是中国古代的一种兵役制度,其主要特点是兵农合一,源于西魏,废于盛唐。负责选拔和训练士兵的机构叫作军府,府兵也因此得名。

西魏权臣宇文泰是府兵制的创立者,该制度经北周、隋至唐初期而日臻完备。550年,西魏就建立起八柱国、十二大将军、二十四开府的专门的府兵组织系统。八柱国分别为宇文泰、元欣、李虎、李弼、于谨、独孤信、赵贵、侯莫陈崇,其中宇文泰实为全军统帅,西魏宗室元欣仅挂虚名,实际分统府兵的为其余的六柱国。这种制度对后来隋、唐的建立影响巨大,李虎就是唐朝先祖。

这种制度初创时,基本上采取鲜卑人当兵、汉人务农的政策。成为府兵者全家编入军籍,成为军户,不归州县管理。隋初,隋文帝诏令府兵及全家都归入州县户籍,只有府兵本人由军府统领。至此,府兵制成为真正意义上的兵农合一制度。隋朝军府有内、外府之分,后来唐太宗将外府更名为折冲府,内府更名为中郎将府。

府兵平时为在土地上从事耕种的农民,农闲时进行军事训练,战时随军出征,武器和马匹全由自己准备。府兵虽然包括官僚子弟和一般地主,但仍以均田农民为主体。府兵制创立以后,规定三年一拣点以补充缺额,其服役期限为二十一至五十九岁。服役期间,府兵本身免除课役,但军资、服装、轻武器和粮食都要自备,这对农民造成的负担是非常沉重的。

由于府兵平时务农,农闲练武,有事出征,其主要任务是轮流到京师宿卫和出兵征防。遇有战事,要荆州刺史和折冲府将领勘合协商之后才能发兵。战争结束后,兵士立即解散,将领回归朝廷。这样一来,将领就不能拥兵自重。

后来由于兵役繁重、均田制遭到破坏以及府兵地位低下等原因,府兵制自唐高宗后期到武则天时就逐渐荒废,到唐玄宗时正式废除,由募兵制所取代。

团练

团练是中国古代地方武装的一种,主要指的是国家在正规军之外就地招募壮丁,通过军事训练培养而成的地主武装组织。办团练的目的是抵御盗匪的侵扰,维护乡里的安定。

团练源于周朝的保甲制度,春秋战国时发展为"什伍法",目的是通过户籍登记、限制人口流动等方式维持地方秩序。唐朝设有团练使一职,相当于民间自卫队的队长。两宋设置了诸州的团练使,苏轼就曾担任黄州团练副使。明朝取消了团练使,而是以按察使和兵备道分管团练。1645年,李自成转战湖北九宫山时就是在被团练武装击败后被杀的。清朝办团练开始于19世纪初嘉庆年间的白莲教起义期间,当时八旗、绿营严重腐化,战斗力十分衰弱,合州知州龚景瀚在给朝廷的上疏中建议设置团练乡勇,令地方绅士招募和训练兵士。

鸦片战争期间,林则徐在广东三江各乡镇组织乡勇及民团抵抗英军,取得了一定成效。从此,团练开始被收编进朝廷的正规军。太平天国起义期间,曾国藩以团练为基础,组成了包括兵勇、役工、水师在内的地方武装共1.7万余人,称为湘军或湘勇,全军只服从曾国藩一人调遣。在这种思想的指导下,曾国藩门生左宗棠、李鸿章分别组建了楚军、淮军。

新军

新军指的是清朝末年编练的近代化陆军,后来却发展成为推翻清朝统治的主要力量。

1894年,新军开始筹建。甲午战争的作战不利让清政府意识到陆军同样需要以先进的方法来训练,这就使新军的组建被迅速提上日程。第二年,胡燏棻募集5000人,编为十营,驻扎在马厂,后来屯于小站,并使用西方的练兵法进行训练,号称"定武军",这就是新军的雏形。

中日甲午战争结束后,新军由袁世凯接办,改称"新建陆军",简称新军。与此同时,担任两江总督的张之洞也开始编练"自强军"。《辛丑条约》签订后,清政府以"新政"的名义,于1903年在中央设立由奕劻担任总理的练兵处。1905年,练兵处制定陆军军制,各省开始设立督练公所,由督、府、将军、督统兼任督办。

湖北新军在操练

这项举措使新军的编练在全国范围内得到了推行,并计划在全国编练新军三十六镇,每镇包括步、马、炮、工程、辎重等兵种,定额12512人,设一名统制来率领。镇下分协、标、营、队、排、棚,分由协统、标统、管带、队官、排长和正、副目率领。平时以两镇为一个军,战时则根据情况,或以三镇为一个军,或合并几个军为一个大军。中下级军官大多由国内各武备学堂毕业生充任,间有少量学习军事的留学生。士兵通过招募而来,在身体素质、有无不良嗜好以及文化程度等方面都有较为严格的规定。

辛亥革命前夕,新军已编为十三镇。清政府以北洋新军为中央军,各省新军为地方军。在革命党人的积极活动下,各省新军中的下级军官和士兵越来越多地倾向于革命,成为武昌起义和各省革命斗争的主要力量。

军职和军衔

无论一个国家实行什么样的整体,军队中的等级制都无一例外地被保留,因为事实证明这种制度在战争中所起的作用是非常明显的。现代军队建设中,现役将官及士兵除担任一定的职务外,还要被授予军衔。

将军

始见于春秋时代的将军是中国古代一种很常见的官职名,将军在汉代被规范成为常设职位。顾名思义,将军就是率领军队的意思。夏商周时期,将天子统率的部队分为六军,每军大约有 1.2 万人。到了春秋时期,诸侯制大国分为三军,次国分为二军,小国分为一军,晋献公、魏献子等诸侯或大夫都自己统领一支军队,称"将军"。

将军可分为"重号将军"和"杂号将军"两种,"重号将军"是可入朝参政并开府理事的常设职位,又被称为"中朝将军";而"杂号将军"多是为应对临时征战所设立的,也可称为"征讨将军"。另外,魏晋后期为了奖励军功,增加了将军的名号,大多是刺史及太守增加的,被称为"散号将军"。

每个朝代常设的将军名号都各有不同。根据级别的不同,大将军、骠骑将军、车骑将军、卫将军、征(东南西北)将军、镇(东南西北)将军、安(东南西北)将军、平(东南西北)将军、前将军、后将军、左将军及右将军等是各朝普遍设有的将军职位。骠、车、卫及诸征、镇

东汉朝廷封孙策为吴侯,拜讨逆将军。

将军资深者可被晋升为大将军,例如骠骑大将军、卫大将军、征北大将军、镇西大将军。创立于汉武帝时期的骠骑将军,与车骑将军、卫将军及其他大将军同为第二品。诸征、镇将军同为第二品,但诸征要高于诸镇。前后左右将军与统领前后左右四军的将军不一样,前者为第三品,后者为第四品。将军名号在隋唐以后以杂号、散号居多,这里不做

说明。

枢密使

枢密使是中国古代的一种官职，主管军事。

北宋叶梦得在《石林燕语》中引用《续事始》里的语句说："代宗永泰中，以中人董秀管枢密，因置内枢密使。"唐朝中后期，宦官董秀曾被唐代宗任命为枢密官，负责管理表奏和向中书、门下二省传达皇帝的命令。叶梦得还指出："枢密使，《唐书》《五代史》皆不载其创始之因，盖在唐本宦者之职。"意思是说，诸多史书在记载唐代宗之前的事件时，都没有提到枢密使的创始原因，所以他推测这一官名出自宦官的职务。

809年，梁守谦被唐宪宗任命为枢密使，这一官职从此正式出现在历史舞台上。在此之后，掌权的宦官大多都以枢密使的名义干预朝政，甚至行皇帝废立的大事。到了唐末，宦官的权力就更大了，甚至直接参与指挥国家军政事务，与宰相争权。

朱温称帝建立后梁以后，将枢密使改为崇政使，并让皇帝身边最亲信的大臣担任这个职位。宋代沿用了枢密使制度，但稍有改变，任命枢密使为枢密院长官，有时也将枢密使称为知枢密院事，简称为知院，这时担任枢密使职务的官员通常都是文官。凡是军事上的举措，都由枢密使按照皇帝的旨意执行。清代有复古风尚，因此经常以古代官名"枢密"作为军机大臣的尊称。

节度使

节度使是中国古代的一种官职名称。唐代将驻守在各道的武将称为都督，带着使者持着使节的都督称为节度使，不带使节的都督则不称为节度使。711年，节度使才开始成为一种正式的官职。

唐玄宗时期，设立了范阳、河西、陇右、朔方、河东、平卢、剑南、碛西、岭南九个节度使，范阳节度使是这九个节度使中兵力最强大的。这时期的节度使大部分是由少数民族担任，往往被封为郡王。

节度使在设置时，起到的是军事统帅的作用，主要掌管的是军事与防御外敌，而不需要管理州县民政，后来才逐渐总管一个地区的军、民、财、政，节度使还对其管理区域内的各州刺史进行管制。

安史之乱以后，各地普遍设置节度使，大部分是安史之乱中的叛将和平叛战事中出现的跋扈将军，各自统领一方，管理其军事民政、人事财政。后来节度使转变为子承父业，不服从朝廷的命令，朝廷无力讨伐，只能任其发展，后来将其称为藩镇，在唐朝灭亡时出现。五代时期,节度使的权势达到了顶峰,节度使可以决定中央政权的拥立与废弃,后梁、后唐、后晋、后汉、后周的建立者都是节度使。宋朝建立后,宋太祖对各节度使采取了赎买政策,解除了节度使对中央军队的控制,并限制节度使管理属郡的权力,又把节度使的财政权力交给转运使接管,还把节度使手下的强壮兵士编入禁军。通过这些政策,节度使成为一种荣誉性的虚衔。辽、金时期也都纷纷效仿唐代的节度使制度,但也都是有名无实。元朝时,节度使制度废除。

观察使

观察使是中国古代的一种官职,出现于唐朝后期的地方军政长官全被称为观察处置使。

唐朝前期,中央经常不定期派出使者对各州县进行监察,使者的名称都是临时确定,没有固定标准。706年,唐中宗设十道巡察使,任期两年。711年,唐睿宗设十道按察使,但这个官职也不是经常设置的。733年,唐玄宗改设十五道采访处置使,简称为采访使,职权和汉代刺史一样,主要工作职责是察访地方官政绩。唐玄宗后期,在设置节度使的地区,常常由节度使兼任观察使职务。安史之乱以后,节度使或防御使的数量有所增加。防御使的地位较低,经常由采访使兼任,主要职责是察访各州县的政务,并协助地方官员进行军事防御。758年,采访处置使被更名为观察处置使。防御及团练使常常由州刺史兼任,都防御使与都团练使则常常由观察使兼任。因为观察使没有旌节,所以地位低于节度使。唐代后期,全国逐渐分为四十多个道,大的有十多个州,小的有二三个州,权力最大的是节度使,其次是观察使。因为观察使地位低于节度使,所以更加听从中央的命令。

宋代时,在各个州都设置有观察使,没有固定职责,没有定员,也不驻扎在本州岛,实际上是个虚衔。辽代在不设置节度使的州设置观察使司,由观察使管理本州岛政务。金代由节度使主管本州岛民政。元代废除观察使。民国初年,将清朝的分巡、分守道改为观察使,然后改称为道尹。

提督

提督指的是清朝一种武官的官职名称,与文官尚书或总督平级,比巡抚文官高一级。明朝曾设提督总兵官,各省巡抚、镇守总兵官也经常加有提督军务等头衔,但这不是正式官名。总的来说,清朝每个省都设置一名提督军务总兵官,简称为提督,是一省绿营兵的最高长官,位居从一品,但仍然受到总督或巡抚的管制。根据职能,提督可以分为陆路提督与水师提督,掌管区域可达一到两省,数万平方公里,甚至数十万平方公里。清朝时期,在中国各地一共设置有 12 名陆路提督,3 名水师提督。提督管理其下属的镇、协、营、汛各级,其直辖部队被称为提标。

九门提督是提督诸官职中最有名的一种,是清朝时期的驻京武官,其正式官衔为"提督九门步军巡捕五营统领",主要负责北京内城正阳门、崇文门、宣武门、安定门、德胜门、东直门、西直门、朝阳门和阜成门这九座城门的内外守卫和门禁,还负责巡夜、救火、禁令、缉捕、断狱、编查保甲等,实际上是清朝皇室禁军的统领,品秩是从一品。

都尉

都尉指的是中国古代的一种官职,职位次于将军,战国时期开始设置,如赵国在将军下面依次设置有国尉、都尉。

秦至汉初,每郡都设有郡尉,职责是协助太守主管军事。在《史记·陈涉世家》中就有记载:"陈涉自立为将军,吴广为都尉。"《史记》上还说:"沛公已出,项王使都尉陈平召沛公。"汉景帝时,郡尉改名为都尉。西汉政府还设有掌管人员入京的关都尉,管理归附各族的属国都尉,掌管边郡与田地的农都尉,掌管皇帝所乘车辆的奉车都尉和掌管乐府的协律都尉等。

唐、宋、元、明几个朝代,上轻车都尉、上骑都尉、骑都尉都是三、四品官员的称号。清代时以都尉作为武官的官阶,武义都尉是正三品,武翼都尉是从三品,昭武都尉是正四品,宣武都尉是从四品。

辛亥革命以后,南京临时政府在民国元年一月对军衔等级进行了规定,中等官佐被称为都尉,分为大、左、右三级。同年八月,北洋政府将中等官佐改称为校官。民国初年,京师警察厅也曾设置都尉官职。

校尉

校尉是中国古代的一种官职,产生于战国末期,相当于部队长。

秦朝时期,校尉是中级军官。两汉时,校尉的主要职责都是戍卫京师。西汉时期,汉武帝设置了中垒、屯骑、步兵、越骑、长水、胡骑、射声、虎贲八校尉来加强长安城的防护。八校尉统领的军队都是从少数民族中或地方选募来的常备兵,属于国家的精锐部队,而其中的胡骑、越骑更为重要。在西汉时期,校尉一职大多由皇帝的亲信来充任。此后,驻扎在西域等少数民族地区的驻军长官也被称为校尉,例如驻扎在西域的戊己校尉、驻扎在陕甘的护羌校尉等。东汉时,中垒校尉被撤销,并将胡骑校尉并入长水校尉,虎贲校尉并入射声校尉,只剩下五校尉。史书中常见的"五营""五校",指的就是五校尉所属的军队。在东汉时期,五校尉大多是由宗室担任。

曹魏、两晋、南朝以及北魏、北齐都设有校尉一职。三国时期,立下卓越战功者通常被授予将军的头衔,校尉就成为低级军官的职位。

唐、宋、元、明等朝代都将校尉的官职定为六品以下,清代将校尉的官职限定为八品甚至九品。

总兵

总兵是中国古代的一种武官官职军阶名称,在明清两代常设。总兵这个名称在明朝时是没有品秩的,在清朝时则一般为正二品。

14 世纪至 17 世纪初的明朝,总兵是没有品秩的武官职务,其统领和管辖的兵士、编制定员、位阶都没有固定标准,一般都是由公侯或地方都督兼任。清朝初期,总兵没有定品,直到 1753 年才开始定品秩。清代总兵为绿营兵正二品武官,受到督抚等文官的统一管辖,处理本镇军务,又被称为总镇。总兵直接统辖的绿营兵被称为镇标。通常情况下,清朝在全国设置了 83 名总兵,其中陆路总兵大约有 70 名,水路总兵则为 13 名,统一管理全国各省的 614 个防营,兵力大约 63 万。

京师步兵营设有左、右翼总兵,为步兵统令佐官。清末,北洋水师也设有左、右翼总兵,各统铁甲舰为领翼队长。

台湾被日本占领以前,其总兵受到台湾道台的管制。台湾总兵统辖的部队称为台湾镇,官衔也就被称为台湾镇总兵,人数大约在 1 万至 1.5 万左右。

参军

据《通典》《文献通考》记载,参军是中国古代的一种官名,又因《隋书》《旧唐书》《新唐书》三部史书中在"参军"后面有"事"字,所以,此官职又称为"参军事"。参军或参军事,原来是参谋军务的意思。东汉灵帝时,陶谦以幽州刺史的身份成为司空、车骑将军张温的参军;献帝时,孙坚也是张温的参军;曹操做丞相时,荀彧是他的参军。晋朝时,军府将参军设为一种官职,例如中军将军羊祜手下就有两名参军。南北朝时,根据职责的不同,参军又可以划分为谘议参军、中兵参军等,也可以简称为参军、参军事,从此参军成为各曹长官的名称。例如晋元帝做丞相时,府中设有十三曹,参军都是最大的官员。北齐时,各州刺史下属的官员中就设有录事、功曹、仓曹、中兵等参军。隋朝初期,延续北齐的制度。隋炀帝废州立郡,将原来州的参军事改为书佐。唐代时,参军通常为七品或八品,但也有低至从九品下的参军。宋代时,在州一级的军官中也设有参军,只是曹名与唐代的有所不同。明、清两代以参军作为经历的别称。

记室参军也是中国古代的一种官名。记室指的是管理官员文书的官职,例如在东汉时,太尉属官有"记室令史",太守都尉属官有"记室史"。到了魏晋南北朝时,诸王、三公及大将军幕府都开始设立记室参军一职,其主要职责是专门管理军队里的记录表彰、文书起草等重要工作。元代以后将记室参军废除。

司令

司令作为一种官职名称。在隋朝时,指的是内官,《北史·后妃传序》中记载:"司令三人,掌图籍法式,纠察宣奏。"在元朝时,指的是盐场主管,《元史·百官志七》中记载:"(至元)三十年,悉罢所辖盐司,以其属置场官……盐场二十九所,每场司令一员,从七品。"

现在通常所说的司令是指负责指挥所属军队的长官,通常是师级以上的编制才会被称为司令,例如军区司令、集团军司令、空军司令、纵队司令和方面军司令以及警备区和军分区司令等。司令的军衔会因为所属部队的规模不同而有所差异,我国一般以大校以上军官担任该职。

司令并不是一种职权范围有着明确规定的军职,在不同时期,不同国家中,司令有着不同的意义。第一种是司令作为最高统帅,例如三军总司令,例如解放战争时期,总司令朱德就是中国人民解放军的最高军事统帅。第二种是军种的最高指挥官,例如陆军总司令、空军总司令、海军总司令等。第三种是战区司令长官,主要职责是负责指挥一个战场的所有参战部队,通常是战时任命,例如欧洲反法西斯盟军总司令为艾森豪威尔,西南太平洋战区总司令、远东美军总司令为麦克阿瑟等。抗日战争时期,国民政府曾任命一些重要将领担任集团军司令或战区司令,例如第五战区司令为李宗仁,第十八集团军总司令为朱德,第三十三集团军总司令为张自忠等。

军衔的起源

15世纪以前,世界各国军队中没有军衔,只有官衔。把士兵纳入军队的等级体系是军衔与官衔的根本区别,这是一种具有革命性的进步。官衔被军衔代替的变革发生在15世纪至16世纪的法国和意大利等一些西欧国家,发生这个变革的原因就是在这些国家中出现了资本主义萌芽。为了发展贸易,工商阶级需要有一个强有力的可以打破封建割据的王权。为了加强王权,国王需要工商阶级的财政资助。于是,一个以保护贸易为交换条件、工商阶级出资支持君主制的政治局面在这些国家出现了。国王运用工商阶级的财政资助雇佣国外的军人作为自己的军队。从此，雇佣军成了国家的主要军事力量。雇佣军的主体是步兵，其成分包括市民、自由农民、有产市民的子弟以及其他阶层的普通人，其基本单位是连，由几个连组成一个团。连的指挥官被称为上尉，上尉的副手被称为中尉；团的指挥官被称为上校，上校的助手被称为军士长，后来又改称为少校。

资本主义的发展也对军事领域产生了一定的刺激，军队中的官职选拔制度也发生了一定的变化。出身军事门第世袭军职的旧传统被打破了，根据战功劳绩获得军官职位的新制度被建立起来。但是这些被选拔上来的没有爵位的指挥官的待遇、荣誉和地位得不到社会的保障，所以，他们强烈要求建立一种可以保障自己的社会地位的与其军职相对应的阶位称号。在这种情况下，雇佣军中原来的一些职务名称就逐渐转变成个人的阶位称号，职务被命名为连长、团长。从此，军队职务与军衔等级这两大体系就形成了，出现了包括士兵、军官在内的军队衔级制度。

军衔的发展

中国古代的武职官员等级制度非常独特。秦汉时期，官员的等级被称为"石"。魏晋以后，官员的等级被称为"品"。大部分朝代的武职官员等级设为九品十八级，每品分为正、从两级。唐宋时期，武职官员等级设为九品三十二级。隋唐以后，在品之外还设置"武阶"，朝代不同，阶数不等，多的有四十五阶，少的有十八阶，每阶都有等级称号，如骠骑大将军、昭武校尉等。官员的品阶是用不同颜色和图案的冠服佩饰作为标志，这是中国古代武阶制度的一个显著特点，它表明中国封建社会武职官员的等级制度已接近完善。清末，朝廷效仿西方军事制度，实行营制改革。1904 年至 1911 年间，一套完整的军衔制度在中国军队中建立起来，这套军衔制度取代了传统的武阶制度。

15 至 16 世纪，军衔在西欧一些国家出现，所以习惯上称其为西欧式军衔。17 至 18 世纪，世界许多国家都采用西欧式军衔，这使得一种国际性军队等级制度被建立起来。各国军衔一般由将、校、尉、士、兵构成其等级体系，其等级设置数量的多少也不固定。军衔等级的设置，与军队的规模和体制编制关系密切。在早期的欧洲军队中，团是最大编制，因此上校是当时最高的军衔，将军则是代表元首或君主指挥作战的首领。后来，随着军队组织编制的扩大与发展，将军被划分为多个等级，以便指挥各种规模的军队。各国军官军衔与军队职务之间都存在着一定的对应关系，一般是上尉对应连长，上校对应团长，准将对应旅长，少将对应师长，中将对应军长，上将对应方面军或战区司令官。各国都通过法律形式对授予军衔的条件和程序加以规定。

兵种

兵种指的是在军队组成上依据作战任务、战术特点以及主要武器装备所划分的基本种类。现代战争情况日益复杂,这就需要建立更多兵种以应对形势的变化与发展。

步兵

步兵指的是陆军中以徒步或搭乘装甲输送车、步兵战车、汽车方式实施机动和作战的兵种。前者被称为徒步步兵,后者被称为装甲步兵、摩托化步兵或机械化步兵。火箭筒、迫击炮、防空火器、轻型火炮、反坦克导弹、步枪、机枪、汽车、装甲输送车和步兵战车是步兵的主要装备。步兵可以说是陆军中人数最多的兵种,在地面作战中具有重要作用。一般情况下,在战争的最后阶段主要依靠步兵歼灭敌人,扼守和夺取阵地。顾名思义,徒步步兵是用两条腿走路的兵,爬山、涉水都可以,地形、气象对徒步步兵的影响很小,机动灵活;机械化步兵,是以装甲输送车或步兵战车作为主要装备的步兵,主要是乘车战斗,也可下车作战,具有较强的火力、防护力和机动力,有较快的行动力和较强的突击力,但乘车时目标较大,在地形和气象上也受到一定限制,并且需要可靠的技术支持。

步兵在远古时代就已经产生。奴隶社会时期,许多国家将步兵作为战场上的主要力量,有重装步兵、轻装步兵两种。中国古代将步兵称为徒或卒,有徒卒、徒兵、武卒、技击、带甲、锐士等称呼,主要在战车周围作战,后来慢慢成为主要的作战力量。封建社会时期,因为主要兵种是骑兵,所以步兵担当辅助任务。但随着火器的出现和发展,步兵又成为主要兵种,其组织编制也在不断地发生变化。15世纪至16世纪,步兵连、营、团、旅出现了。18世纪,出现了步兵师。第一次世界大战时,开始用装甲车、汽车来送步兵部队。第二次世界大战时,机械化步兵部队被大量组建,步兵向着火力和机动力的进一步提高方向发展,一些国家将步兵改称为机械化步兵或装甲步兵、摩托化步兵。

骑兵

骑兵属于陆军,它是乘马执行任务的部队、分队。骑兵不但可以乘马作战,还可以徒步作战。骑兵一般担负追击、奔袭、正面突击、迂回包围等任务。行动轻捷的骑兵受气象、地形的影响较小。骑兵曾是历史上陆军的主要作战兵种。

历史上的亚历山大大帝和迦太基人都善用骑兵战术,中世纪时的欧洲诸国更是普遍性地建立了重装骑兵部队。火器的兴起摧毁了骑士阶层,但是并没有消灭骑兵战术。17世纪 30 年代的战争中,一般参战国军队中骑兵的比例可以占到 40% 至 50%。第一次世界大战中,德、法、俄等国都编有骑兵集团军。第二次世界大战中,苏军的骑兵军曾有 17 个,骑兵师多达 80 个以上。

战国末期,赵武灵王最先将骑兵战术引入中原,此后北方的秦、燕等国都建立了骑兵部队。两汉至唐代,中原王朝与北方游牧民族作战频繁,骑兵的地位日益显著。元朝是中国历史上骑兵的兴盛时期,弓箭、马刀、标枪、战斧等都是骑兵部队的主要装备。民国时期,骑兵最多时超过 20 个师。

拜占庭铁甲骑兵

自 1928 年 4 月建立起第一支骑兵分队起,到解放战争后期,中国人民解放军共发展了十二个骑兵师。现在,我军只在边防部队中对少量骑兵分队进行了保留。

骑兵是一支行动快速的有组织的部队,他们不但可以快速地打击对手,还可以在战况不利的情况下脱离战场,迅速撤退。骑兵都是由一群接受过长期训练,可以在马背上作战的士兵组成的。因为具有速度快的特点,所以骑兵一般都担任侦察任务,或是在敌方部队刚集结与成军时,进行游击扰敌等活动。在我们的印象中,骑马作的骑兵大多指的是出现在 18 世纪后期的新形态骑兵。在拿破仑时代,骑兵已经转变成一种和传统步兵联合成一体的优秀的精英部队,作战时担任战场上的主力部队。在整个 19 世纪中后期,骑兵在战场上得到了非常广泛的应用。

陆军

陆军是在陆地上作战的军种。陆军有着和军队一样古老的历史,自古以来一直是军队的主要组成部分。现代陆军的主要组成部分有步兵(摩托化步兵、机械化步兵)、炮兵、装甲兵(坦克兵)、工程兵、防化兵(化学兵)、通信兵、侦察兵、陆军航空兵、陆军防空兵、电子对抗兵(电子对抗部队)等兵种和专业兵。有的国家的陆军还有导弹兵(火箭兵)、铁道兵、空降兵和特种部队等。一般陆军设有军种领导指挥机关,其军种领导指挥机关的名称还不尽相同,有陆军部、陆军司令部、陆军参谋部、陆军总司令部等。但也有不单设陆军领导指挥机关的国家,一般由军队总部兼负其陆军的领导和指挥职能。各国陆军一般按照师(旅)、团、营、连、排、班的序列进行编制,有的国家的陆军还编有集团军(军)一级。主要装备有汽车、坦克、装甲车、火炮、导弹(火箭)、步兵武器、直升飞机和各种技术器材。现代陆军是一个多层次、多系统和多兵种结合在一起的有机整体,具有强大的火力,迅速地突击力和高度的机动能力,不但可以独立作战,还可以与其他军种协同作战。

如今,几乎世界上的所有国家都设立有陆军。大部分国家的陆军都由五个以上的兵种和保障部队组成,每个兵种又由多种类型、不同层次的部队编成。诞生于 1927 年的中国人民解放军陆军在战争年代时主要包括步兵、工程兵、通信兵、少量的炮兵、坦克兵和防化兵等兵种。新中国成立后,逐渐发展成包括炮兵、工程兵、通信兵、防化兵、装甲兵、陆军航空兵、电子对抗部队等战斗兵种、战斗保障兵种和专业部队在内的合成军种。部队编制序列为集团军、师、团、营、连。中国人民解放军陆军没有军种部,由总参谋部兼负其职能。

装甲兵

装甲兵是陆军中将坦克和其他装甲车辆作为基本装备的战斗兵种,又被称为坦克兵,是重要的陆军突击力量。装甲兵具有广泛的机动力、良好的防护力和猛烈的火力,能够对常规武器和核武器袭击的损害起到减轻作用,并可以迅速利用常规火力突击和核突击的效果,实现快速灵活、猛烈突击,在短时间内将敌人歼灭。在合同作战中,装甲兵可与其他军种、兵种协同作战或独立完成作战任务。

各国装甲兵在组成编制上,习惯将机械化步兵部队、坦克部队作为主体,同时配置有炮兵、防空、防化学、反坦克导弹、工程及其他保障部队。

装甲兵的基本任务是:第一是运用猛烈的突击方式将敌人消灭,夺取并占领重要区域或目标;第二是向敌方纵深方向发展进攻,并扩大战果;第三是追歼退却之敌;第四是歼灭敌方空降兵或配合我方空降兵进行战斗;第五是以伏击、反冲击等方式消灭进攻的敌人;第六是扩大巩固登陆场,发展登陆成果;第七是担任仓促防御,阻止敌人发动进攻,封锁敌方突破口等。

运用装甲兵的原则是:第一是一般用于机动作战,并主要运用在进攻方面。第二是只有在主要方向和重要时机才集中使用。第三是力求在方便坦克行动的地形上使用。第四是与步兵、炮兵、航空兵等兵种的协同动作密切配合。第五是加强对空防御及技术、后勤、工程保障和电子对抗。

炮兵

炮兵是一种将火炮、火箭炮和战役战术导弹作为基本战略装备,担当地面火力突击任务的兵种。

炮兵是陆军的主要火力突击力量和重要组成部分。炮兵具有火力强大、射程较远、精度良好和机动能力较强等特点,可以对地面和水面目标突然实施集中、连续的火力突击。炮兵主要运用在支持、掩护步兵和装甲兵的战斗行动上,不但可以与其他兵种、军种协同作战,还可以进行独立的火力战斗。炮兵在历史上还有"战争之神"的称号。炮兵以隶属关系为依据,可以分为预备炮兵和队属炮兵;以运动方式为依据,可以分为骡马炮兵和摩托化炮兵(机械化炮兵);以装备战斗性能为依据,可以分为山地炮兵、火箭炮兵、迫击炮兵、榴弹炮兵、加农炮兵、反坦克炮兵和地地战役战术导弹部队。

炮兵作为一个兵种,在中国具有悠久的历史。早在明代永乐年间,驻守京城的军队中就出现了主要使用火炮的大规模的战斗部队,当时被称为"神机营"。中国人民解放军炮兵与军队是同时诞生的,炮兵营在八一南昌起义时就出现了,红四军也编有炮兵连。中华人民共和国成立后,在合成军队中加强了炮兵的比重,自行火箭炮、自行榴弹炮、自行加农炮等国产的武器装备也利用自身的动力,使炮兵作战的机动能力得到了极大的提高。各种高炮和各种类型的防空导弹,使高炮与导弹相结合的防空武器系统得以形成,拉起了从高空、中空、低空到超低空的层层火网,使我军的防空保障能力大大提高。20世纪50年代以来,很多国家都研制并装备新式炮兵武器,从而出现了威力更大、精度更高、射程更远、反应更快、自动化程度更高的新型炮兵部队。

地空导弹兵

地空导弹兵指的是担负防空作战任务,装备有地空导弹武器系统的兵种或部队。地空导弹兵分属于陆军、海军、空军和防空军。通常地空导弹兵由火力分队、指挥分队、技术保障分队和其他勤务分队组成。地空导弹兵可以在复杂气象条件下和昼、夜间,对从低空到高空、从低速到高速飞行的飞机和机型空地导弹进行抗击。

地空导弹兵的主要任务包括:保卫国家政治经济中心、交通枢纽、军队集团、军事要地以及其他重要目标,必要时,还可以对敌方地面、水面目标进行摧毁性打击;担负着军队集团防空和国家要地防空,参加争夺制空权的战斗。地空导弹兵一般与歼击航空兵、高射炮兵协同进行防空作战,也可以单独作战。地空导弹兵是野战防空和国土防空的重要力量,在现代防空作战中,具有十分重要的地位。

地空导弹兵以达到掌握地空导弹武器系统、进行防空作战任务为训练目的,训练内容主要包括指挥军官训练、技术军官训练、专业战术演习和士兵训练等。指挥军官训练是重中之重,其主要内容有雷达、制导、地空导弹及其技术保障设备、发射设备等兵器装备知识和战斗操作,地空导弹兵的战术理论和参谋业务,导弹的发射区、杀伤区和杀伤概率计算原理等。

陆军防空兵

陆军防空兵,指的是将防空导弹和高射炮作为基本装备的一个战斗兵种,它是合成军队的重要组成部分。

陆军防空兵来源于高射炮兵。在莱特兄弟发明飞机之后,飞机很快被应用于战场。为了使战场上空有安全保障,地面火炮被陆军改装成能够对空射击的兵器,一些国家将其称为"反飞机火炮",因此高射炮(反飞机火炮)部队产生了。第二次世界大战期间,高射炮兵成为陆军的重要战斗兵种,发挥了十分重要的作用。

喷气式飞机的出现大幅度提高了飞机的飞行速度和高度,全方位、全天候的空中掩护任务已超出高射炮兵力所能及的范围。因此,防空导弹,亦称为地空导弹,及防空导弹部队应运而生。但是,防空导弹和高射炮都有其自身的优势和缺点,一般条件下最好是进行混合编组,这样可以取长补短,又因为二者有着相同的作战任务,所以大部分国家的军队都将二者合编为防空兵。

1945 年 10 月,中国人民解放军用缴获的敌军高炮设立了第一支高射炮大队,之后高射炮兵随着战争的需要不断发展壮大。先后参加的防空作战有解放战争、抗美援朝、反侦察、援越抗美等。在与具有优势装备的敌人进行空袭兵器的战斗中,中国人民解放军取得了重大胜利,积累了丰富的作战经验,形成了一套属于自己的作战方法与作战理论。

防空导弹

1987 年 8 月,中国人民解放军颁布的《合成军队战斗概则》,第一次将地空导弹部队和高射炮兵合称为陆军防空兵,但目前没有正式从炮兵序列中分离出来,还没有成为独立的兵种,也就是防空兵仍然受到炮兵指挥机构的管辖。

特种部队

特种部队指的是受过高强度及特别训练,执行一些如侦察、非传统战争以及反恐等专门任务的军事单位。在一些国家的军队中,特种部队还担负着对敌方重要的政治、经济、军事目标破袭和其他特殊任务。特种部队通常由最高军事指挥机关直接领导和指特种部队具有灵活的编制、精干的人员、精良的装备、有素的训练、快速的机动力、较强的战斗力等特点。其主要任务是反颠覆、反特工、反偷袭、反劫持、袭扰破坏、敌后侦察、窃取情报、心战宣传、特种警卫、暗杀绑架等。各国对特种部队成员的素质要求都很高，通常从空降部队和侦察部队中挑选机智勇敢、体格健壮、具有献身精神、文化程度较高和有一定作战经验的人员。特种部队的装备具有轻便、先进、高效的特点，主要使用手枪、匕首、步枪、冲锋枪、轻机枪、手榴弹和掷弹筒等轻型武器，还配有高级暗杀器械、高级无声枪械和微型通信器材、特种爆破装置、药品及水下作业装备。有的还配备飞机、舰艇和特种作战车辆，及各种轻便工兵器材、侦察器材等。特种部队的训练非常严格，训练内容和要求主要包括增强体质、耐力和毅力，进行多种激烈运动训练；在恶劣、恐怖条件下进行心理素质训练，培养随机应变、沉着冷静的能力；熟练掌握格斗、刺杀、暗杀、绑架、驾驶、通信、化装、渗透、爆破、外国语言等各种技能；学习有关战术理论，进行伏击、袭击等战术训练，提高独立作战、相互协同与指挥能力。

工程兵

工程兵是军队中专门担负军事工程保障职责的兵种。在各个国家的军队中都编有工程兵这种军种。陆军工程兵的组成通常包括舟桥、建筑、伪装、工兵、工程维护、野战给水工程等专业部队、分队。而其他军种的工程兵，通常只编有工程维护部队、工程建筑部队等。一般陆军工程兵有预备工程兵和队属工程兵两种区分。隶属于总部和大军区的是预备工程兵，隶属于集团军、师、团的是队属工程兵。

陆军工程兵的任务主要包括构筑工事、修筑道路、架设桥梁、开设渡场、实施工程侦察、对重要目标实施伪装、构筑给水站、构设和排除障碍物等。而其他军种的工程兵担负的主要任务包括建设、维护和抢修军港、机场、导弹基地等军事工程。

在古代战争中，军事工程的修建和工程保障任务一般都由作战部队自身和民工来完成。最早组建正规工程兵部队的是17世纪的法国军队。之后，俄国、英国、美国陆续建立了工程兵部队。清末新军中的工兵营是中国最早出现的正规工程兵。

诞生于建军初期的中国人民解放军工程兵曾被赋予"开路先锋"的美称。中华人民共和国成立以后，工程兵发展成为一只具有综合保障能力的技术密集型兵种，所以担负的任务包括舟桥、伪装、工兵、工程维护和野战给水等多种专业。它不但要开路架桥，还要通过运用各种先进技术构置和克服各类人工障碍，还要对技术复杂的阵地工程进行构置，并随着武器系统的发展，对相应的防护手段进行研究，并实施工程伪装，以应对敌方的红外线、雷达、可见光等侦察手段。

通信兵

通信兵是一种专门担负军事通信任务的兵种。通信兵的组成通常包括通信、军邮、通信工程、航空兵导航、通信技术保障、无线电通信对抗等专业部队、分队。通信兵的主要任务是对各种通信手段进行组织运用,使军队的通信联络保持畅通;干扰和反干扰无线电通信;组织实施航空兵导航勤务、野战军邮勤务和海区观通。通信兵对保障军队指挥和各项任务的完成具有重大作用。

通信兵是伴随着战争的产生而出现的,与军队作战指挥的需要相适应而逐渐形成的一个兵种。在中国古代,旗、鼓、角、金等是常用的指挥军队作战的通信工具,还配有专门挥旗、击鼓、传令、鸣金的人员,并建有驿站、烽火台等通信设施,以接力的方式,利用烟、火、鼓声、快马等进行远距离通信。

近现代,随着电信工业的发展,军队中逐渐出现了电信装备,有了通信分队的组建。1851年,俄国军队组建电报连,1899年组建无线电通信队。19世纪60年代,美国军队组建通信兵。1920年,英国军队中原属工程兵建制的通信兵成为独立的兵种。

1927年,在中国人民解放军创建的同时,运动通信、有线电通信和简易信号通信分队也随之组建,并在1931年建立了第一个无线电队。1934年,中央军委又组建了通信联络局,并在各部队逐渐组建了通信部门。新中国成立后,通信兵的建设进入了一个新的发展阶段,不但使各级领导机构得到了健全,还使部队得到了扩建。

当今世界各国军队在各军种、兵种中都编有通信兵,这充分说明了通信兵在现代战争领域中的重要性。

海军

海军指的是将舰艇部队作为主体,将海洋作为作战区域的军种。现代海军一般包括海军航空兵、海军岸防兵、海军陆战队、水面舰艇部队、潜艇部队等兵种及专业兵等组成部分。作战舰艇、辅助舰船和飞机是海军的主要装备,战略导弹、战术导弹、火炮、水中武器、战斗车辆等是海军的主要配备。海军不但具有在水面、水下、空中及对岸上实施攻防作战的能力,有的还具有实施战略袭击的能力。海军可以与其他军种协同或独立地担当海洋机动作战。海军一般穿着特定的制服,使用特定的旗帜、徽章等标志。

自从人类进入了核时代,便相继出现了核导弹、核水雷、核鱼雷、核深水炸弹,潜艇、巡洋舰和航空母舰也向核动力化趋势发展。20世纪50至60年代,在喷气式超音速海军飞机成功搭载航空母舰之后,又有垂直/短距起落飞机、直升机等陆续装舰,这使得大中型舰艇普遍具备海空立体作战能力。此后海军又装备了反舰导弹、反潜导弹、舰空导弹、自导鱼雷、制导炮弹、潜射弹道导弹、中远程巡航导弹等一系列精确制导武器,这使得现代海军的攻防作战进一步增强了,具备了有限威慑和反威慑的能力。20世纪70年代以后,军用卫星、电子计算机、水声监视系统、超低频对潜通信、数据链通信、相控阵雷达和电子信息技术的广泛应用,使得现代海军武器装备正逐渐向智能化方向发展,并进一步实现自动化、电子化、系统化,这些都使得海军技术朝着高度综合的技术体系方向发展。

舰艇部队

舰艇部队包括水面舰艇部队和潜艇部队两大类。

水面舰艇部队是海军中在水面上执行作战任务的一个兵种,是战列舰、巡洋舰、驱逐舰、鱼雷艇、猎潜艇、导弹艇、布雷舰、航空母舰、扫雷舰艇、登陆舰艇、护卫舰艇等战斗舰艇部队和勤务舰船部队的总称。在一些国家被简称为水面部队。水面舰艇部队的主要任务是对敌方海上兵力和岸上目标进行攻击,对登陆和抗登陆作战进行支援,进行海上封锁和反封锁作战、破坏或保护海上交通线等。一般根据总队、支队、大队、中队的序列进行编制,有的将支队作为最小建制单位。水面舰艇部队通常由具有相同技术战术性能的舰艇编成,也可由具有不同技术战术性能的舰艇编成。

潜艇部队是在水下执行作战任务的一个海军兵种。根据潜艇动力,可以将潜艇部队分为常规动力潜艇部队、核动力潜艇部队;根据武器装备,可以将潜艇部队分为鱼雷潜艇部队、导弹潜艇部队和战略导弹潜艇部队。有些国家的潜艇部队还包括勤务船和陆上保障部队。潜艇具有较好的隐蔽性、较强的突击力和较大的续航力、自给力等特点。潜艇部队主要通过使用鱼雷、水雷、导弹等武器在水下对敌方实施突击,不但可以独立作战,还可以与海军航空兵或水面舰艇部队协同作战。潜艇部队的主要任务是歼灭敌方作战舰艇和大中型运输舰船,保护己方海上交通线、破坏敌方海上交通线,摧毁、破坏敌方港口、基地和重要的岸上目标,还可以担当布雷、反潜、侦察、巡逻和运送人员物资等任务。

潜艇部队中进攻和防御的重要突击力量是攻击型潜艇部队,它可以在一定的海域区域迅速地隐蔽、部署,随时担当搜索、监视和攻击任务。战略导弹核潜艇部队具有的隐蔽性和机动性更好,生存力和战斗力更强,还可以长时间在大洋深处活动而不需要补给,遇到情况,可以在指定的海域随时根据最高统帅部的命令做出相应反应,并有效地打击敌方陆上战略目标。已成为一些国家战略力量重要组成部分的战略导弹核潜艇部队,在保障国家安全方面具有重要作用。各国海军潜艇部队的编成有两种基本形式,一种是根据任务或作战需要编组,一种是以装备性能相同的潜艇编组。

海军陆战队

海军陆战队指的是以舰艇或装甲运输船作为运输工具,担负渡海登陆作战任务,或为后方大部队进行大面积全面进攻作战充当开路先锋角色的师级机械化部队。

美国在独立战争时正式组建了第一支海军陆战队,不过这一兵种却是在这场战争之后才开始正式活跃在历史舞台上的。1798 年,美国国会再度建立海军陆战队,正因为该部队具有不屈不挠、严守纪律以及高适应性的特点。在 19 至 20 世纪的主要战争中,海军陆战队均扮演了重要角色。

海军陆战队是实施两栖作战的快速突击力量,部队可以通过海上的运输船登陆,将敌人所占据的地方或是敌人的城市包围。有的国家称海军陆战队为海军步兵,一般包括炮兵、装甲兵、工程兵、陆战步兵和侦察通信等部队、分队等组成部分,有的还编制有航空兵,其编制序列为旅、营(团)、连、排、班。海军陆战队的主要装备有气垫船、直升机、地空导弹、水陆坦克、固定翼飞机、步兵自动武器、轻便自行火炮和两栖装甲输送车等。海军陆战队的主要任务包括:与陆军协同或独立地实施渡海登陆作战、反登陆作战。在协同陆军登陆时,海军陆战队一般担任登陆先遣队,首先突击上岸,然后保障后续梯队登陆,也可与陆军配合担负海岸防御任务。

海军陆战队是兵种中的一个特别的分支,部队平时接受的训练就是做好充分准备应对陆、海、空三军联合作战的情况。

空军

空军指的是以航空兵作为主体,进行空对地斗争、地对空斗争和空中斗争的一个军种。空军通常包括航空兵、雷达兵、地面防空兵等兵种。空军具有高速机动、远程作战和猛烈突击的能力,既可以协同陆军、海军作战,还可以进行独立作战。

大部分国家的空军包括航空兵、雷达兵、高射炮兵、地空导弹兵等组成部分,有的还编有空降兵和地地战略导弹部队。空军一般装备的机种有强击机、侦察机、运输机、直升机、轰炸机、歼击机、歼击轰炸机及其他特种飞机。空军的基本任务包括进行空运和航空侦察,对敌后实施空袭,担负国土防空。有些国家还采取空军、防空军分立制度,国土防空任务不需要空军承担。空军具有高速机动、远程作战、快速反应和猛烈突击的能力。在过去相当长的一段时间里,空军的作用主要是支持陆军、海军作战。随着装备技术水平和作战样式、战争形态的发展和变化,现代空军不但可以与其他军种实行联合协同作战,还可以独立执行战略任务,对战争的进程和结局有着巨大影响,在现代国防和高技术局部战争中充当重要的战略角色。

目前,军用飞机发展的主要趋势是:为减轻重量,广泛使用非金属材料;重视并应用隐身技术;为减少或摆脱对机场的依赖,发展短距、垂直起落飞机;微电子技术和计算机技术得到了广泛使用,实现了机载设备的智能化和综合化,机载武器远投化、集束化、精导化、通用化;采用电子和光电对抗措施,从而使电子对抗能力增强。

雷达兵

雷达兵是主要以雷达作为装备,专业获取空中、海上或地面目标情报的一个兵种。各军种中都编有雷达兵。雷达兵作为兵种,一般都编有部队,设有领导机关、院校、科研机构。雷达兵是军队作战指挥和武器控制的重要保障力量,也是国家防空体系的重要组成部分。

雷达部队

雷达兵,通常按照团、营、连(或站)的序列进行编制,一些国家还编有旅或师。一些欧、美国家在空军指挥控制系统的战术控制大队、中队和支队中编有雷达部队,支队下有若干雷达站受到其管辖。各种型号的警戒雷达和引导雷达是雷达兵的主要装备。雷达兵一般以国境线为准向纵深地区部署警戒雷达站,目的是构成一至数道对空警戒线。雷达兵还会在航空兵战斗活动地域和重要保卫目标周围引导雷达站,部署警戒,目的是构成对空警戒和引导雷达网。雷达兵还要从各级情报中心搜集、处理雷达情报,目的是形成全国性或地区性雷达情报系统。雷达兵的任务主要包括:首先是进行警戒侦察。雷达兵要对空中、海上和地面的有关目标进行发现探察,并测定其距离、高度和方位等坐标,对其种类、型号、用途和敌我属性进行识别;掌握运动要素和行动特点,跟踪敌方目标,并对其威胁程度进行判定;将敌方目标的情报报知给军队指挥机关、作战部队以及民防机构。其次是进行目标引导。对己方的航空兵进行引导,截击空中、海上和地面的敌方目标;对己方的舰艇进行引导,截击敌方舰艇;在对空、对海和对地作战的炮兵、导弹兵进行射击时,为其指示目标。再次是武器控制。连续跟踪攻击目标,并通过指挥仪或电子计算机测定的目标数据,进而控制火炮或导弹对空中、海上或地面目标进行瞄准射击。

空降兵

空降兵又称伞兵，指的是接受过跳伞训练的士兵。一般空降兵是作为空降部队的一部分参与军事行动，其作战方式主要是在空降到战场后投入战斗。空降兵具有高度机动化、装备轻型化、兵员精锐化的特点。通常空降兵是直接隶属于军团一级或更高级别的指挥机构，并独立建制为师级或旅级。

空降兵主要是通过飞机运送，所以常常归属于陆军或空军，但也有不同的归法。大部分欧美国家把空降兵列为陆军管辖范围内，但使用的运送工具是属于空军的飞机，而苏联等社会主义国家则大多将空降兵列入空军之中。

1927年，苏军在中亚地区使用运输机空投部队，一举将巴土马赤匪徒等叛乱分子歼灭，这是首次出现的空降战。1930年，世界上第一支正式的伞兵部队正式由苏军空降兵组建。"二战"中，空降兵被苏联、德国和美国多次运用。1944年在欧洲战场上进行的市场花园行动是历史上规模最大的一次空降作战，为了夺取德国控制下的安恒大桥，当时美军投入了第82空降师与第101空降师，英国也投入了第1空降师，但最后还是以失败告终。

目前，随着作战思想及武器的不断发展，各国军队虽然仍配备有伞兵，但是因为培训伞兵以及保持伞兵作战能力的成本太高，而使得大部分国家无法对师级以上的伞兵编制进行维持；再加上直升机已经普及化，空降作战方式只能另辟蹊径，因此传统伞兵只能逐渐转型。

军事领导制度

军事领导制度即一个国家或政治集团对武装力量的组织系统进行建设、指挥和管理，并设置各级军事领导机构以及调整职权划分等各种相互关系的制度。健全的军事领导制度有助于军队建设朝积极健康的方向发展，从而提高政令的贯彻力和军队的战斗力。

军事民主制

军事民主制这个术语是由美国民族学家摩尔根首次提出并使用，指的是古希腊荷马时代的部落及部落联盟的组织机构所遵循的制度。军事民主制包括由氏族长老组成的议事会、由氏族成年男子组成的人民大会、军事首长三部分。古罗马人、斯基泰人、日耳曼人等,一般都经历过军事民主制。有时历史学上也用军事民主制来指代原始社会向阶级社会过渡的一个时期。

发生在原始社会末期的战争,虽然有规模不断扩大和越来越频繁的趋势,但还仍旧处于最早阶段,军事上的各个要素还并不完备,很多因素还没有产生或正处在孕育阶段。但是从战争出现的那天起,就产生了军事首领。在原始社会氏族公社时期,人类团体的构成方式决定了每个氏族都必须由在各个方面具有突出优势的人来担任首领,从生产、生活到与其他部族进行战斗,这一系列的氏族活动都由首领组织管理。而当部落联盟产生之后,被推选的部落联盟首领需要承担这一职责,所以在远古战争中没有专职的军事指挥官。

实际上,部落酋长和联盟首领具有双重身份:在日常生活中,因为他们都是经验丰富的生产能手,德高望重并且负责维持族内的秩序,安排各项生产活动;而在发生战争时,他们因为身强力壮而成为勇士,被推选为首领,组织并指挥战争,他们主要是凭借自己的声望组织指挥战争,并通过动员族众来进行这些活动。

黄帝战蚩尤的传说很好地反映了军事民主制阶段的战争状况。黄帝和蚩尤是各自部落联盟的行政首领,同时也是军事首领,交战时的斗法反映了他们还兼具巫师的角色。由于生产力发展水平所限,宗教在原始人的生活中占有重要的地位,所以巫师亲临战场往往会起到振奋士气的作用。由此可见,中国军事民主制的军事首领除担任部落行政领导人的职务外,还兼任宗教的最高祭司。因此,后世国家的祭天活动为何由帝王来主持就不难理解了。

高太尉大兴三路兵

太尉

太尉指的是秦汉时期中央掌管军事的最高官员,秦朝将丞相、太尉、御史大夫并称为"三公",后来逐渐变成虚衔或加官。

太尉这个词最早出现于《吕氏春秋》。公元前139年,汉武帝不再设置太尉。西汉早期,太尉的设置大部分是和军事有关,与丞相、御史大夫等官职不同,这一职务带有虚位的性质。武帝时期,一改过去由善战的武将担任太尉的惯例,转而任用贵戚为太尉,但是又和丞相有同等权力,这也和西汉早期是有区别的。

51年,汉光武帝将大司马改为太尉。东汉时期,将太尉、司徒、司空并称为"三公",太尉主管军事,司徒主管民政,司空主管监察,分别设立幕府,设置幕僚。后来,曹操将三公制撤销,自己担任丞相。曹丕时期还曾经短暂恢复过太尉一职,不过后来又撤销了。自从隋朝撤销幕府与幕僚之后,就逐渐演化成优待宠信宰相、亲王、使相的加官赠官。元朝不经常设置太尉职位。明朝时废除了太尉职位。

军机处

军机处是清代的官署名,也称"军机房""总理处",指的是清朝中后期设立的中枢权力机关。

清代中枢机构的重大变革就是军机处的设立,并成为清代君主集权发展到了顶点的标志。成立于1729年的军机处,名为"军机房",不久后改为"办理军机处",乾隆以后将"办理"二字省去,简称"军机处"。

军机处原本是为办理军机事务而设置的,但因为它对君主发挥独裁专制很有作用,所以出现之后,就深得皇帝的信任,不但职权越来越大,而且常设不废。军机处设置的官员有俗称"大军机"的军机大臣,有俗称"小军机"的军机章京。军机大臣都是皇帝从满、汉大学士、尚书、侍郎等官员内特别选定的,也有一些是由军机章京升任的。军机章京的任命,或称为"军机章京上行走",或称为"军机司员上行走"。

成立军机处后,议政王大臣会议在1791年时就被乾隆帝废止了,内阁的作用变成了只办理例行事务,一切机密大政都交给军机处办理。军机处总揽军、政大权,成为真正的国家最高执政机关。军机大臣每天都被皇帝召见,每天都秉承皇帝的命令办事,出入于宫廷之间。皇帝所到之处,军机大臣都在身边跟随。

国防部

国防部是目前大多数国家对最高军事指挥单位的通称,已将军队国有化的国家大多会设置国防部,但也有些国家采用的是其他的名称或架构。

国防部也可以说是国家中央政府里负责对国防与军队事务进行掌管的军事部门,一般隶属于政府首脑,也有直属武装力量最高统帅的。目前世界上绝大部分国家的中央政府都设立有军事行政机关,只是有着不完全一样的名称、职权和组织机构。在名称上,大部分国家称其为国防部,少数国家称其为"军事部""防卫厅""人民武装力量部"或其他名称。在组织上,国防部通常设一名部长或大臣,以及若干名副部长,这些人一般都是国防决策机构和中央政府中的重要成员,由文官或军官担任,也有由总理或总统兼任的,部内一般设置有多个业务部门。在职权上,大部分国家的国防部对国防事宜进行全面负责,并建设各种武装组织和指挥作战。有少数国家的国防部只负责管理和指挥军队,或只负责军队的行政事务和外交事宜。

中华人民共和国成立后，在 1954 年 9 月设立国防部，隶属于国务院，主要职责是对国防建设方面的具体工作进行负责。中国国防部的历任部长是彭德怀、林彪、叶剑英、徐向前、耿飚、张爱萍、秦基伟、迟浩田、曹刚川、梁光烈。国防部的各项工作，分别由中国人民解放军总参谋部、总政治部和总后勤部办理。

中央军事委员会

中华人民共和国最高军事决策和指挥机关是中华人民共和国中央军事委员会。中央军事委员会的组成结构是主席、副主席和委员三部分。由全国人大选举产生主席。主席对全国人大及其常务委员会负责，其他组成人员由全国人大或其常委会根据中央军委主席的提名决定。中央军委的每届任期与全国人大的每届任期相一致。但宪法并没有对中央军事委员会主席、副主席和委员的届数进行规定，不接受宪法及法律规限。根据之前的惯例，国家军委主席、国家军委第一副主席都是由中国共产党中央军事委员会主席、第一副主席担任。

中华人民共和国中央军事委员会的职权是：对全国武装力量进行统一指挥；对军事战略和武装力量的作战方针做出决定；对中国人民解放军的建设进行领导和管理，制定计划、规划并组织实施；向全国人大或者全国人大常委会提出议案；根据宪法和法律，对军事法规进行制定，发布命令和决定；对中国人民解放军的体制和编制进行决定，对总部以及军区、军兵种和其他军区级单位的职责和任务进行规定；以法律、军事法规的规定作为根据，负责武装力量成员的任免、培训、考核和奖惩；批准武装力量的武器装备发展规划、计划和武器装备体制，协助国务院领导管理国防科研生产；会同中国国务院对国防资产和国防经费进行管理。

军事法规

普通人犯罪往往要受到法律的制裁，军人作为一个特殊的社会阶层，就需要用特殊的法律来约束。军事法作为一个独立的法律部门，是由国家制定或认可并以国家强制力来保证实施的，用于调整军事领域各种关系的法律规范的总和。

军事法

军事法是调整军事方面法律关系和国防建设的法律规范的总和。军事法的法律渊源主要包括：国家立法机关及其授权的国家机关制定和颁布的与战争准备与实施以及国防和武装力量建设等方面相关的军事法律、法规等。一般来说，军事法表现在对有关人员和组织的权利和义务、职权或职能、行为的法律后果和行为模式的规范方面。与其他的国家法律部门一样，军事法是统治阶级意志的表现，是国家加强国防、武装力量建设和使战争准备与实施得到保证的重要手段。

军事法包括的内容有很多方面。第一个方面是军事基本法。这主要是对国家的基本军事制度，武装力量的组成和任务，国防领导体制，国防和武装力量建设的原则、方针等方面的内容进行规定。第二个方面是军事组织部分的法律规范。这主要是对各级各类军事组织的职能、职责、职权，国防和武装力量的体制编制，以及武装力量内部人事管理等方面的内容进行规定。第四个方面是军事勤务方面的法律规范。这主要是对作战原则、作战指挥、作战勤务、作战行动等方面的内容进行规定。第五个方面是兵役与动员方面的法律规范。这主要是对国家的基本兵役制度，公民服兵役的权利和义务，兵员的征召和退役，军官的录用与退役，以及后备力量建设等方面的内容和在战争、戒严、自然灾害等紧急状态下，国家征集兵员和征用各种军用物资等方面的内容进行规定。第六个方面是军事教育训练方面的法律规范。这主要是对役前人员学习军事知识和技能及服役人员方面的内容进行规定。第七个方面是军事行政管理方面的法律规范。这主要是对军队日常组织纪律、生活管理、工作秩序、队列动作、内部关系和外部关系等方面的内容进行规定。第八个方面是军事经济方面的法律规范。主要对国防经济及军队后勤建设和后勤保障方面的内容进行规定。第九个方面是国防科技方面的法律规范。主要对武器装备的科研、生产、采购、储备、维修、管理等方面的内容进行规定。第十个方面是军事权益保护方面的法律规范。主要是对国防专利保护、军事设施保护、军队房地产保护，以及对现役文职人员、军人和伤残、退役、牺牲人员及其家属的抚恤、优待、安置、褒扬等方面的内容进行规定。军事司法方面的法律规范，包括军事刑法和军事刑事诉讼法等内容。第十一个方面是战争法。以国际惯例和条约形式形成、用以调交战国之间和交战国与中立国或非交战国之间的关系，以及与保护战争受难者及平民，限制作战方法与手段相关的原则、规则等。

兵役法

兵役法是指对国家兵役活动中所出现的各种社会关系进行调整的法律规范的总称。它的主要内容包括：武装力量的组成，国家的兵役制度，兵员的征集、招收和动员，公民服兵役的条件、形式和期限，公民服兵役的权利与义务和奖惩等方面。

我国兵役法是在兵役制度方面，我国工人阶级及其领导的广大人民意志的集中体现,是我国在新的历史时期建设正规化、现代化的国防和革命军队的重要法律依据。

依据宪法制定,兵役法是由国家元首或最高国家权力机关颁布实施。其目的在于使军队的兵员补充得到保障,增强国家的武装力量建设。

在古代的法律中,兵役方面的条文早就出现了。中国先秦时期的礼、律、令中,就已经有了与兵役相关的内容。唐朝的《永徽律》、明朝的《大明律》、清朝的《大清律例》等,都对军人从征、替役、优抚和惩处进行了相关规定。最早的专门的兵役法,是法国于1798年9月颁布的《儒尔当法》。1933年,中华民国时期的南京国民党政府也颁布过《兵役法》。

中华人民共和国建立后,于1955年7月颁布了实行义务兵役制的《中华人民共和国兵役法》,1984年5月又颁布了新的《中华人民共和国兵役法》,对实行义务兵役制为主体的义务兵与志愿兵相结合、民兵与预备役相结合的兵役制度进行了规定。1998年12月29日第九届全国人民代表大会常务委员会第六次会议通过《关于修改〈中华人民共和国兵役法〉的决定》,兵役法作了修正并由国家主席江泽民以第十三号主席令颁发公布施行。

军事法院

军事法院就是国家在军队中设立的审判机关。

中国的军事法院设有三级,分别是中国人民解放军军事法院,各大军区、军兵种级单位的军事法院,兵团和军级单位的军事法院。以宪法第127条第2款的规定作为根据,国家最高人民法院是军事法院的最高审级,在工作上由最高人民法院对其进行监督。中国人民解放军军事法院设一名院长、一名副院长。两个审判庭,各设一名庭长、一名副庭长、若干审判员和书记员。大军区、军兵种单位军事法院和兵团、军级单位的法院,都设一名院长和若干审判员、书记员。由中华人民共和国中央军事委员会对军事法院的设置、撤销和人员编制进行决定。

中国人民解放军军事法院是军内的最高审级,其职权包括:对正师职以上人员犯罪的第一审案件进行审判;对涉外刑事案件进行审判;最高人民法院指定或授权审判的案件以及它认为应该由自己审判的其他第一审刑事案件;承担二审、死刑复核、再审的审判任务。

大军区、军兵种军事法院是中级层次的军事法院,包括各大军区军事法院,海军、空军军事法院,二炮部队军事法院,解放军总直属队军事法院等,其职权包括对副师职和团职人员犯罪的第一审案件进行审判、对上级军事法院授权或指定审判的案件以及可能判处死刑的案件进行审判、承担上诉和抗诉案件的审判。

基层军事法院包括各省军区军事法院,陆军军级单位军事法院,大军区空军军事法院,海军舰队军事法院,在京直属部队军事法院等,其职权包括对正营职以下人员犯罪判处无期徒刑以下刑罚的第一审案件进行审判、上级军事法院指定或授权审判的第一审案件。

军事装备

自从人类社会出现了战争这一解决矛盾的方式以来,武器装备就一直处在不断地改进和更新中。最早的兵器就是石器时代原始人进行狩猎的工具。部落间为争夺赖以生存的自然资源,或为了抢亲和复仇而展开争斗,于是原本用于猎杀野兽的标枪、弓箭就成了杀伤敌人的利器。后来随着社会生产力的不断发展,战争的规模、性质也在发生着变化,武器装备也随之不断改进。人类社会若按照武器装备的发展阶段来划分,可以分为冷兵器时代和热兵器时代。武器是战士们杀敌制胜的法宝,虽然战争的胜负并不完全由军事装备的优劣来决定,但它在整个战局中所起的作用却是不可忽视的。新时代的战争需要更先进的武器,冷兵器时代的人海战术已经越来越派不上用场了,所以很多国家都走上了裁军、精兵的道路,这也使得军事装备的种类更趋多样化。

冷兵器时代

冷兵器和热兵器的区别为是否使用火药和炸药等燃烧物。冷兵器的发展经历了石器时代、青铜时代和铁器时代三个阶段,主要是指在战斗中直接杀伤敌人的近距离作战武器。冷兵器时代的军事设施也颇具特色。

矛

矛是古代冷兵器的一种,长柄,有刃,属于刺击兵器,是枪的前身。矛由原始社会的狩猎武器发展而来,那时的人们用兽角、竹片、石块等尖形物体刺杀动物,并在后边加上柄,就成了矛。

周代的兵器种类有"五兵"之称,分别为矛、戈、戟、殳和弓矢。春秋时期的矛,按其用途分为酋矛和夷矛两种。酋矛柄长二丈,为步卒使用,夷矛柄长二丈四尺,是在战车上使用的武器。当时的矛头多以青铜打造,但形制开始从凸脊扁体双叶形向三叶窄长棱锥形发展,前锋更加锐利,刺透力大增。当时的战争形式主要是车战,对阵双方距离较远,作战多使用长大的矛,同时辅以弓箭,因此矛可谓是步兵同车兵战斗的有效兵器。

在冷兵器时代，长矛堪称为武将们最得心应手的一种利器，自然也是长期装备军队的主要兵器之一。但是长矛也有不足之处，它的刃部较长，刺杀不够灵活，在战车时代以后的马战时代这个弱点更是明显。所以在唐代以后，矛逐渐被相对短小灵活的枪所取代。此后，矛虽然不再是军队的常规兵器，但作战时仍在广泛使用，后来的历次农民暴动，及至大革命时期的工农武装，大刀、长矛仍是主要的武器。

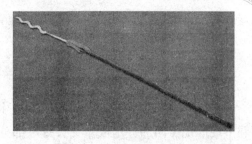

矛

欧洲中世纪时期的骑士也经常使用长矛，只是外形与中国的矛大相径庭，更像是一把加长版的剑。

枪

枪是古代的一种刺击武器，由矛演变而来，长柄装有尖头，是出现较早且在战场上广泛使用的一种武器，有"百兵之王"的美称。枪的长度不一，武术上使用的1至2米的短枪到长枪阵用的8米长的长枪都有。枪杆的粗细，根据使用者性别、年龄、身体素质不同而异。枪头与枪柄连接处一般装饰有枪缨，它的长度通常不少于20厘米。中国标准的枪形的武器有"矛""铍""槊"等不同称呼。"矛"和"铍"这两种称呼年代较久远，分别出现在商代与东周，"枪"与"槊"则是出现在三国时代，所以三国以前并无枪与槊的称谓。

枪

枪是由矛演变而来的，枪与矛的区别并不是很大，枪头上会装上枪缨，可用于扰敌视线，还有枪头刺中敌身时可以阻塞敌方血液喷出。相对于矛，枪的分量稍重，使用时多以手紧扼，不会主动投掷出去以伤人。蛇矛，又叫蛇矛枪，这种枪的刃部是一种如蛇般弯曲的焰刃状，不仅能像一般的枪、矛一样刺击敌人，亦能横向砍杀，三国时代的蜀国著名虎将张飞使用的兵器就是一支丈八蛇矛。

中国古代战争中对使用枪还有一些特殊的用法，根据发现自敦煌石窟中的绢画《降魔变》，中国五代时期就可能在枪头上绑上喷火器而成为火枪。根据文献记录记载，南宋时就有火枪的应用，在对抗北方金朝或者蒙古的骑兵入侵时，南宋军队使用过会持续喷射火花的飞火枪或梨花枪。从古至今，"枪"始终是士兵手中最基本的战斗武器之一。透过这些兵器产生、发展、演化的历史,人们可以清晰地看到人类战争史上一幕幕悲壮的画面。

戈

戈是中国古代的一种兵器,横刃,用于钩杀,由铜制的戈头、木或竹柲,柲上端的柲帽
和下端的铜镈四部分构成。戈头每一部分都有
专名:主要刃部称"援",就是平出的刃,用来勾啄
敌人,是戈的主要杀伤部位,长约8寸,宽2寸,体
狭长,多数体中有脊棱,剖面呈扇菱形,援的上刃
和下刃向前弧收,而聚成锐利的前锋;援末转折而
下的部分叫作"胡";嵌入木柲用以固定的部分称
为"内";援末和胡上穿绳缠柲的小孔叫作"穿"。
戈的柄称为"柲",多为木制或竹制,为了便于前砍

戈

后勾,柄多为扁圆形,以利于把持。戈柄的长度不一样,根据实战需要,车战用的柄长,步战
用的柄短。西周的戈多短胡,有一穿至二穿,春秋战国的戈发展为三至四穿,也就是胡的部
位更长,增加了戈的杀伤力,同时也更方便于固定在柲上,援变得狭长而扬起。

戈盛行于商朝至战国时期,具有击刺、勾、啄等多种功能。在战国时代,戈是中国士
兵的标准装备。不过它的缺点也很明显,如使用较为笨重、戈头容易脱落等。因此随着
兵器和战术的发展,戈被逐渐淘汰,后一度成为仪仗兵器。在古代成语中可以经常看见
"戈"的身影,比如"枕戈待旦""化干戈为玉帛""同室操戈""大动干戈""反戈一击"等,
戈已经成为"战争""武器"等的代名词。

戟

戟是中国古代兵器的一种,在古书中也称"棘",为戈与矛的结合体,是具有刺击和勾
啄双重功能的格斗兵器,杀伤力要强于戈和矛,战斗效能明显提高。戟由戟头和戟柄两
部分组成。戟头金属制成,戟柄为木、竹质,最长可达3米多。由于戟既能直刺、扎挑,又
能勾、啄,是骑兵、步兵使用的主要武器之一。早期使用的戟多为青铜制,以后随科学技
术的发展出现了铁制的戟。

戟早在商代即已出现,西周时已经应用于作战,但尚未普及。到了春秋时期,戟已成
为常用兵器之一,位列"五兵"之一。春秋晚期,在南方的吴、楚、越等国,还出现了长达3
米,柄上联装两个或三个戈头的戟,称为"多戈戟",勾割效果较好,是车战中的主要兵器
之一。到了战国时期,戟已基本上取代了戈的地位。到了晋朝以后,随着重甲骑兵的兴

起,枪、矛是主要的长兵器,隋唐又兼用长刀,于是戟渐渐地退出战争的舞台,成为只表示等级身份的仪仗兵器,即所谓棨戟。

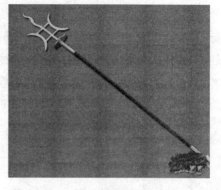

戟

戟是除了"戈"之外,另一种我国独有的古代兵器。戟在古代不仅曾是军队中的主要兵器,而且常常作为所有武器的代名词,比如"持戟之士",就是指包括所有拿武器的兵士,意思与今天的"战士"差不多。根据《战国策·赵策》中记载,毛遂在劝楚怀王联赵抗秦时,这样分析当时的军事形势:"今楚地方五千里,持戟百万,此霸王之资也。"所谓"持戟百万"就是说楚国军事力量强大,足以联合他国与秦国抗衡。因此戟常常被用来根据装备数量来象征一个国家的武装力量。

剑

剑是古代兵器的一种,属于"短兵",金属质地,由剑身和剑柄两部分组成。剑身长条形,前端尖,两侧开刃。剑通常配有一个剑鞘,可以套在剑身上,用来保护剑身,而且方便携带。剑在殷商以前就已出现,尺寸极为短小,而且没有剑鞘。古人把剑插在腰间,既可以割,也可以刺,用来抵御匪寇与野兽十分应手。到了周代,尤其是春秋战国时期,剑已成为主要短兵器,士必有配备。冯谖与汉初的韩信,虽然生活贫困以至食不果腹,也仍然随身佩剑。我国在剑的制造和使用上,有着很悠久的历史,自古以来著名的宝剑名称有干将、莫邪、龙泉、太阿、纯钧、湛卢、鱼肠、巨阙等,浙江出土的春秋时期越王勾践使用过的宝剑,虽历经千年,仍锋利无比,充分说明了我国古代人民铸剑技术的高超。

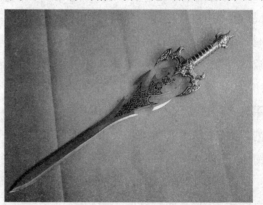

剑

无论在东方文明还是西方文明,剑都是一种地位比较高的武器。在中国古代,剑有"百兵之君"的美名,常常作为一种高贵的装饰品而存在,从皇帝到文人都喜欢佩剑以显示身份。许多文学作品中都可以看见剑的身影,比如大诗人李白的名句"安得倚天剑,跨海斩长鲸",贾岛的"十年磨一剑,霜刃未曾试",多是一种文人用来抒发豪气的象征。另外，剑有时也是一种仪式道具，比如在中国民间传说中，剑常常被作为法器用以"降伏妖魔"。中国文化中的剑与其他文化里的包含范围并不一致，如西方古代只有双刃和直型的剑，西方人概念里的刀也是剑的一种。在日本则没有区分刀与剑，日文中的"剑术"或者"剑道"其实是中国唐代双手刀法，后流传到日本。

剑在西方同样受到推崇，既是古代作战的主要武器，又是骑士文化的重要组成部分。

刀

刀是古代主要的兵器之一，同样属于"短兵"，单面长刃，在古代兵器之中，有"百兵之帅"的称号。

刀源自原始人用石头、蚌壳或者兽骨磨制的带刃工具，主要用于劳动生产，也用以防身自卫。商代出现了青铜刀，不过还未用于战争，只用于装饰。到了秦汉时期，钢铁的冶炼和锻造技术有了进一步发展，刀的制作工艺逐渐进步，于是刀也就成为步兵的主战兵器之一。隋唐时，更先进的冶炼方法"灌钢法"发明，用这种方法制出的刀更加坚韧锋利。唐代制刀在运用汉民族传统的制刀工艺的同时，而且随着当时各国及各民族之间经济文化的广泛交

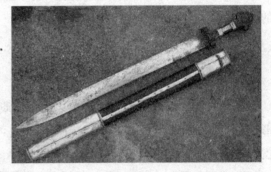

刀

流的加深，从外来的制刀技艺中汲取养分，从而战刀的制作更趋于实用化。日本吸取了唐刀的特点，并增加了一些弧度，逐渐发展出一种新式刀型，称为倭刀，即日本刀。明朝军队多使用腰刀。腰刀的刀体狭长，刀身弯曲带有弧度，延长了刃部，从倭刀中吸收一定的长处，杀伤力有所增加。刀的刃薄脊厚，利于大力劈砍，而且制作成本低廉，因此直至清末，刀都是中国军队的最主要的装备兵器之一。

刀不仅用于战场上，还应用在官场之上，而且地位同样尊贵。汉朝时，上至天子下至百官无不佩刀，而且从佩刀可以看出达官贵人的等级身份。东汉时，天子百官的佩刀从形制样式到装饰都有极严格的明文规定予以限制。这种佩带用刀，外观精致美观，刀身通体雕错花纹，刀环则铸成各种形态的鸟兽图案。日本刀在北宋时首次传入中国，是作为一种工艺品。随着制作工艺的不断完善，日本刀逐渐形成了一种独特的文化，并在全世界范围内造成了不小的影响。

匕首

匕首是古代兵器的一种,形似剑而短,锋利异常,携带方便,是近距离搏斗的有效武器。其用法主要有击、刺、挑、剪、带等。

匕为古代膳食器,也就是勺,因一类短剑形态上像匕,故而得名。匕首的年代悠远,早在石器时代就有匕首,用坚硬的石头磨制而成。至商、周发展为青铜或铁铸成。《史记·吴太伯世家》中记载:"使专诸置匕首于炙鱼之中以进食,手匕首刺王僚。"专诸刺杀吴王僚的匕首因藏于鱼腹,因此又叫鱼藏剑。战国末期,荆轲刺秦王,"图穷匕见"的故事更是耳熟能详。到了汉代,匕首常常作为一种辅助兵器,与长剑并用。匕首长久以来以其独特的功能普遍为兵家武士、行者侠客所用,作为一种辅助兵器而流传至今。

匕首

现代匕首多为钢制,长约七八寸,分为单刃和双刃,双刃之匕首中有脊,两边逐锐,头尖而薄。匕首的基本技法有刺、扎、挑、抹、豁、格、剜、剪、带等。其练法有单匕首练,以及匕首与其他兵器对练等。但一般匕首都为双使。当代军警亦装备匕首,以警用匕首为例,集刺、割、砍、锯、剪甚至多功能螺丝刀等多种实用功能于一身,不仅可以自身防卫,还可以用来拆除障碍物、野外作业、破坏玻璃等。

弓箭

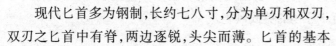

弓箭是古代兵器的一种。弓由具有弹性的弓臂和有韧性的弓弦构成;箭包括箭头、箭杆和箭羽三部分。箭头为铜质或铁质,杆为竹或木质,箭羽用鹰或雕的羽毛制成。弓箭是人类使用的最古老的抛射兵器。

弓的最早发源地尚不明确,因为世界上许多民族在他们的早期阶段都有过使用弓箭的历史。原始社会早期的弓箭,制作简单,形状粗陋,不过当时用这样的弓箭狩猎已是社会一项了不起的进步。进入青铜器时代以后,不仅箭头换以铜质,更为尖硬锐利,而且弓的形制弹力更足,威力大增。在中国的春秋时代,弓箭已成为军队中重要的远射兵器,被列为兵器之首,贵族将门之子从小就学习射箭。"射"作为"六艺"之一乃是公卿大夫必须通晓的一项技能。汉代时,制作弓箭更加倾向于实战应用,弓箭已经根据用于步战、水战或者是骑战来分别制作，而且名号繁多，有雕弓、路弓、虎贲弓、角端弓、强弓等，不仅弓力强劲而且注重弓身的装饰，装有铜箍、玉角，精致美观至极。唐代弓分为用作步战的长弓，用于骑战的角弓，以及狩猎和保卫皇朝禁地所用的稍弓和格弓四种。唐宋以后直到明清，弓的形制日趋单一化。明朝制作弓箭特别重视弓的选材，制作一张弓所用的材料往往分别来自许多地方。

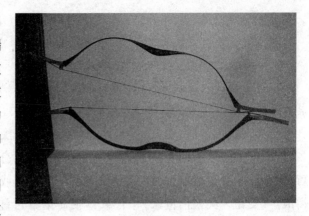

弓箭

在中国古代历史上，历朝历代弓箭都是受重视的兵器之一，因为在古代战争中，"两军相遇，弓弩在先"。无论是攻城守寨，还是伏击偷袭，或是对垒野战，弓箭都是必不可少的利器。就是火器问世以后，弓箭仍以其轻巧灵便、射中率高之长而且造价低廉这些当时的火器无法比拟的优点继续服役军中，一直沿用到清朝末年。时至今日，我们仍可以在体育竞技场上一睹神箭手们百步穿杨的英武风姿。

弩

弩是古代用来射箭的一种兵器，又称作"窝弓""十字弓"。它主要由弩臂、弩弓、弓弦和弩机等部分组成。虽然弩的装填速度较慢，但是它比弓的射程更远，强弩的射程可达数百米，特大型床弩的射程可达公里以上，而且杀伤力更强，命中率更高，同时不要求使用者具有很高水平，上手很快，因此弩可以说是古代一种大威力的远距离杀伤武器。按张弦的方法不同，可以将弩分为臂张弩、踏张弩和腰张弩等，还有能数箭齐射或连射的连弩和装有数把弩弓的床弩等。

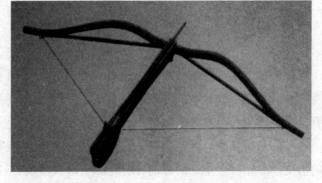

弩

弩的历史悠久，春秋时代就已经有弩的记载了。战国时期的弩分为四种，分别是夹弩、瘦弩、唐弩和大弩。前两种较轻便，发射速度快，多用在攻守城垒的战斗中。后两种是强弩,发射速度较慢,但是射程较远,车战和野战时使用较多。汉代的弩,分为用双臂拉开的"擘张弩"和用脚踏的"蹶张弩"两种。三国时期的军事家诸葛亮曾制造一种叫作元戎的连弩,铁制弩箭,长八寸,一次将十支箭装进弩槽中,扣一次扳机,就可由箭孔向外射出一枝,弩槽中的下一支箭随即自动上膛,再上弦扣扳机,下一支箭射出,这就是著名的诸葛连弩,后经著名工匠马钧改进后威力更大。晋代的弩较汉代大,有"万钧神弩"之号。历史上曾记载在晋安帝义熙六年(410)十二月,梁武帝刘裕用万钧神弩,连破卢循。宋神宗熙宁元年(1068),李宏发明踏张弩,名叫神臂弓,据《宋史》记载:"(神臂弓)身长三尺二寸,弦长二尺五寸,箭木羽长数寸,射三百四十余步,入榆木半箭。"这种弩射程远,而且重量轻,使用方便,因此直至明代仍在使用。北宋时,床弩盛行,《武经典要》载有双弓的双弓床弩、斗子弩、大合蝉弩和三弓的手射弩、三弓弩。明代末年,弩渐衰落,清朝军队中弩已经不再作为战斗武器了。

甲胄

甲胄是指古代战争中,将士们穿在身上抵挡敌方攻击的防御性武器。甲胄作为将士的防护性兵器,在冷兵器时代作用极其重要,它的存在可以较大程度地保护将士身体,使其免遭敌方进攻性兵器的伤害,进而使己方保存并增强战斗力,给敌方以更猛烈的打击。也就是说,甲胄可以使部队"防守反击"的战斗效能增强。

最初的甲胄应该是由藤木皮革所制,但是由于年代过于久远,并没有留下实物。商周时代出现皮质的甲胄,制甲的材料以牛皮为主,犀牛皮制成的甲则更为高级、先进。据史书记载,春秋时的吴王僚曾穿了三层犀甲防备刺杀。后随着铁制兵器的大量应用,铁质的甲胄也开始出现。《史记·苏秦列传》提到"以铁为臂胫之衣",也就是铁甲。随着制作甲胄材质的变化,对其也有了新的称呼。主要以皮为材质的称为"甲",护住头部的则称为"胄",以钢铁为材质的护体的叫作"铠",护头的称为"兜鍪",不过后人常常将其称作"盔",往往以"盔甲"连用。唐代盛行的环锁铠,俗称"锁子甲",由钢铁的环连环相套所制成,比较轻便,但是制作繁琐,造价较高。到了明朝,火器大量运用于战场,军队则开始大量装备一

甲胄

种棉甲,这种棉甲较为轻便适于野战,防护火器攻击效果较好。今天现代军队中装备的头盔和防弹背心也可以说是古代铠甲的化身。

盾牌

盾是一种防护兵器,古代文献中也称为"干",与戈同为古代战争中的常用武器,故有"大动干戈"等成语。古代将士在作战时,通常右手持刀或其他兵器击杀敌人的同时左手持盾以掩蔽身体,防卫敌人刀枪箭矢的杀伤,二者配合使用。

盾作为一种"主卫而不主刺"的护体武器,最早出现在商代。到唐代时,盾改称"彭排"。宋代时正式称"牌"。明清两代沿袭宋习,称牌而不再称盾。

根据材质不同,盾牌可分为木牌、竹牌、藤牌、革牌、铜牌、铁牌等。其中用木和革制作盾牌的历史最长,应用也最广泛。藤牌也是军队中被普遍应用的一种盾牌,最早出产于福建,明代中叶传入内地。藤牌的原材料是山林中的老粗藤,一般编制成圆盘状,直径约3尺,周檐高起,中心凸出。这种藤牌由于制作简单,使用轻便,质地坚韧而富有伸缩性,不易被敌方兵器所损坏,所以传入内地以后,很快便在军中普及。铜盾和铁盾在我国古代曾经作为仪仗物使用过,尽管金属质地的盾防护力强,但盾主要是手持使用,若面积大则分量过重,面积小则防护面积也缩小,因此一直未能应用于实战。

明代还曾出现多种能与火器并用的盾牌,这类盾牌与众不同之处是既能防御又能攻击,且威力惊人。这种盾牌是用生牛皮制成,内藏火器或者强弓,作战时,士兵借助盾牌手持盾牌掩护前进,突然向敌人发射火焰或者弓箭,对敌人杀伤很大。

城池

古代城池是统治阶级对内实行统治,对外进行防御的基地。历朝历代,城池的得失都是统治者认定战争胜负的主要标志。

中国早期的城池规模普遍不大,一座春秋中叶的城池,方圆仅为10公里左右,随着生产力的发展规模也在逐步扩大。战国时期的燕下都(今河北易县南)周长已达24公里,唐代都城长安(今陕西西安)的周长为36.7公里,明初都城应天府(今江苏南京)外郭周长达到了103.7公里。大的城池的数量也在不断增多,如唐代居民在10万户以上的城池只

楚纪南故城

有 10 多座,到了宋代这个数字已增至 40 多座。

从军事的角度上来说,一座城池防御体系是一个国家国防部署的重点。城池防御体系大体上由墙、壕防护设施,射击设施,出入口防御设施,指挥、观察设施以及外围关堡等五部分组成。墙、壕防护设施,是城池防御体系的主体,高、厚、坚固的城墙体必不可少;羊马墙、护城河是保护城池的主要屏障,可将进攻一方的人马、兵器阻拦在远离城墙之处,难以登城。射击设施,是指沿城墙顶部外缘构筑的上有垛口和孔眼的雉堞,守军可以从这里进行观察、射击和投石。出入口防御设施主要指的是城池的门洞,这是防御的薄弱部位。建于城门上的城楼和城墙上的敌楼是指挥、观察设施。外围关堡,指的是构筑于城池外围交通要道之上的关城和堡城,为城池防御的前哨阵地,扩大了城池防御纵深,使城池免遭突然袭击。

坞堡

坞堡也称坞壁,是中国古代的一种防御性建筑。汉武帝时,人们在北方和西北边塞上筑有大量坞堡以防御匈奴。边塞的坞堡筑在亭、燧的外围,规模比城小。部分坞堡分为内坞与外坞,均有出入口,有兵丁把守门户。坞内建有屯兵和居人的房舍。东汉时,这样的坞堡最多时曾达到 600 余座。

地方豪强修筑的坞堡大约出现于王莽天凤年间,当时北方闹饥荒,社会动荡不安,豪强为求自保,纷纷构筑坞堡自卫。坞堡外观与普通城堡颇为相似,四周深沟高墙环绕,内部房屋毗连,四隅与中央另建塔台高楼。大型的坞堡规模相当于村落,较小的则相当于一处宅院。一般在南墙正中开辟堡门,入口有庭院,主要厅堂及楼屋建在院中,厨房、厕所、猪圈等辅助建筑一应俱全。东汉建立后,汉光武帝刘秀曾下令摧毁各地的坞堡,但由于西北边民常受羌人骚扰,百姓不得不自发组织自卫武力,所以坞堡在该地区仍然普遍存在。黄巾起义爆发后,豪族将大批部曲和家兵屯驻于坞堡。此时,坞堡就成了官僚贵族的避风港。

魏晋南北朝时期的坞堡多建筑在既有山林险阻,又可进行农耕的宜守宜农之地。坞主或宗主,多是地方豪强或世家大族,他们通过宗族乡里关系组织地方割据武装,被控制的宗人乡亲实际上已经成为坞主的私人武装。此外,也有流民聚集在一起而出现的坞堡,由流民公推有才能者或世族豪强担当坞主。

从某种程度上来说,坞堡武装可以算是南宋义军、清代团练的前身。

云梯

云梯是古代战争中用来攀登城墙的攻城器械。

相传云梯是春秋战国之际的鲁国巧匠公输般发明的,其实云梯早在夏、商、周三代时就已经出现,当时叫作"钩援",后来公输般将其加以改进。战国时代的云梯又分为车轮、梯身、钩三部分。梯身可以上下仰俯,作战时士兵将其扛抬倚架到城墙壁上;梯顶端有钩,用来钩住城缘,使云梯固定;梯身下装有车轮,云梯便可以移动。唐代的云梯比战国时期有了很大改进,主梯之外增设了一具可以活动的副梯,顶端装有辘轳。登城时,云梯可以沿城墙壁自由地上下移动,不再需人力扛抬。同时,由于主梯结构改进,架梯程序简化,节省了架梯时间,因此暴露在守敌面前架梯的危险性和艰难性大大降低。到了宋代,云梯的结构又有了重大改进,宋代云梯底部四面遮有生牛皮,这样推梯人前进时可以免受城上守城人的箭石伤害。

攻城在古代有多种方法,但多要求尽量缩短双方接触时间,一鼓作气,以迅雷不及掩耳之势突破城防,因此架梯必须果敢、迅速、乘虚入城。所以相对于笨重不便的云梯,各种轻便简单的飞梯便大量应用于实战。飞梯结构简单,灵活轻便,多是木竹所制。宋代所使用的飞梯长二三丈,首端装有双轮,另外还有"避檑木飞梯""蹑头飞梯""竹飞梯",形制略有差异,但都轻便实用,战场效果良好。明代以后,随着火器的大量应用于战争中,笨重的巨大云梯因多为木竹制,无法抵御火器的攻击,因此逐渐被淘汰。

投石机

投石机又称"抛石机",是古代的一种攻城武器,主要原理就是运用杠杆原理等物理知识可把石块或爆裂物投掷到敌方的城墙、城内或军阵内,从而达到摧毁敌方工事,杀伤敌军的目的。

相传抛石机最早出现于周代,名为"抛车"。据《范蠡兵法》记载,"飞石重十二斤,为机发,行三百步"。早期的抛车的炮架多是固定在地面上施放,机动性差,且安装费时费力。著名的官渡之战中,曹军运用一种改进的可以自由移动的抛车"霹雳车",这种抛石机的炮架下面装有车轮。后来出现的"旋风抛车"的炮栓可以水平移动和旋转,能够向各个方向发射炮弹,又被称为"旋风炮"。唐宋以后,抛车的形制比过去加大,且种类繁多,使用更为普遍,成为"军中之利器"。1273 年(元世祖至元十年),元军攻打襄阳,使用一种被称为"回回炮"或者"襄阳炮"的巨型抛石机,结构精巧,最突出的是它不用人去拉炮索,放炮时只需要把炮架上安装的一个铁钩拉开,炮弹便可以射出抛出,节省人力,方便使用,且威力巨大,堪称是抛石机的一项重大改革。1126 年,我国古代著名的炮兵专家陈规在德安守备战中,首创战炮间接瞄准法,即把炮架在城墙内,城外敌人无法看到炮位在哪;站在城上的各炮的"定炮人",通过口令指挥城下各炮瞄准、施放。而在这之前的抛石机均是直接瞄准法,自己炮位容易暴露招致对方攻击,且占地过大,影响作战效率。陈规首创的这种间接瞄准法堪称世界炮兵史上一项伟大的创举,西方人直到近代才懂使用炮的间接瞄准方法,比中国人晚了八百多年。

抛石机大多发射的是石头制作的炮弹,后来也出现过一些带毒烟、毒药的化学弹、烟幕弹,以及燃烧弹,这类炮弹不是像石弹那样靠自身的重量去杀伤敌人,而是利用其释放的毒气、毒药、烟火的作用来伤害敌方有生力量,可以说这是古代战争中化学战的一种形式。

明代以后,火炮兴起,并成为主要的攻守武器,抛石车逐渐被淘汰,至清代则已完全被火器所取代,退出了历史舞台。

战车

战车是古代战争中用于攻守的车辆,多为畜力驱动。攻车直接攻敌,守车用于屯守并运输辎重、粮饷等物资。夏朝已出现战车和小规模的车战,从商代经西周至春秋,战车一直是军队的主要装备。

商周时期战车的形制基本相同,均为独辕、两轮、长毂,车厢为长方形,横宽竖短,木质结构,每辆战车由两匹或者四匹马挽拉,每车上有士兵三人,左侧的手持弓箭,右侧的手持戈或者矛,刺杀敌兵,居中的是负责驾驭战车的御者。每乘战车除车上的三名甲士以外,还有一定数目的步兵随车前进,这些步兵和每乘战车编在一起,再加上相应的徒役以及后勤车辆,便构成当时军队的一个基本编制单位,叫作一乘。这样的编制反映了当时的军队编制特点,即以战车为中心。商周时期的战车代表了中国奴隶社会军事技术装备的最高水平,当时的双轮战车用畜力驾挽,军队的机动性较强,车上甲士使用青铜兵器装备攻击敌人,发挥了当时兵器的最大威力,另外车上还配备有旗鼓铎铙,军队的通信联络和战斗指挥便得以保证。作战时,车上的甲士和车下的步兵相互配合,当一方的车阵被击溃时,便分出胜负。所以当时的战争,可以说就是车战,主要就是战车与战车之间的战斗。

在车战的起始阶段,使用战车的数量较少。夏朝末年,商汤伐桀,使用了战车仅有70乘。到了商末,在周武王伐纣的牧野之战中,动用战车达300乘。春秋时期,生产力有了大幅度的发展,同时诸侯间的兼并战争愈演愈烈,战车数量有了明显增加。到春秋末期,一些实力强大的诸侯国,如晋国和楚国均拥有数千辆的战车。

秦汉之交,汉将樊哙攻破雍南之战,使用的是轻车和骑兵;汝阴侯夏侯婴以善用战车闻名,曾四次以战车突击立功,这说明在汉初的战争中,战车仍在发挥着一定作用。大约到汉武帝年间,为了抵御北方匈奴的入侵,汉朝大力发展机动灵活的骑兵部队,因此,战车在战场上便逐渐为骑兵所淘汰。

战马

战马就是应用于战争的马匹。

马作为人类最早驯化并应用于战争的牲畜之一,在漫长的冷兵器时代,是人类战争史上一个不可缺少的角色。中国的商周春秋战国时代,车战是战场上的主要作战形式,战车即由两匹或者四匹战马牵引,作为战车的动力,马匹的强壮与否是决定胜败的重要因素之一。秦汉时期骑兵取代战车成为战场上的主力,这一兵种,凭借"以人为体,人马一体"的特点,速度快、攻击力强,常常能起到出其不意的效果,在古代战争史上可谓叱咤风云,显示了令人敬畏的力量,从这个角度讲,马是骑兵威慑力量的来源,因此也就在中国历史上出现了多个"马背上夺天下"的政权。

科技发展同样在战马的装备上体现出来。随着冶铁和锻钢技术的发展,西汉末年出现了披上了重装铠甲的战马,这就是在日后战争中所向披靡的重装甲骑兵。东汉时期出现的高桥马鞍和西晋时已有的马镫是足以改变历史的两项发明。前者使骑手前后方向更稳固,而马镫的应用则使士兵在马上有了稳固的依托,手臂不再紧握着马鬃,而可以手持兵器,利用战马高速冲击力猛烈杀伤敌人,充分发挥战马和武器的战斗效能。

战马

随着人类科学技术的进步,蒸汽机、柴油机、内燃机乃至电力、核能等各种人造动力相继问世,为人类服役了几千年的战马逐步退出了人类战争的历史舞台。

马镫

马镫是古代骑兵骑马时踏脚的装置,多为铁制,呈半圆形,用皮带悬挂在鞍子两边。

中国骑兵的产生始于战国时代。在此之前,马在战争中的主要作用是牵拉战车前进。赵武灵王提倡"胡服骑射",训练了一支强大的骑兵队伍,这是军事史上一项伟大的变革。自此马战迅速发展起来,并逐步取代了笨重的战车。不过当时的士兵骑在马上双脚是悬空的,为了不在飞驰的战马上摔下来,士兵必须双腿紧紧夹住战马,双手还要紧握马鬃,不仅耗费体力,而且极大地限制了骑兵的攻击能力。

马镫最早是由中国人发明的,但准确的时间目前学界尚无定论。根据迄今为止的考古发现可知，马镫大概出现在 3 至 4 世纪鲜卑人活动的东北草原地区，辽宁北票出土的北燕时期的一副马镫是现存最早的马镫实物。马镫的发明是中国古代北方游牧民族对全世界所做的一项伟大贡献，这种装置虽小，作用却很大，它可以使骑兵在战马之上保持平衡，与战马很好地结合在一起，最大限度地借助了马的力量，从而发挥出巨大的威力。

马镫

马镫发明后，很快就由中国传到朝鲜，在 5 世纪的朝鲜古墓中就已有了马镫的绘画。后来马镫经由土耳其传到西方，被欧洲人称为"中国鞋"。

热兵器时代

这里的热兵器泛指除冷兵器外的一切近现代武器，除枪炮、导弹等可以实施远距离进攻的武器外，应用于军事行动的车辆、舰船等也在此列。

火箭

现代意义上的火箭是指依靠火箭发动机产生的反作用力推进的飞行器，而世界上最早的火箭则是由中国人发明的。早在宋元时期，古代火箭便广泛地应用于战争之中。

"火箭"一词最早出现在 3 世纪的三国时代，不过当时的火箭仅仅是在箭头后部绑附浸满油脂的麻布等易燃物，点燃后用弓弩射向敌方，达到纵火的目的。北宋时期出现火药为动力飞行的火箭，这种火箭由箭身和药筒组成，药筒由竹筒或者厚纸制作，里面填充火药，筒上段封闭，后端开口引出导火绳，点燃后，火药燃烧产生的气体高速向后喷射，产生向前的推动力。这其实和现代火箭在原理上是基本一致的。后来这种火箭经过改进

火箭

后，广泛地用于宋金、宋元等战争。明代后期还出现了一种名为"火龙出水"的二级火箭。"火龙"下部有两个起飞火箭，龙身内装置有数枚神机火箭，引线全部扭在一起。发射时先点燃起飞火箭，飞行一段距离后内藏的神机火箭自动被点燃，从龙口射出。这种火箭

已经应用了并联和串联的原理,可以说是世界最早的二级火箭,比现代二级火箭的发明要早三百多年。

中国的火药与火箭等火器技术大约在 13 世纪末至 14 世纪初的时候由蒙古军队传到印度、阿拉伯,并经阿拉伯传到了欧洲。此后引发了阿拉伯与欧洲国家对火箭技术的引用,使这一技术有了突飞猛进的发展。

1805 年,英国炮兵军官康格里夫研制成功一种脱胎于中国古代火箭的新式火箭,射程达 3 公里,开近代火箭之先河。第二次世界大战期间,德国曾研制类似于后来的导弹的 V 型火箭,用来攻击英国。战后,随着科学技术迅速发展,火箭技术逐渐用于空间探测和开发,主用应用的是运载火箭。运载火箭是指由多级火箭组成的航天运输工具,可以把人造地球卫星、载人飞船、空间探测器、空间站等有效载荷送入太空预定轨道。现代火箭也可以应用于实战,用于投掷战斗部,也就是所谓的火箭武器。当今使用最广泛的火箭武器是导弹,即携带战斗部并装有制导系统的火箭。

突火枪

突火枪是中国古代出现的一种用火药燃烧产生的推力发射弹丸的竹管射击火器。

突火枪最早出现在 1259 年的寿春府(今安徽寿县),由南宋军队所发明。据《宋史·兵志》记载,突火枪"以巨竹为筒,内安子窠",点火引线后,火药喷发,产生推力,于是"子窠发出,如炮声,远闻百五十余步",射程约 230 米。子窠是一种弹丸,成分据考证为黑火药、瓷片、碎铁、石子等,飞出后四散伤敌,子窠可以说是世界上最早的子弹。突火枪是由火枪发展演变而来。1132 年,南宋将领、火炮专家陈规在驻守德安(今湖北安陆)时,研制成一种能喷射火焰的长竹杆火枪,用以焚毁敌人的大型攻城器械"天桥"。1232 年,金军曾用飞火枪同蒙古军作战。飞火枪是用 16 层纸卷成长 2 尺(约合 0.62 米)的筒,里面填充火药及铁滓、磁末等物,绑缚在矛的前端,临阵将其点燃,用来烧灼蒙古军的人马。同上述火枪相比,突火枪已经从喷射火焰烧灼敌人的管形喷射火器,发展为发射弹丸(子窠)以杀伤敌人,这不能不说是军事科学发展的一大进步。

突火枪是世界上最早的管形射击火器,其发射原理和步枪、火炮发射原理基本一致,可以说是现代枪炮的雏形。

火铳

火铳是中国元代和明代前期对金属管形射击火器的通称,又称火筒。火铳用铜或铁铸成,以铜铸居多,火铳以火药燃烧产生的推力发射石弹、铅弹和铁弹。火铳的结构多由前膛、药室和尾銎三部分构成。按作战用途不同，火铳通常分为单兵用的手铳，城防和水战用的大碗口铳、盏口铳以及多管铳等。

火铳的出现是元代军事科学发展的重要成果，它是在南宋火枪尤其是突火枪的基础上发展改进而来，是当时装备军队的重要武器之一。火铳相对于以前的突火枪的优势在于，使用寿命较

火铳

长，射程更远，因此威力巨大。明朝也十分重视应用火铳，由军器局和兵仗局专司制造碗口铳（和盏口铳类似）和手铳。铳身都刻有铭文，记载造铳地点、单位、监造官员的职务和姓名、造铳的军匠和民匠的姓名、用铳卫所的名称、使用火铳的教师和习学军人的姓名、火铳的重量和造铳年月等，全面地反映了一只火铳的"历史"。从明成祖永乐年间起，火铳得到了长足的发展，种类日益丰富，结构也不断地得到改进，射程、精度等指标均有提高，广泛应用于边防、海防、城防等地，还专门组建了专用火器的神机营。嘉靖以后，由于中国早期火器，主要是鸟铳的不断成熟，火铳逐渐被淘汰，退出了历史舞台。

火铳是中国古代第一代金属管形射击火器，它的出现，标志着火器的发展进入一个崭新的阶段。

火绳枪

火绳枪是 16 世纪时出现在欧洲的一种火枪，使用火绳点燃推进用的火药来击发弹丸，故取名火绳枪。

欧洲文献最早出现火绳枪的是在奥地利维也纳手稿史料 3069 号文献上，年代是1411 年。火绳枪是在火门枪的基础上改进而成的。使用火门枪时需要一手持枪，一手持燃烧物，根本无法瞄准，因此射击精度极差。火绳枪克服了这一缺点，在结构上增加了一个固定在枪身上并可绕轴旋转的弯钩，士兵在使用时以手将夹持着燃烧的火绳的弯钩推进火门，点燃火药，从而把弹丸发射出去。这种点火方式的改进，是枪械

火绳枪

发展史上点火技术的一次突破。火绳枪所用的火绳是用大麻编织而成，再经过硝酸钾或其他化学物处理，燃烧缓慢，每小时才燃烧 10 厘米左右。火绳枪的口径约 20 至 30 毫米

之间,重量约 5 至 7 千克,弹丸重量不到 30 克,初速约为每秒 240 米,通常射程在 200 米以内,每 3 分钟可以发射 2 发子弹。

火绳枪出现以后很快得到普及,成为各国军队的普遍装备的武器之一。由于当时作战双方均以大群人马参加,队形比较密集,杀伤比较容易。后西班牙人曾对其进行改进,使其威力大增。1543 年,火绳枪从欧洲传入日本,之后又传到中国,被称为鸟铳,很快就取代了中国的旧式火铳。

鸟铳

鸟铳是中国明代后期对新式火绳枪和燧发枪的统称,清代以后多称其为鸟枪。

与明代前期使用的手持火铳相比,鸟铳口径较小,身管较长,增设了准星和照门,子弹为大小等于口径的圆形铅弹,射程较远,穿透力较强,由原来的手点发火,改为枪机发火。原来的火铳的枪柄是插在火铳尾銎内的直形木把,射击时需用双手握住后端。鸟铳的枪柄则是曲形木托托住铳管,持枪开火时可以一手后握枪柄、一手前托枪身进行瞄准,这样持枪十分稳定,因此射击精度较高。鸟铳从基本结构到外形都已非常接近近代步枪,可以说是近代步枪的雏形。

鸟铳起源于欧洲,明朝嘉靖年间经日本传入中国。自鸟铳传入伊始,中国许多火器专家即潜心研制,力图革新。1598 年,赵士桢制成迅雷铳,有 5 支枪管,可轮流发射。据1635 年成书的《军器图说》记载,当时有"自生火铳",燧发枪机取代了原先的火绳枪机,使鸟铳点火机构的防风雨能力增强。清康熙年间,戴梓研制成功可交替扣动两个扳机的连珠铳,最多可连续发射 28 发弹丸,曾被称为世界上第一种机关枪。康熙以后,鸟枪种类渐多。鸟铳出现后,很快就成为明、清军队中装备的主要轻型火器之一。

鸦片战争后,随着西方的后装线膛击针式步枪传入中国,鸟铳逐渐被淘汰。

佛朗机炮

佛朗机炮是中国明代中期的一种火炮,分为母铳和子铳两部分。母铳口径较小,身管细长,铳身配有准星、照门,可以瞄准、射击较远距离的目标,还可以利用铳身两侧的炮耳将铳身安装在支架上,俯仰自由,以调整射击角度。铳身后部较粗,开有长形孔槽。子铳类似小火铳,一般一个母铳备有 5 到 9 个子铳,可在战前预先装填好弹药备用,战斗时直接逐个装入母铳发射,发射速度较快。

佛朗机也是来自欧洲,于 1522 年由葡萄牙人传入中国,当时明朝称西班牙、葡萄牙为"佛朗机",为欧洲古国法兰克的讹误,故以此名称呼这种武器。1524 年,明廷仿制成功第一批佛朗机,共 32 门,每门重约 300 斤,母铳长近 3 尺,配有 4 个子铳。之后,明廷又陆续仿制出大小型号不同的各式佛朗机,装备北方及沿海军队。

佛朗机炮

北京首都博物馆现藏有 6 门佛朗机样式的火炮,均为铜质,共有两种类型:一种"胜"字号火炮,腹部为圆柱形。另一种名为"流星",腹部为方形。"胜字四十二号"火炮,制于 1549 年,母铳口径 38 毫米,全长 91 厘米,子铳口径 35 毫米,全长 23 厘米。由于母铳口径不大,子铳装药量小,因此杀伤力有限。

红衣大炮

红衣大炮又称红夷大炮,红夷指的是当时的红毛国荷兰,明朝官员往往在这些进口的巨炮上盖以红布,所以讹为"红衣"。红衣大炮在设计上确实有其优点,它的炮管长,管壁很厚,结构合理,在炮身的重心处两侧有圆柱形的炮耳,火炮以此为轴可以调节射角,配合火药用量改变射程;设有准星和照门,依照抛物线来计算弹道,精度很高。多数的红衣大炮长在 3 米左右,口径 110 至 130 毫米,重量在 2 吨以上。红衣大炮射程极远,据史籍记载,最远可达 10 里。

红衣大炮

红衣大炮原产自欧洲,明朝时期先是从荷兰人的东印度公司进口,后来因台湾问题与荷兰人交恶,转向跟澳门的葡萄牙人求购而得。明廷对在实战中表现出色的红衣大炮颇为重视,除了进口以外还大批进行仿制,但是明末国力衰退,已经无力装备更多造价颇为昂贵的红衣大炮。但是红衣大炮已经逐渐成为明军中重型火器的中坚力量,在明末的对抗后金铁骑的战争中大显神威。宁远、锦州、山海关等战略要地均装备有红衣大炮,后金骑兵均不敢轻易进犯。据传说清太祖努尔哈赤就是在明军的宁远大捷中被红衣大炮所伤,后不治而死。

清朝仿制了大量的红衣大炮,可说红衣大炮的式样已经成为军队火炮的标准制式,从整体上说,清朝对红衣大炮没有进行过任何技术革新,只是一味加大重量,以求增加射程,甚至出现了重达万斤的大炮,中看不中用,实际火炮的制造工艺已经远远落后于西方。在清末抗击外来侵略战争中清军仍使用两百多年前的落后武器对抗侵略者的新式火炮。此时清朝的红衣大炮,铸炮仍然使用泥范法,铸出的炮身有大量沙眼,极易导致炸膛,内膛的加工也十分粗糙,没有准心照门,开花弹也早已失传,缺少科学知识的兵勇的操炮技术甚至还比不上明朝。两百年前曾让明朝军队威震辽东的先进武器红衣大炮在两百年后早已风光不再,老态龙钟,根本无法抵御西方列强的入侵。

加农炮

加农炮是指身管长、初速大、射程远、发射仰角较小、弹道低伸的火炮,是所有类型火炮中射程最远的。加农炮按口径的大小可分为 75 毫米以下的小口径加农炮、76 至 130 毫米的中口径加农炮、130 毫米以上的大口径加农炮等。加农炮使用的弹种有杀伤爆破榴弹、爆破榴弹、碎甲弹、杀伤榴弹、穿甲弹、燃烧弹、脱壳超速穿甲弹等。高射炮、舰炮、海岸炮、坦克炮、反坦克炮和航空机关炮都属于加农炮。

加农炮最早起源于 14 世纪,直到 16 世纪,欧洲人才给这种身管较长的炮起个名字,叫作加农炮,意为"管子"。当时加农炮身管长度一般为16 至 22 倍口径,18 世纪后身管长度增加到 22至 26 倍口径。第二次世界大战后,各国都开始大力发展口径在 105 至 108 毫米之间的加农炮,炮身长度一般为 30 至 52 倍口径,初速达到每秒

加农炮

880 米,射程远及 30 公里。20 世纪 60 年代以后,加农炮基本没有新型号诞生。

加农炮属地面炮兵的主要炮种之一。以装甲目标、垂直目标和远距离目标为主要攻击目标。对装甲目标和垂直目标,多用直接瞄准射击;对远距离目标,则用间接瞄准射击。加农炮是进行地面火力突击的主力军之一。美国 175 毫米自行加农炮,最大射程32.7 公里;而 203 毫米榴弹炮,尽管口径比它大,最大射程却只有 29 公里。因此,远距离攻击敌纵深目标是加农炮的拿手好戏。加农炮也可作为岸炮,对从海上来袭的军舰等目标进行轰击。

迫击炮

迫击炮是一种用座钣承受后座力,发射迫击炮弹的曲射火炮,多为滑膛炮,个别也采

用线膛身管,炮筒较短。迫击炮的弹道弯曲,适合于对山丘等隐蔽物背后的目标进行超越射击,也可对近距离目标进行直接射击;炮弹装填简单方便,射速高达每分钟20到30发,而且火力较猛,杀伤力较大。迫击炮的另一个优点是轻便灵活,机动性较强,中小口径迫击炮人力就可以将其转移;而且迫击炮结构简单,造价低廉,适合大规模生产。

迫击炮

1342年,在西班牙人和阿拉伯人之间进行的阿里赫基拉斯城战役中,阿拉伯人使用的一种名为"摩得发"的原始火炮可以说是现代迫击炮的雏形。世界第一门真正的迫击炮应用于1904年的日俄战争期间,由俄国炮兵军官尼古拉耶维奇发明。第一次世界大战中,由于迫击炮有对付躲在堑壕阵地中的敌军的特殊本领,各国开始重视并大力研制迫击炮。

到第二次世界大战时,迫击炮已经属于步兵的基本装备,迫击炮的结构到此时已发展得日臻成熟,其战斗准备时间极短这一特点使其在"二战"中大出风头。据统计,迫击炮造成了"二战"期间地面部队50%以上的伤亡。

迫击炮多作为步兵营以下分队的压制武器,除用来杀伤近距离或躲在障碍物后面的敌人,或者摧毁轻型工事或桥梁之外,也可用于施放烟幕弹以及照明弹等。

榴弹炮

榴弹炮是一种身管较加农炮短,口径较大,弹道比较弯曲,主要用于打击遮蔽物后目标和水平目标的中程火炮。

大约出现在15世纪的意大利、德国的一种炮管较短、射角较大、弹道弯曲、发射石霰弹的滑膛炮可以说是最早的榴弹炮。17世纪,在欧洲正式出现了名为榴弹炮的火炮,其特点是射角较大、发射爆炸弹。一支主要由荷兰裔士兵组成的英国部队成为最早装备榴弹炮的军队。19世纪,榴弹炮开始采用变装药。第一次世界大战时的榴弹炮,身长为15至22倍口径,最大射程在14公里左右。二次大战中,炮身长为2至30倍口径,初速为每秒635米,最大射程达18公里。后

榴弹炮

来由于战争的需要,德国在1915年研制出了世界上第一门现代加榴炮,即身管长度介于榴弹炮和加农炮之间,兼有二者特点的火炮。在第二次世界大战中,这种加榴炮已为交战各国所广泛装备使用。20世纪60年代以后问世的新型榴弹炮大多兼有加农炮性能,不过并没有使用加榴炮的名称。

榴弹炮是地面炮兵的主要炮种之一,榴弹炮的弹道较弯曲,所以炮弹的落角很大,近似垂直下落,因而弹片可均匀地射向四面八方,覆盖面广,杀伤力惊人。燃烧弹、榴弹、特种弹、反坦克布雷弹、杀伤子母弹、化学炮弹、反坦克子母弹、末制导炮弹、核炮弹、增程弹、制导弹、发烟弹、碎甲弹、照明弹、宣传弹等各种弹药均可以为榴弹炮所采用,采用变装药变弹道可在较大纵深内实施火力机动。

火箭炮

火箭炮是炮兵装备的发射火箭弹的装置,通常为多发联装,发射管为火箭弹提供一定的初始射角和方向。火箭弹靠自身的动力飞行,没有身管式火炮需要承担巨大的后座力等问题,因此结构较为简单,并且能大口径多发联装,发射速度快,火力密集度高,适宜对远距离大面积目标实施密集射击。

世界上第一门现代火箭炮是1933年苏联研制成功的M-13型火箭炮,装有轨式定向器,可联装16枚火箭弹。第一次使用时苏军的一个火箭炮连的一次齐射,如同一阵暴风疾雨,倾泻在敌目标上,势若排山倒海,不仅消灭敌人大量有生力量和军事装备,而且给敌人精神上以巨大的震撼,这就是后来的"喀秋莎"火箭炮。在第二次世界大战

火箭炮

末期和战后,火箭炮得到了各国的重视,广泛应用于实战当中。进入20世纪70年代以后,火箭炮又有了新的进步,其性能和威力都有了长足的发展,过去存在的装填速度慢,射击精度不高等缺点均得到解决。火箭炮已经成为现代炮兵不可或缺的组成部分。

我国十分重视火箭炮的开发与研制。经过新中国成立后六十年的发展,目前中国人民解放军陆军的火箭炮火力系统已经构成一个由多种型号多管火箭炮组成的完整的火力打击体系,可以覆盖从近程到超远程的各个纵深层次。其中我国研制的卫士-2B型406毫米重型超远程多管火箭炮系统,射程远达450公里,且打击精度极高,被公认为目前世界上仅次于战术弹道导弹和巡航导弹的先进超远程打击火力系统。

高射炮

高射炮是火炮的一种,用于从地面射击空中目标,具有身管长、射速高、火炮可360度回转等特点,作战时常常以多门炮组成高射炮阵地担当防空任务。

1870年普法战争中普军将一种37毫米口径的加农炮加以改装,用来射击法国军用气球,被称为"气球炮",这就是高射炮的雏形。1906年,德国爱哈尔特军火公司针对飞机和飞艇的特点,将气球炮加以改进,制成专门用来射击飞机和飞艇的火炮,世界上第一门高射炮正式问世。第一次世界大战爆发初期,为了对付敌方狂轰滥炸的飞机,各国纷纷大力研制高射炮,重点改进了高射炮的瞄准装置,射击精度有了大幅提高。从20世纪30年代开始,在日

高射炮

本、德国军备竞赛的引领下,飞机的性能有了极大的发展,飞行速度可以达到每小时500公里左右,这是原来速度的一倍,飞机的飞行高度也普遍提升到8至10公里。相应的高射炮同样进步非凡,炮管更长,初速和射高都成倍提高。高射炮配备了先进的射击瞄准装置,提高了命中率,同时还配备了新式装弹设备,高射炮的作战能力全面得到提升。

20世纪50年代初期,高射炮曾一度让位于防空导弹。然而实战表明,防空导弹不能完全代替高射炮。从60年代中期开始,小口径高射炮重获新生,它可以弥补防空导弹的低空射击死角,迅速击毁低空进犯的敌机,再加以发展改进之后,与高射机枪一起担当了低空和超低空区域的防空任务。目前各国高射炮的主要发展方向是小口径化、自行化、炮弹制导化,未来的战争中,导弹和高射炮合一的防空武器系统将发挥巨大威力。

左轮手枪

左轮手枪是一种供个人使用的、多发装填的非自动枪械。它装有转轮式的弹仓,一般内有6个弹巢,转轮转动,枪弹可逐发对准枪管。左轮手枪这个名称来自常见的转轮手枪在装弹时转轮向左摆出,所以叫作"左轮手枪"。

世界上第一支具有实用价值的左轮手枪出现在1835年,是由美国人塞缪尔·柯尔特发明的。在此之前的转轮手枪在开枪需要先用手将转轮拨动到位,然后再扣动扳机,

程序繁琐，因此实用价值不大。而柯尔特发明的左轮手枪采用螺旋线膛枪管和底火撞击式枪机，发射锥形弹头的壳弹，并且扣动一下扳机即可联动完成转轮和击发两步动作，实用价值极高，很快便流行于世界各国。虽然后来人们又对左轮手枪进行了一些改进，但它的基本结构和原理一直没有变。柯尔特因此被称为"左轮手枪之父"。

左轮手枪仍然存在着装弹慢、射速低、容弹量少等缺点，所以在第二次世界大战之后，在军队中左轮手枪逐渐为自动手枪所取代。但由于左轮手枪能够非常简便地处理瞎火弹的问题，只需再扣一次扳机，下一颗子弹就会上膛，因此仍然以其可靠的性能而得到许多国家的警察和个人的钟爱。

自动手枪

自动手枪指的是在射击中利用火药燃气能量，实现自动装填枪弹的手枪。这种手枪有两种类型，一种是只能打单发不能连发的半自动手枪，又称自动装填手枪，由于这种手枪使用最为广泛，习惯上也称为自动手枪；另一种是全自动手枪，子弹可以连发射击，又叫冲锋手枪。自动手枪的口径通常在 7.62 至 11.43 毫米之间，以 9 毫米口径的最为多见，长 20 到 30 厘米，重约 1 千克，采用弹匣供弹，弹匣装于握把内，容弹量通常为 8 发，有效射程约 50 米。

自动手枪出现于 19 世纪末。1893 年，美籍德国人雨果·博查特发明了一种 7.63 毫米口径的自动手枪。这种手枪采用弹匣供弹，开锁、抛壳、待击、装弹、闭锁等动作均在枪机的后坐和复进运动中一气呵成。这些结构设计和原理和现代手枪已经基本相同，为后者的发展奠定了基础。1895 年德国毛瑟兵工厂研制成功毛瑟手枪，这种手枪曾大量流入中国，俗称"驳壳枪""盒子炮""大镜面"等。当时中国的许多兵工厂都对这种枪型进行了批量仿制，曾广泛应用于抗日战争和解放战争之中。

自动手枪由于具有装弹快、射速快、容弹多、杀伤力大等特点，很快取代了转轮手枪，为世界各国所广泛使用，是现代军、警、民用的主流手枪。有的全自动手枪即冲锋手枪配有肩托，装上后用双手握持抵肩射击，有效射程可增加到 150 米。冲锋手枪连发射击时火力猛、射速快，部分型号射速可达每分钟 110 发。

半自动步枪

半自动步枪是一种子弹可以自动装填上膛的步枪，也叫自动装弹步枪。之前的非自动步枪射击动作较为繁琐，打一枪需拉一次枪栓，下一颗子弹才能上膛。半自动步枪枪弹击发后，利用部分火药气体产生后座力进行退弹壳、子弹自动装填上膛的过程，并准备再次射击。半自动步枪每扣一次扳机只能发射一发子弹，还没有实现连发。

20世纪60年代后随着自动步枪的兴起，半自动步枪逐渐被淘汰，不过由于其精度较高且稳定性较好，现在的狙击步枪领域还多是半自动步枪的天下。

半自动步枪

自动步枪

自动步枪指的是能够自动进弹、连续击发，具备全自动射击能力的步枪。原来的非自动步枪只能单发射击，而且装弹和退壳都要手工操作，射速低、使用不便。自动步枪利用子弹的火药燃烧气体产生的后座力进行退弹壳、装弹并再次射击，也就是说，只要扣住扳机不放，就能连续射击，直到弹匣内的子弹打光。

第一支真正的自动步枪出现在1883年，由美国工程师马克沁研制成功。马克沁利用火药燃烧产生的后座力原理，在原有的"温切斯特步枪"的基础上进行改装和试验，终于成功地制造出世界上第一支自动步枪。由于早期的自动步枪发射的是当时的标准步枪弹药，威力虽然很大，同时也带来后座力过大的问题，在连续射击时射击精度较差。于是在第一次世界大战期间，俄国人费德洛夫研制出一种自动步枪，使用威力稍小一些的枪弹。至第二次世界大战后期，各国出现的自动步枪性能更加优良，已经完全取代半自动步枪，成为装备军队的主要武器之一。

"二战"后期问世的突击步枪可以说是自动步枪的一个亚种，如德国的STG44式、苏联著名的AK-47式等。突击步枪使用中间型枪弹或小口径步枪弹，后座力较小，因此射击精度较好，而且射速高、枪身轻便。

突击步枪

突击步枪一般是指发射中间型威力枪弹或小口径步枪弹，能以全自动、半自动以及点射多种方式射击，有效射程在300米到400米左右的自动步枪。现代战争中并不要求武器的射程很远，但是要求在作战距离之内，火力更强，机动能力更好，突击步枪正是秉承这种思想，将步枪和冲锋枪优点成功地结合在一起的一种现代武器。

突击步枪的概念出现在第二次世界大战末期，当时的德国人根据战场实际情况，提

突击步枪

出降低步枪弹的威力,缩短射程,使步枪和冲锋枪合而为一的设计思想。1942 年出现在苏德战场上的 STG44 突击步枪堪称突击步枪的鼻祖,据说希特勒十分欣赏这种适合快速进攻的步枪。突击步枪当时是指使用中间型威力枪弹的自动步枪,其特点是射速较高、射击稳定、后座力适中、枪身短小轻便,是具有冲锋枪的猛烈火力和接近普通步枪射击威力的自动步枪。

苏军不甘落后,随后研制成功的一种便是名扬天下的"AK-47"。AK-47 是俄语名称首字母的缩写,意思是卡拉什尼科夫 1947 年定型的自动步枪,由苏联枪械设计师卡拉什尼科夫设计。"二战"结束后,苏联曾将 AK-47 系列步枪输出到世界各地。由于其令人惊诧的可靠性,而且结构简单,结实耐用适应能力超强而且物美价廉,在许多第三世界国家或反政府武装中被广泛使用。

冲锋枪

冲锋枪指的是单兵双手握持发射手枪弹的轻型全自动枪,属于连发枪械。其结构简单,枪管较短,弹匣容弹量较大,采用可伸缩和折叠的枪托。冲锋枪比步枪短小轻便,具有较高的射速,火力猛烈,近战和冲锋时使用效果较好,在 200 米内具有良好的作战效能。

1915 年,意大利设计并生产的帕洛沙是公认的世界上第一种冲锋枪,这是一种双管全自动轻型武器,发射 9 毫米的手枪弹,不过这种枪实际上是作为超轻型机枪而研制的。1918 年,德国人施迈塞尔设计成功 MP18 冲锋枪,这种枪被认为是第一支真正意义上的冲锋枪。第二次世界大战中,各国先后研制出多种型号和口径的冲锋枪。战后,随着自动步枪的发

冲锋枪

展,冲锋枪与自动步枪的界限越来越模糊,有些已很难定义和分类,如德国的 STG44 突击步枪、著名的 AK-47 自动步枪等有时也被称为冲锋枪。

冲锋枪

　　冲锋枪可装备于步兵、侦察兵、伞兵、摩步兵、炮兵、空军、海军等多个兵种,作为冲击和反冲击的突击武器,在两次世界大战中发挥了重要作用。冲锋枪优点可概括为重量轻、体积小、携弹量大、灵活轻便、火力猛烈等。不过缺点也很明显,如子弹杀伤力较小、射击精度较差、有效射程近等。近年来随着步、冲合一的突击步枪的问世,冲锋枪的战术地位逐步下降。从国外轻武器发展势头来看,除了微型、轻型、微声等特殊类型冲锋枪之外,常规冲锋枪将为小口径突击步枪所取代。

狙击步枪

　　狙击步枪的学名叫作"高精度战术步枪",是指专门设计制造或在普通步枪中挑选,射击精度高、射程远、可靠性好的一种专用步枪。军事上主要用于射击对方的重要目标,如指挥人员、机枪手、车辆驾驶员等。狙击步枪与普通步枪的区别在于狙击步枪装有可以精确瞄准的瞄准镜,而且采用经过特别加工的枪管,精度非常高。狙击步枪的射程一般在 800 米以上,是普通步枪的两倍。狙击步枪以其特别高的射击精度著称,号称"一枪夺命"。

狙击步枪

　　狙击步枪主要用于歼灭敌方重要的人物。现代战场上的高价值目标日益增多,停机坪上的飞机、直升机、通信设备、雷达、导弹阵地、弹药库以及轻型装甲车都已经成为狙击步枪的作战的对象。随着目标范围的扩大,也对原有的狙击步枪在射程和威力方面提出了更高的要求,于是一些大口径和远射程的狙击步枪应运而生。大口径狙击步枪以 1 至 2 公里远距离的轻型防护目标为射击对象，不再以人员杀伤为主要用途，而主要用于打击高价值军事目标，以反器材为主。

科技的进步为狙击步枪的进一步发展提供了技术上的支持。据军事专家预计，在21世纪，狙击步枪的身上有望集中多项高新技术，这在轻武器中是比较少见的。例如专为狙击步枪开发的火控系统，将使射手的瞄准误差大大减少，尤其是不再担心受远距离上侧风的干扰。狙击步枪的高技术含量将使其实现轻兵器中的"精确制导"。

霰弹枪

霰弹枪又称散弹枪，是一种主要在近距离使用，以发射霰弹为主杀伤有生目标的单人滑膛武器。现代军用霰弹枪外形和内部结构和突击步枪非常类似，由滑膛枪管、击发机、自动机、瞄准装置、弹仓以及枪托、握把等部分组成。按装填方式的不同，可以分为半自动霰弹枪和自动霰弹枪，有泵动弹仓式、转轮式、弹匣式三种供弹方式。军用霰弹枪主要发射集束的霰弹弹丸。军用霰弹枪全枪长一般在1.1米以内，全枪重量在4.5千克以下，以保证使用起来机动灵活。霰弹枪的有效射程一般是60米至150米。

霰弹枪作为军用武器历史悠久，自热兵器问世，它就开始装备军队。两次世界大战中都有霰弹枪的身影，而且表现卓异。在侵越战争中，美军和南越部队使用了约10万支雷明顿霰弹枪。

军用霰弹枪主要用来装备特种部队、守备部队、巡逻部队、反恐怖部队等，适用于近距离战斗、突发战斗、防暴行动等特殊场合。实战表明，霰弹枪在特种战斗中具有特殊优势，这是其他武器所无法比拟的。

机关枪

机关枪是指带有两脚架、枪架或枪座，能实施连发射击的自动枪械。机关枪以杀伤有生目标为主，也可以对地面、水面或空中的轻型装甲目标进行射击，或者用来压制敌火力点。通常分为轻机枪、重机枪、通用机枪和大口径机枪。轻机枪较为轻便，主要用于跟随步兵作战为其提供火力支持。重机枪射速高，射程远，射击精度较好，火力较猛，既可以用来压倒敌人的火力点，封锁敌人的行动路线，还能大批杀伤集团目标，但较为笨重。

清康熙年间，戴梓发明了一种可以连发的火器"连珠铳"，堪称世界上最早的机关枪，比欧美机关枪的发明早了二百多年。然而清政府统治者自以为从马上得天下，因而不重视火器的发展，这项发明就慢慢被人们遗忘了。

世界上第一支能够自动连续射击的机关枪由美国工程师马克沁在1884年研制成

功。这种机关枪的射速高达每分钟600发，首次应用于实战是在1893年至1894年的英军与南部非洲祖鲁人的战争。在一次战斗中，一支由50余人组成的英军小队仅凭四挺马克沁机枪就打退了5000多祖鲁人的数十次冲锋，打死了3000多人。马克沁机枪获得成功后，许多国家纷纷进行仿制，并开始广泛地在军队中装备。1916年，在"一战"中著名的索姆河战役中，德军阵地的马克沁机枪喷射着骇人的火力，使英军一天内伤亡6万余人。

机关枪

1934年德国研制成功 MG-34 式机枪，是世界上第一种两用机枪，它的供弹方式有弹链和弹鼓两种选择，使用弹鼓装在两脚架上，就是轻机枪，配上弹链装在三脚架上，就是重机枪，若在高射枪架上，还可以作高射机枪用。这种机枪在"二战"中显示了它的优越性，其他国家纷纷效仿，"二战"后轻重两用机枪（又称通用机枪）得到了迅速的发展，如今已经基本取代了重机枪的地位。

防弹衣

防弹衣又叫避弹衣、避弹背心、防弹背心、避弹服等，用于防护弹头或弹片对人体造成的伤害，属于单兵护体装具。防弹衣主要由衣套和防弹层两部分组成，衣套常用化纤织品制作。防弹层采用金属、陶瓷、化学纤维等材料，可以吸收弹头或弹片的动能，对低速弹头或弹片防护效果明显，穿着后可对人体胸、腹部起到一定程度的防护作用。

现代防弹衣的雏形出现于20世纪50年代的朝鲜战争期间。美军首先试验使用尼龙这类软质合成纤维材料制作防弹衣。尼龙防弹衣对防护弹片的伤害有一定作用，不过整体重量达4.5公斤以上，且密不透风，舒适感较差。70年代，美国研制成功一种新型材料防弹衣，它采用的是一种名叫"凯夫拉"的合成纤维，这种材料的抗张强度极高，因此吸收弹片动能的能力远高于尼龙，且轻便耐用，所以一经问世，便很快取代了尼龙防弹衣，受到许多国家军队和警察的青睐。

防弹衣

近年来，随着科技的进步和需求的拉动，新型防弹衣的款式，材料上除了上述的"凯夫拉"材料的，还有据说性能高于"凯夫拉"的"斯佩克特拉"纤维防弹衣问世，最近又有诸多新型材料加入防弹衣的行列，比如高分子陶瓷、钛合金等。在衣服款式上也多种多样日趋新颖，出现了防弹背心、防弹 T 恤、防弹衬衫、防弹夹克衫、防弹棉衣、防弹雨衣、防弹皮衣、防弹外套等各种样式。新型防弹衣在外观上看已经和普通的衣服没什么区别，而且还别有一番神秘的风采。

手榴弹

手榴弹是一种用手投掷的小型弹药，因 17 和 18 世纪欧洲的手榴弹外形和碎片类似石榴和石榴子，故而得名。手榴弹一般由弹体、引信两部分组成，按用途不同可以将手榴弹分为杀伤、反坦克、燃烧、发烟、照明、防暴手榴弹以及训练手榴弹等。手榴弹体积小、质量小，单兵可以大量携带，而且结构简单、造价低廉，使用方便，无须任何投掷装置，单手投掷即可，因此在战争史上发挥过重要的作用，主要用来杀伤有生目标，也可以对坦克和装甲车辆造成破坏。

手榴弹的历史悠久，宋、元、明时期，一种投掷性火器火蒺藜在战场上运用广泛。15 世纪，欧洲手榴弹就已出现，那时候装的是黑火药，当时主要用于要塞和监狱的防御。17 世纪中叶，欧洲一些国家开始在精锐部队中配备了野战用手榴弹。

手榴弹

第一次世界大战期间，由于在对付躲在沟堑战壕里的敌人具有独特优势，手榴弹开始受到各国军队的重视。第二次世界大战期间，手榴弹不仅应用更为广泛，而且技术、种类等方面也有很大发展，手榴弹的发火方式有所改进，方向碰炸机构出现并开始应用在引信上，特种手榴弹如发烟、燃烧、催泪、震晕手榴弹等相继出现，还出现了空心装药的反坦克手榴弹。时至今日，手榴弹的地位尽管较两次世界大战时有所下降，但仍是步兵近距离作战的主要装备之一，现代战争条件下仍具有重要的使用价值。

燃烧瓶

燃烧瓶又名"莫洛托夫鸡尾酒"，是游击队等非正规部队、街头暴乱群众的常用武器。燃烧瓶的主要部分是一个装有半瓶的汽油或者酒精等易燃液体的玻璃瓶，瓶口以水松或塑胶、橡胶等塞堵住以免透气,瓶口缠上一块布充当引信。使用的时候先把布块在易燃液体中浸透,然后点燃再将瓶子抛出。玻璃瓶击中目标破裂,洒在目标物体之上的易燃液体燃烧,有一定的杀伤力,而且还能阻挡敌方前进。苏联曾经制造制式燃烧瓶,没有燃烧的布条,而是借用内部密封的浓硫酸产生化学反应后释放的热量来点燃油料。

第二次世界大战中燃烧瓶作为一种防守武器为参战各方所使用,用来对付轻型坦克有着独一无二的效果。坦克虽然"身披重甲",但是它的底部防御性能往往较为薄弱,因此将燃烧瓶掷向坦克的尾部,燃烧产生的热量可能导致坦克油箱爆炸。部分苏制坦克设有外挂油箱,从外面打开很容易,坦克相对不够灵活,因此游击队员从近距离冲向坦克用燃烧瓶去攻击坦克的油箱很容易得手,这也是燃烧瓶广为流行的原因之一。1948年中东战争、1956年匈牙利事件,都有不少燃烧瓶成功阻挡敌人装甲兵的战例。

由于燃烧瓶制作容易,在世界各地的游击队和街头暴乱中都可以看见它的身影。

榴弹发射器

榴弹发射器是一种发射小型榴弹的轻武器。其特点是体积小、火力猛,具备较强的面杀伤威力和一定的破甲能力,主要用于打击开阔地带和掩蔽工事内的有生目标及轻装甲目标,为步兵提供火力支持。单发榴弹发射器外形类似于步枪或者迫击炮,后者亦称掷弹筒,也有装于步枪上使用的。榴弹发射器的口径一般为20至60毫米,最大射程400米以上,远的可达2200米。

榴弹发射器

16世纪末,最早的榴弹发射器出现了,但这种武器一直发展缓慢。第一次世界大战时,出现了发射手榴弹的掷弹筒,后来才有了发射专用弹药的掷弹筒,精度有所提高,射程可达600米。第二次世界大战末期,德军曾对27毫米信号枪进行改装,加装了一个折叠枪托,可以发射小型定装式榴弹。美军在20世纪60年代初装备的M79式40毫米榴弹发射器,很好地弥补了手榴弹与迫击炮之间的火力空白。70年代是各种自动榴弹发射器大量涌现的时期,自动榴弹发射器的结构和机枪很像,所以又称为榴弹机枪。

榴弹发射器在现代战场上有其独特的作用,使用相当广泛。当前榴弹发射器的发展趋势主要是向轻量化、与其他武器的集成化、在提高威力的同时减轻榴弹质量等方向发展。榴弹发射器将是未来战争中重要的作战武器之一。

火箭筒

　　火箭筒是一种便携式筒型火箭发射器,以发射火箭弹为主,弹道低伸、射击精度较高而且射速高,火力猛,杀伤效果大,主要用于近距离打击坦克、装甲车辆和敌方工事等目标,是主要的单兵反坦克武器之一。火箭筒由发射筒和火箭弹两部分组成,发射筒上装有瞄准具和击发机构,有效射程一般为 100 至 400 米。火箭弹后部多半装有稳定尾翼,弹头多为穿甲弹或破甲弹。

　　第二次世界大战中,纳粹德国的坦克给美、英、苏等反法西斯盟国的军队以巨大威胁,因此研制步兵反坦克武器迫在眉睫。1942 年 5 月,由两位美军青年军官斯克纳和厄尔研制的反坦克火箭筒正式投产,并在北非战役中初试锋芒,对最后战胜德军起到很大的作用。由

火箭筒

于当时的火箭筒外形颇似美国的长管形乐器"巴祖卡",因此美军士兵把这种新型武器亲昵地称为"巴祖卡",并一直沿用至今。

　　火箭筒质量小、结构简单、操作方便而且造价低廉,易于大量生产和装备,而且战场适应能力强,能在有限空间内使用,适于城镇巷战以及碉堡、掩体、野战工事内。正是基于以上优点,尽管反坦克导弹 20 世纪 70 年代以后得到迅速发展和普遍使用,火箭筒仍是主要的近距离反坦克武器之一。

凝固汽油弹

　　凝固汽油弹是燃烧弹的一种,内装凝固汽油,爆炸时能发出高温火焰。

　　凝固汽油是在汽油中加入稠化剂调制而成。稠化剂曾用环烷酸和脂肪酸的混合铝皂稠化调制而成,现代的凝固汽油弹黏稠剂多以苯和聚苯乙烯为主要成分。凝固汽油弹通常以飞机进行投掷,爆炸时向四周溅射,发出 1000 摄氏度左右的高温,并能粘在其他物体上长时间燃烧。部分针对水中目标的凝固汽油弹里还添加了活泼金属如钠、钙、钡等,金属与水发生反应放出的氢气又剧烈燃烧,提高了杀伤力。

　　凝固汽油的出现是针对早期的流质燃剂容易喷溅又难以附着,很难达到集中杀伤进行改进的产物。这种汽油弹燃烧时溅到皮肤上根本无法扑灭,同时其中所含的化学物质燃烧产生的有毒物质会致人中毒,可以说是一种惨绝人寰的武器。1980 年联合国曾通过

一项协定,禁止对非军事目标使用由喷射燃料和聚苯乙烯组成的汽油弹。据英国媒体披露,2003年伊拉克战争时,美军对伊军使用了凝固汽油弹。美国人辩称美军在伊拉克使用的是"马克77"火焰弹,而不是1942年发明的传统汽油弹。报道中说,美国人不过是在玩弄文字游戏,这种"马克77"火焰弹作用、威力和凝固汽油弹都极为相似。

火焰喷射器

火焰喷射器又叫喷火器,是一种用来喷射长距离可控火焰的武器。火焰喷射器由背包和火焰枪两部分组成。背包一般包括两至三个圆筒,分别装有高压的惰性推进气体和易燃液体,一般为汽油混以某些增稠剂。火焰枪包括小容器,弹簧阀和点火装置。火焰喷射器可以分为压缩气体推动和火药燃气推动两种,前者可以自由控制喷射时间和次数但射程偏近,后者射程较远,但是一般必须将携带的易燃物全部喷完,不能即时停止。火焰喷射器主要以掩体、碉堡等各种加固工事为打击目标,由于它发射的实际上是能够四处流动的燃烧液体,因此理论上不存在射击死角。

火焰喷射器

现代意义上的火焰喷射器出现在1901年,由德国人费德勒研制成功,其装置基本上具备了现代火焰喷射器的一切特征,不过直到十年后的1911年才装备于德军,在四年后的凡尔登战役中展示了它骇人的威力,对英法军队造成了重大伤亡。深受其害的英法联军随后进行仿制,火焰喷射器由此发展起来,在第二次世界大战中被广泛使用。20世纪60年代到80年代,美国、苏联等国家超越传统的设计思想,从反坦克火箭中得到启发,研制了火焰弹式火焰喷射器,这种武器射程远,质量轻,喷射速度快。

火焰喷射器在战场上对敌军会产生强大的心理威慑力,其杀伤力也相当惨烈,被火焰喷射器喷中者往往被活活烧死,因此曾有人呼吁禁止此类武器的使用。

地雷

地雷是一种布设在地面或地上,受目标作用自行发火,或由人操纵发火的爆炸性武器。它包括雷体和引信两部分。部分地雷还装有使敌方难以取出地雷的反取出装置,难以使其失效的反拆装置,以及定时自毁装置和保证布雷安全的保险装置等。其发火原理,通常是利用目标的碾压触碰作用或利用目标产生的震动、声音、电磁波等启动引信,也有通过绳索、无线电、有线电等操纵起爆的。地雷有多种分类方式，按用途分为防步兵地雷、防坦克地雷和特种地雷，按控制方式分为操纵地雷和非操纵地雷。

地雷造价低廉，杀伤力大，在近代和现代战争中都可见其活跃的身影。在中国抗日战争时期，广大抗日军民充分发挥聪明才智，创造了多种机动灵活的地雷战法，这就是蜚声中外的"地雷战"，给日伪军以巨大杀伤。在第二次世界大战中，苏联军民共使用了 2.22 亿个地雷，入侵的德军 10 万多兵力和约 1 万辆坦克等装甲车辆的损失要算在地雷的名下。在越南战争中，1970 年美军被地雷炸毁的车辆就占被毁车辆总数的七成，损失于地雷的兵员占其伤亡总数的三分之一。

地雷

地雷的排除要比布设困难得多，在许多饱受战乱的国家，战争虽已平息，然而在战争中埋下的地雷却仍在不时爆炸，对无辜的平民构成重大威胁。现在已有 144 个国家禁止使用及拥有反步兵地雷。但是一些大量拥有地雷的国家，包括美国、俄罗斯及芬兰等仍然没有禁止地雷的使用。

坦克

坦克是一种具有强大的直射火力、高度越野机动性以及极强的装甲防护力的履带式装甲战斗车辆，主要执行攻击敌方坦克或其他装甲车辆，或者执行摧毁工事、歼灭敌方有生力量的任务，是现代陆上作战的主要武器，有"陆战之王"之称。坦克一般装备一门大口径火炮以及数挺机枪，多使用旋转炮塔。

坦克按照车体重量，可以分为 20 吨以下的轻型坦克，20 到 40 吨的中型坦克，40 到 70 吨的重型坦克，以及 70 吨以上的超重型坦克，其中重型坦克一般是各国装甲部队的主力，因此又叫作"主战坦克"。同时还有一些特种坦克，比如两栖坦克、架桥坦克、扫雷坦克、喷火坦克等。

坦克在第一次世界大战中问世，1916 年 9 月初的索姆河战役中，英军第一次使用坦克，不过最早的坦克表现不尽如人意，可靠性差，作战人员工作条件恶劣。两次世界大战之间，各国纷纷研制适合本国情况的坦克，轻型、超轻型坦克曾盛行一时，战术性能已经有了大幅提高。

第二次世界大战期间，交战双方均有数十万辆的坦克投入战场，纳粹德国的闪电战即以坦克为开路先锋。大战中后期在苏德战场、北非战场以及诺曼底登陆战中都曾出现成千上万辆坦克参加的场面。坦克在战争中的大量运用也促进了坦克技术的全面成熟和发展。战后坦克的发展主要是增强坦克的防护能力，克服机动性较差的缺点等。随着现代光学、电子计算机、自动控制、新材料新工艺等技术成就飞速发展，这些技术成果也都广泛应用于坦克的设计制造，使坦克的总体性能有了进一步的提高，更加适应现代战争要求。

装甲车

装甲车是指装有武器和拥有防护装甲的一种军用车辆，包括装甲汽车、装甲输送车，步兵战车等。装甲车按行走机构可分为履带式装甲车和轮式装甲车两种。

1855 年，英国的 J·科恩制成了一辆轮式装甲车，他是在一辆蒸汽拖拉机的底盘上安装机枪和装甲，不过这种装甲车未能投入实际应用。直到五十五年以后的英布战争中，英军才首次使用了装甲汽车。第一次世界大战后，火力、防护性和越野性等指标都要强于装甲车的坦克诞生，于是逐渐失去地位的装甲汽车开始向一些特殊用途发展，比如为步兵和作战物资提供装甲保护的装甲输送车，发挥其轻便灵活优势的装甲指挥车、装甲侦察车等。

现在活跃在战场上的装甲车主要是步兵战车。步兵战车是供步兵机动作战用的装甲战斗车辆，脱胎于装甲输送车。1954 年，法国研制的 AMX—13 型步兵战车是世界上第一种步兵战车，这种战车是在轻型坦克的基础上改制而成，有很多设计不同于以往的装甲输送车。这种战车在车上开有射击孔，步兵可乘车射击，除机枪外，还装有"陶"式反坦克导弹，具备了反装甲能力。

由于步兵战车真正实现了步兵乘车作战，具有一定的反装甲目标能力，而且自身装甲较厚，对小口径炮弹和炮弹碎片防护效果较好，并能够与坦克更好地协同作战，性能又明显优于装甲输送车，所以它在许多先进国家的军队中基本或部分取代了装甲输送车的地位。

导弹

导弹是"导向性飞弹"的简称，是一种依靠自身携带制导系统来控制飞行轨迹的，可以对指定目标进行攻击，甚至追踪目标动向的无人驾驶武器。导弹通常可分为战斗部、制导系统、弹体结构系统以及动力装置推进系统等四个部分。导弹有多种分类方式，比如按照弹头装药的不同可分为填充普通炸药的常规导弹和填充核装药的核导弹；按飞行方式分，可以分为弹道导弹和巡航导弹；按作战任务的性质分，又有战略导弹和战术导弹之分;按发射点和目标分,可以分为地空导弹、岸舰导弹、地地导弹、空空导弹、潜地导弹等。

导弹的起源与火药和火箭的发明密切相关,中国在 12 世纪中叶的南宋时期便已应用的火箭可谓现代导弹的先驱。"二战"后期的德国为挽回败局积极研制新型

导弹

武器,导弹便是其一,其研制成功的 V-1 和 V-2 火箭尽管实战效果不大,但对以后导弹技术的发展起了重要的奠基作用。

第二次世界大战后到 20 世纪 50 年代初是导弹发展的早期阶段。各国从德国的 V-1、V-2 火箭在第二次世界大战的作战使用中得到启发,纷纷加大了对导弹的研发力度,一大批中远程液体弹道导弹及多种战术导弹相继出现并装备部队,不过这时期的导弹命中精度低、结构质量大、可靠性差、造价昂贵。20 世纪 60 年代初到 70 年代中期是导弹的全面发展时期,从动力燃料到制导方式再到发射方式均有明显的进步,导弹的命中精度、生存能力、机动能力、低空作战性能和抗干扰能力全面提高。进入 20 世纪 70 年代,导弹技术集中到多弹头导弹的发展,多弹头导弹可以携带几个甚至十几个弹头,而且每个弹头瞄准不同的目标,这样不仅可以同时打击多个目标,也大大提高了突破敌方反导弹防御体系的概率。美国 1970 年发射成功的"民兵-3"型洲际弹道导弹首次实现了导弹多弹头技术。

导弹的广泛应用使过去常规战争的时空观念成为历史,深刻地影响了现代战争的战略战术发展。导弹技术可谓现代科学技术的高度集成,它的发展既依赖于科学与工业技术的进步,同时反过来也推动科学技术的发展,因而一个国家的导弹技术水平的高低是其军事实力的主要表现之一。

生化武器

生化武器是生物武器和化学武器的合称。所谓生物武器是以生物战剂使人致病造成伤害的武器,旧称细菌武器,是因为早期主要使用致病性细菌作为战剂,随着科技的发展,生物战剂早已超出了细菌的范畴。生物武器施放方式多种多样,通过炮弹、炸弹、火箭弹、导弹弹头和布撒器、喷雾器、气溶胶发生器等均可以大面积散布。化学武器是以有毒化学物质的毒害作用杀伤有生力量的武器。使用化学武器的方式有很多,包括毒剂炮弹、炸弹和用于飞机布毒的布撒器,以及用于近战的毒烟罐和毒剂手榴弹等方式。

现代战争中首次使用生物武器始于第一次世界大战,但大量研制生物武器还是20世纪30年代以后的事情。1936年,侵华日军在中国哈尔滨组建细菌研究部队,即臭名昭著的731部队,先后在中国多处投掷细菌弹,还使用战俘以及平民作为试验品,其手段残忍令人发指。美国军队在朝鲜战争中也对中朝军民使用过生物武器。

1915年4月22日,德军在比利时的第二次伊普尔战役中首次大规模使用毒气攻击英法联军,中毒人数近两万人。毒气攻击的显赫战果引起了交战各国的极大重视。从此,一些国家竞相研制化学武器,沙林、梭曼、维埃克斯等相继问世,这三种毒剂统称神经性毒剂,毒性高、稳定性强,至今仍是各国化学武器的主要组成部分。

生物武器、化学武器与核武器三者合称大规模杀伤性武器。在战争中使用生化武器,历来遭到世界各国人民的愤慨和反对。1925年6月,在有45个国家参加的日内瓦会议上通过了《禁止在战争中使用窒息性、毒性或其他气体和细菌作战方法的议定书》。1972年在联合国大会上多个国家签署了《禁止细菌(生物)及毒素武器的发展、生产及储存以及销毁这类武器的公约》。但是,国际公约并没有能够限制生化武器的发展,少数发达国家从来就没有放弃过对生化武器的研究。

核武器

核武器是指利用能自持进行的核裂变或聚变反应瞬时释放能量,产生爆炸作用,具有大规模杀伤破坏效应的武器。核反应释放的能量是化学反应的几千万倍,在微秒级的时间内释放出光辐射、冲击波、早期核辐射、放射性污染和核电磁脉冲等,可造成极大的杀伤破坏效果。按结构原理,核武器可以分为裂变武器、聚变武器以及特殊性能核武器。

核武器的出现,是20世纪40年代前后科学技术重大发展的成果。1939年左右,德国和丹麦等国家的多位科学家先后对核裂变现象进行研究,并认识到了这一反应其中蕴涵的巨大能量。美国政府在1938年8月在著名物理学家爱因斯坦的建议下开始研制原子弹,到1942年8月该项目发展为代号为"曼哈顿工程"的庞大计划,在"二战"即将结束的时候制成三颗原子弹,美国成为世界上第一个拥有原子弹的国家。1945年的8月6日和9日,美国先后在日本的广岛市和长崎市投下两枚原子弹,敲响了日本帝国灭亡的丧钟。这两颗原子弹也是人类历史上使用核武器仅有的战例。

核武器

1952年11月1日,美国进行了以液态氘为热核燃料的氢弹试验,但是这种实验装置十分笨重，不能用作武器。1953 年 8 月，苏联进行了以固态氘化锂为热核燃料的氢弹试验，使氢弹投入实战成为可能。我国自新中国成立以来，十分重视核武器的发展，先后于 1964 年 10 月 16 日和 1967 年 6 月 17 日成功进行了原子弹和氢弹的试爆。

　　核武器的问世标志着人类战争进入了一个全新的、以核武器为基础的时代。核武器是人类历史上出现过的威力最强大的武器，当今仅美俄两国储备的核武器就足够将地球毁灭数次。核武器同时又是拥有强大威慑力的武器，能够赋予有核国家巨大的战争潜力和显赫的国际地位。目前世界上有 8 个公开承认拥有核武器的国家，分别是美国、俄罗斯、中国、法国、英国、印度、巴基斯坦以及朝鲜。另外以色列也被国际社会确认拥有核武器。

激光武器

　　激光武器就是用高能激光直接毁伤目标的定向能武器。激光武器特点是反应快，可对突然发现的低空目标拦击，而且能够迅速变换射击对象，灵活地对付多个目标。激光武器的不足之处是不能全天候作战，大雾、大雪、大雨等极端天气情况下便不能正常发挥作用。激光发射系统属于精密光学系统，大气扰动引起的能量衰减、大气对能量的吸收、热晕效应、湍流以及光束抖动引起的衰减等都会对激光武器造成影响。

　　激光武器从能量级别上可以分高能激光武器和低能激光武器两大类。高能激光武器又被称为强激光武器或激光炮，发射激光能量极高，主要用于摧毁敌方的飞机、卫星、导弹和坦克等大型军事目标。低能激光武器又叫激光轻武器或单兵激

激光武器

光武器。它所发射的激光能量较低，主要用于打击单个敌人，可以造成对方失明、死亡，或者点燃其衣服，从而使其丧失战斗力。

　　激光作为武器的杀伤力已经被各国所认识，美、俄、以色列和其他一些发达国家都争相投入巨额资金开发激光武器。至 20 世纪 90 年代初，仅美国政府对激光武器的研究投资就达 90 亿美元。不过战略激光武器耗资高，而且需要进行攻关的技术难题极多，其发展前景还有待观察。

战斗机

战斗机又称歼击机，是指以歼灭空中敌机和飞航式空袭兵器为主要任务的飞机。其特点是机动性好、速度快、火力强大，是航空兵进行空战的主要机种。现代最先进战斗机飞行速度能达到三倍音速，航程可达数千公里，以机载空空导弹为主要武器，部分型号战斗机也可以外挂数吨炸弹，对地攻击能力甚至超过上世纪50年代的轰炸机。

第一次世界大战初期，法国空军首先在飞机上安装机枪用于空战，随后专门的歼击机出现。"一战"时的歼击机多为双翼木质结构，搭载的活塞式发动机为动力来源。第二次世界大战前，单翼全金属结构的飞机替代了原来的木质双翼，机载武器也升级为8挺机枪或者4门航炮，机内还装有无线电设备，可以随时和同伴与地面指挥中心进行通信联络。第二次世界大战末期，德国研制并在军中装备了喷气式飞机，其飞行速度远在活塞式飞机之上。

20世纪50年代初，喷气式飞机已经基本取代了活塞式飞机，并且在朝鲜战场上大出风头。60年代战斗机开始以空空导弹作为主要武器，机载设备日益丰富完善。

为了适应21世纪初的战场需要，世界各军事强国都在投入巨额资金研制新一代战斗机，同时对现有战机进行改进，如美国的F-22"猛禽"战斗机，F-16"战隼"战斗机，俄罗斯的苏-35战斗机等都是现代战机中的佼佼者。未来战斗机将向着智能化、隐身化、无人化、远程化等趋势发展。

轰炸机

轰炸机是指携带炸弹对地面、水面或者是水下目标进行攻击的军用飞机，具有突击力强，航程远等特点，是航空兵实施空中突击的主要机种。轰炸机按载弹量分为10吨以上的重型轰炸机、5至10吨之间的中型轰炸机以及3至5吨轻型轰炸机。按航程远近可分为近程轰炸机，航程3000公里以内；中程轰炸机，航程在3000至8000公里之间；远程轰炸机，航程在8000公里以上。机载武器包括各种航弹、炸弹、巡航导弹、空地导弹、鱼雷以及航空机关炮等。机载火控系统可以保证轰炸机具有全天候轰炸能力，同时具有很高的命中精度。

1915年，俄国军队首先装备轰炸机，法、英、德等国军队紧随其后。在第一次世界大战中，轰炸机得到迅速发展和广泛使用。当时轰炸机的时速在200公里以内，载弹量1吨左右。"二战"期间英、美、苏、德等国家先后研制出一些新型轰炸机，较著名的有美国的B-29轰炸机等。此时的轰炸机的载弹量、航程、最大飞行速度等指标较"一战"时期均有极大的进步。"二战"末期,喷气式轰炸机在德国研制成功。战后美、苏、英等国亦相继研制出喷气式轰炸机并装备部队,比较著名的有美国的 B-52 轰炸机、英国的"火神"战斗机等。20 世纪 60 年代末,出现了可变后掠翼超音速轰炸机,如苏联的"逆火"轰炸机。

轰炸机

现代战争中,轰炸机的地位尽管受到弹道导弹、巡航导弹以及新兴的激光武器等对手的挑战,但是其具有的大面积、高强度、大纵深的全向攻击能力、较强的生存能力、更好的灵活性和能够多次重复使用等优点,使其在 21 世纪初相当长的一段时间内,仍将继续存在并发展下去。

侦察机

侦察机指专门用于从空中获取情报的军用飞机,是现代战争中主要的侦察工具之一。侦察机按飞行任务范围,可分为战略侦察机和战术侦察机两种。战略侦察机航程远,而且具备高空、高速飞行能力,用以获得战略情报,多为专用侦察机。战术侦察机通常由歼击机改装而成,具备低空高速飞行性能,主要作战任务是获取战役战术情报。侦察机一般不携带武器,机上通常装有航空照相机、电视、侧视雷达、红外侦察设备等侦察设备,有时还有实时情报处理设备和传递设备。侦察的对象可以是处于交战状态的敌国部队,交战中的敌对国家内部情况,或者对其他与本国国家利益有关系的国家进行侦察。

飞机最早应用在军事上便是用以侦察敌情。两次世界大战中,飞机作为侦察机被广泛应用于获取战略和战役战术情报。第二次世界大战末期,电子侦察机出现。20 世纪 50 年代,侦察机的飞行性能有了显著提高,超音速侦察机出现,航空照相机等机载侦察设备也有了很大改进。另外还有一些专门研制的侦察机问世,例如美国的 U-2 侦察机。

侦察卫星出现后,侦察机并没有退出战争舞台。自 20 世纪 80 年代以来,飞行速度达到 5 倍音速、升限达到 3 万米的高空高速侦察机研制成功,在光学、电视、红外、激光等机载设备的性能方面也在不断提高。目前,无人侦察机业已投入实战,发展前景广阔。

预警机

预警机是装有远程警戒雷达,用于搜索和监视空中或海上目标,指挥和引导己方飞机完成作战任务的飞机，又称空中指挥预警飞机。机载系统通常包括雷达探测系统、电子侦察和通信侦察系统、敌我识别系统、数据处理系统、导航系统、通信系统以及显示和控制系统等。预警机实际上为克服地球表面弯曲而形成的预警雷达的盲区，将预警雷达及相应的数据处理设备由飞机搬到高空，从而有效地扩大整个空间的预警范围。

预警机登上战争舞台是在第二次世界大战后期。1944年，美国海军吸取以往海空战的经验教训，为了更及时发现接近舰队的敌机，对小型的TBM-3W飞机进行改装，为其加装了当时最先进的雷达，世界上第一架空中预警机试验机AD-3W"复仇者"由此诞生。

20世纪50年代至60年代，美国继续进行预警机的研制。1960年1月20日正式装备美国海军的E-1B"跟踪者"式舰载预警机是世界上第一次投入实用的预警机，它初步具备了探测海上和空中目标、识别敌我、引导己方飞机攻击敌方目标等能力。70年代，脉冲多普勒雷达技术和机载动目标显示技术以及三坐标雷达等新技术的应用大大提升了预警机的作战性能。据估计，现代预警机可将己方战斗机效能提高60%以上，因此预警机得以成为现代战争中一个极其重要的角色。在1982年的英阿马尔维纳斯群岛之战、同年的以色列入侵黎巴嫩之战以及1991年的海湾战争中均可见预警机活跃的身影。

预警机可谓军用飞机家族的新兵，它能够有效降低敌机低空空防概率，兼具指挥、情报、通信和控制等多项功能，已成为军事领域的新宠。

军用运输机

军用运输机是一种用于运送军事人员、武器装备和其他军用物资的飞机，具有载重量较大、续航能力较强的特点，它能够实施空运、空投、空降，保证地面部队从空中实施快速机动。军用运输机通常载有较完善的通信领航设备，同时具备在复杂、恶劣的气象条件下飞行以及在简陋的机场条件下起降的能力。军用运输机按运输能力可分为战略运输机和战术运输机两种。

军用运输机

军用运输机出现在第一次世界大战期间，不过当时的军用运输机多由轰炸机和民用运输机改装而成。1919年，德国容克公司制造出世界上第一架专门设计的全金属军用运输机J-13。在第二次世界大战中，军用运输机广泛应用于运送兵员、物资和空投伞兵、装备等方面，重要性日趋凸显。20 世纪 50 年代末,军用运输机开始采用喷气式发动机。60 年代中期,由于噪音小、耗油率低的涡轮风扇发动机的使用,军用运输机的性能又有大幅提高。美国洛克希德公司制造的 C-5A"银河"式战斗机是目前世界上最大的现役军用运输机,它最大载重量达 220 吨,可一次将 900 名全副武装的士兵,或 340 名士兵外加 3 辆卡车运输到 4490 公里以外的战场。

随着信息时代的到来,现代战争要求部队具备更强的远程快速机动能力。这对于军用运输机来说,既是挑战,也是发展机遇。目前,军用运输机正向着数字化、大型化、直接送达、短距起落、高生存性、低使用成本以及"一机多型"的趋势发展。

武装直升机

武装直升机是指装有机载武器系统的直升机,主要用于攻击地面、水面和水下目标。武装直升机不受地形限制,机动灵活,反应迅速,而且载弹量大,火力猛,适于低空超低空抵近攻击,同时隐蔽性强,突袭能力极佳,可以同诸军、兵种密切协同作战。武装直升机有专用型和多用型两种类型,前者机身窄长,作战能力较强;后者用途广泛,除可用来执行攻击任务外,还可用于运输、机降等任务。

在直升机上装载武器最早出现在 20 世纪 40 年代。1942 年,德国在 FA-223 运输直升机加装了一挺机枪,用以自卫。20 世纪 50 年代中期法国在阿尔及利亚战争中,首次使用直升机作为武器载机执行扫射轰炸等任务。美国的 AH-IG 型直升机是第一种专门设计的武装直升机,1967 年开始装备部队,并在越南战场中投入实战。越南战争后期,美军开始为武装直升机装备"陶"氏导弹,以坦克为主要攻击目标。

作为一种武器装备,武装直升机其实是一种超低空火力平台,将强大的火力和特殊机动能力完美结合成一体,充分适应了现代战争主动、灵敏、协调、纵深的作战要求,可有效地对各种地面目标和超低空目标实施精确打击,成为继火炮、坦克、飞机和导弹之后又一种重要的常规武器,将在现代战争中发挥越来越重要的作用。

雷达

雷达是利用电磁波发现目标,并测得其速度、位置和其他指标的军用电子设备。雷达通常由五个部分组成,即发射机、发射天线、接收机、接收天线和显示器,还包括电源设备、数据录取设备、抗干扰设备等辅助设备。雷达具有发现目标远,测定目标坐标速度快的特点,而且因为电磁波无论白天黑夜都能探测目标,且不受雾、云和雨的阻挡,因此是一种全天候、全天时装备,得以广泛应用在警戒、侦查、武器控制、航行保障、引导、气象观测、敌我识别等各个领域,在军事上也是一种必不可少的电子装备。

20世纪20年代到30年代末,许多国家开展了对雷达的研究,英国于1936年和1938年开发研制了对空警戒雷达和对海搜索雷达。20世纪40年代,出现了测量精度高、体积小、操作灵活的微波雷达,从此雷达的用途更加广泛。

从20世纪50年代开始,在超音速飞机、导弹、人造卫星和宇宙飞船等航空和空间技术的迅速发展中都有雷达做出的巨大贡献。60年代中期雷达逐渐被应用在反洲际弹道导弹系统之中,在探测距离、跟踪精度、分辨能力和目标容量等主要技术指标上均有了进一步的提高。

战列舰

战列舰是指以大口径舰炮为主要武器,具有较强的突击威力和很强的装甲防护能力,能在远洋作战的大型水面军舰。历史上的战列舰曾作为舰队的主力舰显赫一时,在海战中通常是由多艘列成单纵队战列线进行炮战,因而得名。战列舰是人类有史以来创造出的最庞大、复杂的武器系统之一,20世纪初到第二次世界大战是其极盛时期。战列舰是唯一具备远程打击手段的战略武器平台,因此受到各海军强国的重视。

战列舰的历史可以分为风帆时代和蒸汽时代两个阶段。17世纪后期到19世纪中期是风帆时代,当时的战列舰是帆船舰队中的庞然大物,排水量可达4000吨。主要武器舰炮早期是发射实心弹的前膛炮,一般装有数十门到上百门,19世纪后改为发射爆炸弹的后膛炮,数量也增加到1201门至1301门。19世纪中期蒸汽战列舰问世,法国建造于1849年第一艘蒸汽动力战列舰"拿破仑"号,堪称现代战列舰的先驱。此后,随着军事技术的不断进步,战列舰的舰炮逐渐改为线膛炮,并安装了能旋转360度的装甲炮塔,其突击威力和防护能力得到不断提高。

在两次世界大战期间,战列舰有了很大发展。军备竞赛中的各国争相建造超大的战列舰,排水量越来越大,舰炮口径越来越粗,"大舰巨炮"在当时成为一种潮流。在第二次世界大战中,由于舰载航空兵和潜艇的广泛使用,体型硕大的战列舰成为海、空袭击的有利目标,约有三分之一以上参战战列舰被击沉或击毁。战后,各国的战列舰均先后退役,并不再建造新的战列舰。

美国曾在20世纪80年代初,对四艘已退役的"依阿华"级战列舰进行现代化改装,装备上新型雷达等电子系统和导弹发射装置,独立执行支援登陆作战、轰击岸上目标等任务。海湾战争中,美军曾用这四艘改装后的战列舰对伊拉克进行过导弹攻击。1993年,这四艘战列舰再次退役。

巡洋舰

巡洋舰指一种强有力、多用途的水面战舰，是现代海军战斗舰艇的主要舰种之一，能在较长时间和恶劣气象条件下进行远洋机动作战，是排水量、火力、装甲防护等方面仅次于战列舰的大型水面舰艇。巡洋舰装备有先进的攻防武器系统、精密的探测计算设备和指挥控制通信系统，航速高，续航力强，而且具有较好的耐波性。现代战争中，巡洋舰的用途极为广泛，包括海上攻防作战，保卫己方或破坏敌方的海上交通线，攻击潜艇，支持登陆或抗登陆作战，袭击港口、基地和岸上目标，为己方舰艇提供掩护等。

近代意义的巡洋舰出现在 19 世纪 60 年代，到 19 世纪末，主要是装甲巡洋舰和水平装甲巡洋舰两种类型。

第一次世界大战期间，以蒸汽轮机为动力装置的巡洋舰出现，航速和续航能力均有所增强，属于在海战中应用较为广泛的一种战舰。在两次世界大战中，巡洋舰发展迅速，在多次重大海战中表现出色。

战后初期巡洋舰一度受到冷遇，直至 20 世纪 60 年代初，美国建成核动力导弹巡洋舰"长滩"号后，各国又重新开始发展新型巡洋舰。

随着潜艇对海上交通线的威胁愈益增大，特别是 20 世纪 60 年代战略导弹核潜艇的出现，反潜战成为海战的重要组成部分，搜索和攻击敌方潜艇成为巡洋舰的重要任务。巡洋舰可以和驱逐舰、护卫舰一起组成编队，或参加航空母舰编队，在一定海区取得制海权和制空权。现代巡洋舰普遍装备了舰空导弹、舰舰导弹、反潜武器新型舰炮和反潜直升机以及新型雷达、声纳等现代新式武器，反潜、防空能力不断提高，舰载作战指挥自动化系统，又使巡洋舰具备良好的快速反应能力。

驱逐舰

驱逐舰指以导弹、鱼雷、舰炮为主要武器，具有多种作战能力的中型军舰。驱逐舰突击力较强，在反潜、攻击水面舰船、舰队防空以及侦察、护航、警戒、巡逻、布雷、袭击岸上目标等方面均大有作为，是现代海军舰艇中，用途最广泛、数量最多的舰艇。驱逐舰的排水量多在 2000 到 9000 吨之间，航速在 30 到 38 节左右。

1893 年，英国建造的"哈沃克"号鱼雷驱逐舰和"霍内特"号鱼雷艇驱逐舰，排水量达 240 吨，速度快，主要用来对付鱼雷艇，这是世界上最早的驱逐舰。1902 年，中国建造的"建威"号鱼雷快船和"建安"号鱼雷快船，排水量 830 吨，是当时吨位较大的驱逐舰。第一次世界大战前，英、德、俄、法、美等国共建造了近 600 艘驱逐舰。第二次世界大战中驱逐舰已经成长为用途最为广泛的海军战斗舰艇。"二战"时期航空母舰与潜艇异军突起。飞机成为重要的海上突击力量，对敌方舰队构成很大威胁，因此驱逐舰开始装备大量小口径高炮担当舰队防空警戒任务。同时为了对付神出鬼没的潜艇，各国开始对原有的驱逐舰进行改造，大批以反潜为主要任务的护航驱逐舰出现并投入到反潜和护航作战当中。

驱逐舰

第二次世界大战结束后，驱逐舰因其具有"多面手"的特性而备受各国海军青睐。20世纪50年代出现导弹驱逐舰，如美国建造于1953年的"米切尔"级导弹驱逐舰，装备"鞑靼人"舰空导弹。60年代，对空导弹、反潜导弹、反潜直升机、自动化指挥控制系统等相继为驱逐舰所应用，导弹已经成为此时建造的驱逐舰上最主要的武器。70年代以来，燃气轮机开始取代蒸汽轮机作为驱逐舰的动力装置，续航能力增强。

经过一百余年的发展，驱逐舰已经从过去力量单薄的小型舰艇，发展成一种多用途的中型军舰。驱逐舰将会在未来战争中发挥重要作用。

登陆舰

登陆舰亦称坦克登陆舰，是登陆舰艇的一种，用来输送登陆部队及其武器装备和补给。登陆舰按排水量可划分为大型和中型两种。大型登陆舰满载排水量在2000到10000吨之间，续航力在3000海里以上，能装载10到20辆坦克和数百名登陆士兵。中型登陆舰满载排水量多在1000吨以下，续航力至少为1000海里，主要用于抵近海滩和在浅水区航行，可以实施近程由岸到岸的登陆，还可用于近海水域布雷。登陆舰航速12至20节，装备有舰炮数门，可以用于防空，也可以在进行登陆作战时提供

登陆舰

火力支持。

登陆舰诞生于第二次世界大战期间,英国将一艘油轮改装成世界上第一艘登陆舰。1940 年,英国建造了 LST1 级大型登陆舰。此后,各国纷纷建造登陆舰,仅美国就建造了近 1600 艘。"二战"以后,登陆舰的主要发展是航速有所提高,舰空导弹开始装备于舰上,同时侧向推进器、变距螺旋桨和新型登陆装置相继应用,这使得登陆舰的战术技术性能有了较大的提高。

从世界范围内来看,坦克登陆舰用途单一,在现代信息化战争的要求下已经稍显落伍,两栖战舰将向两栖攻击舰、两栖船坞运输舰、两栖直升机母舰的趋势发展,只有这些"一舰多能"的舰种才能符合现代战争中两栖战"超视距登陆"和"立体登陆"的需求。

航空母舰

航空母舰是一种大型军舰,以舰载机为主要武器,通常作为舰载机编队的海上活动基地,是现代海军水面战斗舰艇中的最大舰种。航空母舰主要用于攻击水面舰艇、潜艇和运输舰船,夺取作战海区的制空权和制海权,对海岸设施和陆上目标进行袭击。航空母舰有多种分类方式:按排水量区分,可分为排水量在 6 至 9 万吨的大型航空母舰、3 至 6万的中型航空母舰以及 3 万吨以下的小型航空母舰;按动力区分,分为核动力航空母舰和常规动力航空母舰。

现代航母攻击力惊人,可以出动几十架到上百架飞机对空中、水面、水下和陆上目标进行攻击,同时还装备有舰舰、舰潜和舰空导弹、鱼雷和舰炮等其他武器。航空母舰具有良好的航海性能。现代航空母舰航速高,续航能力超强。不过航母的弱点也很明显:硕大的体积使航母容易成为敌方攻击的目标,因此需在多艘巡洋舰、驱逐舰、护卫舰等其他舰艇护卫下组成航空母舰编队行动;一艘航母携载有大量燃油和弹药,一旦遭到攻击极易导致火灾和爆炸,后果不堪设想。昂贵的造价,长达 5 到 7 年的建造周期也是航母的缺点之一。

航空母舰诞生于 20 世纪初期。1910 年 11 月,美国海军在一艘巡洋舰上临时铺设木质跑道,成功进行飞机起飞、降落试验。1917 年,英国海军将"暴怒"号巡洋舰改装成航空母舰。早期的航空母舰经历了改装自战列舰、巡洋舰等船只和专门设计与建造两个阶段,到第二次世界大战前,各海军强国均已装备了数艘航母,不过大舰巨炮主义仍在盛行,航空母舰仅仅被视为辅助兵力,多用以侦察。

第二次世界大战期间是航母获得巨大发展的时期。航空母舰编队的形式开始广为应用,其在海战中显示出的巨大威力使各国争相发展航母,大批新型航空母舰相继建成服役。战后,航空母舰进入了现代化阶段。喷气式飞机、核武器、斜角飞行甲板、蒸汽弹射器、新型助降装置和阻拦装置等一系列新式武器和技术先后装备航空母舰。1960年，世界上第一艘核动力航母，美国"企业号"航空母舰问世。核动力航母的出现大大提高了航母的机动性能和现代化程度。

潜艇

潜艇又称潜水艇，指能潜入水下活动和作战的舰艇，是海军的主要舰种之一。良好的隐蔽性，较强的突击威力以及较大的自给力、续航力是潜艇的主要优势。潜艇用途广泛，可以用于攻击大中型水面舰船和潜艇，袭击陆上重要目标以及海岸设施，以及完成侦

潜艇

察、布雷、输送侦察兵登陆等多种任务。现代潜艇按动力区分，有核动力潜艇和常规动力潜艇；按战斗使命区分，有战略导弹潜艇和攻击潜艇。前者多为核动力，主要武器是潜地导弹和鱼雷，用以对陆上重要目标进行战略核袭击。后者用于攻击水面舰船和潜艇，以鱼雷、水雷和反舰、反潜导弹为主要武器。

17世纪以前，一些科学家和探险者研制的密封潜水船可以看作是潜艇的雏形。美国南北战争期间，首次出现了蒸汽机动力潜艇。1893年，第一艘蓄电池电动机潜艇在法国问世。20世纪初，出现了具备一定实战能力的潜艇，以舰炮、水雷和鱼雷为主要武器。

第一次世界大战前，各主要海军国家共拥有潜艇260多艘，潜艇部队成为海军重要作战兵力之一。"一战"中，潜艇用于海上交战战果显著。第二次世界大战中，潜艇成为交战双方广泛使用的重要武器，其战斗活动几乎遍及各大洋。在反潜技术不断发展的同时，潜艇的性能也在不断改进，航速、续航能力、下潜深度等指标均有提高。战后，潜艇的发展进入新阶段，各国均大力研制新型潜艇，核动力和战略导弹武器先后装配潜艇。1954年，世界上第一艘核动力潜艇"鹦鹉螺"号在美国诞生。

中国海军在现代化建设中，十分重视潜艇的发展，而且较早地开始了潜艇导弹化、核能化发展。中国第一艘战略核潜艇于 1981 年 4 月下水，1983 年正式投入现役。1988 年 9 月 28 日，中国战略核潜艇水下发射弹道导弹取得成功。中国成为世界上第五个拥有海核威慑力量的国家，铸就了一把在风云变幻的国际局势中捍卫国家利益的利器。

鱼雷

鱼雷指能在水中自航、自控和自导，在水中爆炸以毁伤目标的水中武器，特点是速度快、航程远、隐蔽性好、命中率高和破坏性大，有"水中导弹"之称。主要用来攻击战舰和潜水艇，也可以用来封锁港口和狭窄水道。鱼雷由雷头、雷身、雷尾三个部分组成，分别装有炸药、引信、导航控制装置和发动机等动力装置。鱼雷除了由舰船、飞机携带以外，也可以在要塞、港口和狭窄水道两岸设置岸基发射台，用以攻击舰艇。鱼雷航速为每小时 70 至 90 公里。

英国工程师罗伯特·怀特黑德于 1866 年成功地研制出第一枚鱼雷，用压缩空气发动机带动螺旋桨前进，不过射程近而且速度较慢，还不能自如地控制方向。1887 年俄土战争中，俄军首次使用鱼雷击沉了一艘土耳其军舰。1897 年，奥匈帝国的路德格·奥布里使用陀螺仪控制鱼雷定向直航，使鱼雷的命中精度大大提高。1904 年，热动力鱼雷出现，发明者美国人布里斯使用热力发动机代替压缩空气发动机，鱼雷航速和航程均大大提高。

第一次世界大战开始时，鱼雷已成为舰艇上仅次于火炮的主要武器，但此时的热动力鱼雷因在航行中排出气体形成航迹而极易被发现。1938 年，德国研制出无航迹电动鱼雷，克服这一缺点。随后单平面被动式声自导鱼雷、线导鱼雷相继在德国问世。战后鱼雷的发展成果主要是反潜鱼雷和火箭助飞鱼雷。后者又名反潜导弹，在空中助飞阶段由火箭推进，至预定点入水自动搜索、跟踪和攻击潜艇。

随着反舰导弹的出现，鱼雷在军事上的地位有所下降，但它仍是海军的重要武器。例如攻击型潜艇，最主要的攻击武器仍是鱼雷。

水雷

水雷指布设在水中，由于舰船碰撞或进入其作用范围而起爆的水中武器，用于毁伤敌方舰船或阻碍其行动。水雷按在水中状态分类，可分为锚雷、沉底雷和漂雷。按引信类型的不同可以分为触发水雷、非触发水雷和控制水雷。非触发水雷预定一定量值，当其作用范围内的水压、声音等物理场的数值变化达到这一定量时即行引爆。

中国在明朝时期的抗倭斗争中发明并使用的"水底龙王炮""水底雷""水底鸣雷"可

以看成是世界上最早的水雷。

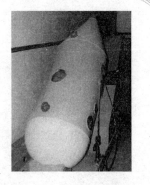

水雷

欧美在 18 世纪开始在海战中使用水雷。1778 年，美国在独立战争中曾用小桶装炸药制成漂雷攻击英国舰船，此次战争也被称为"小桶战争"。19 世纪中叶以后水雷在历次海战中均大显身手。据不完全统计，在第一次世界大战中，被水雷炸沉、炸伤的舰船近千艘。在第二次世界大战中，这个数字达到 2700余艘。战后，水雷有了进一步发展。在朝鲜战争、越南战争、中东战争中都可见水雷的身影。

由于水雷隐蔽性较好，威胁时间长，布设简便且排除困难，造价低廉，因此被广泛使用在战争当中。水雷在进攻中可以布设在敌方港口或航道之内，限制敌方舰艇的行动，在防御中则可以构筑水雷防线，保护本方航道和舰艇，为其开辟安全区。水雷的施放方式多种多样，十分便捷，可以由飞机、潜艇或者专门的布雷艇施放，甚至可以在本方控制的港口内手工施放。

深水炸弹

深水炸弹是指由舰艇、飞机发射或投射，在水中预定深度爆炸毁伤目标的水中武器，主要用来攻击潜艇。它与发射装置、射击指挥控制系统、探测设备等构成深水炸弹武器系统。深水炸弹通常为圆柱体，由炸药和引信两个部分组成。引信包括定时、触发、非触发或复合引信等几种形式。火箭式深水炸弹动力来自火箭发动机，装有尾翼以保证弹道稳定，通常装配在舰艇首部，发射时可以多管快速齐射，射程在数百米到数公里之间，潜艇和水面舰船均可作为攻击对象。航空深水炸弹装有多个引信，以确保起爆。

深水炸弹

深水炸弹是一种传统的常规反潜武器，直至第二次世界大战结束前，深水炸弹仍是一种最主要的，同时也是战绩最好的反潜武器。战后，随着潜艇战斗效能的不断提高，深水炸弹的投掷方式和投射距离已远不能满足现代反潜战的需要，逐渐被鱼雷所取代，不过在近海反潜深水炸弹仍有一定的价值，对付 30 米以内的潜艇性价极高。据专家预测，未来的深水炸弹将向开发新的投掷工具以拓展投掷距离、改进火控系统、开发除攻击潜艇以外的多种用途等方向发展。

历代战争

中国古代战争

涿鹿之战

古史传说中黄帝与蚩尤在涿鹿之野(今太行山与泰山之间的广阔原野)的战争,也即父系氏族社会后期的大规模部落战争。距今约四五千年前,发祥于今陕西渭河支流的黄帝姬姓部落和炎帝姜姓部落,因其发展壮大而向东迁徙。黄帝部落渡过黄河到达今河北北部,炎帝部落沿渭河、黄河进至河北中部。同时,发祥于今河北、山东、河南三省相邻地区的蚩尤九黎部落正向西发展,为争夺生存地和奴役其他部落,与炎、黄两大部落发生冲突。

传说蚩尤部落勇猛剽悍,长于角抵,善做兵器,他联合巨人夸父部落,凭借强大力量击败炎帝。黄帝、炎帝结成联盟,在涿鹿之战中,经反复激烈较量,最终战胜蚩尤。涿鹿之战,是中国古代战争起源的重要标志。战争的胜利者黄帝部落与东方夷人部落融合,并向南发展,与炎帝、共工及黄河流域的众多氏族部落融合,逐渐形成以黄、炎部落为核心的华夏族。传说中的黄帝、炎帝,则被后人尊崇为华夏族的祖先。

牧野之战

商朝末年,周武王为兴周灭商,统兵直捣商都朝歌(今河南淇县),与商军在牧野(今淇县南卫河以北地区)展开的决战,史称"武王伐纣"。商朝自祖甲以后,在内外矛盾交织中逐渐衰敝。商纣王为加强王权,信用四方逃来的人,触犯旧贵族利益,造成统治集团内部分裂,兼因施用残暴酷虐手段,加重剥削、压迫,更激化与奴隶、平民的矛盾,导致商朝统治危机。地处今泾河、渭河流域一带,被商征服的周族方国,自周太王时开始崛起,中经王季历,到了文王继位,周西征诸戎,经略江、汉流域,势力日增,欲摆脱商朝控制。商

牧野之战

王文丁杀季历，纣王一度囚文王，使商、周矛盾愈益加深。周武王即位后，在孟津大会诸侯，联合各个部落，率领大军一路挺进到距离纣王所居的朝歌只有七十里的牧野。商纣王闻讯后仓促部署防御，但商军主力此时正在进攻东夷，无法调回，只好武装大批奴隶，由自己亲自率领，开赴牧野迎战周师。牧野之战异常激烈，史载"血流漂杵"。商军中的奴隶阵前倒戈，商朝军队顷刻间土崩瓦解，一败涂地。纣王逃回朝歌，在鹿台自焚而死，商朝灭亡。

周公东征

西周初年（约公元前 11 世纪中叶），周公旦为巩固周朝统治，平定管叔、蔡叔，武庚等叛乱，征服东方诸国之战争。周武王灭商后，封纣王子武庚（又称禄父）于商故地统治商遗民，封弟管叔、蔡叔、霍叔于商故地周围进行监视。武王死，其子成王年少继位，武王弟周公旦称王摄政。管叔、蔡叔对此不满，散布周公欲篡夺王位的流言，引起王室贵族疑惧。周公以短暂奔楚之举，昭示自己竭诚辅王的心志，使管、蔡流言自破。管叔、蔡叔于是串通本有叛心的武庚，并联合东方夷人势力徐（今江苏泊洪南）、奄（今山东曲阜）、蒲姑（今博兴东南）等 17 个方国起兵反周，新王朝面临严重威胁。周公"内弭父兄，外抚诸侯"（《逸周书·作朋》），迅速安定王室内部，并向全国臣民发布讨伐叛军的动员令，于摄政二年初亲率大军东征，历时三年攻下殷都，杀死武庚，斩首管叔，流放蔡叔，贬霍叔为庶民，稳定了周朝统治。

"国人"起义

西周后期,王室日趋衰弱。周厉王即位后,不断对外用兵,国力耗损,任用好利的荣夷公为卿士,对山林川泽实行"专利",横征暴敛,严重触犯"国人"(周部族)利益。国人中的广大平民,承受战争与赋敛的重负,濒于破产,纷纷抨击厉王暴政。

厉王不听大臣召公"防民之口,甚于防川"(《国语·周语》)的进谏,用卫国巫师暗察国人私议,压制民众言论,实行恐怖统治。国人忍无可忍,于公元前841年在宗周(今西安西)爆发声势浩大的武装起义。以平民为主体,包括下层贵族、军中士卒及手工业奴隶在内的起义队伍,向王宫发起攻击。厉王仓皇出逃,渡过河水(黄河),远奔于彘(今山西霍州)。起义者冲进王宫,不见厉王,又包围隐藏厉王太子的召公家,逼其交出太子静。召公迫于情势,将自己的儿子冒充太子交起义者处死,以平众怒。诸侯拥戴"好行仁义"的共伯和(有人认为即卫武公)摄行天子事,史称"共伯和干王位",又叫作"共和行政"。国人起义,给西周奴隶主贵族统治以沉重打击,加速了西周王朝的灭亡。

长勺之战

周庄王十三年(前684),鲁军迎战齐军于长勺(今山东曲阜北,一说今莱芜东北),后发制人而获胜的著名战例。春秋初期,齐、鲁两个相邻军事大国争衡,时有冲突。

长勺之战

周庄王十二年,齐国因襄公的死发生内乱,鲁庄公以武力干预齐国立君之事,导致齐、鲁战于乾时(今山东桓台南),鲁军惨败,军力大损。齐桓公君位方定,不听主政大夫管仲"国未安"、不可轻动的意见,急于对鲁用兵,以报鲁助公子纠争夺君位之仇。次年春,齐出动大军攻鲁,长驱深入鲁腹地,进逼鲁国都。鲁庄公发兵抗御。此时,居鲁国都郊外、出身低级贵族的曹刿，认为主政者愚陋浅识，未能远谋，为救国于危难，不顾多人劝阻，毅然求见鲁庄公，问凭何而战。庄公初以衣食分赐臣下、祭祀十分虔诚作答，曹刿以其无利于民而不然。及闻庄公所答准情度理断诉讼，方视为"中心图民"（《国语·鲁语上》），必能得到民众支持，具有制胜之本。于是自请随同庄公出战，参与指挥。

这次战争，曹刿知彼知己，正确运用"后人有待其衰"（《左传·昭公二十一年》引《军志》）的作战指导原则，采取敌疲而后击之战法，成为后发制胜的著名战例。

假途灭虢

春秋初期，晋国诱骗虞国借道以攻虢，实现灭虢亡虞的战例。晋国经过长达数十年的内部斗争，终由庶支武公取代大宗列为诸侯。晋献公继武公为君，逐个消灭各支族公子，稳定了君位，将一军扩建为二军，专力向外开拓领土。继攻灭耿、霍、魏三国，击败赤狄别种东山皋落氏，消除后顾之忧后，又欲南下攻虢（都上阳，今河南陕县境），夺取崤函险阻之地。紧邻虢北境的虞国（今山西陆北），为晋攻虢必经之地。为避免虞、虢联合抗晋，晋献公纳大夫荀息假虞国之道攻虢、各个击灭之计，于周惠王十九年（前658）派荀息用美玉、骏马贿赂虞公，声称：晋曾为虞复仇伐敌，今需借道攻虢以解晋患。虞公贪利，为荀息巧言所惑，不听大夫宫之奇谏阻，应允借道，且愿以军相助。当年夏，虞国之师会同晋大夫里克、荀息所率晋军攻虢，夺取重镇下阳（今平陆境），晋得以控制中条山南要冲，切断虞、虢间通道。二十二年，晋又向虞借道攻虢。宫之奇向虞公说明虞、虢地理相连，利害相关，虢亡则虞亡，犹如"辅车相依，唇亡齿寒"（《左传·僖公五年》），力谏不可借道。昏庸不识大势的虞公，以为晋、虞乃同宗之国，晋不会欺虞，且自己虔诚祀神，必得神的佐护，拒不听谏，再次借道。十月十七日，晋军围攻虢都上阳，到了十二月初一，破城灭虢，虢公逃奔王城（今河南洛阳）。晋军还师，以休整为名，驻于虞国，乘虞公毫无戒备，突然袭击，破虞，灭其国，生俘虞公。晋灭虞虢，控崤函，扼秦国东进咽喉，为尔后争胜于秦、称霸中原创造了重要条件。这次战争所昭示的"唇亡齿寒"之理，成为后世弱国联合抗击强国的重要战略思想。

崤之战

春秋中期，秦、晋两国争霸，晋军在崤山（今河南陕县东南）山谷隘道对秦军展开的一次伏击歼灭战。这次战争中，秦国为壮大实力、待机东进、徐图中原，而一味追求不可得的利益，师出无名，寄成功于侥幸，致全军覆没，"匹马只轮无反"（《公羊传·僖公三十三年》）。晋国选择有利时机、有利地形，创造伏击歼敌的著名战例。

桂陵之战

战国前期,齐军在桂陵(今河南长垣北)对魏军的一次著名截击战。这次战争,齐军料敌而谋,避实击虚,攻其必救,已握战略主动,又示弱骄敌,快速机动,巧施截击,终获败魏救赵之功,创造中国军事史上著名的"围魏救赵"战法,对后世有着深远的影响。

马陵之战

战国中期,齐军在马陵(今河南范县西南)大败魏军的一次著名伏击战。魏于桂陵之战中被齐击败,又被秦夺去河西重镇少梁(今陕西韩城西南)、旧都安邑(今属山西运城),然其实力尚未根本削弱。周显王二十五年(前344),魏又召集邹、鲁、宋、卫等国赴逢泽(今河南开封南)会盟,自称为王。齐、楚、韩等国对此不满,拒不赴会。次年,魏命庞涓率军伐韩,韩求救于齐。孙膑认为可待韩、魏两败俱伤时出兵,既可令韩完全听命于齐,又有更大的把握胜魏强兵。齐威王于桂陵战后图谋继续利用三晋矛盾,给魏以致命打击,遂用孙膑之议,暗中许诺齐将出兵,韩得此

马陵之战

诺即全力抗魏,五战俱败之后全面倒向齐国。二十七年,齐以田忌为主将、孙膑为军师,发兵救韩。马陵一战,齐军再次运用"批亢捣虚"(《史记·孙子吴起列传》)之策,迫使魏军回救,陷于被动;针对庞涓骄傲轻敌,不过早与其决战,而以退兵减灶之计调动魏军,出奇制胜,以作战指导的高度主动性、灵活性,创造了中国古代战争史上一个出色的机动战例。

长平之战

战国后期,秦军在长平(今山西高平西北)对赵军的一次大规模围歼战。

周赧王四十六年(前269),客卿范雎以远交近攻之策建议秦昭襄王结好齐国,威逼楚、赵,先攻韩、魏,逐次推进。四十九年,范雎任秦相,谋划军令,认为韩、魏借赵之势而未服秦,且韩、秦地形交错,为秦心腹之患,战必先攻韩以逼赵。五十年,秦即攻韩取少曲

长平之战

（今河南济源东北）、高平（今济源南）。次年遣白起攻取韩汾水旁的陉城（今山西侯马东北）等五城。五十二年又取韩南阳（今河南王屋山南）。次年，取韩野王（今沁阳）。至此，韩的上党郡（今山西长治西南）与其本土完全隔绝。韩桓惠王震恐，派阳成君赴秦献上党求和。上党郡守靳黈不从命，遂改以冯亭为守。冯亭私以上党17县降赵，欲引秦攻赵，迫赵与韩合纵抗秦。赵孝成王即派平原君赵胜赴上党受地，封冯亭为华阳君。秦本以上党为必得，即将以此为攻赵的前进基地，不容赵坐得其利。五十四年，秦以一军攻锦镼氏（今河南偃师东南），牵制韩军；另以左庶长王龁为主将，率大军攻上党，冯亭军不敌，上党民纷纷奔赵。赵派廉颇率重兵入上党郡，据守长平，以安定上党局势并加强西面防御。廉颇坚守不战，秦派人携千金向赵国权臣行贿，用离间计使赵王派赵括代廉颇为将。秦国则暗派白起为秦军主将。赵括一反廉颇部署，轻敌出战，被白起诱敌深入，分割包围，粮道也被秦军截断。赵兵被围四十六日，被迫突围，赵括被杀，四十余万赵军降秦，全部被坑杀。赵国从此一蹶不振。

陈胜、吴广起义

　　公元前209年，秦二世下令征发淮河流域的900名贫苦农民去防守渔阳（今北京密云），陈胜和吴广被指定为屯长。当他们走到蕲县大泽乡（安徽宿县西南）时，受到连绵阴雨的阻隔，不能如期赶到渔阳戍地。按照秦法规定，误了期限就要全部被处死。陈胜和吴广借机杀掉押送他们的两个军尉，陈胜被推举为将军，吴广为都尉，提出了"伐无道，诛暴秦"的口号，组成一支农民起义军。中国历史上第一次农民大起义爆发了。

　　陈胜、吴广率领农民起义军，占领大泽乡，攻下蕲县，很快攻占了五六个县城。起义军所到之处，贫苦农民纷纷响应，起义军队伍发展到几十万人，有兵车千辆。起义军攻占陈县后，建立"张楚"政权，陈胜为王。起义军乘胜前进，分三路攻秦。一路由周文率领进抵关中戏地（今陕西临潼境），逼近咸阳。秦二世急忙派遣少府章邯率领几十万在骊山修墓的刑徒，迎击起义军。同时，又从边塞调军队30万人，与起义军对抗。起义军作战失利，退出函谷关，驻扎曹阳（河南灵宝东），等待增援。起义军另一路人马由武臣率领，占领邯郸后在张耳、陈余怂恿下自立为赵王。陈胜为了顾全大局，勉强予以承认，并命他率军西上支援周文。张耳、陈余不但不救援周文农民军，反而割据自立，不听陈胜指挥。接

陈胜、吴广起义

着，六国旧贵族相继割地称王。这样，就造成陈胜、吴广所领导的起义军处于腹背受敌的境地。周文率军在曹阳坚持斗争三个月，终因众寡悬殊，孤立无援，周文战败自杀。不久，围攻荥阳的吴广被部将杀害。其他几支起义军，也先后被秦军击破。公元前209年12月，陈县被秦军攻破，陈胜被车夫庄贾暗杀。陈胜、吴广起义失败。起义军余部后来与项羽、刘邦等人领导的起义军会合，继续同秦军作战。

韩信破魏之战

楚汉战争中，韩信统中汉军击灭河东（今山西西南部）魏军的一次奇袭战。汉王二年（前205）五月，魏王豹以省亲为名，辞汉王归河东。至则断绝沿河津渡交通，反汉附楚，使汉军侧翼受到威胁。八月，刘邦使郦食其劝降，遭拒绝，于是以韩信为左丞相，率灌婴（骑将）、曹参（步将）等击魏。战前，刘邦得知魏方大将为柏直，骑将为冯敬，步将为项它，料其不能当汉方三将。韩信也以柏直为庸夫，遂进兵。魏王豹料汉军从临晋（今陕西大荔东）渡河（黄河），便率主力扼守蒲坂（今永济西），阻击汉军。韩信将计就计，调集船只于临晋渡口，多布疑兵，佯示必渡，暗中率主力从上游百余里处的夏阳（今陕西韩城南），以木罂（用木条缚扎陶瓮而成的渡河工具）偷渡，复顺河而下，在东张（今永济西）大破仓皇迎战的魏军，后转向东，攻下魏后方重镇安邑（今夏县西北）。继追击魏王豹于曲阳，到了东垣（今垣曲东南），俘魏王豹。此后，汉军攻取魏都平阳（今临汾西南），尽收魏地。这次战争，韩信以声东击西战法攻灭魏军，解除了汉军侧翼威胁，并以魏地兵员输送汉军主战场，有力支援刘邦主力抗击楚军。

彭城之战

楚汉战争中,项羽重创汉军的一次远程奔袭战。汉王二年(前205)三月汉王刘邦在洛阳誓师,揭开楚汉战争序幕。刘邦麾下,有已降汉的塞王司马欣、翟王董翳、常山王张耳、河南王申阳、魏王豹、殷王司马卬和自愿助汉的彭越、韩王信、陈余等。四月,刘邦经外黄(今河南兰考东南)东进。汉将曹参、灌婴等部由围津(即白马津,今滑县东)渡河,在定陶(今山东定陶西北)南击败楚将龙且、项佗军后,与汉王会合。诸侯联军56万人长驱直入,克砀(郡治淮阳,今河南商丘南)、萧(今安徽萧县西北),攻占楚都彭城(今江苏徐州)。汉军收取财宝、美女,每日宴饮,疏于戒备。在齐地作战的项羽闻讯,留部分将领继续击齐,自领精兵3万从鲁出胡陵(今山东鱼台东南)迅速南下,复取萧,切断汉军归路。拂晓猛攻彭城,到了午时大败汉军。汉军北逃,被逼入谷水、泗水,死十余万人。南退入山,又被楚军追及于灵璧(今安徽淮北市西)东,十余万人死于睢水中。刘邦被楚军重重包围,形势危急,适大风骤起,飞沙走石,得以趁乱领数十骑脱逃。其父、妻被楚军俘获。这次战争,项羽指挥果断、以少胜多。刘邦贪图逸乐,致汉军受重创,诸侯复附楚背汉。

崤底之战

东汉建武三年(27)春,刘秀军在崤山(今河南洛宁西北)谷地攻灭赤眉农民起义军的作战。

建武元年九月,赤眉军攻占长安(今西安西北),消灭刘玄更始政权。因补给发生严重困难,且军纪败坏,失去人民支持,于二年十一月焚宫室放弃长安,西向就食,遭到陇西隗嚣的截击。此时,西北有邓禹,南有刘嘉、延岑,东南有王常,赤眉军只得重返长安,驱走乘虚而入的邓禹。但是,20余万赤眉军缺粮,十二月再次放弃长安东归。三年闰正月初,冯异收集残部和当地豪强武装数万人,约赤眉会战,并先派一支假扮赤眉军的部队乘夜埋伏道旁。翌日晨,赤眉军以万人进攻冯异前部。冯异以少数兵应战,示弱诱敌。赤眉军全力猛攻,到了下午兵疲势衰。冯异伏兵突起,赤眉军惊慌溃乱,降者8万余人,余部向东逃去。刘秀亲率六军,以逸待劳。于闰正月十七日在宜阳将赤眉军全部包围。十九日,刘盆子、樊崇、谢直等率士卒10余万人投降,前后延续10余年的赤眉起义终告失败。

黄巾起义

东汉末年张角领导的大规模农民起义战争。起义者头裹黄巾,故称"黄巾起义"。

东汉后期,政治腐败,横征暴敛,加之灾情严重,民不堪命,农民纷纷奋起反抗。汉灵帝时,巨鹿(今河北平乡西南)人张角创立"太平道",自称"大贤良师",以咒符水治病为传道手段,利用宗教秘密宣传组织群众,反抗东汉暴政。十余年间,拥有徒众数十万,分布在青、徐、幽、冀、荆、扬、兖、豫等州,并按地域将其分为 36 方(部),大方万余人,小方六七千人,各有首领。还在京城发展道徒和收买宦官,作为起义内应。又以谶语宣扬"苍天已死,黄天当立,岁在甲子,天下大吉",准备于甲子年(184)三月初五起义,后被迫提前行动。36 方"一时俱起",达数十万人,旬日之间,天下响应,京师震动。灵帝慌忙调集各路大军进剿,各地豪强地主也纷纷起兵,配合官军镇压黄巾军。黄巾军被各个击破,张角病死,弟张梁、张宝相继阵亡,各路主力相继失败。

黄巾起义

黄巾军几支主力被镇压后,分散各地的余部仍坚持斗争。青州黄巾军到了初平三年(192)一度拥众数十万;活动于西河郡(今山西离石)白波谷一带的黄巾军攻入太原、河东,曾大败董卓军。在黄巾军起义影响下兴起的黑山军,也取得多次胜利。起义军此伏彼起,坚持斗争 20 多年。

赤壁之战

三国形成时期,孙权、刘备联军于汉献帝建安十三年(208)在长江赤壁(今湖北蒲圻西北,一说今嘉鱼东北)一带大败曹操军队,奠定三国鼎立基础的著名决战。曹操基本统一北方后,声称要决战吴地,夺取孙吴占据的地区。孙刘联军在夏口部署后,溯江迎击曹军,双方在赤壁对峙。周瑜用连环计和火攻大破曹军。曹操占据北方,刘备在荆州益州发展,东吴孙氏政权也得到巩固,三国鼎立格局逐渐形成。赤壁之战,曹操自负轻敌,指

赤壁之战

挥失误,加之水军不强,终致战败。孙权、刘备在强敌面前,冷静分析形势,结盟抗战,扬水战之长,巧用火攻,创造了中国军事史上以弱胜强的著名战例。

潞州之战

后梁开平元年(907)五月至次年五月,晋王李克用军挫败后梁军围攻潞州(今山西长治)之战。

唐末,诸藩镇为扩展各自势力,频繁征战。天祐三年(906)八月,梁王朱全忠(即朱温)出兵进攻沧州(今河北沧州东南),企图征服割据幽、沧的卢龙节度使刘仁恭。十月,晋王李克用借应援刘仁恭之机,袭占潞州,以昭义节度使李嗣昭等率军据守,借以屏蔽河东。次年四月,朱全忠建后梁称帝,改名朱晃,改元开平。五月,命陕州节度使康怀贞率军8万,会魏博(治魏州,今大名东北)兵,经孟、怀(今河南孟县南、沁阳)、泽州(今山西晋城)北上,进攻潞州。六月,进抵潞州城下。后梁军昼夜猛攻,半月不克,于是筑垒挖堑,欲长围久困。李克用恐潞州有失,以蕃汉马步军都指挥使周德威为行营都指挥使,率军由晋阳(今太原南晋源镇)救援潞州。八月初,周德威军进至潞州西的高河,后梁康怀贞遣部将秦武率部迎击,被晋军击败。朱晃见康怀贞久战无功贬其为行营都虞候,命李思安为潞州行营都统,率河北兵西上,到了潞州城下,增筑重城,称为“夹寨”,内以防其突围,外以拒其援军。周德威与诸将率军昼夜轮番进攻,迫使后梁军疲于应付,遂闭寨不出。十一月,李克用为牵制后梁军增援潞州,先后遣军进攻晋州(今山西临汾),袭扰洺州(今河北永年东南)。朱晃急调河中(今山西永济西蒲州镇)、陕州(今河南三门峡市西)兵救援,晋州围解。这次战争,晋军长期据城固守,消耗疲惫后梁军,以援军出其不意,突然出击,一战获胜。

黄天荡之战

南宋建炎四年(金天会八年,1130),宋军在长江黄天荡(今南京东北)东南水域,截击金军归师的著名水战。

建炎三年冬,金太宗完颜晟以完颜宗弼为统帅,率军号称10万南下攻宋。十一月,宗弼军自马家渡(今安徽马鞍山市东北)渡河。宋浙西制置使韩世忠为避其锋,自镇江(今属江苏)引军退守江阴(今江阴)。宗弼迫降建康(今南京)后,迅速挥师南下,奔袭临安(今杭州)。韩世忠料金军孤军深入,难以久据,遂将其军分为三部:前军驻通惠镇(今上海青浦北),中军驻江湾(今属上海),后军驻海口,大置海船,操练水战,伺机北上截金军归师。

次年正月,韩世忠为隐蔽企图,亲至秀州(今浙江嘉兴)过上元节,张灯结彩,歌舞欢庆。不久乘金军不备,率军八千、战船四余艘急取镇江。二月十三日,宗弼获悉,恐归路被截,率军自临安沿运河北上,企图出镇江渡江北归。后与韩世忠在黄天荡展开激战。

这次战争,韩世忠正确审料敌情,先占有利地势,凭借长江天险,充分发挥水战之长,阻扼金军40日不得渡江。

郾城之战

南宋绍兴十年(金天眷三年,1140),岳飞在进军中原时,于郾城(今属河南)击败金军反击之战。

顺昌之战后,金都元帅完颜宗弼率军退回东京(今开封)。南宋湖北、京西宣抚使岳飞乘势大举反攻。按照以襄阳(今属湖北襄樊)为基地,联结河朔,进图中原的方略,遣将联络河北、河东义军,攻占州县,袭扰金军后方;自率数万大军,于六月中旬,由鄂州(今武汉武昌)北上,采取分进合击之战法,先后收复郾城、颖昌(今河南许昌)、郑州等重镇,切断金军东西联系,对东京金军形成威逼之势。时宗弼侦知宋淮南东路的张俊、王德军已由亳州(今属安徽)退回庐州(今合肥),乘岳飞孤军深入,兵力分散之机,于七月初八,率龙虎大王完颜突合速、盖天大王完颜赛里,昭武大将军韩棠等,统领1万精骑,奔袭岳飞宣抚司驻地郾城,企图摧毁岳飞军指挥中枢,打破岳飞反攻计划。宗弼军进抵城北20里处列阵,向郾城推进。针对金军作战特点,岳飞决定先以骑兵冲杀,分割打乱金军阵势;继而以步制骑,破其精锐。令其子岳云率背嵬、游奕马军与金骑鏖战。骁将杨再兴为生擒宗弼单骑突阵,击杀金军近百人,多处受伤,仍拼死力战。正当两军激战之时,岳飞亲率40骑驰入阵中,射杀金军多人。岳飞军士气倍增,奋勇冲杀。宗弼见难取胜,遂将头戴铁盔、身披重甲的"铁浮图"和号称"拐子马"的精骑投入交战。"铁浮图"一字排阵，从正面推进；"拐子马"自两翼迂回包抄，对岳飞军形成很大威胁。岳飞临机应变，待金军进至阵前，令步卒持麻扎刀、提刀、大斧入阵，专砍马足，"铁浮图"大乱。同时令背嵬、游奕马军专门对付金军的"拐子马"军，以灵活机动之战术，忽攻其前，忽击其侧，致金军于被动。岳家军步骑密切配合，从午后战至黄昏，重创金军。宗弼率余部仓皇溃逃。这次战争，是宋金两军于平原旷野进行的大规模步骑战。岳飞利用士气旺盛、训练有素等有利条件，以坚阵和长兵器对付金骑的密集冲击，破其所长，击其所短，一举获胜。

采石之战

南宋绍兴三十一年（金正隆六年，1161），南宋文臣虞允文率领军民于采石（今安徽马鞍山市西南）阻遏金军渡江南进的江河防御战。南宋绍兴三十一年秋，完颜亮亲率大军10余万，号称40万，攻淮西。宋军连遭失败，完颜亮率军攻占两淮。宋高宗为挽救危局，命李显忠为建康府都统制，取代王权。十一月初六，中书舍人兼督视江淮军马府参谋军事虞允文连夜前往芜湖（今属安徽），催李显忠赴任，并往采石犒师。十一月初八，虞允文抵采石，见金军列阵未完成，即率已退到江南的王权军登江岸高地后，将水军海鳅船分为五队，一队载精兵于中流待战；两队载当涂民兵，沿江东西配置，护岸抗敌；两队隐蔽港内，以为后备。完颜亮令数百舟自杨林口驶出，70舟冲破宋水军防御抵达南岸，突遭宋军伏击，金兵大乱。虞允文往来指挥，身先士卒，激励斗志。部将时俊率兵出阵奋勇拼杀，全歼登岸金军。水军以海鳅船猛冲金舟，并施放霹雳炮。金舟大部被击沉，士卒溺死4000余，被俘500余。宋军为防金军反扑，连夜布阵，封锁杨林口。初九，金军果然到来，遭突击，损舟300而遁。十二日，金军被迫转向淮东，欲与扬州（今属江苏）、瓜洲（今扬州南）军会合南渡。虞允文识破其谋，率师驰援镇江（今属江苏），于江岸布阵设防。金将见宋军有备，不愿再战，收军北还。时完颜亮闻完颜雍在东京（今辽宁辽阳）称帝，急于灭宋北归，强令将士三日内渡江。完颜元宜等将认为渡江必败，遂于二十七日夜闯入御营杀死完颜亮，率军北撤。此战，虞允文在危急时刻，敢于担当重任，组织指挥军民抵抗金军。由于部署周密，善于团结激励将士，凭借长江天堑，充分发挥宋军水上优势，从而转败为胜，使南宋再度转危为安。

鄱阳湖之战

元至正二十三年（1363），陈友谅乘朱元璋领军北援安丰（今安徽寿县）之机，率师号称60万围攻洪都（今南昌）。朱元璋闻讯，一面命其侄朱文正坚守洪都，消耗陈军；一面命正在围攻庐州(今合肥)的中书省右丞徐达、行省参政常遇春撤围,救援洪都。七月初六,朱元璋与徐达、常遇春等率舟师20万沿江西上,十六日进至鄱阳湖口,把陈军困于湖中。陈友谅围攻洪都85天不克,闻朱元璋率师救援,遂撤围移师鄱阳湖迎战。七月二十日,两军在康郎山水域遭遇,陈军大败。朱元璋乘风纵火,乘势猛攻,大败陈军。陈军受重创后,企图退保鞋山(今湖南鄱阳湖中),被朱军所阻。朱元璋为控扼长江水道,乘夜移军左蠡(今江西都昌西北)。陈友谅也移舟泊于渚矶(今江西星子南)。相持三日,陈军左、右金吾将军相继投降朱元璋,士气更趋低落。陈友谅冒险向湖口方向突围,陷入朱军伏击圈。朱元璋指挥诸军阻击,火舟、火筏猛冲。陈军混乱溃逃,至泾江口又遭朱军伏兵袭击,陈友谅中箭身亡,其子善儿等被俘。次日,平章陈荣率余部5万余人投降朱元璋,张定边与陈友谅次子陈理逃回武昌。次年二月,朱元璋率师围攻武昌,迫陈理投降,尽占陈友谅所辖长江中游广大地区。此战,朱元璋乘陈友谅军久攻坚城受挫,分兵据守鄱阳湖口,先断其退路;继集中兵力,巧用火攻,歼其主力;后水陆截击,全歼陈军于突围之际。创造了中国水战史上以少胜多的著名战例,为统一江南奠定了基础。

土木堡之战

明正统十四年(1449)秋,英宗朱祁镇亲征蒙古瓦剌,在土木堡(今河北怀来东南)突遭瓦剌军围攻,全军溃败之作战。明朝建立后,元朝残余势力败退漠北。后蒙古瓦剌部首领也先以为攻明时机成熟,以明廷刁难其贡使和毁弃婚约为由,于正统十四年七月倾全力分四路大举攻明。英宗和王振仓促率领大军号称50万前往大同迎战,也先侦知明军主力出征,且行阵如蚁,首尾难顾,遂佯装畏惧,主动北撤,隐伏塞外,纵明军兵骄,寻机待战。也先察知明军易道北行,指挥混乱,断定并非用计,立即改变设伏之策,发挥蒙古骑兵倏来忽往、灵活机动的特点,在明援军必经之地鹞儿岭(今河北涿鹿西北)设伏待机。明军主力退至四面环山、水源缺乏的土木堡。其地道路不良,大军机动困难。王振强令大军扎营。当晚,瓦剌军占领土木堡西北、西南要地,控制了堡南的唯一水源,对明军形成包围之势。十五日,也先遣使议和,行佯退之计,麻痹明军。明军断水二日,兵马饥渴难熬。英宗和王振急欲摆脱困境,遂遣使往瓦剌军营议和。王振下令全军移营觅水,人马争路,相互践踏,阵势大乱。也先乘机指挥精骑从四面入阵。明军惊恐,指挥失灵,加之临阵配发火器,不熟悉性能,未经激战即全军大溃,死伤数十万。英宗被俘,随征将臣张辅、朱勇等50余人阵殁,王振被护卫将锤杀。史称"土木堡之变"。

萨尔浒之战

"抚清之战"后,后金军据有浑河南侧地区,明军辽东防线动摇。明朝为挽回败局,命兵部右侍郎杨镐为左侍郎兼右佥都御史,经略辽东,调各路援兵约 11 万,号称 20 万,于万历四十七年(1619)二月底匆忙分四路进发,企图合击后金都城赫图阿拉(今辽宁新宾老城)。努尔哈赤侦知明军动向,采取"凭尔几路来,我只一路去"(夏允彝《幸存录·东彝大略》)之策,率八旗军迎战。三月初,两军展开萨尔浒之战,明军三路被歼,一路溃逃,总兵杜松等战死,所部死伤约 6 万。从此,明辽东形势急转直下。败讯传至京师(今北京),举朝

萨尔浒之战

震动。后金攻占沈(阳)辽(阳),明军退守辽西,后金军获萨尔浒大捷后,乘胜扩展势力。

山海关之战

崇祯十七年(1644)正月,李自成于西安称大顺王,建国号大顺,三月十九日破北京城,迫崇祯帝朱由检自缢煤山(今景山),推翻了明朝的统治。改明五军都督府为五军部,变武将称谓,定品位,完善军制。

为瓦解明军残余势力,李自成多次遣使招降明总兵吴三桂,未果。四月十三日,率兵约 10 万(一说 6 万)往攻。在山海关之战中被吴三桂、清摄政王多尔衮联兵击败,损兵数万,退师北京,大顺军由盛转衰。此战,李自成大顺军对清军入关助战毫无准备,同时缺乏对清军骑兵作战的经验,终为清军所胜,精锐遭受重创,未能再起。清军乘势占领北京,取得全国政权。

扬州之战

清顺治二年(南明弘光元年,1645),南明大学士史可法率领扬州军民抵御清军围攻的城邑守卫战。是年初,清定国大将军多铎率兵南下,四月十八日,前锋抵扬州城郊。清军集结兵力,收罗船只,准备渡江,并派明降将李遇春等到达扬州劝降,被史可法严词拒绝。时史可法督师扬州,节制驻守淮北、泗水、临淮、庐州(今合肥)的四镇官兵,视情势危急,檄招各镇援兵,仅总兵刘肇基率 4000 余人自高邮(分属江苏)入城守卫。史可法泣谕士民,为死守计,督万余官兵分守各门,自守旧城西门险要。二十二日,守将李栖凤、高岐凤率部 4000 余人出降。清军连日集兵围攻,从四面向城内放炮,屡毁城墙。史可法率军

民以草袋盛土填堵,修补城墙,多次击退清军进攻,杀伤清军数千,并血书告急,南明政权不应。二十四日,清军从泗州(今江苏盱眙西北)运来红衣大炮,围攻渐急。二十五日,多铎集巨炮猛轰城西北隅,守城军民浴血奋战,击杀清军甚众。清军叠尸为梯,蜂拥攀缘登城,城破。史可法被俘,不屈而死。刘肇基率余部与清军巷战,皆战死。清军屠城十天,史称"扬州十日"。

全州之战

清初,南明军与大顺军余部在全州(今属广西)联合反击清军的一次胜仗。顺治三年(南明弘光二年,1646),清军灭南明鲁王朱以海、唐王朱聿键政权后,随即遣平南大将军、恭顺王孔有德及智顺王尚可喜、怀顺王耿仲明率军攻湖广,于四年春占领湖南。十月,耿仲明遣将董英等率部进兵广西,于黄沙镇(全州东北)击败南明联军,进据全州。南明兵部尚书、督师何腾蛟和大学士瞿式耜,晓夕筹划,转运粮饷,急遣焦琏、郝摇旗、卢鼎、赵印选、胡一青分别扼守桂林周围的兴安、灵川、永宁、义宁各州县。十一月初,何腾蛟、瞿式耜下令五路合击,与清军大战于全州城下,败清军佟养和部,斩杀千人,夺马300匹,收复全州,诸将联营300里,迫清军退师湖南。

衡州之战

清顺治九年(南明永历六年,1652)七月,李定国率部攻占桂林,不久收复被清兵占领的广西各地,军声大振,后又北攻湖南,取永州,占衡州(今衡阳市)。清王朝为扭转湖广战局,命敬谨亲王尼堪为定远大将军,率兵10万由湖南湘潭急速南下,于十一月二十三日抵衡州。李定国得悉,即率部4万隔蒸水与清军对阵,另派兵一部设伏于衡州以北山区林中。二十四日晨,清军与李定国部战于衡州城北香水庵、草桥、黄沙湾(今衡阳北蒸水左岸)等地,互有伤亡。李部佯败,尼堪率兵追击20余里,进入伏击圈。李定国部伏兵四起夹击,清军欲撤,尼堪令有进无退,遂陷入重围,死伤甚众。尼堪督众苦战力竭,被杀,清王朝大震。未几,李定国因兵力不足,还屯武冈,清军又占衡州。

清平定三藩之战

康熙初年,清王朝对三藩尤其对吴三桂拥兵自重深为不安,开始限制和削弱其权力。六年(1667),康熙帝玄烨亲政后,决意待机撤藩。十二年三月,为削弱藩王权力,巩固中央集权,准平南王尚可喜疏请告老回辽东。七月,在平西王吴三桂、靖南王耿精忠上疏佯请撤藩实窥测朝廷动向时,玄烨认为其势已成,撤也反,不撤也反,遂下令撤除吴、耿二藩。十一月,吴三桂起兵谋反,耿精忠、尚之信起兵响应。在清平定三藩之战中,先后遣大将军勒尔锦、杰书、董额、图海、岳乐、喇布、彭泰等统军四出,赴湖南、浙江、福建、陕西、广东、四川、云南平叛。以先翦两翼、后捣腹心、剿抚兼施、重用汉将等战略措施,用兵近40万,历时八年,平定叛乱。

此战,康熙帝重用汉将,剿抚兼施,各个击破,平定三藩叛乱,加强了中央集权,维护了国家统一。

雅克萨之战的历史背景

雅克萨位于黑龙江省漠河县东、呼玛县西北黑龙江北岸。该地自古以来就是中国的领土。满族祖先肃慎族曾生活于此,秦汉至明清各个朝代均在此设官统辖。17世纪上半叶,沙俄武装人员多次入侵中国黑龙江流域,烧杀抢掠,遭到当地居民的顽强反抗。清顺治年间,沙俄军队再次侵入,并在雅克萨建城堡,企图长期盘踞,被当地军民击退。康熙初年,沙俄侵略军乘清政府平定三藩之乱、无暇北顾之机,重新占领雅克萨,并在中国尼布楚(今俄罗斯涅尔琴斯克)和雅克萨修寨建堡,建立殖民据点,对黑龙江中下游进行骚扰和蚕食,还遣使对清王朝进行恫吓讹诈。康熙帝希望和平解决中俄边界争端,多次接见沙俄使团,遣使向驻雅克萨俄军交涉,均未奏效。于是,清王朝决意用武力反击沙俄入侵者。

第一次雅克萨之战

康熙二十四(1685)年正月,康熙帝改命都统彭春总管黑龙江军务,统军收复雅克萨。四月,彭春与萨布素率军3000余离瑷珲,水陆并进,于五月二十二日抵达雅克萨,随即向沙俄军头目托尔布津发出通牒,令其从速撤兵。托尔布津自恃城堡坚固,屯兵近千顽抗。二十三日,清军分水陆两路列营,陆师布于城南,水师集战船于城东南。二十四日,截击一队乘木筏前来助战的沙俄援军,毙、俘40余人。当晚,在城南筑挡牌上垒,布置弓弩,佯作攻势,潜置红衣大炮于城北,将"神威将军"铜炮等火器架设在东西两翼。次日黎明,攻城炮火齐发,城垣渐毁,又积柴草于城下,欲行火攻,沙俄军一片混乱,被击毙百余人,士气沮丧。托尔布津见援兵不到,局势难支,遂请降。经清军允准,托尔布津率部700余人(含少数妇女、儿童)撤到尼布楚;另有45人不愿归还者,被安置于盛京(今沈阳),编为佐领。清军平毁雅克萨城即还师。

第二次雅克萨之战

托尔布津返回尼布楚，与流放西伯利亚的波兰战俘杯敦（拜顿）率兵再次侵入雅克萨旧址，筑城盘踞。康熙二十五年二月，康熙帝得知沙俄军复据雅克萨，命萨布素督修战舰，水陆分进，急赴黑龙江城，再次往攻雅克萨；令建议侯林兴珠率藤牌兵400前往助战。四月，又命副都统郎坦等参赞军务。五月，萨布素率兵2000余进围雅克萨城，勒令沙俄军投降，托尔布津置之不理。六月，清军开始攻城，沙俄军率残余死守待援，清军执行长围久困之策，沙俄军粮弹消耗殆尽，战死病死甚众，仅剩66人。在此期间，清政府多次致函谴责沙俄侵略行径，建议谈判撤军。九月，沙俄先遣信使到北京，表示接受清政府建议，举行边界谈判，乞撤雅克萨之围。二十六年四月，清军后撤20里，到查克丹驻营。八月后撤到瑷珲和墨尔根。雅克萨之战结束。但沙俄军仍增兵雅克萨，众至300余。此战，清王朝以武力为后盾，政治、外交相配合，周密准备，水陆军协同，先扫外围，致沙俄军困守孤城，被迫投降，一度稳定了东北边境。此后，两国使节在尼布楚经过反复谈判，以清朝让出尼布楚，沙俄撤出雅克萨而达成和议。

二十八年七月二十四日（1689年9月7日），中俄双方签订了《中俄尼布楚条约》（即《黑龙江界约》），从法律上确定了中俄东段边界。

清王朝与准噶尔部之战

此战为清康熙、雍正、乾隆年间，清军击败卫拉特蒙古准噶尔部割据势力，维护国家统一之战争。

准噶尔部游牧于额尔齐斯河至伊犁河流域。康熙十年（1671），噶尔丹夺得该部统治权后，多次出兵兼并邻部，势力扩展至天山南北。清王朝多次抚谕，仍不能制止。二十六年，噶尔丹借沙俄支持，率劲骑3万东进漠北。次年，使正在抗击沙俄的喀尔喀蒙古援背受敌，土谢图汗等被迫率众迁往漠南。二十九年，准噶尔军借口追击喀尔喀蒙古，挥戈南下，兵锋指向北京。七月，康熙帝下令亲征。八月，清军在乌兰布通之战中大败准噶尔军。噶尔丹不甘兵败，图谋再举，清王朝调兵备战。三十五年，康熙帝统兵近9万人亲征，五月，进行昭莫多之战，再次大败准噶尔军。次年，噶尔丹败亡，其侄策妄阿拉布坦继汗位。五十六年，准噶尔军攻入拉萨，清王朝遣军入藏，又击败准噶尔军，迫其撤出西藏。雍正五年（1727），策妄阿拉布坦死后，其子噶尔丹策零继位，继续图谋扩张，并藏匿在柴达木之战中败逃的叛乱首领罗卜藏丹津。清王朝欲发兵征讨，噶尔丹策零施缓兵计，清王朝暂停进兵。九年，清军轻敌冒进，在和通泊之战中大败。次年，清军发起光显寺之战,歼灭准噶尔军大部。十二年,噶尔丹策零向清王朝请和罢兵。乾隆十年(1745),噶尔丹策零死,达瓦齐夺得汗位后,与阿睦尔撒纳互相攻伐。十九年,阿睦尔撒纳降清。次年,清王朝乘机发兵,直捣伊犁,达瓦齐猝不及防,兵败被俘。不久,阿睦尔撒纳因统治卫拉特蒙古四部的野心未能得逞,聚众叛乱。二十二年,清王朝遣军从巴里坤(今属新疆)等地分路进击,阿睦尔撒纳全军覆没,只身逃沙俄,同年病死。清王朝与准噶尔部历经近七十年之战争,终于消除了准噶尔部割据势力,统一了天山南北。

林爽文起义

清乾隆五十一年至五十三年(1786~1788),林爽文领导台湾民众反抗地方官府统治的武装斗争。

林爽文原籍福建平和县,于乾隆三十八年随父迁居台湾彰县化大里庄,募众垦田致富。四十七年,天地会首领严烟自福建渡海至彰化传道。次年,林爽文入会,后成北路首领。天地会迅速发展,抗拒官府,清王朝令其解散。五十一年十一月,清台湾总兵柴大纪命知府孙景燧、副将赫生额等率兵三百到彰化镇压,勒令村民擒献林爽文,激起民愤。林爽文遂以"剿除贪官,拯救万民"为号召,率众起义,攻清军营垒,全歼其官兵。不久克彰化,杀孙景燧等人;释放狱囚,开仓取械;再克淡水、诸罗(今台南市佳里镇)等地。十二月,众举林爽文为盟主大元帅,建元顺天。台南天地会首领庄大田起兵响应,攻克凤山(今高雄)。嗣后,南北两路义军会攻台湾府城(今台南),久攻未克。起义军纪律严明,得到广大农民支持,仅诸罗、彰化两县就有数十万人参加,攻占台湾一府四县三厅大部。清王朝大震,于五十二年正月急调水师提督黄仕简、陆路提督任承恩等率兵四千渡海赴台增援,黄、任未能扭转败局被革职。三月,又调闽浙总督常青赴台督师,因师老无功被免职。八月,改命大学士福康安为将军、领侍卫大臣海兰察为参赞大臣,率水师渡海,于十月从鹿仔港(今彰化西南)登岸。五十三年正月初,清军多路出击,于仑仔顶和牛稠山连败义军,在老衢崎俘获林爽文,解到北京杀害。庄大田率余部退入台湾最南端的琅峤,不久也被俘杀。起义遂告失败。

中国近现代战争

鸦片战争

1840~1842年间,中国军民抗击英国借口中方销毁鸦片而派兵入侵之战争。清中叶以后,英国等国向中国大量输出毒品鸦片。1838 年(清道光十八年)冬,道光帝派湖广总督林则徐为钦差大臣,赴广东查禁鸦片。次年三月,林到任后,严行查缴鸦片 2 万余箱,并于虎门海口悉数销毁。英国政府以此为借口,决定派出征军侵华,英国国会也通过对华战争的拨款案。1840 年 6 月,鸦片战争开始。最后,清政府战败,被迫签订了《中英南京条约》《中美望厦条约》等,中国自此进入半殖民地半封建社会。

金田起义

1843 年(清道光二十三年),洪秀全创立拜上帝会,深入广西,以宗教发动农民群众。1851 年(清咸丰元年)1 月 11 日,洪秀全率领拜上帝会众在广西桂平金田村举行反清武装起义,建号太平天国,史称金田起义。洪秀全编组太平军,颁布《太平军目》,又以"十款天条"严明军纪。起义初期敌强我弱,遂率义军乘虚蹈暇,于转战各县中寻机歼灭清军,保存和壮大自己。后来,太平军建都南京,多次击溃清军和湘军,势力范围达到南方数十个省。

太平军首克武昌

武昌扼长江中游,与汉阳、汉口隔江相望,统称武汉三镇。1852 年(太平天国壬子二年,清咸丰二年)12 月 17 日,太平军撤离湖南岳州(今岳阳),分水陆两路向武汉挺进。时武昌守城清军仅 3000 多人,湖北巡抚常大淳、提督双福将城外兵勇全部撤入城内。为防太平军挖地道攻城,又下令尽毁城外民房,坚守待援。21 日,由湖南来援的总兵常禄、王锦绣率清军千余进入武昌城内,另加团勇,守城兵勇达万余人。22 日,太平军船队到达武汉江面,不久即在汉阳鹦鹉洲登岸,于次日攻占汉阳。陆师也于同日到达武昌城外,占领城东的钵盂山、洪山、小龟山、紫荆山等处,在城南挖沟筑墙,阻敌援军,并进围文昌、望山、保安、中和、宾阳、忠孝、武胜诸门。为了集中兵力攻下武昌,杨秀清命典水匠唐正才率部以铁索系巨舟,在长江上架起两道浮桥,一道由汉阳鹦鹉洲至武昌白沙洲,一道由汉阳南岸嘴至武昌大堤口,一夜建成。29 日,太平军由汉阳渡过汉水,占领汉口,洪秀全、杨秀清移驻汉口。又架起一座沟通汉口、汉阳的浮桥(位置相当于今汉水铁桥)。三座浮桥的架成,为太平军攻克武昌创造了重要条件。尾随太平军的清军向荣部万余人于 24 日到达武昌城南的白木岭,为长虹桥太平军所阻,便绕往东南,驻营卓刀泉,于 1853 年 1 月 7 日夺占洪山。太平军一面分兵堵拒向荣部清军,使城内外敌军无法联结,同时以主力合围武昌,在文昌、平湖各门开挖地道,准备轰城。1 月 12 日晨,在文昌门附近,轰塌城墙 20 多丈,太平军先头部队冲入缺口,其余方向的太平军则缘梯而上,攻入城内。清军四散溃逃,常大淳等自杀,提督双福、总兵常禄、王锦绣等被杀。太平军遂克武昌。这次战争,太平军先占汉阳、汉口,横江架设数道浮桥,集中兵力,合围武昌,并成功地运用了穴地攻城战法,因而迅速攻克坚城。

太平军北伐

太平天国农民战争中,太平军于 1853~1855 年间,为攻取北京而采取之战略行动。历时两年,其作战过程可分作三个阶段。1853 年(太平天国癸好三年,清咸丰三年)5 月 13 日,太平天国派天官副丞相林凤祥、地官正丞相李开芳,春官副丞相吉文元等率军 2 万多人,自浦口(今属南京)出发入安徽境。9 月 1 日,太平军取道济源入山西,连克垣曲、绛县、曲沃、平阳(今临汾)、洪洞,于是折而东,经屯留、潞城、黎城,复入河南,占涉县、武安(今均属河北),入直隶(约今河北)境。10 月 22 日,北伐军占领天津西南的静海和独流镇,前锋到天津郊外 10 里的稍直口村,准备进攻天津。清兵加紧对太平军的围攻,最后太平军北伐失败。

太平军北伐,孤军远征,长驱六省,虽为精锐之师,但后援不继,终不免全军覆没。广大将士英勇奋战,震撼清朝心脏地区,牵制大量清兵,对南方太平军和北方人民的斗争客观上起到了支持作用。

天京保卫战

太平天国农民战争中,太平军为抗击湘军围攻天京(今南京)而进行的防御作战。

太平军安庆保卫战失败后,两江总督曾国藩吸取江南大营两次被击溃的教训,提出了"欲拔本根,先剪枝叶"(曾国藩《遵旨统筹全局折》)的方略,从东西两个方向对天京实施多路向心进击。1862 年(太平天国壬戌十二年,清同治元年)3 月下旬,湘军水陆师 2 万余人从安庆沿江东进,5 月底直抵天京城下,布政使曾国荃率陆营扎于城南雨花台一线,兵部侍郎彭玉麟率水师进抵护城河口。署江苏巡抚李鸿章则率淮军 6500 人于 4、5 月间分批船运上海,勾结英、法侵略军与"常胜军"阻挡太平军进攻上海,并作西攻苏州、无锡、常州的准备。浙江巡抚左宗棠率军万余由江西入浙,步步东逼。天京在湘、淮军的包围中最终失陷。

上海小刀会起义

1853~1855 年间刘丽川等领导小刀会在上海等地进行的城市反清武装起义。小刀会是天地会支派,19世纪50年代初由福建传入上海。1853年(清咸丰三年)春,太平天国定都南京后,闽南小刀会随之起义。夏,上海天地会首领刘丽川联合李咸池的小刀会、潘起亮的庙邦等沪上各帮会,组成秘密反清联盟,称上海小刀会,成员多为原籍粤、闽、浙等省的船夫、码头工人、失业手工业者等下层群众。是年秋,刘丽川派人与青浦抗粮首领周立春及嘉定罗汉党首领徐耀等联络,密商反清起义,确定先占嘉定,继夺上海,然后分取邻近各县的起义计划。9月5日,周立春、徐耀等率部攻占嘉定县城。7日,刘丽川等率众攻入上海县城,杀知县袁祖德,擒苏松太道吴健彰,控制全城,建立政权。江湾、洋泾等城郊乡民纷起响应。刘丽川初以"大明国统理政教招讨大元帅"名义发布告示,不久,改称"太平天国统理政教招讨大元帅",并上书天王洪秀全,自称"未受职臣"。李咸池称平胡大都督,陈阿林、林阿福为副,潘起亮等四人为大将军。起义政权宣布对外侨秋毫不犯,要求外国势力保持中立。上海小刀会起义之后,即派出义军,分攻邻近各厅县,以为犄角。9日,嘉定义军进占宝山。上海义军12日攻取南汇,13日占领川沙厅。17日,周立春率部夺取青浦县城。至此,小刀会起义势力以上海县城为中心,遍及周围五厅县。清政府急忙调江南大营兵力,由署江苏巡抚许乃钊率领到上海镇压,与美、英、法等国驻上海领事相勾结。小刀会起义坚持17个月,终因寡不敌众,最后以失败而告终。

第二次鸦片战争

1856~1860年间,中国军民抗击英法联军入侵之战争。因其性质与鸦片战争基本相同,史称第二次鸦片战争。19世纪中叶,伴随西方资本主义国家经济的迅速发展,其对外侵略扩张日益加剧。1854年(清咸丰四年)和1856年,英、法等国驻华公使向中国提出"修约"要求,企图攫取比《中英南京条约》更多的特权,均遭清政府拒绝。时清政府正忙于在长江中下游与太平军作战,对外国侵略实行消极避战,于是,英、法在美、俄支持下,恃其海军的优势,不惜诉诸战争,以胁逼清政府同意"修约"。1856年英国借口"亚罗号事件",1857年法国借口"马神甫事件",组成英法联军,于1857年12月攻陷广州,并继续北上,于1858年5月攻陷大沽炮台,进抵天津,清政府被迫与英法签订《天津条约》。1860年2月,英法扩大了侵华战争,10月攻入北京,清政府与英法订立了《北京条约》。第二次鸦片战争结束。

抗击英法联军入侵大沽之战

大沽位于海河出海口,是天津的门户,两岸建有炮台,南岸3座,北岸1座,共安炮200余门,守军3000人;另于南岸炮台后侧及海河两岸驻军5000人,由直隶总督谭廷襄指挥。1857年（清咸丰七年）12月，英法联军攻占广州后，即策划北犯，企图直接胁迫清王朝"修约"。1858年4月，英、法舰船20余艘，载兵2600余人驶抵大沽口外。5月20日，联军炮艇6艘轰击大沽两岸炮台，掩护陆战队千余人分向炮台侧翼登陆。各台守军发炮还击，击沉敌舢板2只，击伤炮艇4艘，毙伤敌近百人。当登陆之敌逼近炮台时，守军冲出炮台，展开白刃格斗。谭廷襄等在危急时刻竟弃军逃跑，后路驻军也不战自散。炮台守军孤立无援，300余官兵壮烈牺牲，南北炮台先后为敌攻占。26日，联军炮艇沿海河驶抵天津城下。6月下旬，英、法、美、俄公使胁迫清王朝签订了《天津条约》。

抗击英法联军入侵大沽之战

捻军起义

19世纪50年代初至60年代末，由捻党发展起来的，主要活动于长江、黄河间的一次大规模农民反清起义战争。捻军是在捻党（"捻"系皖北方言，为一支一股的意思）的基础上发展起来的。捻党组织产生于19世纪初（清嘉庆年间），是一种分散的农民小集团。1851年（清咸丰元年），淮河流域捻党不断起义。1853年，太平军北伐、西征经过黄、淮流域，捻党起义全面展开，小股的捻党武装斗争逐步形成大规模的捻军武装起义。起义以皖北为中心，遍布豫东南、鲁西南、苏北、鄂北地区，主要有张乐行、龚得树、苏添福、韩奇峰、侯士伟、王贯三、李昭寿、任乾、李大喜等十数支。但初期的捻军"居则为民，出则为捻"，各自为战，互不统属。1855年秋天，各路捻军首领聚集安徽亳州雉河集（今涡阳）会盟，推张乐行为盟主，称大汉永王（一作大汉明命王），统一号令，颁发布告，发布《行军条例》，确立军事纪律，建立五旗军制。捻军曾经取得了斩杀僧格林沁的巨大胜利，但是最后还是失败了。

李蓝起义

1859~1865年间由李永和、蓝朝鼎等领导的，主要活动在四川、陕西等地的农民起义。

1859年（清咸丰九年），李永和（即李短鞑）、蓝朝鼎（即蓝二顺）领导破产的农民、脚夫在云南昭通牛皮寨起义。10月,率众入川,一路攻城略地,后据铁山为基地,以"打富济贫,除暴安良"为号召,众至数十万。1860年秋,二三十万大军会师于牛佛渡(今四川富顺北、沱江左岸)。不久,由蓝朝鼎、李永和、周绍勇率所部分别向川北、川南、川东发展。次年5月,蓝部十余万人进围绵州(今绵阳),李部十余万人围攻眉州(今眉山),均屯兵坚城之下,久攻不克。时奉命督办四川军务的骆秉章率湘军入川,采取由北而南、先蓝后李的作战方针,首先集中1.9万清军攻击蓝部。9月,激战于绵州城外。缺乏严格训练的起义军错误地进行阵地战,招致惨败,仅剩万余人,被迫南退丹棱(今丹棱),与李部成犄角之势。骆秉章督军南下,转攻李部。11月,清军先打蓝部援军,继攻李永和大营。蓝部援军受阻,李部战败,伤亡3万余人,遂撤眉州之围,退据青神。骆秉章再移师猛攻丹棱。起义军据垒坚守,清军强攻受挫,改行坐困之计。起义军突围北走,蓝朝鼎督后队掩护,12月13日阵亡。1862年(清同治元年)1月,李永和率部从青神突围,回据铁山。清军接踵而至,起义军被困粮绝,再次突围,时分时合,先后移驻天洋坪(今富顺、隆昌间)、八角寨(今宜宾境)和铁山地区龙孔场等地。然始终无法摆脱清军的围追堵截,损失惨重。10月,四川布政使刘蓉令清军淹灌龙孔场,李永和等4700余人被俘遇害。至此,起义军主力损失殆尽。

左宗棠收复新疆

1876~1878年间左宗棠指挥清军驱逐侵占新疆的阿古柏侵略军,维护祖国领土完整之战争。

19世纪中叶,资本主义列强在世界范围内争夺殖民地的斗争加剧,英俄两国在中亚地区的角逐激化,对中国西部边疆安全构成直接威胁。1865年(清同治四年),中亚浩罕汗国(在今乌兹别克斯坦境)军事头目阿古柏在英国支持下,率兵侵入南疆,建立"哲德莎尔"伪政权,进而占领天山南北广大地区,实行殖民统治。清政府忙于镇压内地人民起义,无暇西顾。1871年,俄国又乘机出兵占领时为新疆军政中心的伊犁地区,加紧与英国争夺中国西北边陲。与此同时,中国东南、西南和南部边疆也面临列强侵略威胁,边疆危机日益严重。1875年(清光绪元年),清王朝采纳左宗棠等人的当务之急是出兵收复新疆的主张,任命左宗棠为钦差大臣,督办新疆军务。左宗棠统帅大军出击新疆,击败了阿古柏,粉碎了沙俄分裂中国的阴谋,维护了国家统一和领土完整。

中法战争爆发的原因

19世纪下半叶,法国金融资本迅速发展,促使其加紧推行殖民政策。1862年(清同治元年），法军大举入侵越南，占领西贡（今胡志明市）及其附近大片地区。1873 年法军又侵占河内等地，越南国王请求被迫流离越南保胜（今老街）的中国广西天地会起义军别支黑旗军帮助抗法。12 月 21 日，黑旗军统领刘永福率部大败法军于河内近郊，毙其头目安邺，迫使法国侵略者退出河内。1882 年（清光绪八年）法军再次入侵越南北桥，先后占领河内、南定等地，并声言攻取黑旗军根据地保胜。刘永福又一次应邀援越抗法，1883 年 5 月 19 日于河内近郊纸桥再败法军，击毙法军司令李威利（又译"李维业"）等数十人。8 月，法军攻占越南都城顺化，强迫越南政府签订《顺化条约》，变越南为法国的保护国。此后，法国加快侵华步伐，威逼清政府承认法国对越南的殖民占领，要求与其签订不平等的商务协定及国境条约。遭拒绝后，法军即于同年 12 月中旬向应邀驻扎于北桥的中国军队发动进攻，清军被迫应战，战争爆发。

马尾海战

中法战争中，中国福建海军在福州马尾港抗击法国侵华舰队偷袭之战，又叫作马江之战。1884 年（清光绪十年）7 月中旬，法国远东舰队司令孤拔率舰队侵入马尾港，伺机挑衅。此时，清王朝仍幻想议和，不但严令清军不得主动出击，也未作有效的防御部署。8 月 22 日，法国政府电令孤拔消灭中国福建海军。23 日 13 时 45 分，法军 8 艘军舰、2 艘鱼雷艇同时发起攻击。会办福建海疆事宜大臣张佩纶、船政大臣何如璋遁逃，负责指挥的副将张成开战后跳水逃命，各舰失去统一指挥，仓促应战。官兵们英勇还击，击伤孤拔座舰"窝尔达"号。管带陈英、许寿山、叶琛、林森林，督带吕翰、高腾云等

马尾海战

英勇战死。战斗达半个多小时，中国福建海军舰艇损失殆尽。翌日，法舰又轰击福建船政局。此后数日，又轰击和捣毁了闽江下游两岸炮台。这次战争，中国福建海军被击沉击毁军舰 9 艘、其他船只 13 艘，官兵阵亡 770 人；法军舰艇数艘被击伤。8 月 26 日，清政府被迫对法宣战。

镇海之战

1884 年（清光绪十年）基隆马尾之战后，法军为孤立台湾清军，宣布封锁台湾海峡。

1885 年 1 月,中国南洋海军派出"开济""南琛""南瑞""驭远""澄庆"5 舰由上海南下援台,以期打破法军的封锁。法远东舰队司令孤拔亲率 7 舰拦击。2 月 13 日,双方舰队于浙江象山石浦檀头山附近洋面遭遇,总兵吴安康率队逃遁,"驭远""澄庆"两船避入石浦港内,15 日晨"驭远"被法军鱼雷艇击伤后自沉,"澄庆"自沉;"开济"等 3 舰驶入镇海口内。孤拔遂率舰进犯镇海。镇海(今属宁波)位于甬江入海口,为浙东咽喉。法舰侵扰东南沿海以来,浙江提督欧阳利见督率守军增炮修台,挖壕筑墙,密布地雷,并充实兵力,调整部署,加强了该地区的防御。28 日夜,孤拔率 4 舰闯入镇海洋面,欧阳利见即下令沉船堵口,命守军严阵以待。援台 3 舰同原泊口内的"超武""元凯"两舰也都做好战斗准备。3 月 1 日下午,法舰 4 艘猛扑口门,北岸招宝山守军和南洋海军各舰发炮拦击,战斗约 2 小时许,法舰不支退走。翌日夜晚,法两舰企图进口偷袭,又被守军水陆炮火击退。3 日上午,孤拔再次率舰进攻,清军岸炮和海军舰炮猛烈轰击,法舰随即掉头撤退。此后,法军又多次利用夜暗以舢板进行偷袭和鱼雷攻击,均未得逞,不得不停止进攻。这次战争,由于清军守军预有准备,水陆防守严密,协同较好,因而伤亡甚少。法军舰艇略有损伤,无功而返。

镇南关大捷

1885 年初,执行越南北圻陆路反攻任务的东线清军作战失利,于 2 月上旬,溃退入广西镇南关。法军占领谅山后,乘势侵占镇南关;此后因兵力不足、补给困难,又退至越南文渊(今同登)、谅山,伺机再犯。其时,受命帮办广西关外军务的老将冯子材,被前线各部将领推为主帅,部署兵力,形成正面纵深梯次配置并有两翼策应的兵力部署,总计前线兵力约 64 营 3 万余人。法军冒犯,遭到黑旗军和清军的痛击,最后溃败而逃。镇南关大捷使清军在陆上战场转败为胜,转守为攻。法军败讯传至巴黎,茹费理内阁被迫辞职。

中日甲午战争的历史背景

1894 年(清光绪二十年)干支为甲午,史称甲午战争。日本发动对中国的侵略战争,蓄谋已久。早在 1868 年(清同治七年),日本明治天皇登基伊始,便极力鼓吹军国主义,以实行对外扩张为基本国策,并将侵略矛头首先指向其近邻朝鲜和中国。明治政府抓紧改革军制,推行近代军事教育和训练,积极扩军备战。到甲午战争爆发前,日本陆军建成 6 个野战师和 1 个近卫师,现役兵力 12.3 万人。甲午战争中,日本实际动员兵力达 240616 人,其中 174017 人在国外参战。战前日本海军拥有军舰 32 艘、鱼雷艇 24 艘,排水量共达 6.2 万余吨。还派遣大批特务,到中国和朝鲜搜集军事情报,绘制详细的军用地图。清政府对日本的侵略野心有所察觉,北洋大臣李鸿章曾指出日本将为"中土之患"。1874 年日本侵犯台湾事件后,尤其是中法战争后,清政府加强海防建设,以京师门户北洋为设防重点,主要防御对象为日本。1888 年,北洋海军正式编练成军,有舰艇 25 艘,官兵 4000 人。到甲午战前,北洋舰队的大沽、威海卫(今山东威海)和旅顺(今属辽宁大连)三大基地建成。然清朝政治腐败,军事变革基本停留在改良武器装备的低级阶段,陆海军总兵力虽多达 80 余万人,但体制不顺,编制落后,管理混乱,训练废弛,战斗力低下。1894 年春,朝鲜爆发"东学党"农民起义,朝鲜政府于 6 月 3 日请求清政府派兵协助镇压。清军首批部队于 6 月 8 日抵朝。早在 6 月 2 日,日本内阁就做出入侵朝鲜,进而直接与清军开战的决定。日方先以欺骗手段诱使清军入朝,继则以清军入朝为借口,大批调遣日军赴朝,迅速抢占从仁川至汉城一带各战略要地。同时设立战时大本营,作为指挥侵略战争的最高机构。7 月 19 日,日本驻朝公使大鸟圭介据其外相陆奥宗光训令,强逼朝鲜政府废除中朝通商条约,并驱逐清军出境。23 日,日军悍然攻占朝鲜王宫,成立以大院君李昰应为首的傀儡政府。25 日,大鸟令大院君废除中朝两国间的一切商约,并"授权"日军驱逐屯驻牙山的清军。当天,日本联合舰队发动丰岛海战,在丰岛附近海域对中国运兵船及护航舰只发动突然袭击。日本陆军第 5 师的混成第 9 旅也于 29 日向由牙山移驻成欢的清军叶志超部发动进攻,清军败退平壤。8 月 1 日,清政府被迫对日宣战。同一天,明治天皇也发布宣战诏书。

威海卫之战

中日甲午战争中,清军在山东半岛抗击日本陆海军侵犯威海卫(今山东威海)之战役。

1894 年(清光绪二十年)11 月下旬,日军侵占旅顺(今属辽宁大连)后,其大本营鉴于渤海湾即将进入冰封期,不便于登陆作战,遂决定暂缓执行直隶(约今河北)平原作战计划,而将战略进攻方向转至山东半岛,海陆配合攻占威海卫,企图歼灭北洋海军。为此,陆军在其第 2 集团军基础上组成"山东作战军",下辖第 3、第 4 旅和原属第 6 师的第 11旅,共计 2.5 万余人。清王朝因对日军主攻方向判断错误,集重兵于奉天(今沈阳)、辽阳和京津一带,山东半岛防御薄弱。威海卫位于山东半岛东北部,遥对旅顺、大连,建有拱卫渤海门户的北洋海军基地。北洋海军各舰艇于旅顺失陷前即撤返威海港,尚有大小舰艇 27 艘;港区陆上筑有炮台 23 座,安炮 160 余门,守军 19 营;烟台、酒馆(今牟平东)、荣成(今旧荣成)等处另有驻军 41 营。此时慈禧太后起用恭亲王奕訢,令其与直隶总督兼北洋大臣李鸿章共筹和议。当得知日军企图后,始作迎战准备。李鸿章令北洋舰队水陆相依,陆军同守大小炮台,舰船依托岸上炮台进行防御。由于李鸿章的错误指挥,北洋海军在日军的猛烈进攻下全军覆没,海军提督丁汝昌自杀。

抗击八国联军入侵战争

自从中日甲午战争以后,西方列强掀起了瓜分中国的狂潮。1899 年(清光绪二十五年)至 1900 年间,山东、直隶(约今河北)等省爆发义和团运动。各主要帝国主义国家以镇压义和团为借口,悍然发动战争。清军中的爱国官兵和义和团在津、京和直隶地区奋起抗战。慈禧太后对列强时而宣战,时而乞和;时而利用义和团抗击侵略军,时而命清军屠杀义和团,没有明确之战略方针。两江、湖广等省区督抚则勾结英、美,实行东南"互保",反对与列强作战。

最后,联军在天津大沽口登陆,攻陷北京,慈禧挟光绪逃往西安。抗击八国联军入侵战争失败,八国联军洗劫了北京城及其附近,犯下了滔天罪行。

清政府与列强于 1901 年 9 月 7 日签订《辛丑条约》。条约除规定"惩办"祸首、赔款外,清政府还被迫同意各国在使馆区及京津、津榆铁路沿线驻军,清军不得在白河口、山海关、秦皇岛等处设防,京城已无屏障可言。此后,中国的民族危机更加深重,中国人民进一步掀起对外反对列强侵略,对内反对清朝封建专制统治的民主革命高潮。

东北军民抗击沙俄入侵之战

1900 年中国东北黑龙江、吉林、盛京(今辽宁)三省军民抗击沙俄军队入侵之战争。

1900 年(清光绪二十六年)夏,沙皇俄国在参加八国联军入侵中国天津、北京的同时,又企图单独攻占中国东北,以推行其"黄俄罗斯"计划。7 月 6 日,尼古拉二世宣布自任俄军总司令,以摩罗巴特金为总参谋长,征调 13.5 万余官兵,编成西伯利亚第 1、第 2、第 3 军和登陆军,在中国东北周围各战略要地集结,准备从中国瑷珲(即黑龙江城,今黑龙江黑河市南)、呼伦贝尔(今属内蒙古)、宁古塔(今黑龙江宁安)、拉哈苏苏(今同江)、珲春(今属吉林)、旅顺(分属辽宁大连)等方向,实施多路进攻,夺占齐齐哈尔(今黑龙江)、哈尔滨、吉林、长春、奉天(今沈阳)等重要城市,以实现其分进合击、速战速决,夺取东北三省之战略目的。时京、津地区战事吃紧,清王朝无力顾及东北,当地驻军仅 9 万余人,武器装备落后,战斗力低下。三省军政要员,或主战或主和,无法进行统一的部署和指挥。俄军侵入东北后,各地义勇燃起了"御俄寇,复国土"的烽火。1901 年 1 月下旬,吉林的抗俄队伍数万人统一编成忠义军,在海龙、通化一带,声东击西、出没无常地打击俄军。沙俄政府慑于东北人民的反抗和其他帝国主义列强的反对,于 1902 年 4 月 8 日同清政府签订《中俄收交东三省条约》,虽攫取许多特权,但不得不将俄军撤出东北,其"黄俄罗斯"计划终未得逞。

武昌起义

20 世纪初叶,在中国同盟会的领导、推动下,全国革命运动高涨。湖北革命团体文学社、共进会在武汉运动新军,积聚了雄厚的革命力量。1911 年(清宣统三年)9 月,四川保路运动演化为武装起义,清王朝急调湖北新军入川镇压,武汉清军兵力减弱。9 月 14 日,文学社、共进会在同盟会中部总会推动下联合组成起义领导机关,推文学社蒋翊武为临时总司令,共进会孙武为参谋长,制定起义计划,定于 10 月 10 日举事。10 月 9 日,孙武配制炸弹不慎爆炸,领导机关遭破坏,革命文告、名册、印信被抄,蒋翊武出走。10 日,革命党人刘复基、彭楚藩、杨宏胜被捕遇难。在此危急关头,新军中革命党人主动联络,决定按原计划立即起义。晚 8 时许,驻于武昌中和门外的新军工程营、辎重营首先发难。工程营革命代表熊秉坤带队夺占楚望台军械库,推左队队官吴兆麟为临时总指挥。各营革命党人纷纷响应,陆续到楚望台集中补充弹药。当晚,起义军分三路经王府口、水陆街、保安门正街向总督府及第 8 镇司令部连续发起进攻。起义炮兵第 8 标入城,占领中和门、蛇山阵地,控制制高点,轰击督署。清军在附近构筑街垒,组织抵抗。起义士兵在炮火支援下,前仆后继,英勇战斗,突破清军防线,进围督署。湖广总督瑞澂、第 8 镇统制张彪逃走。11 日黎明,起义军占领武昌,并相继攻取汉阳、汉口。革命党人发表宣言,改国号为中华民国,号召各省起义;成立湖北军政府,推第 21 混成协统领黎元洪为都督。武昌起义的成功,给清朝统治以沉重打击,湖南等省区争相响应,纷纷宣布独立,脱离清王朝,形成全国范围的革命高潮。

护国战争

由于袁世凯的倒行逆施、复辟卖国,1915 年底和 1916 年云南等省组织护国军,反对袁世凯复辟帝制,维护中华民国民主共和制度之战争。讨袁战争失败后,袁世凯下令取缔国民党,取消国民党议员资格,并解散国会,图谋复辟帝制。为取得日本政府对复辟的支持,1915 年 5 月与其签订卖国的"二十一条"。8 月,指使其亲信、幕僚成立进行复辟帝制活动的"筹安会"。12 月 12 日申令接受"推戴"为中华帝国皇帝,不久下令改次年为洪宪元年。在袁准备称帝期间,孙中山的中华革命党和梁启超的进步党等组织曾派人赴云南策动武装起义。前云南督军蔡锷与云南将军唐继尧等人,于 1915 年 12 月 25 日在昆明宣布云南独立,不久即建立云南都督府,组织约 2 万人的讨袁护国军。蔡锷、李烈钧分任第 1、第 2 军总司令,唐继尧任都督府都督兼第 3 军总司令。计划第 1 军攻川,第 2 军入桂、粤，第3军留守云南，乘机经黔入湘，而后各军在武汉会师北伐。另由都督府左参赞戴戡一部兵力入黔策动起义。袁世凯急令北洋军和川、湘、粤等省军队共约8万人，从川、湘、桂三路攻滇，企图一举歼灭云南护国军。最后，由于袁世凯的复辟活动和反动行为不得人心、前线部队不听指挥等原因，全国反袁运动迭起。袁世凯三路攻滇计划失败，加上在广东、山东等地袁军也遭到打击，外交上又连受挫折，被迫于1916年3月22日宣布撤销帝制，但仍居大总统位。为彻底推翻袁的独裁统治，5月8日，已独立的滇、黔、桂、粤等省在广东肇庆成立对抗北洋政府的军务院。不久，陕西、四川、湖南等省相继宣布独立。袁益陷窘境，6月6日病死。蔡锷等护国军将领依靠人民支持和部队旺盛士气，适时变更部署，持重待机，重视瓦解敌军，并采用佯动、袭击、割裂等手段，使护国战争赢得胜利，推翻了洪宪帝制。但代之而起的仍是直、皖、奉北洋集团的军阀统治。护国战争是近代由中国资产阶级单独领导的仅次于辛亥革命的又一次伟大的革命运动。云南，不仅是讨袁护国首先起义的省，而且云南各族人民为护国战争做出的重大贡献和牺牲，是值得人们永远怀念的。从云南开始的护国战争粉碎了封建帝制的延续阴谋，恢复了共和制。

护法战争

1917年8月至1918年5月，孙中山为维护与恢复标志共和国体的《中华民国临时约法》和国会，发动和领导的反对北洋军阀之战争。又称"南北战争"。1917年7月，张勋复辟失败，段祺瑞重掌北洋政府大权后，通电各省拒绝恢复约法和国会，并派北洋军第8、第20师等部入湘，镇压南方革命。孙中山等率部分驻沪海军抵广州后，电邀国会议员赴粤，并致电和派人联络西南军阀陆荣廷、唐继尧等人，共同推翻以段为首的北洋政府。8、9月间，在广州召开的国会非常会议，决议建立中华民国军政府，选举孙中山为军政府海陆军大元帅，兴师讨伐段祺瑞。护法军政府所统辖及响应护法的军队有湘、桂、粤军等约15万人以上，组成联军，10月在湖南与北洋军接战，开始了护法战争。11月护法联军转为优势，先后攻占长沙、岳阳。各省护法军纷纷响应。战场扩展到湖南、湖北、四川、广东、福建等省。但桂系军阀却暗中与直系军阀谋和，阻挠南方护法军的进攻，剥夺孙中山的领导权，并于1918年5月迫使孙中山辞去大元帅职务，篡夺了护法军政府实际权力，第一次护法战争宣告失败。

第二次护法战争

直系军阀在直皖战争后，控制了北京政府的主要权力，推行武力统一政策，支持桂系军阀进攻闽南护法区。1920年8月驻闽粤军回师广东讨伐桂系军阀，占领广州后，孙中

山宣布重建军政府。国会议员也准备重开国会非常会议,第二次护法运动开始。1921 年
4 月,国会非常会议通过《中华民国政府组织大纲》,选举孙中山为非常大总统。1921 年 6
月孙中山命令粤、赣、黔、滇各军进攻广西,陆荣廷被迫下台,两广得到统一。当时陈炯明
担任军政府内政兼陆军总长和粤军总司令兼广东省长,他暗中勾结直系军阀,反对北伐,
准备推翻广州革命政权。1922 年夏季,孙中山发动了讨伐直系军阀之战争。正值北伐军
胜利进军的关键时刻,陈炯明在广州发动了反对孙中山的武装叛乱,6 月 16 日陈部炮轰
总统府,欲置孙中山于死地。孙中山适时地转移到永丰舰上,坚持与叛军斗争,8 月 9 日
离粤赴沪,第二次护法战争又告失败。

直皖战争

1920 年 7 月,直系军阀在奉系军阀支持下,与皖系军阀为争夺北洋政府控制权在京
津地区进行之战争。

1916 年袁世凯死后,北洋军阀分裂为直系和皖系。奉天督军张作霖逐渐控制东北三
省,形成奉系。皖系军阀首领段祺瑞先后任国务总理、参战督办,控制中央政权,与日本
签订丧权辱国的《中日陆军共同防敌军事协定》和《中日海军共同防敌军事协定》,并向
日本大量借款,扩充皖系军队,坚持"武力统一"政策,主张削平军事割据,组织安福俱乐
部,操纵国会,排除异己,同直系和奉系等军阀发生利害冲突。以曹锟、吴佩孚为首领的
直系军阀取得英、美等国支持,与皖系军阀对抗。1919 年 11 月,吴佩孚与西南军阀唐继
尧、陆荣廷等人的代表在湖南衡阳签订《救国同盟军草约》,结成反皖同盟。1920 年 4 月,
曹锟在直隶(约今河北)保定以追悼入湘阵亡将士为名,召开各省代表大会,组成直、奉两
系的直隶、江苏、湖北、江西、奉天(今辽宁)、吉林、黑龙江,河南八省反皖联盟。5 月,吴
佩孚由西南军阀提供毫洋 60 万元资助,自衡阳领兵北上,直达保定,准备讨伐皖系。段
祺瑞立即集结兵力于北京附近准备迎战。7 月初,皖军以 5 个师和 4 个混成旅组成定国
军,段祺瑞任总司令,西路陈兵涞水、涿州、固安地区,东路布防杨村以西的梁庄(今西梁
庄)、北极庙(今北章庙)一带。直军以 1 个师和 9 个混成旅组成讨逆军,吴佩孚任前敌总
司令,西路占据高碑店,东路驻守杨村。张作霖令奉军一部入关,占领天津马厂、军粮城
等地。张作霖通电奉军协同直军向皖军进攻。在东路指挥作战的皖军参谋长徐树铮见
西路失利,东有奉军迫近,于是从廊坊逃回北京,所部不战而降。19 日,段祺瑞见大势已
去,被迫宣布辞职。23 日,直、奉两军进驻南苑,办理军事善后。皖军不久被遣散或收编。
直、奉两系军阀遂共同控制中央政权。这次战争,直奉联盟,并争取西南军阀的支持,使
皖系军阀陷于孤立;在战争中,吴佩孚运用侧翼迂回战法,直捣皖军指挥中枢,一举获胜。

北伐战争

第一次国内革命战争即北伐战争，又称"第一次大革命"，是 1924 年至 1927 年中国人民在中国共产党和中国国民党合作领导下进行的反帝反封建的革命斗争。1926 年 2 月，中国共产党向全国人民明确提出了出兵北伐推翻军阀统治的政治主张。1926 年 5 月，国民革命军第 7 军一部和第 4 军叶挺独立团等作为先头部队，先行出兵湖南，援助正被吴佩孚部击败而退守湘南衡阳的第 8 军唐生智部。7 月 1 日，广东国民政府发出《北伐宣言》，7 月 9 日国民革命军的 8 个军约 10 万人，兵分三路，从广东正式出师北伐。北伐战争打击的对象是占据中国广大地区、受帝国主义支持的北洋军阀吴佩孚、张作霖和孙传芳。在西路主攻方向上，国民革命军第 4 军、第 7 军主力同第 8 军会合后，在 7 月 11 日胜利进入长沙；8 月

北伐战争

22 日，占领岳州；随后又攻克汀泗桥、贺胜桥，击溃吴佩孚的主力，直指武汉；9 月 6 日、7 日第 8 军主力占领了汉阳、汉口；10 月 10 日，第 4 军主力和第 8 军一部攻克已被围困月余的武昌。共产党直接领导的叶挺独立团在湖南和湖北战场一些关键性之战役，如汀泗桥、贺胜桥和武昌战役中英勇搏杀，建立了重大功勋，因此，独立团所在的国民革命军第 4 军被誉为"铁军"。北伐军中路部队进展缓慢，蒋介石的嫡系 1 军 1 师在南昌附近屡遭挫折，溃不成军，不得不向武汉求援。第 4 军、第 7 军先后转入江西，于 11 月初在南浔铁路一带发动猛烈进攻，终于歼灭孙传芳部主力，占领九江、南昌。在东路福建战场，原来留驻粤闽边境的第 1 军两个师也乘势向福建发动进攻，于 12 月中旬进占福州。在北伐军攻占汉阳、汉口的同时，冯玉祥领导的国民军也在苏联顾问团和共产党员刘伯坚、邓小平等的帮助下，于 1926 年 9 月 17 日在五原誓师，绕道甘肃东进，参加北伐。北伐军在不到半年的时间里，打垮了吴佩孚，消灭了孙传芳主力，进占长江流域和黄河流域部分地区，沉重地打击了帝国主义和封建军阀的反动统治。

1927 年 3 月，帝国主义制造了令中国军民死伤 2000 余人的南京惨案。蒋介石为首的国民党右派同帝国主义和中国资产阶级右翼勾结起来，加紧反革命阴谋活动。4 月 12 日，蒋介石公开发动了"四一二"政变。蒋介石叛变后，7 月 15 日，汪精卫指使反动军阀发动"马日事变"，大肆屠杀共产党人，第一次国内革命战争遭到失败。

汀泗桥、贺胜桥战役

北伐战争中的著名战役。1926 年 8 月,叶挺率国民革命军第 4 军独立团长驱直进,连战皆捷,屡建战功。在湖北咸宁境内汀泗桥地区击溃军阀吴佩孚军,俘敌 2400 余人,获重大胜利。国民革命军第 4、第 7 军在湖北咸宁境内贺胜桥地区击溃军阀吴佩孚军主力,俘敌 3500 余人,获重大胜利。此后,叶挺被誉为"北伐名将",所部被称为"叶挺独立团",为 4 军赢得"铁军"称号。

长城抗战

长城抗战系指 1933 年中国军队在长城一线抗击日军侵略之战斗。

1933 年元旦,日军进犯山海关,中国守军何柱国旅奋起抵抗,揭开了长城抗战的序幕。1933 年 2 月日军进犯热河(今并入河北、辽宁及内蒙古)。3 月初,日军侵占热河,并继续向长城一线进犯。3 月 9 日进犯长城军事要地喜峰口、冷口、古北口,中国守军顽强抵抗,坚守阵地。其中喜峰口守军,原西北军二十九军将士组织五百人大刀队,夜袭敌营,夺回喜峰口。此役毙敌千人,五百壮士仅二十余人生还。从 10 日至 25 日,在喜峰口至罗文峪的长城线上,中国将士屡次打败日军进攻。同一时期,冷口和古北口的中国守

长城抗战

军,也对日军实行反击。蒋介石政府对此不予援助。日军受挫后,一面进扰察东,攻占多伦、沽源、宝昌、张北诸县;一面派兵改由山海关突进滦东。4 月初攻陷石门寨、海阳、秦皇岛等地,使长城线上的中国守军腹背受敌。5 月下旬,中国军队相继放弃长城各口,日军突破滦河,侵入滦西,攻陷冀东 22 县,直接威胁平津,长城抗战失败。

福建事变

由于同蒋系的矛盾和逐渐接受共产党及红军的抗日反蒋主张,1933 年 11 月 20 日,李济深、陈铭枢、蒋光鼐、蔡廷锴等人以中国国民党第十九路军为主力,在福建发动的抗

日反蒋事件,简称"闽变"。1931 年九一八事变后,李济深、陈铭枢、蒋光鼐、蔡廷锴等人由于他们的抗日要求和行动得不到蒋介石南京国民政府的支持,与蒋的矛盾日益激化。1933 年 6 月 1 日《塘沽协定》签字后第二天,蒋、蔡在福州发表通电,反对蒋介石对日妥协,出卖华北。接着又在中国共产党抗日主张的影响下和"剿赤"军事失败的刺激下,放弃了抗日与"剿赤"并行的方针,于 10 月 26 日派代表至江西瑞金与中国工农红军签订《反日反蒋的初步协定》,为事变的发动创造了有利条件。

11 月 20 日,李济深等在福州召开中国人民临时代表大会,发表《人民权利宣言》,福建事变爆发。21 日,李济深等通电脱离国民党,随后联合第三党和神州国光社成员发起成立生产人民党,以陈铭枢为总书记。22 日,中华共和国人民革命政府宣告成立,由李济深、陈铭枢、陈友仁等十一人任委员,李济深任主席,改中华民国二十二年为"中华共和国元年",并宣布革命政府的中心任务是外求民族解放,排除帝国主义在华势力;内求打倒军阀,推翻国民党统治,实现人民民主自由,发展国民经济,解放工农劳苦群众。

中华共和国人民革命政府成立后,受到各地民众和海外华侨的拥护,但同时也遭到蒋介石政府的舆论攻击和军事镇压。12 月下旬,蒋介石抽调进攻江西苏区的嫡系部队十余万人,以蒋鼎文为前敌总指挥,在海、空军的配合下,由赣东和浙江分路进攻延平、古田等地。1934 年 1 月上、中旬,延平、古田、福州先后被蒋军占领,中华共和国人民革命政府和十九路军总部分别迁往漳州和泉州。21 日,泉州、漳州相继失守,福建事变终告失败。李济深、陈铭枢、蒋光鼐、蔡廷锴逃往香港,第十九路军的番号被取消,军队被蒋介石改编。

绥远抗战与百灵庙大捷

绥远抗战发生在 1936 年中国抗战由局部转向全面抗日的时期,是局部抗战取得完全胜利的重大战役。

绥远省位于内蒙古西部,是贯通华北、西北,联结内蒙古与外蒙古的重要战略地带,控制了绥远,向南可威胁河北、山西,向西则可进兵陕西、宁夏、甘肃,向北觊觎外蒙古。为此,日军制订了以政治谋略和军事进攻两手并用夺取绥远省的计划,即对傅作义先进行收买,不行则武力驱逐。1933 年 7 月,日军侵占了内蒙古绥远部分地区后,蒙古族上层反动分子德穆楚克栋鲁普(德王)公开投降日本,成立伪蒙古军政府。1936 年 8 月,日本侵略军指挥蒙军向绥远东北地区进攻,绥远省政府主席兼第 35 军军长傅作义率部奋勇抗击。

敌军进攻的首先目标是红格尔图。这是一个不大的村镇,人口不过千余人,但却是绥东的门户,是由察哈尔西部进入绥远的必经之地,且与百灵庙、大庙(西拉木楞庙)成犄角之势,地位十分重要。11 月 13 日,日伪军在飞机、大炮的支援下,发动对红格尔图的进攻。此役一直持续到 19 日结束,历时 7 昼夜,中国守军打退了日伪军的进攻,歼灭大量敌军,取得了红格尔图保卫战的胜利。

红格尔图战役后,傅作义部队又于 11 月 24 日零时向百灵庙发起攻击。12 月 9 日绥远驻军收复了日伪的重要据点百灵庙和大庙,重创"日蒙联军"。至此这次战役全部结束。绥远抗战是中国军民自 1933 年开展抗战以来获得的第一次胜利,使全国军民欢欣鼓舞。

绥远抗战是中国抗战史上取得完全胜利的局部抗战,三战三捷,肃清了绥远境内的全部日伪军,挫败了日军侵犯绥远的计划。

"七七"卢沟桥事变

1937 年 7 月 7 日,日本侵略军在河北宛平(今并入北京)卢沟桥制造事端,中国守军奋起抵抗之战。又叫作"七七"事变、卢沟桥事变。

1931 年日本帝国主义发动"九一八"事变,侵占中国东三省后,相继入侵上海,攻占热河(今分属辽宁、河北、内蒙古),进犯河北。1935 年日本政府策划华北五省自治阴谋失败后,遂企图以武力攻占北平(今北京)、天津,夺取华北。1937 年 6 月,日本驻丰台的中国驻屯军步兵旅第 1 团第 3 营频繁进行军事演习,伺机挑起事端。7 月 7 日夜,日军在北平西南通往河北南部的咽

"七七"卢沟桥事变

喉要地卢沟桥附近演习,诡称一士兵"失踪",要求进入宛平城搜查,遭守军严词拒绝后,即炮轰宛平城,向卢沟桥发起进攻。守军奋起还击,曾一举夺回失去阵地,全歼侵占卢沟桥火车站的日军。

"七七"事变发生后,全国人民群情激奋,声讨日本侵略军。

日军进攻卢沟桥受挫后,日本政府一面以"不扩大方针"和"就地解决"为幌子;一面向华北增兵,加紧侵略部署。7 月 17 日,蒋介石在庐山发表谈话,表示如果和平已根本绝望,便只有抗战到底。后日军发动袭击,廊坊、北平、天津等城相继陷落。

"七七"事变,标志着日本帝国主义全面侵华战争的开始,揭开了中国人民伟大的全面抗日民族战争。从此,中国各族人民在国共合作的全民族抗日统一战线的旗帜下,同

仇敌忾,共赴国难,同入侵者展开了殊死抗争。

"八一三"淞沪会战

1937 年 8 月 13 日至 11 月 12 日中国军队抗击侵华日军进攻上海之战役。淞沪地区位于长江下游黄浦、吴淞两江汇合处,扼长江门户。

日本帝国主义侵占平津后,又积极策划进攻上海,沿用它的故伎,挑起事端。先是在7 月 24 日,上海日本海军陆战队借口一名士兵失踪,制造紧张局势,不久,这名士兵被查获送还日本领事馆。日又借机撤退上海日侨,作发动战争的准备。借口虹桥机场事件,日本海军陆战队在 12 日晚陆续登陆。而且在杨树浦、闸北、虹口一带布防。到 12 日止,

"八一三"淞沪会战

调集淞沪的日舰已达 30 余艘,海军及陆战队 1.5 万之众。8 月 13 日上午 9 时 15 分起,日海军陆战队在铁甲车的掩护下,由宝山路商务印书馆旧厂址出发,于横浜桥过淞沪铁路,向宝山路我军阵地进发,并向我军阵地开枪射击。我方保安队为自卫起见,用机枪扫射,打退了敌军,日方士兵死 5 人,伤 10 余人。下午 3 时 50 分,日军开始大规模进攻,并以大炮轰击,我军奋勇抵抗,"八一三"战争爆发。

淞沪抗战历时 3 个多月,日军以松井石根大将为总司令,共投入 12 个师团及海空军、特种兵部队 30 余万人的兵力。中国军队先以冯玉祥为总司令,后由蒋介石兼任,共投入70 余个师 70 余万人的兵力,伤亡高达 25 万人,日军在此役中共伤亡 40672 人。日本企图 3 个月灭亡中国的计划未能实现。

"八一四"空战

1937 年 8 月 14 日,中国空军抗击侵华日军空袭杭州笕桥机场的空中作战,史称"八一四"空战,又称"笕桥空战"。13 日,日军以重兵向上海发动进攻,国民政府军事委员会下令,将驻河南周家口的空军第 4 驱逐机大队调往杭州,加强淞沪地区的防空力量。

14 日下午,第 4 驱逐机大队 27 架霍克-3 型战斗机飞抵笕桥机场,还未加油,便遭日机空袭。大队长高志航即率队升空,同日机展开空战。高志航在分队长谭文的配合下,迅速逼近 1 架日机,两次开火,将其击落。随后高志航又发现 3 架日机,迅速占据有利位置瞄准攻击,又击落日机 1 架。同时,第 21 中队中队长李桂丹等人也发现 2 架日机,经连

续攻击,击落、击伤各 1 架。空战当天,天象复杂,日机为逃避中国空军飞机的攻击,在云层中上下机动,中国空军穷追不舍,经过 30 分钟激战,取得击落日机 3 架、击伤 1 架之战果,中国空军无一损伤。

此次空战是中国进行全面抗战后,空军飞行员抗击侵华日军空中袭击的第一次空战,首战获胜,极大地鼓舞了中国军民的抗日斗志,增强了战胜侵略者的信心。为纪念首次空战胜利,国民政府将 8 月 14 日定为"空军节"。

太原会战

山西地势雄固,为华北天然堡垒,又是拱卫陕甘西北的屏障。山西东部从 1935 年起,即开始构筑国防工事,主要是从正太路的娘子关及以北的龙泉关、平型关等各主要由东向西的通道地区,构筑成有纵深配置的防御工事,为日后防御日本侵略军进攻起到了相当的作用。太原是山西省省会,阎锡山在太原经营多年。日军在取得一系列"胜利"后,决定侵占山西,占领太原。在阎锡山晋军、国民党中央军和共产党领导的部队的统一战线下,中日在太原地区展开会战。

太原会战包括有天镇战役、平型关战役、忻口战役、娘子关战役、太原保卫战。

经过艰苦之战斗,日军步步逼近太原城。1937 年 11 月 6 日,日军第五师团和蒙疆兵团向太原阵地进攻,8 日由北城突入,守军向西山突围,太原陷落。日军 9 日陷交城,接连陷祁县、平遥后停止。中国军队退守子洪镇、韩侯镇、兑九峪。太原会战结束。

忻口会战

忻口会战是平津失陷、淞沪会战开始之后,国民党正面战场第二战区组织的一次以保卫太原为目的的大会战,这次会战从 1937 年 9 月 13 日至 11 月 8 日,历时近两个月。忻口为晋北通往太原的门户,是保卫太原的最后一道防线。在忻口会战中,共产党领导的八路军——五师主力和一二九师一部先后取得了平型关大捷和夜袭阳明堡战斗的胜利,有力地配合了正面会战。但由于国民党指挥无方,作战不力,终于失去了忻口、太原。从此,华北屏障不复存在。华北正面战场无战事,共产党领导的八路军深入敌后,开辟根据地,开展游击战争,逐渐成为华北抗战的主体。

南京会战

淞沪会战后,日军华中方面军司令官松井石根即指挥 7 个师团另 2 个旅团约 20 万人，分两路跟踪追击中国军队。北路上海派遣军4个师团沿太湖北岸沪宁铁路(上海—南京)追击；南路第10集团军3个师团沿太湖南岸宁杭公路(南京—杭州)追击，并以其一部出广德趋芜湖阻止守军西撤。日军趁势越过吴福线(吴县—福山)和锡澄线(无锡—江阴)两道筑城防线，直逼南京。

南京会战

中国政府对是否固守南京举棋不定，最后决定弃守南京，迁都重庆。12月4日，中日双方开始小部队接触，6日各路日军抵近栖霞山、汤山、淳化镇、秣陵镇，对南京形成三面包围。7日，日军发起攻击，最后唐生智奉命突围。13日，日军占领南京后，连日屠杀中国军民达30余万人，史称"南京大屠杀"。

徐州会战

1937年12月，日军占领南京后，为沟通南北战场，打通津浦路，会师武汉，把徐州作为他们攻取的首要目标。

徐州是江苏省西北部一个重要城市，它位于黄淮两水间，地据鲁、豫、皖、苏四省的要冲，是津浦、陇海两铁路的枢纽；徐州四周山峦重叠，河川纵横，在我国历史上历来是兵家必争之地。南京政府鉴于徐州战场的安危直接关系到全国的抗日大事，决心全力防守，在此进行一次会战。这次会战以徐州为中心，史称徐州会战。徐州会战分两期，第一期是津浦路的初期保卫战，第二期是台儿庄会战。3月20日至4月7日，中国军队在台儿庄地区取得歼灭日军1万余人的重大胜利，振奋了全民族抗战的精神。5月19日，日军占领徐州及其附近地区，随即沿陇海铁路(今兰州—连云港)向西追击。第五战区主力撤至豫皖山区。

徐州会战与李宗仁

1937年10月，李宗仁被任命为第五战区司令长官，驻节徐州，指挥津浦路沿线作战。

李宗仁受命后，即选派徐祖贻任战区参谋长，组织战区司令长官部。11月初，李宗仁奔赴徐州前线。投入这次会战的中国军队有数十万人，但部队战斗力强弱差异较大。李宗仁调兵遣将,按其所长,作了细致部署。第 31 军军长刘毅辖 131 师、135 师、138 师,军中班排长以上干部,均系李宗仁亲自从广西征调而来,颇有作战经验,指挥也得心应手,因此李宗仁将其部署在海州,以防敌人在该处登陆;第三集团军总司令韩复榘部的 12 军、55 军,训练、装备以及人员素质较差,李遂让其驻扎山东境内;57 军军长缪澄流,辖 111 师和 112 师,该部装备尚可,但战斗力不强,李便命其部驻防苏北;51 军军长于学忠,辖 113 师、114 师,战斗力较强,李命其在临沂方面堵截日军前进。部署就绪,李宗仁密切注视着敌人的动向。在此期间,李宗仁指挥约 60 万中国军队与日军展开徐州会战,以阵地战、运动战、游击战相结合,获台儿庄大捷。

台儿庄大捷

1938 年 2 月 20 日,日军第 10 师濑谷支队南进连陷临城(今薛城)、枣庄、韩庄后,孤军深入,向台儿庄突进,企图一举攻占徐州。李宗仁以第 2 集团军总司令孙连仲率部固守台儿庄,第 20 军团军团长汤恩伯率部让开津浦铁路正面,转入兰陵及其西北云谷山区,诱敌深入,待机破敌。3 月 23 日,日军由季庄南下,在台儿庄北侧的康庄、泥沟地区与守军警戒部队接战。24 日起,日军反复向台儿庄猛攻,多次攻入庄内。守军第 2 集团军顽强抗击,与日军展开激烈的争夺战。第五战区以第 20 军团主力向台儿庄机动,拊敌侧背,与第 2 集团军形成内外夹击之势,并令第 3 集团军进至临城、枣庄以北,断敌后路。日军为解台儿庄正面之危,速以第 5 师坂本支队(相当于团)从临沂驰援,进至兰陵北面的秋湖地区,即被第 20 军团第 52 军圈击包围。4 月 3 日,第五战区发起全线反攻,激战四天,歼灭日军濑谷支队大部、坂本支队一部共万余人。其余日军残部于 7 日向峄城、枣庄撤退。这一重大胜利被人们称为"台儿庄大捷"。

武汉空战

1938 年中国空军抗击日军飞机空袭武汉之战。1937 年 12 月,日军侵占南京后,溯长江西犯。翌年春,日军航空兵开始重点对武汉地区空军基地进行连续大规模空袭,企图摧毁其空中抵抗力量。中国空军在苏联空军志愿队配合下,英勇抗击,1938 年 2 至 5 月与日机多次空战,其中规模较大的有三次。2 月 18 日 12 时许,日军轰炸机 12 架在驱逐机 26 架掩护下进袭武汉。中国空军驻汉口,孝感的第 4 驱逐机大队所属 3 个中队,在大队长李桂丹率领下先后起飞伊-15、伊-16 型驱逐机 29 架迎击。12 时 45 分,第 21 中队伊-16 型驱逐机 10 架从汉口机场起飞,上升至 2000 米高度,在机场西北与日军 12 架轰炸机、十余架驱逐机遭遇,经几番空战,日机向东逃逸。中国空军飞行员奋勇追击,击落日机 3 架,击伤 2 架。在此同时,第 22、第 23 中队也与日机展开激战。是日空战,中国空军击落日军飞机 10 架,击伤 2 架。大队长李桂丹等 5 人阵亡,损失飞机 5 架,伤 5 架。4 月 29 日,日军出动轰炸机、驱逐机共 39 架偷袭武汉。中国空军对此预有防备,集中飞机 67 架,以伊-15 型驱逐机编队钳制日驱逐机,伊-16 型驱逐机集中打击日轰炸机。经激战,中国空军击落日机 21 架;被日机击落 12 架,牺牲飞行员 5 人,其中陈怀民击落 1 架日机后,在被敌包围、飞机多处受伤情况下,仍向敌机猛冲过去,与敌同归于尽。日军遭此惨败后,又于 5 月 31 日出动轰炸机 18 架、驱逐机 36 架再袭武汉。中国空军和苏联空军志愿队英勇抗击,再次粉碎了日军空袭企图。中国空军在保卫武汉的空战中,连战皆捷,打击了日军的嚣张气焰,鼓舞了全国军民的抗日斗志。

武汉保卫战

1938 年 6 至 10 月,中国军队为保卫武汉,在安徽、江西、河南、湖北等省抗击侵华日军进攻的作战。又称"武汉会战"。

日军侵占南京后,国民政府虽西迁重庆,但政府机关大部和军事统帅部却在武汉,武汉实际上成为当时全国军事、政治、经济的中心。1937 年 12 月 13 日,国民政府军事委员会拟订保卫武汉作战计划。在徐州失守后,即调整部署,先后调集约 130 个师和各型飞机 200 余架、各型舰艇及布雷小轮 30 余艘,共 100 余万人,利用大别山、鄱阳湖和长江两岸地区有利地形,组织防御,保卫武汉。

1938 年 5 月攻陷徐州后,日军决定先以一部兵力攻占安庆,作为进攻武汉的前进基地,然后以主力沿淮河进攻大别山以北地区,由武胜关攻取武汉,另以一部沿长江西进。后因黄河决口,被迫中止沿淮河主攻武汉的计划,改以主力沿长江两岸进攻。

在武汉保卫战中,国共并肩作战,中国共产党充分发动人民支援抗战,呈现出一个个感人的爱国杀敌场面。最后,中国军队处处设防,分兵把守,但是未掌握强有力的预备队,没有充分发动群众,破坏对方交通线,因此,未能重创日军。在日军已达成对武汉包围的情况下为保存力量,中国军队不得不于 10 月 25 日弃守该城。日军 26 日占领武昌、汉口,27 日占领汉阳。

武汉保卫战,是抗日战争战略防御阶段规模最大的一次战役,中国军队英勇抗击,消耗了日军有生力量(日军承认伤亡共 3 万余人),迟滞了日军行动。日军虽然攻占了武汉,但其速战速决、迫国民政府屈服以结束战争之战略企图并未达到。此后,抗日战争进入战略相持阶段。

万家岭大捷

武汉会战中,日军第 106 师团从九江沿南浔铁路(南昌—九江)南犯。守军第 1 兵团第 29 军团和第 4、第 8 军等部依托庐山两侧及南浔铁路北段的有利地形进行顽强抗击,日军进攻受挫。8 月 20 日,日军第 101 师团从湖口横渡鄱阳湖增援,突破第 25 军防线,攻占星子,协同第 106 师团企图攻占德安,夺取南昌,以保障西进日军的南侧安全。第 1 兵团总司令薛岳以第 66、第 74、第 4、第 29 军等部协同第 25 军在德安以北的隘口、马回岭地区与之激战,双方成胶着状态。9 月底,日军第 106 师团第 123、第 145、第 147 联队和第 101 师团第 149 联队孤军深入,进至德安西面万家岭地区。薛岳指挥第 4、第 66、第 74 军等部从侧后迂回,将其包围。日军第 27 师团一部增援,在万家岭西面白水街地区被第 32 军等部击退。10 月 7 日,中国军队发起总攻,激战三昼夜,多次击败日军反扑。日军由于孤立无援,补给断绝,战至 10 日,4 个联队大部被歼。史称"万家岭大捷"。

兰州空战

1939 年 2 月,在抗日战争中,中国空军和苏联空军志愿队在甘肃省兰州地区空域联合抗击日军空袭的空战。

1939 年 2 月 12 日,日军 29 架轰炸机从山西省运城起飞空袭中国西北重镇兰州,先头 9 架因看错地标,将甘肃省靖远县城误认为兰州而轰炸了靖远机场,后面的 20 架飞机未到兰州上空即遭中国空军拦截,经空战,日机多架被击伤后逃离。20 日,日军 20 架轰炸机从山西运城起飞,分批轰炸兰州。中国空军第 3 大队和苏联空军志愿队共起飞 29 架驱逐机分头拦击,共击落日机 9 架,击伤多架。23 日,日机 20 架又从运城起飞空袭兰州。当日,中国空军 6 架战斗机预先升空警戒,发现日机来袭,再起飞 25 架飞机拦击,击落日机 6 架,其余日机均被击伤。此 3 次空战,中国空军共击落日机 15 架。

桂南会战

1939 年 11 月,日本侵略军第 21 军司令官安藤利吉为截断中国广西与越南的国际交通线,开辟海军航空兵对滇越铁路(昆明至河内铁路)、滇缅公路作战基地,指挥第 5 师团和台湾混成旅团共 3 万余人,在海军协助下,于 15 日在钦州湾登陆,突破中国守军防御阵地,中日桂南会战开始。24 日,日军攻占南宁。随后,日军以一部南下攻占龙州及镇南关,另一部北上攻占高峰隘、昆仑关。中国军事委员会委员长桂林行营主任白崇禧为收复南宁,恢复桂越国际交通线,指挥第四战区主力分三路反攻南宁:北路军为第38集团军共4个师,从思陇向昆仑关进攻;东路军为第26集团军共4个师,袭扰邕江南岸日军,破坏邕钦路,阻止日军增援;西路军为第16集团军共4个师,向高峰隘进攻,并阻击南宁出援的日军;预备队为第99军(少1个师)。12月18日,北路军向昆仑关发起总攻。第5军军长杜聿明以荣誉第1师从昆仑关正面发起总攻,以新编第22师向五塘、六塘攻击,迂回昆仑关侧后,19日,西路军向高峰隘、四塘、新圩、吴圩等地进攻,东路军向钦州、小董、大塘等地攻击,以配合北路军作战。北路军战至31日,歼灭日军4000余人,收复昆仑关。1940年1月上旬,日军由粤北抽调第18师团和近卫混成旅团增援桂南,28日发起进攻,至2月3日,先后攻占宾阳、昆仑关,随后收缩兵力于南宁附近。中国军队发起反击,于2月14日再次夺回昆仑关,并进至五塘等地。日军固守南宁外围,在四塘、高峰隘、蒲庙一线与中国军队形成对峙,会战也告结束。

昆仑关大捷

1939年12月至1940年1月,在抗日战争的桂南会战中,中国军队在广西南宁地区对日军进行的攻坚战役。

昆仑关,为南宁北侧的天然屏障。1939年12月16日,桂林行营下达了反攻南宁的作战命令,白崇禧为指挥。18日拂晓,中国军队第5军荣誉第1师在战车及炮火支援下,对昆仑关发动猛烈攻击,与日军在昆仑关隘口周围的崇山峻岭上展开激战,反复争夺厮杀。

在中国军队打击下,日军被迫放弃该地,回援南宁。驻南宁日军第5师团第21旅团驰援昆仑关。24日,第5军荣誉第1师于九塘东北枯桃岭向该旅团攻击,予敌重创,击毙旅团长中村正雄少将。29日,第5军在友军协同下发起总攻。30日,中国增援部队到达,向日军发起更猛烈的进攻,相继攻占了同兴、界首及其东南各高地,打破了昆仑关日军的防线。31日拂晓,杜聿明军长把指挥所推进至大坟岭,指挥官兵向日军猛攻。至8时,第159师占领653西南高地;上午11时,新编第22师攻入昆仑关,迫使日军向九塘方面退却。

战至31日收复昆仑关,获昆仑关大捷。歼灭日军4000余人,击落、击毁日机20余架。

豫南会战

1941年1月,日第11军为了打通平汉铁路南段,解除中国军队对信阳日军的威胁,纠集步兵 7 个师团、骑兵 1 个旅团、战车 3 个联队的兵力,在司令官园部和一郎的指挥下,分左、中、右三路,准备向豫南发起进攻。第五战区司令长官李宗仁决定采用避实击虚之战略,留少数兵力正面抗击,主力转向两翼,待日军进攻兵力分散之时,从其两侧及背后围歼之。

1 月 25 日清晨,日军开始进攻。29 日,日军左、右翼兵团分别在接官厅、上蔡附近,遭到中国第 13 军、第 85 军的猛烈攻击,伤亡较大。而中路的日军则因中国军队主动后撤,进展较快。30 日,日军中央兵团兵分两路,主力由西平向舞阳迂回,一部由遂平向上蔡攻击,企图协同两翼兵团夹击中国军队。31 日,日军攻占舞阳、上蔡,形成包围圈,但中国军队已先行转移,致使日军扑空。此时,日军侧背受到中国军队攻击,正阳已被皖西第 84 军克复,后方交通受到威胁,遂于 2 月 1 日开始回撤。日军第 3 师团从舞阳撤出后,于 4 日攻占南阳,6 日放弃该城向唐河、泌阳方向撤退。中国第 13 军顺势收复舞阳后,即向南阳方向追击日军。与此同时,由舞阳南撤的日军第 17 师团及第 15 师团、第 4 师团各一部,在象河关附近遭到中国军队猛烈打击,伤亡惨重,向南溃退。至 7 日,各路日军均撤回信阳附近。此役,共毙伤日军 9000 余人。

豫南会战以侵华日军失败、中国军队胜利而告结束。豫南会战的胜利大大增加了中国人民抗日战争取胜的信心,体现了中国军民团结的伟大力量,有力地打击了侵华日军的嚣张气焰。

中条山会战

1941 年 5 至 6 月,中国军队在中条山地区抗击日军进攻的作战。又称"晋南会战"。

日军第 1 集团军司令官筱冢义男指挥 6 个师团、2 个独立混成旅团及伪军一部共 10 余万人,在第 3 飞行集团和华北方面军炮兵支援下,采取两翼钳击、中央突破战术,向驻守中条山的中国军队进攻。中国第一战区司令长官卫立煌为确保中条山地区,指挥 2 个集团军另 2 个军共 16 个师 17 万余人,在第二战区一部支援下抗击日军进攻。同时,邀请八路军第 129 师陈赓旅挺进中条山及汾南三角地带开展敌后游击战予以配合。

5 月 7 日,日军在航空兵支援下,以山西垣曲(今古城镇)为主要突击方向,分由中条山西、北、东部发起总攻。战至 12 日,日军完成对守军的四面包围。14 日后,日军以一部兵力封锁黄河渡口,主力对中条山守军进行"梳篦"扫荡。中国守军一部突破重围退往黄河南岸,大部化整为零转移至吕梁区、太岳区。6 月 15 日会战结束。此役,歼灭日军近3000 人,中国军队伤亡 1.3 万余人。

中国远征军

太平洋战争爆发后,日本大本营为尽速攻占东南亚各国和西太平洋诸岛屿,令第15集团军司令官饭田祥二郎率2个师团由泰国麦索侵入缅甸,陷仰光后,又增调2个师团,共约9.5万人,飞机250架,分路向缅甸北部进攻。为保障中国国际交通线滇缅路(中国昆明—缅甸仰光)畅通,中国政府根据《中英共同防御滇缅路协定》,以3个军10个师共10万余人组成中国远征军第1路。1942年2月下旬,应驻缅英军总司令T.J.胡敦请求,由第1路副司令长官杜聿明率第5军、第6军入缅,于3月初接替英军仰光—曼德勒铁路以东至泰、老、越接壤地区的防务。之后,又增调第66军进至曼德勒地区,并派中国战区参谋长J.W.史迪威(美军中将)、第1路司令长官罗卓英入缅指挥作战。远征军经一个多月作战,在保卫东吁、解救英军诸战中,英勇顽强为世人所赞誉。但由于出国时机过晚、盟军作战缺少协同、多头指挥等原因,使远征军始终处于被动态势,未能达成战役企图。

远征军第二次入缅甸作战

为打通中印、中缅公路,开罗会议商定盟军从缅北发动进攻。为此,1943年10月至1945年3月,中国远征军和中国驻印军先后有8个军共22个师的兵力,在美、英军配合下,在缅甸北部和中国云南西部举行反攻。中国驻印军于1944年3月攻占缅北孟关,6月攻克莫冈,8月在美军配合下攻占密支那。中国远征军于5月实施滇西战役,次年1月在孟尤与中国驻印军会师,打通中印、中缅公路。随后,中国军队南下,3月底与英印军在皎梅会师。为配合缅北进攻,1944年1至2月,南线英军向若开地区发起攻势,迫使日军撤退。3月,日军从缅甸向印度因帕尔地区发起进攻,以牵制盟军对缅甸中部地区的进攻,7月进攻失败。在缅甸国民军配合下,盟军于1945年3至5月间先后进驻曼德勒、仰光并收复缅甸全境。第二次入缅甸作战,远征军共歼灭日军4.8万余人,收复了怒江以西国土和缅北的中心城市密支那,打通了滇缅、中印公路。中国远征军为解放东南亚人民做出了贡献,并有力地支援了盟军在亚洲、太平洋战场对日军之战略反攻。

鄂西会战

1943年5月至6月,在抗日战争中,中国第六战区部队在湖北省西部、湖南省北部地区对日军进行的防御战役。

4月下旬，日军为打通长江上游航线，攫取中国船舶及洞庭谷仓，窥伺重庆门户，调集6个师团、1个旅团的兵力和200余架飞机，在第11军司令官横山勇指挥下，对鄂西地区中国军队发动进攻。第六战区集中第33、第29、第26、第10集团军和江防军等部队，在代司令长官孙连仲指挥下，确定在既设阵地先以坚强的抵抗给日军以不断消耗，诱日军于石牌要塞至渔洋关间，然后转入攻势，歼灭日军于长江西岸的方针。

5月5日，日军第3师团主力、独立第17旅团及第40、第34师团各一部，由藕池口、华容、白螺矶向洞庭湖北岸进攻。守军第29集团军第73军在安乡、南县等地与日军血战后转移。12日，日军独立第17旅团向新安攻击被阻；第3师团向暖水街攻击；第13师团一部向新江口，班竹垱攻击，主力由枝江、洋溪间西渡长江。至15日，双方在枝江、刘家场、暖水街、大堰垱西侧一线展开激战。16日、17日，日军第58师团先后增援，守军向西转移。

30日，守军正面各军全面反攻。至31日，日军因伤亡过重全面动摇，开始东撤，其第13师团主力被围困于宜都附近。中国空军与美国空军以大编队机群，协同战斗，给日军以重大杀伤。到6月3日，江防军完全恢复战前态势，第33集团军第74军及第29集团军也先后克复暖水街、王家场、新安，进迫至公安附近。7日，宜都被围日军在飞机掩护下并施放毒气，经过激烈战斗付出重大伤亡后突出重围，其师团长赤鹿理中将也告失踪。8日，守军收复宜都，9日克枝江，到17日克班竹垱等地，日军退守华容、石首、藕池口、弥陀市一线，恢复战前态势。是役，中国军队共歼灭日军3500余人。

日军发动豫湘桂会战的目的和背景

1943年，同盟国反法西斯战争转入战略反攻，日军在太平洋战场上屡遭失败，使南洋（东南亚）各地军队的海上交通线受到威胁。日本大本营为保持本土与南洋的联系，决定打通从中国东北直到越南的大陆交通线，同时摧毁沿线地区的中美空军基地，以保护本土和东海海上交通安全，遂令中国派遣军使用累计约51万兵力，发动打通大陆交通线的作战。国民政府军事委员会以共约100万兵力进行抗击。整个作战分为豫中会战、长衡会战，桂柳会战三个阶段。

豫湘桂会战的结果

在豫湘桂会战中，国民政府军事委员会由于战略指导失误，战役指挥失当，致使豫、湘、桂大片国土被占，空军基地、场站被毁。日军尽管达成作战企图，却无力保障大陆交通线畅通，也未能阻挡美机空袭日本本土。此外，由于日军分散了兵力，为中国军队反攻提供了条件。

豫中会战

1944 年 4 月至 6 月,在抗日战争的豫湘桂战役中,中国第一战区部队在河南中部地区对日军华北方面军第 12 军进行的防御战役。

1943 年前后,日本通往太平洋前线海上交通线已无保证。日军为挽救其不利态势,从 1944 年春起,集中兵力,向中国正面战场发动了代号为“1 号作战”之战略进攻,企图打通大陆交通线和歼灭中国西南部空军基地。会战分三次进行。第一次于 4 月初始,日军从东北、华北抽调 5 个师团、5 个旅团约 15 万兵力,由华北方面军司令官冈村宁次大将指挥,分三路向豫中进攻,打通平汉线南段。第一战区集中 18 个军约 30 万人,在第八、第五、第十战区配合下,由第一战区副司令长官汤恩伯统一指挥,组织抵抗。

这次战争,中国军队虽经艰苦奋战,付出了重大牺牲,终未阻止日军打通平汉线的目的,郑州、许昌、洛阳、西平等战略要地沦陷;但给予日军以相当大的消耗。中国军队主力退守豫西、皖西各要地,继续袭扰日军,使其未能有效地利用平汉线(北平至汉口)的交通。

桂柳会战

1944 年 8 月,日军侵占湖南衡阳后,又把广西桂林、柳州作为战略目标。9 月 10 日,第 6 方面军司令官冈村宁次奉命指挥第 11、第 23 集团军、第 2 飞行团(飞机约 150 架)和第 2 遣华舰队一部,共约 16 万人,在南方军一部配合下,以打通桂越(南)公路为目标,向桂林、柳州进攻。中国第四战区司令长官张发奎指挥 9 个军、2 个桂绥纵队、空军一部(飞机 217 架),共约 20 万人,在黔桂湘边区总司令部的 3 个军支援下,以分区防御抗击日军。14 日,日军第 11 集团军攻占全州,随后调整部署,准备攻击桂林。22 日,日军第 23 集团军陷梧州,全 10 月 11 日相继攻占平南、丹竹和桂平、蒙圩。第四战区鉴于全州地区日军尚无行动,遂调整部署,将所部编组为桂林、荔浦、西江 3 个方面军,南宁、靖西 2 个指挥所,以大部兵力固守桂林,集中一部兵力先击破西江方面之敌。21 日,第 64 军配属桂绥第 1 纵队向进占桂平、蒙圩的日军独立混成第 23 旅实施反击;另以第 135 师等部向平南、丹竹攻击,策应反击。战至 28 日,日军第 23 集团军主力逼近武宣,中国军队遂停止反击退守武宣。与此同时,日军第 11 集团军突破桂林、荔浦方面军的防御阵地,主力于 11 月 4 日进抵桂林城郊;一部向柳州进攻。11 日,桂林陷落,柳州失守。随后,日军第 3、第 13 师团沿黔桂铁路(都匀—柳州)向西北进攻;第 23 集团军沿柳邕公路(柳州—南宁)

向西南进攻,24 日占南宁。28 日,日军南方军第 21 师团一部从越南突入中国,向广西绥渌(今属扶绥)进攻。沿黔桂铁路进攻的日军至 12 月 2 日攻至贵州独山,遭黔桂湘边区总司令部部队的反击,撤回广西河池。10 日,日军第 21 师团与第 22 师团各一部在绥渌会合。至此,大陆交通线全部打通。

中国接受日军投降

1945 年上半年,苏、美、英同盟军取得战胜德、意法西斯的胜利,使日本法西斯陷于孤立无援困境。在中国遭长期抗击业已疲惫的日军,由于敌后战场和正面战场军民的全面反攻和苏、美等同盟军的打击,迅速崩溃。日本政府被迫接受波茨坦公告,于 8 月 15 日正式宣布无条件投降。按同盟军太平洋战区最高统帅部划分的受降分工,中国战区受降范围为中国大陆(东北三省和香港地区,分别由苏军、英军受降)和台湾地区及越南北纬 16 度线以北地区。中国政府继 9 月 2 日接受日本政府在东京湾美舰密苏里号上举行投降签字仪式后,于 9 月 9 日 9 时在南京陆军总司令部礼堂举行接受日军投降签字仪式。由中国战区最高统帅代表、陆军总司令、陆军一级上将何应钦接受日本帝国政府及大本营代表、中国派遣军总司令官、陆军大将冈村宁次签署并呈递投降书。随后,划分 15 个受降区,接受日军投降。国民政府至 1946 年 4 月,共接收日军中国派遣军总司令部及下属方面军司令部 3 个、集团军司令部 10 个、师(含坦克、飞行师)36 个,独立旅(含骑兵旅)41 个、独立警备队(含守备队、支队)19 个、海军陆战队(含特别根据地队)6 个,共1283240 人,收缴枪支 776096 支、火炮 12446 门、坦克 383 辆、装甲车 151 辆、卡车(含特种车)15785 辆、马 74159 匹、飞机 1068 架、舰艇船舶 1400 艘(总排水量约 5.46 万吨)。

中国共产党领导的人民军队与日军投降

中国共产党领导的八路军、新四军、华南人民抗日游击队在敌后坚持抗战八年,为战胜日本法西斯做出了重大贡献。在中国战区的受降问题上,中共领导的人民抗日武装理应有权接受敌军投降,但由于美国的无理干涉,却被剥夺了受降权。蒋介石命令日伪军抵抗人民军队的受降。美国总统命令所有在中国(东北除外)的日本陆海空军只能向国民党政府及其军队投降,不得向中国其他武装力量缴械。八路军、新四军、华南人民抗日游击队遵照朱德总司令 8 月 10 日发布的《第一号命令》,给继续顽抗和拒绝投降的日伪军以坚决打击,迫其缴械,至 1945 年底,共歼日军 1.37 万余人、伪军 38.5 万余人、收缴枪支 24.8 万余支、火炮 1300 多门。

中国共产党领导的革命战争

八一南昌起义

土地革命战争时期,中国共产党率领部分国民革命军在江西省南昌市举行的武装起义。

1927年4月和7月,中国国民党内的蒋介石集团和汪精卫集团,勾结帝国主义和大地主大资产阶级,在上海和武汉发动反革命政变,残酷屠杀共产党人和革命群众,使中国人民从1924年开始的国共合作的反帝反封建的大革命遭到失败。为了反抗国民党反动派的屠杀政策,挽救中国革命,中共中央于7月12日进行改组,停止了中央委员会总书记陈独秀右倾投降主义的领导。后来,中共中央指定周恩来、李立三、恽代英、

八一南昌起义

彭湃等组成中共中央前敌委员会,以周恩来为书记,前往南昌领导起义。8月1日,在以周恩来为首的中共中央前敌委员会和贺龙、叶挺、朱德、刘伯承等的领导下,北伐军二万余人举行南昌起义。起义部队经过五个小时的激烈战斗,全歼驻在南昌的敌人并控制了全城。在反动势力的围堵绞杀下,起义部队最后转移。

南昌起义,由于客观上敌人力量过于强大,主观指导上缺乏经验,没有和湘、鄂、赣地区的农民运动相结合,开展土地革命战争,而是孤军南下广东,企图打开海口,争取外援,重建革命根据地,再次举行北伐,加之两次分兵,不能集中兵力歼敌,反为敌人各个击破等原因,最后遭到失败。但这次起义的伟大历史功绩是不可磨灭的。它在全党和全国人民面前树立了一面鲜明的武装斗争旗帜,充分地表现了中国共产党和中国人民不畏强敌、前赴后继的革命精神。

湘赣边界秋收起义

土地革命战争时期,中国共产党在湖南、江西两省边界地区领导农民自卫军、工人纠

察队和革命士兵举行的武装起义。

"四一二政变"后，1927年8月7日，中国共产党中央委员会在汉口召开紧急会议，纠正和结束了陈独秀的右倾投降主义，确定了实行土地革命和武装起义的方针，号召全党和全国人民继续战斗。在此前后，中共中央还做出了在工农运动基础较好的湖南、湖北、广东、江西四省发动秋收起义的决定。

"八七"会议后，毛泽东到长沙领导秋收起义。起初各路暴动队伍均取得一些胜利，但不久即受挫。14日，毛泽东命令停止进攻长沙。同时湖南省委也放弃了长沙暴动的计划。19日，各路暴动队伍于浏阳文家市会合，毛泽东主持召开前委会议，决议退兵湘南。29日，暴动队伍到达永新县三湾村，在毛泽东领导下进行了具有重要历史意义的三湾改编，并开始酝酿进军井冈山。秋收起义的爆发具有重大的历史意义，创建了我党第一支工农军队，标志着我党独立领导武装斗争的开始，具有里程碑式的意义。最后，秋收起义部队转兵井冈山，开辟了第一个农村革命根据地，找到了中国革命的正确道路，中国共产党从此由小变大，由弱变强，最终取得了中国革命的最后胜利。

海陆丰起义

土地革命战争时期，中国共产党在广东省海丰、陆丰两县领导农民武装举行的起义。早在大革命时期，海丰、陆丰两县的农民运动，在中共中央委员彭湃等人领导下就有很大的发展。1927年蒋介石、汪精卫相继背叛了革命后，5月1日，以张善铭为书记的中共海陆丰地委曾领导海丰、陆丰两县农民自卫军和农民群众1000余人，举行过武装起义。八一南昌起义后，为接应南昌起义部队南进东江地区，9月7日至17日，中共海陆丰县委（由中共海陆丰地委改称）领导农民赤卫军和农民群众3000余人，再次举行武装起义，攻占了海丰、陆丰两县城。海丰县全境，陆丰县除上沙乡外，均由工农武装占领。中旬，在彭湃主持下，两县先后成立苏维埃政府，领导农民开展土地革命和政权建设。1928年1月5日，由广州起义部队改编的中国工农革命军第4师1000余人进入海丰县城，与工农革命军第2师会合，加强了海陆丰苏区的革命武装力量。后在国民党反动派的进攻下，起义队伍转入山区进行游击战争，继续斗争。

琼崖起义

1927年4月12日，蒋介石发动政变后，国民党琼崖（今海南省）当局也于4月21日发动清党大屠杀。中共琼崖特委为适应斗争形势，于7月底将琼山、文昌、定安、琼东、乐会（今属琼海）、万宁、陵水、澄迈、临高等县农民武装共1000余人，编为琼崖讨逆革命军第 1 至第 9 路军。中共中央"八七"会议后,琼崖特委决定举行全琼武装起义。

在中共琼崖特委书记杨善集及冯平、王文明、冯白驹等领导下,从 1927 年 9 月开始在定安、琼山、万宁、陵水、乐会、文昌、琼东、儋县、临高等地先后发动起义,又称九月暴动。由于敌强我弱,起义受挫。起义军在艰苦的条件下创建工农革命军,积极开展游击战争,建立了琼崖革命根据地。1928 年 2 月,琼崖工农革命军改称工农红军。8 月 12 日,琼崖第一次工农兵代表大会举行,宣布成立琼崖苏维埃政府,王文明任主席。此时,琼崖的形势已十分险恶,敌我力量对比悬殊。面对国民党军队的进攻,为了保存有生力量,红军转移到母瑞山区,开辟新的革命根据地,坚持长期的革命斗争。

渭华起义

土地革命战争时期,中国共产党在陕西省渭南县、华县地区发动国民党西北军一部和农民举行的武装起义。1928 年 3 月,中共陕西省委根据中共中央的武装起义方针,决定在陕西省渭南、华县地区组织武装起义。4 月下旬,在国民党西北军新编第 3 旅进行兵运工作的共产党员刘志丹、唐澍和旅长许权中(中共党员)率该旅由潼关向华县高塘镇进发,途经华县瓜坡镇时宣布起义。起义部队进驻高塘镇后改编为西北工农革命军,辖 4 个大队、1 个骑兵队,近 1000 人,刘志丹任军事委员会主席,唐澍任总司令,中共陕东特委书记刘纪曾任政治委员,许权中任总顾问兼骑兵队长。5 月 1 日,渭南县、华县万余农民在西北工农革命军的支持下,于渭南县崇凝及其附近地区举行起义,建立了崇凝区苏维埃政府和陕东赤卫队。后多次与国民党反动派交锋,起义力量被迫转移,刘志丹等少数人员分散转入隐蔽斗争。渭华起义是大革命失败后中共陕西省委领导的,以军事力量与农民运动相结合,在全国具有重大影响的起义之一。这次起义沉重地打击了西北反动统治阶级的嚣张气焰,鼓舞了西北人民的斗志。同时也教育和锻炼了陕西人民,培养了政治、军事干部,为以后创建西北革命根据地积累了经验。

平江起义

1927 年 5 月马日事变之后,平江工农群众惨遭反动派的"清乡"镇压,激起农民的不屈反抗,湖南省平江地区的工农群众在中国共产党的领导下举行过几次暴动,并组织了游击队开展游击活动。1928 年 3 月的"扑城"农民达十万余众。1928 年 7 月 22 日,共产党人彭德怀、滕代远、黄公略等在湖南平江领导革命的士兵和农民举行起义,占领了平江县城,成立了平江县工农民主政府,建立了工农红军第五军,彭德怀任军长,滕代远任党代表。平江起义后,湖南军阀纠集六个团的兵力进行围攻。8 月 1 日,红五军撤出平江县城,转战于平江、浏阳和江西的万载、修水、铜鼓,湖北的通山一带,进行游击战争,开辟了湘鄂赣革命根据地。12月中旬,彭德怀、滕代远率领红五军主力到井冈山与红四军会合,其余部分武装在黄公略的领导下,继续在湘鄂赣边区坚持游击战争。

这次起义成功地粉碎了平江的反动武装,成立了工农红军第五军和平江工农兵苏维埃政府,是继南昌起义、秋收起义和广州起义的又一著名起义。

百色起义

1929年5月,蒋桂战争结束。国民党政府任命俞作柏为广西省(今广西壮族自治区)政府主席,任命李明瑞为广西各部队编遣特派员。俞、李主政广西后,为巩固其地位,主

百色起义

动要求与中国共产党合作,逐渐发展广西警备第四大队、第五大队等武装力量。后来,俞作柏、李明瑞在南宁通电反对蒋介石,10月初,因部下被蒋收买而失败。中旬,邓斌(邓小平)、张云逸率所掌握的广西警备第四大队和教导总队近2000人离开南宁,于22日抵达右江重镇百色,部署武装起义。12月11日,在百色的广西教导总队一部、警备第四大队和右江农军4000余人举行武装起义,成立中国工农红军第七军。起义打击了国民党反动派的气焰,成立了左右江革命苏区。

龙州起义

1929年10月,国民党广西省(今广西壮族自治区)政府主席俞作柏和广西各部队编遣特派员李明瑞倒蒋(介石)斗争失败后,在广西工作的中共中央代表邓斌(邓小平)与中共广西特委决定,由广西警备第五大队大队长、共产党员俞作豫(俞作柏胞弟)率所部撤离南宁,开赴龙州,与当地工农运动结合,准备武装起义。李明瑞随第五大队抵达龙州后,在共产党组织帮助下,拒绝蒋介石的拉拢,毅然决定参加革命队伍。12月中旬,邓斌

赴龙州部署起义。1930年2月1日,广西警备第五大队和龙州工人赤卫队、农民赤卫队共2000余人,在龙州举行武装起义。成立中国工农红军第八军,俞作豫任军长,邓斌兼任政治委员,李明瑞任红七、红八军总指挥。接着,分别在龙州、凭祥、养利(今属大新)、崇善(今属崇左)等10余县成立了革命委员会。此后,起义部队转战中越边境和桂滇边界地区,10月到达凌云县(今乐业县)上岗村与红军第七军会合。11月,编入红七军。

龙源口战斗

土地革命战争时期,中国工农红军第四军在江西省永新县龙源口地区,反击国民党军对井冈山革命根据地第四次"进剿"的作战。又称七溪岭战斗。1928年6月,驻江西省国民党军第3军第9师和第31军第27师共5个团,由第9师师长杨池生担任总指挥,对井冈山革命根据地发动第四次"进剿"。红四军得悉这一情况后,主动由永新退回根据地中心区域宁冈,进行反"进剿"准备,同时组织地方武装袭扰进犯永新的国民党军。中旬,杨池生率部由吉安进占永新。22日,以2个团留守永新及其附近地区,以3个团分两路进至龙源口和白口,企图分经新、老七溪岭合击宁冈,消灭红四军。据此,以毛泽东为书记的中共湘赣边特委和红四军军委决定,由军长朱德、军委书记陈毅率红四军主力在新、老七溪岭阻击国民党军,然后相机转入反攻,求歼国民党军一部,以打破其"进剿"。23日上午,红四军第29团和第31团第1营在新七溪岭击退国民党军左路1个团的多次进攻,守住了阵地;红四军第28团向进占老七溪岭制高点的国民党军右路2个团发起多次攻击,战至下午,攻占了老七溪岭制高点,随即乘胜追至白口歼其一部,并直插龙源口,切断国民党军左路的退路。此时,红29团等部将左路国民党军1个团击溃,并跟踪追至龙源口,在红28团和地方武装的协同下,将其全歼。接着,红军乘胜再占永新城。这次战斗,红四军歼国民党军1个团,击溃2个团,打破了国民党军对井冈山革命根据地的第四次"进剿"。

黄洋界保卫战

1928年7月,中国工农红军第四军主力在湘南行动受挫后转移到桂东。红四军前委书记毛泽东率领第31团第3营由井冈山赴桂东接应主力,第32团和第31团第1营留守井冈山。8月中旬,国民党湘军和赣军共5个团,准备对井冈山革命根据地进行第二次"围剿"。红四军第31团团长朱云卿、党代表何挺颖等得悉敌人即将进攻的情况,根据毛泽东坚守井冈山的指示,在赤卫队和人民群众的支援下,组织部队利用山险,设置竹钉,构筑工事,进行作战准备,等待主力回师,共同粉碎国民党军的"围剿"。下旬,国民党军乘红四军主力在湘南欲回未归之际,对井冈山根据地发起第二次"围剿"。30日晨,湘军第8军2个团由酃县(今炎陵)出发,在赣军一部的策应下,向井冈山黄洋界哨口发起进攻。黄洋界位于井冈山主峰地面,扼山险要道,为井冈山五大哨口之一。红军第31团第1营2个连凭险据守,连续打退湘军多次猛烈攻击。下午,正当湘军重新组织进攻时,红军以仅有的1门刚修复的迫击炮,轰击其在源

黄洋界保卫战

头的后续部队。湘军误以为红四军主力回山,惧怕被歼,当夜撤回。赣军闻讯后,也停止策应湘军的行动。黄洋界战斗的胜利,为红四军主力回师井冈山,打破国民党军对井冈山革命根据地的第二次"围剿"创造了条件。

大柏地战斗

1929年1月14日,中国工农红军第四军主力在军长朱德、党代表毛泽东率领下离开井冈山向赣南挺进,2月9日转战于江西省瑞金县以北的大柏地、隘前地区。此时,尾追红军的国民党军第15旅两个团由旅长刘士毅率领,也自澄江进到瑞金。中共红四军前委决定,乘第15旅孤军冒进之机,利用大柏地以南两侧谷地的有利地形,采取伏击手段将其歼灭。当日,红军第28团(不含第2营)、第31团和军特务营、独立营分别埋伏于麻子坳至前村(今杏坑)两侧的树丛中;第28团第2营在隘前警戒并诱敌进入伏击区。10日15时,第15旅进到隘前时,遭红军警戒分队的阻击,战至黄昏,双方外峙。11日晨,红军警戒分队边战边撤。当将第15旅诱至麻子坳、前村时,红军伏击部队突然发起攻击,第28团第1营从右翼迂回到茶亭东,攻占了第15旅指挥部,截断该旅的退路,第2营向敌正面发起进攻;第31团向敌左翼进攻,并占领南侧高地;军特务营、独立营迅速迂回到前村南侧,对敌军形成包围,并乘势发起总攻,激战到中午,歼第15旅大部,俘其800余人,缴获枪800余支(挺)。

陕甘苏区第三次反"围剿"

土地革命战争时期,中国工农红军在陕西省北部和陕西、甘肃两省边界地区,反击国民党军第三次"围剿"的作战。

1935年7月,蒋介石调集东北军和陕西、甘肃、宁夏、山西、绥远(今属内蒙古)五省国

民党军共 13 个师又 5 个旅近 10 万人，采取南进北堵、东西夹击之战法，组织对陕甘苏区的第三次"围剿"。下旬，中国工农红军西北革命军事委员会前敌总指挥部决定，乘国民党军"围剿"部署尚未就绪之际，集中兵力，首先消灭东线孤立突出的晋绥军一部，而后打击南线东北军第 67 军。8 月 1 日，总指挥刘志丹率领红 26 军一部和红 27 军共 5 个团及游击队，由清涧北上，秘密进至吴堡、宋家川地区，遂以一部兵力进攻慕家塬守军，主力进至慕家塬以南地区隐蔽待机，求歼援敌。11 至 18 日，红军在吴堡慕家塬和绥德定仙，歼晋绥军第 206 旅 1 个团又 4 个连，俘其 1800 余人，迫使晋绥军主力撤回黄河以东。从而巩固了苏区的后方，为而后集中兵力打破国民党军的"围剿"创造了条件。

中央苏区第四次反"围剿"

土地革命战争时期，中国工农红军第一方面军在江西省中部地区，反击国民党军 40 万兵力对中央苏区"围剿"之战役。

国民党军发起进攻，红军向苏区腹地退却，国民党军在对中央苏区的三次"围剿"失败后，被迫在较长时期内处于守势。从 1932 年冬开始，国民党赣粤闽边区"剿匪"总司令部陆续调集近 40 万兵力，组织对中央苏区的第四次"围剿"。1933 年 1 月底，蒋介石到南昌亲自兼任赣粤闽边区"剿匪"军总司令，指挥这次"围剿"，决定采取"分进合击"的方针，企图将红一方面军主力歼灭于黎川、建宁地区。红军在总司令朱德、总政治委员周恩来指挥下，灵活应变，诱敌深入，集中兵力歼灭敌人。最终，国民党军第四次"围剿"基本被打破。此役，红一方面军共歼国民党军近 3 个师，俘 1 万余人，缴获各种枪 1 万余支，创造了红军战争史上以大兵团伏击歼敌的范例。

红军长征的历史背景

1933 年 9 月至 1934 年夏，中央苏区红军第五次反"围剿"作战，由于中共中央领导人博古（秦邦宪）和共产国际派来的军事顾问李德（又名华夫，原名奥托·布劳恩，德共党员），先是实行冒险主义的进攻战略，后又实行保守主义的防御战略，致使红军屡战失利，苏区日渐缩小。1934 年 4 月，中央红军（1 月，由红一方面军改称）在江西省广昌与国民党军进行决战，损失严重，形势危殆。7 月，中华苏维埃共和国中央革命军事委员会命令红军第 7 军团组成北上抗日先遣队，向闽浙皖赣边挺进，建立新的苏区；命令红军第 6 军团从湘赣苏区突围西征，到湘中发展游击战争。中革军委派出两个军团分别北上、西征，意在调动国民党"围剿"军，以减轻中央苏区的压力，但未能达到目的。10 月初，国民党军向中央苏区的中心区域进攻，迅速占领了兴国、宁都、石城一线。红军的机动回旋余地更加缩小,在苏区内打破国民党军的"围剿"已无可能,于是被迫退出苏区,进行战略转移。

湘江战役

1934 年 11 月中旬,中央红军突破国民党军第三道封锁线后,由湖南省南部向广西省(今广西壮族自治区)北部前进。蒋介石为将中央红军歼灭于湘江以东地区,任命何键为"追剿"军总司令,指挥 16 个师共 77 个团分五路专事"追剿";并令桂军 5 个师在全州、兴安、灌阳等地阻击红军;令粤军 4 个师北进粤湘桂边,阻止红军南下;令贵州省"剿共"总指挥王家烈派有力部队到湘黔边堵截,总兵力近 30 万人。当时,中共中央、中央革命军事委员会领导人博古和共产国际派来的军事顾问李德一味退却逃跑,消极避战,鉴于全州、兴安一线敌人兵力比较薄弱,中革军委于 25 日决定中央红军分四路纵队从全州、兴安间抢渡湘江,突破国民党军第四道封锁线,前出到湘桂边境的西延地区。当日,红 1、红 3 军团击破桂军的阻击进入桂北。27 日,先头部队红 2、红 4 师各一部渡过湘江,控制了脚山铺至界首间 30 千米的湘江两岸渡口,但后续部队因辎重过多,道路狭窄,行动迟缓,未能赶到渡口。此时,国民党"追剿"军迅速赶到,敌桂军湘军对红军发动攻击,红军损失较大。

12 月 3 日,中央红军主力渡过湘江。湘江战役,中央红军经过英勇奋战,突破了国民党军第四道封锁线,挫败了蒋介石企图歼灭红军于湘江以东的计划。但此役也是中央红军长征中损失最大的一次。连同前三次突破封锁线的损失(包括非战斗减员),中央红军渡过湘江后由长征开始时的 8.6 万余人锐减为 3 万余人。

四渡赤水

土地革命战争时期,中央红军长征中,在贵州、四川、云南三省交界的赤水河流域同国民党军进行的运动战战役。红军长征进至遵义,蒋介石调集 30 万兵力围追堵截。1935 年 1 月上旬,中央红军长征到达贵州遵义地区。15 至 17 日,中共中央政治局在遵义召开扩大会议,纠正了王明"左"倾冒险主义在军事上的错误,实际上确立了毛泽东在红军和中共中央的领导地位。面对蒋介石围追堵截的不利局面,毛泽东决定伺机北渡金沙江,北渡长江。

其中,经过四次渡过赤水河,成了毛泽东用兵如神指挥战役的经典。红军一渡赤水,改向川滇黔边发展;红军二渡赤水,进行遵义战役;红军三渡赤水,由遵义再进川南;红军四渡赤水,将国民党军甩在乌江以北。四渡赤水之战,毛泽东等根据情况的变化,指挥中央红军巧妙地穿插于国民党军重兵集团之间,灵活地变换作战方向,调动和迷惑敌人,创造战机,在运动中歼灭大量国民党军,牢牢地掌握战场的主动权,从而取得了战略转移中有决定意义的胜利。这是中国工农红军战争史上以少胜多、变被动为主动的光辉战例。

强渡大渡河

1935 年 5 月上旬,中央红军长征从云南省皎平渡巧渡金沙江后,沿会理至西昌大道继续北上,准备渡过大渡河进入川西北。蒋介石急令第 2 路军前线总指挥薛岳率主力北渡金沙江向四川省西昌进击;令川军第 24 军主力在泸定至富林(今汉源)沿大渡河左岸筑堡阻击;以第 20 军主力及第 21 军一部向雅安、富林地区推进,加强大渡河以北的防御力量。企图凭借大渡河天险南攻北堵,围歼中央红军于大渡河以南地区。大渡河是岷江的一大支流,河宽 300 米,水深流急,两岸是险峻的群山,地势险要,大部队通过极其困难。5 月 24 日晚,中央红军先头部队第 1 师第 1 团,经 80 多千米的急行军赶到大渡河右岸的安顺场。此地由川军 2 个连驻守,渡口有川军第 24 军第 5 旅第 7 团 1

强渡大渡河

个营筑堡防守。当晚,红 1 团由团政治委员黎林率第 2 营到渡口下游佯攻,团长杨得志率第 1 营冒雨分三路隐蔽接近安顺场,突然发起攻击,经 20 多分钟战斗,击溃川军 2 个连,占领了安顺场,并在渡口附近找到 1 只木船。25 日晨,刘伯承、聂荣臻亲临前沿阵地指挥。红 1 团第 1 营营长孙继先从第 2 连挑选 17 名勇士组成渡河突击队,连长熊尚林任队长,由帅士高等 4 名当地船工摆渡。7 时强渡开始,岸上轻重武器同时开火,掩护突击队渡河,炮手赵章成两发迫击炮弹命中对岸碉堡。突击队冒着川军的密集枪弹和炮火,在激流中前进。快接近对岸时,川军向渡口反冲击,杨得志命令再打两炮,正中川军。突击队迅速登岸,并在右岸火力的支援下奋勇冲杀,击退川军的反扑,控制了渡口,后续部队及时渡河增援,一举击溃川军 1 个营,巩固了渡河点。随后,红 1 军团第 1 师和干部团由此渡过了被国民党军视为不可逾越的天险大渡河。

腊子口战斗

1935 年 9 月 13 日,中国工农红军陕甘支队(由红一方面军第 1、第 3 军和军委纵队改编)从甘肃省俄界地区出发,继续长征北上。16 日,先头部队红 4 团在前进中击溃国民党军新编第 14 师第 6 团的阻截,当日下午逼近甘肃省南部要隘腊子口。腊子口素称"天险",口子宽约 30 米,两边绝壁峭立,中间是腊子沟,沟上有座木桥,是通过腊子口的唯一通路。国民党军新编第 14 师在桥头和山崖上筑有碉堡,以 1 个营扼守隘口,1 个营配置在隘口后边的三角形谷地,师主力配置在隘口以北至岷县一带,可随时增援。红 4 团决定,以第 6 连从正面强攻,夺取水桥;第 1、第 2 连迂回到隘口守军侧后,两面夹击,夺占隘口。入夜,攻击开始。团政治委员杨成武指挥第 6 连在密集火力掩护下,向桥头猛冲,国民党军居高临下,凭借险要地形和坚固工事,固守桥头堡,第 6 连几次猛攻均未奏效。17日凌晨,第 6 连又由 15 名战士组成 3 个突击小组轮番向桥头突击。此时团长黄开湘(又名王开湘)率领的第 1、第 2 连,从守军左侧攀上峭壁悬崖,迂回到隘口守军侧后,突然发起攻击。守军腹背受击,一部被歼,其余溃逃。拂晓,红 4 团占领腊子口,为红军陕甘支队北上打开了通路。

直罗镇奠基战役

土地革命战争时期,中国工农红军第一方面军在陕西省鄜县直罗镇地区对国民党军的进攻战役。

1935 年 10 月,中国工农红军陕甘支队(由红一方面军第 1、第 3 军和军委纵队改编)长征到达陕甘苏区。与此同时,红军第 15 军团在陕甘苏区第三次反"围剿"中又取得劳山战役的胜利。蒋介石对此极为震惊,立即重新调整"围剿"部署,以 5 个师的兵力,企图首先构成沿葫芦河的东西封锁线,并打通洛川、鄜县(今富县)、甘泉、延安之间的联系,构成沿洛河的南北封锁线,限制红军向南发展,而后采取南进北堵,逐步向北压缩之战法,消灭红军于洛河以内、葫芦河以北地区。

红 15 军团将敌第 109 师残部包围于直罗镇土寨子,24 日上午全歼敌军,击毙师长牛元峰。

此役共歼国民党军 1 个师又 1 个团,共计毙敌 1000 余人,俘 5300 余人,缴获各种枪支 3500 余支(挺),打破了国民党军对陕甘苏区的第三次"围剿",巩固了陕甘苏区,为中共中央把全国革命大本营放在西北创造了条件,历史上又称直罗镇战役为"奠基"之战。

西征战役

1936 年 5 月 5 日,红一方面军东征回师陕北后,中华苏维埃人民共和国中央政府和中国人民红军革命军事委员会发表了《停战议和一致抗日通电》。但是,蒋介石坚持内战政策,拒绝议和,并调集 16 个师另 3 个旅准备对陕甘苏区发动新的"进剿"。其中宁夏第

15 路军司令马鸿逵以其新编第 7 师一部驻守定边、盐池、豫旺（今下马关）等地；第 35 师（师长马鸿宾）驻守庆阳、曲子、环县、镇原地区，防堵红军西进。中革军委为贯彻中共中央提出的扩大和巩固西北抗日根据地，壮大红军，努力争取西北抗日力量大联合，实现全国性的对日抗战的任务，于 18 日决定，以红一方面军第 1 军团第 1、第 2、第 4 师，第 15 军团第 73、第 75、第 78 师和第 81 师、骑兵团等共 1.3 万余人组成西征野战军，由彭德怀任司令员兼政治委员，进行西征，打击宁夏"二马"，在陕甘宁三省边界地区创武装。陕北游击队在东线坚持游击战争，牵制国民党军，保卫陕甘苏区，策应西征作战。西征战役打击了敌人，巩固了陕北苏区，但是红军西路军也损失较大。

监利战斗

1930 年 9 月中旬，活动在洪湖苏区的红军第 2 军团遵照中共中央指示，准备渡长江南下配合红军一方面军攻打湖南省会长沙。为在渡江前使苏区得到巩固，红 2 军团决定先行攻克长江北岸的监利县城。该县城是国民党军阻塞洪湖苏区南北通路的重要据点，由国民党军新编第 3 师教导团和监利县保安团 16 个连驻守。22 日拂晓，红 2 军团在总指挥贺龙、政治委员邓中夏指挥下，在监利、华容等赤色教导军、游击队和人民群众数万人的配合下，共分 3 路向监利城发起进攻。首先攻克堤头、毛家口、太马河等地国民党军据点，进而入北部曾家夹堤、火把堤一线战胜守军，迅速冲进监利县城。巷战过程中，因国民党军两个连在共产党员杨嘉瑞率领下举行火线起义，当晚红 2 军团占领监利县城。国民党军退守城南河堤和大庙的 1 个营，在红军的压迫下，于 23 日晨缴械投降。这次战斗，共歼国民党军新编第 3 师教导团及保安团 2000 余人，缴获各种枪支 1000 余支（挺）、迫击炮 5 门。

沙洋战斗

1931 年夏，湖北、湖南两省边界的洪湖苏区遭受严重水灾，国民党军乘机决堤放水，对苏区进行"清湖"围困。8 月初，为打破国民党军的围困，减轻苏区负担，保存红军基本力量，中共湘鄂西中央分局和湘鄂西临时省委决定，以红军第 3 军第 9 师第 25 团坚持苏区斗争，第 9 师主力向襄河以北出击，开辟潜江、京山、天门地区。13 日，红 9 师师长段德昌、政治委员陈培荫率主力由湖北省监利、潜江边境向北行动，先后歼灭周家矶、黄家场一线国民党军。17 日拂晓抵达荆门县沙洋镇。该镇为鄂中地区物资重要集散地之一，驻有国民党军新编第 3 旅旅部及其第 2 团。红 9 师决心乘其不备歼灭该敌，遂迅即扫除外围哨所，继而分西、南两路向沙洋镇发起进攻。国民党军被逼至沙洋东侧正逢涨水的襄河河边,无法渡河,大部投降。这次战斗,共歼国民党军 2000 余人,并击毙其旅长,缴获大量武器、弹药和物资。战后,红 9 师以缴获的武器装备组建了第 27 团。

忠堡战斗

1935 年 5 月中旬,红军第 2、第 6 军团由湘西地区北出鄂西,寻机歼敌。这时,鄂西地区国民党军大部集中于施南、宣恩、黔江、咸丰等城镇,贺龙、任弼时遂决心以围城打援之战法,寻歼鄂军一部。6 月 9 日夜,红军以一部兵力突然包围宣恩县城,主力则隐蔽集结在城南 10 千米处准备打援。12 日,国民党军鄂军纵队司令兼第 41 师师长张振汉指挥约 4 个旅的兵力,编成 3 个支队:以第 48 师第 144 旅及新编第 3 旅 1 个团和保安第 5 团为右支队,第 41 师第 123 旅为中支队,第 41 师直属队及第 121 旅为左支队,分别由李家河、来凤出动西进,增援宣恩。红军在鄂军出动前即获其计划,当即以红 6 军团一部继续围攻宣恩,以红 2 军团及红 6 军团主力于 11 日南下忠堡地区截击,经 65 千米急行军,于 12 日 15 时赶到忠堡东北黄牛棚附近。这时,鄂军右支队先头已进至忠堡,中支队和左支队正向忠堡前进。红军不待其靠拢即向运动中的右支队发起攻击,歼此后卫一部,同时击溃左支队前卫营,抢占有利地形。13 日,将左支队包围于忠堡以东的皮岭山谷。14 日晨,红 2、红 6 军团集中 4 个团又 1 个营的兵力,发起向心攻击,激战至 15 时左右,将其全歼。这次战斗,共歼国民党军 1 个师部和 1 个旅又 1 个营,俘张振汉以下 2000 余人,缴获枪 2000 余支(挺),电台 2 部。

袁家沟口战斗

1934 年 12 月,中国工农红军第 25 军长征进至陕西省雒南(今洛南)地区后,即大力进行开辟苏区的工作。至 1935 年 5 月,打破了国民党军第一次“围剿”,创建了鄂豫陕苏区。是月上旬,蒋介石调集 30 多个团,对苏区发动第二次“围剿”。红 25 军在中共鄂豫陕省委和军长程子华、政治委员吴焕先领导下,决定采取诱敌深入、先拖后打之战法打破“围剿”。6 月 25 日,红 25 军转到山阳县黑山街。29 日陕军警备第 1 旅追至黑山街附近。红 25 军决定以伏击战法消灭该旅,当即以小部队与其接触后,即退至山阳县以西的袁家沟口、桃园岭一带。这是一条长约 5 千米的山沟,两侧山高林密,便于设伏。为隐蔽企图,部队撤至袁家沟口西北的红岩寺。7 月 1 日,警 1 旅追至袁家沟口。当晚,红 25 军进入预定地区,第 223 团占领袁家沟口北面一线高地,第 225 团主力占领袁家沟口西南的东沟、李家沟南侧高地,第 225 团一部由西向东堵击,当地游击师在东南高地及其附近地区担任断其退路和警戒任务。2 日拂晓,红 25 军趁警 1 旅在袁家沟口村西集合之机,突然发起攻击,激战至午后,将其全歼,计毙伤 300 余人,俘旅长以下 1400 余人,缴获轻重机枪 40 余挺,长短枪 1600 余支,粉碎了国民党军对鄂豫陕苏区的第二次"围剿"。

包座战斗

1935 年 6 月,中国工农红军第一、第四方面军长征在四川省懋功(今小金)会师后,于 8 月中旬分左右两路军北上。至下旬,由中共中央、中央革命军事委员会和红军前敌总指挥部率领的右路军(由红一、红三、红四、红三十军组成)到达班佑、巴西地区。班佑以东的上、下包座,地形险要,是红军进入甘南的必经之地,由国民党军胡宗南部 1 个团凭险防守。胡宗南得悉红军北上的消息后,急调其第 49 师驰援包座,企图堵截红军。为了打开向甘南的通路,右路军决定采取围点打援战法,求歼包座和增援之敌。战斗至 8 月 31 日,红军占领上包座。战斗中,红 10 师师长王友均不幸牺牲。包座战斗,共毙伤国民党军 4000 余人,俘 800 余人,缴获长短枪 1500 余支、轻机枪 50 余挺以及大批粮食、牛羊,打开了红军向甘南进军的门户。

平型关大捷

"七七"事变后,北平(今北京)、天津相继沦陷,华北战局危急。八路军第 115 师主力于 1937 年 8 月 22 日由陕西省三原县云阳镇出征,第 120 师主力和第 129 师主力先后于 9 月 3 日和 30 日,由陕西省富平县庄里镇出征,开赴华北抗日前线,执行开创抗日根据地,牵制与消耗日军,配合国民党军正面战场作战,发展壮大自己之战略任务。在八路军日夜兼程向抗日前线挺进时,沿平绥路(今北京—包头)西进的同军已侵入山西,并沿同蒲路(大同—风陵渡)南下,对中国军队形成右翼迂回包围的态势。为避免陷入日军迂回包围之中,确保战略上处于主动地位,根据中共中央军委决定,八路军 3 个师改变原定集中用于

平型关大捷

恒山地区之战略部署,采取疏散之战略配置,第 115 师挺进晋东北,第 120 师挺进晋西北,第 129 师向晋东南地区挺进,实行"独立自主的山地游击战"的作战指导方针,在日军翼侧和后方积极开展游击战争,配合退守平型关、雁门关内长城一线的第二战区国民党军部队阻止日军进犯,保卫山西腹地。9 月 25 日,第 115 师于平型关附近阻击歼灭日军

1000 余人,取得华北战场上中国军队主动寻歼日军的第一个大胜利,振奋了全国人心,提高了共产党和八路军的声望。

发动百团大战的目的

抗日战争时期,八路军在华北地区使用 105 个团的兵力,向日军占领的交通线和据点发动的大规模进攻战役。1940 年夏秋,日本帝国主义乘德国法西斯军队在西欧和北欧迅猛推进,美国之战备尚未完成,英国又无力东顾之机,积极准备实行"南进"政策,攫取英、美、法、荷等国在东南亚和西南太平洋上的殖民地。因而,在中国战场加紧对国民党政府进行政治诱降活动,同时以主要力量继续进攻抗日根据地,特别是在华北加紧推行1940 年度"肃正建设计划"和以"铁路为柱,公路为链,碉堡为锁"的"囚笼政策",企图摧毁华北各抗日根据地,巩固其占领区,使中国成为其"南进"的后方基地。为粉碎日本侵略者的"囚笼政策",争取华北局势有力发展,并影响全国的抗战局势,克服国民党妥协投降的危险,八路军总部决心向华北日军占领的交通线和据点,发动大规模进攻战役。

百团大战的结果和历史意义

历时 3 个半月的百团大战,八路军在地方武装和广大人民群众的紧密配合下,共作战 1824 次,毙伤日军 2 万余人、伪军 5000 余人,俘日军 280 余人、伪军 1.8 万余人,拔除据点 2900 多个,破坏铁路 470 余千米、公路 1500 余千米,缴获各种炮 50 余门、各种枪5800 余支(挺)。八路军也付出了伤亡 1.7 万余人的代价。日军在遭受打击后惊呼"对华北应有再认识",并从华中正面战场抽调 2 个师团加强华北方面军,对华北各抗日根据地进行更大规模的报复作战。百团大战,是抗日战争中八路军在华北地区发动的一次规模最大、持续时间最长的带战略性的进攻战役。在这次战役中,中国共产党领导的华北敌后抗日军民,齐心协力,前仆后继,同日本侵略者浴血奋战,充分表现了中华民族不屈不挠之战斗精神。百团大战严重地破坏了日军在华北的主要交通线,收复了被日军占领的部分地区,给侵华日军以强有力的打击。百团大战对坚持抗战、遏制当时国民党妥协投降暗流、争取时局好转起了积极作用,进一步鼓舞了全国人民夺取抗战胜利的信心,提高了中国共产党和八路军的声威。它在中国抗日战争史上写下了光辉的一页。也有史家后来分析,"百团大战"过早地暴露了共产党的军事力量,在很大程度上直接或间接导致了国共摩擦的升级。

易涞战斗

抗日战争时期,八路军晋察冀军区部队在河北省易县、涞源地区反击日军进攻的作战。

1938 年 3 月中旬,日军华北方面军以第 114 师团步兵第 115 联队及炮兵、骑兵各一部,由易县经紫荆关进攻涞源,企图打通易县至涞源、涞源至蔚县公路,分割和封锁晋察冀抗日根据地。晋察冀军区以第 1 军分区和第 3 军分区一部,在地方武装配合下,依托山区有利地形,采取游击队广泛袭扰与主力部队机动出击相结合之战术,反击日军的进攻。这次战斗,晋察冀军区部队以伤亡 300 余人的代价,毙伤日军 1400 余人,缴获步枪 230 多支、军马 150 匹,打退了日军的进攻,保卫了初建的晋察冀抗日根据地。

宣村伏击战

1940 年 12 月下旬,八路军晋察冀军区所属冀中军区第 7 军分区第 17 团主力,为在平汉铁路(今北京—汉口)定县(今定州)至新乐段伏击日军军用列车,于 26 日黄昏由定县城西东邸村出发,进至城南宣村以南设伏,工兵分队迅速埋设地雷、炸药。当夜,由定县方向开来的 1 列载有日伪军 300 余人和大批武器装备的列车驶入伏击地域,工兵分队首先起爆地雷、炸药,机车被炸毁,车厢大部分出轨。此时,各投弹组、射击组一起开火,突击队立即发起冲击,迅速歼灭了处于慌乱中的全部日伪军。而后,运输组指挥民兵抢运军用物资。仅半小时,战斗结束。这次战斗,第 17 团仅 1 人负伤,毙伤日伪军约 300 余人,焚烧和炸毁机车 1 台、车厢 13 节、汽车 40 辆、坦克 1 辆、山炮 9 门、野炮 8 门,缴获山炮 2 门、迫击炮 7 门及其他大批军用物资。

狼牙山战斗

1941 年 8 月中旬起,日军华北方面军调集 7 万余人的兵力,对晋察冀抗日根据地进行大规模"扫荡"。9 月 25 日,日军 3500 余人在河北省易县狼牙山地区实施"清剿"。该地区驻有八路军晋察冀军区所属第 1 军分区机关、部队和涞源、易县、徐水、满城四县党政机关及群众数万人。第 1 军分区第 1 团第 7 连奉命掩护机关、部队和群众转移。该连依托山地有利地形巧布地雷阵,运用麻雀战阻击和迷惑日军。完成任务后,为甩掉尾追的日军,遂以第 6 班掩护全连转移。该班 5 个人坚定沉着,将日军诱向狼牙山主峰棋盘坨。日军误认为已将第 1 团主力包围,遂向棋盘坨猛攻。该班连续击退日军 4 次冲击,毙伤日军 90 余人。最后,在子弹耗尽、日军蜂拥而至的情况下,毅然砸毁武器,跳下悬崖。班长马宝玉、战士胡德林、胡福才壮烈牺牲,副班长葛振林、战士宋学义负伤后被救。他们的壮烈举动,表现了八路军战士崇高的民族气节,被誉为"狼牙山五壮士"。

狼牙山战斗

冉庄地道战

抗日战争时期,河北省中部清苑县冉庄民兵挖筑地道对日伪军进行的作战。1941 年秋,冀中平原的抗日斗争进入困难阶段,日伪军"扫荡"日益残酷。冀中人民抗日武装为了保存自己的力量,长期坚持平原游击战争,开始挖掘和利用地道对日伪军进行斗争。冬初,清苑县冉庄民兵先在自己家中挖了单口隐蔽洞(俗称蛤蟆蹲),很快遭到日伪军的破坏。民兵把单口隐蔽洞改造成能进能出的双口隐蔽地道,但仍不能有效地进行战斗,多数地道又遭到破坏。1942 年夏季反"扫荡"开始后,中共冀中区委和冀中军区号召冀中人民普遍开展挖地道的活动,地道的构造不断改进和完善,初步形成户户相通、村村相连,既能隐蔽、转移,又便于依托作战的地道网络,成为长期坚持冀中平原抗日斗争的坚强地下堡垒。冉庄的地道也有较大的发展,共有 4 条主要干线、24 条支线,村内户户相通,向外可通往孙庄、姜庄、隋家坟、河坡等村,全长 30 余华里。地道一般宽 1 米、高 1.5 米,顶部土厚 2 米以上;地道内设有瞭望孔、射击孔、通气孔、陷阱、活动翻板、指路牌、水井、储粮室等,便于进行对敌斗争。

从 1943 年开始,地道战进入了一个新的发展阶段,在冀中平原和冀南一些地方,逐渐形成了房连房、街连街、村连村的地道网,形成了内外联防、互相配合、打击敌人的阵地。地道战开始后,敌人也曾费尽心机,采用寻找洞口和放火、放水、放毒等办法进行破坏。但是,党领导群众不断改进地道,使其更加完善。为使敌人不易发现洞口,除对群众进行必要的保密教育外,还把洞口巧妙地隐蔽起来,用墙壁、锅台、水井、土炕做掩护;为使敌人不敢进入洞内,在洞口修筑陷阱、埋设地雷、插上尖刀,或者在洞内挖掘纵横交错的"棋盘路";为了防止敌人用水、火、毒破坏地道,还在洞内设有卡口、翻板和防毒、防水门,或者将地道挖得忽高忽低、忽粗忽细,并且设有直通村外的突围口。这样,地道便成了进可攻、防可守、退可走的地下堡垒。

地道战的广泛开展,对平原地区进行严酷的反"扫荡"斗争起了重大的作用。例如,1943 年 3 月,驻灵寿的日伪军 200 多人包围了正定县高平村。拂晓,敌人开始进攻,群众已进入地道,民兵游击组、爆炸组利用地道工事监视敌人。当敌人进入地雷阵时,先后两次拉响 4 枚地雷,炸死 20 多个鬼子,敌人吓得在街上乱跑,又接连踩响了 9 颗地雷,加上手榴弹和冷枪,打得敌人乱跑乱窜,防不胜防。至中午,敌人伤亡 40 多人,狼狈逃回据点。地道战是平原人民对敌斗争的伟大创举,在河北平原抗日斗争史上闪烁着灿烂的光辉。聂荣臻元帅曾为此亲笔题词:"神出鬼没,出奇制胜的地道战,是华北人民保家卫国,开展游击战争,在平原地带战胜顽敌的伟大创举。地道战又一次显示出人民战争的无穷伟力。"

海阳地雷战

在山东境内,海阳民兵并非最早发明和使用地雷的,但海阳民兵却在实践中发明和制造了数十种地雷,海阳的地雷战在山东是最有名气的,它在抗日战争和解放战争中发挥了巨大的作用。

地雷战是抗日战争时期山东海阳民兵最重要的作战方法之一,地雷是当时最重要的作战武器。抗战时期,海阳地雷大显神威,共毙伤敌人 1025 人,涌现出赵疃、文山后、小滩三个胶东特级模范爆炸村,并涌现出于化虎、赵守福、孙玉敏 3 名全国民兵英雄和 13 名胶东民兵英雄、99 名胶东模范、11 名胶东爆炸大王,不仅在海阳人民的革命斗争史上写下了光辉的一页,而且在胶东抗战史上涂上了浓重的一笔。

海阳地雷战有力地支援了胶东其他地区的抗战。海阳民兵不仅在海阳境内大显身手,而且还奉上级武委会之命,多次组织远征爆炸队,到周边县配合当地部队作战,为当地民兵和部队培训了若干爆炸能手,有力地支援了相关地区的抗战,从而推动了整个胶东地区的抗战,为胶东地区的抗战胜利做出了杰出的贡献。

由于海阳民兵工作突出,特别是地雷战战果辉煌,因而获得了不少殊荣。1943 年冬,山东省军区政治部授予海阳"民兵工作模范县"光荣称号。1945 年 6 月,胶东区武委会授予海阳县"战斗模范县"光荣称号。

五丈湾地雷战

1943 年 5 月,日军对晋察冀抗日根据地北岳区实施"辗转扫荡",其独立第 11 团 700 余人由河北省曲阳县党城镇向阜平县进攻。阜平五丈湾村民兵中队长李勇率民兵在日军必经之路埋设了地雷。12 日上午,日军进入埋伏区,发现埋有地雷,遂成疏开队形缓慢通过。李勇机智地开枪射击,击毙 3 人。日军在慌乱中踏爆地雷数颗,亡 8 人、伤 25 人,被迫改道。当其由阜平行至龙泉关时,又踏入李勇民兵中队埋设的地雷群,死伤 100 余人。战后,李勇民兵中队受到晋察冀军区的通令嘉奖,李勇获"爆破英雄"称号。

肃宁战斗

八路军晋察冀军区所属冀中军区第 9 军分区在 1944 年春夏季攻势作战中,基本清除河北省肃宁县城外围据点,使该城陷于孤立,迫使城内日军主力撤走,主要由伪保安大队 600 余人守备。8 月 18 日,第 9 军分区侦悉驻肃宁城伪军 180 余人赴河间城运输枪械弹药并由原路返回。军分区司令员黄寿发、政治委员陈鹏,遂令第 34 区队及肃宁县游击队于 20 日拂晓进至河间至肃宁公路北侧张庄、大史庄一带设伏。上午,由河间返回的伪军通过白家庄后,预伏部队即以一部兵力转向河间方向警戒,一部沿公路隐蔽跟踪,一部迂回包围。当伪军行至张庄时,预伏部队形成三面包围,并突然予以袭击、截击和阻击,经半小时激战,将伪军全歼。29 日夜,第 9 军分区集中第 34 区队及肃宁、博野县游击队共千余人,在民兵 2000 余人配合下,包围肃宁城,不久即发起强攻。30 日晨,突破城关,攻入城内。而后分东、西两路,向城中心压缩守敌,中午,占领肃宁全城。与此同时,第 9 军分区部队还击退由高阳增援的日伪军 600 余人。午后,第 9 军分区部队又乘胜攻克城东玉皇庙、梁家村两个据点,从而肃清肃宁县境内全部日伪军。这次战斗,第 9 军分区部队仅以伤亡 12 人的代价,毙伤俘日伪军、伪政府人员 800 余人,缴获迫击炮 2 门、各种枪 700 余支,解放人口 7 万多人。

雁门关伏击战

抗日战争时期,八路军第 120 师第 358 旅第 716 团在山西省代县雁门关地区对日军汽车运输队进行的伏击战斗。1937 年 10 月,日军侵占大同后,继续向南进犯太原。为配合国民党军在忻口的防御作战,第 358 旅第 716 团奉命深入日军侧后,在代县的广武、雁门关、太和岭间,破坏大同经代县、忻口到太原的公路,打击日军运输队,截断日军补给线。18 日,第 716 团主力在团长贺炳炎、政治委员廖汉生率领下,设伏于雁门关以南黑石头头沟公路西侧高地。上午,日军运输汽车 50 余辆,满载兵员、弹药,由北向南驶入伏击区。第 716 团即以密集的火力进行袭击。激战中,日军又有汽车 200 余辆由阳明堡方向向北驶来。第 716 团即分兵一部阻击该敌。激战至夜间,日军援兵又至,第 716 团遂撤出战斗。这次战争,共毙伤日军 300 余人,击毁汽车 20 余辆。20 日夜,第 716 团一部复占雁门关,另一部破坏了广武至太和岭间的公路及桥梁。21 日晨,第 716 团再次设伏于黑石头沟地区。日军由南向北的汽车 200 余辆和由北向南的汽车数十辆相向而来,当其先头车辆驶入伏击区时,第 716 团居高临下,以突然而猛烈的火力展开攻击。日军在 8 架飞机支援下进行反扑。第 716 团毙伤日军一部后撤出战斗。该团两次伏击战斗,共毙伤日军 500 余人,击毁汽车 30 余辆,一度切断繁峙至忻口间交通,配合了国民党军的忻口防御作战。

黄崖底战斗

1937 年 10 月下旬,日军第 109 师团经河北省九龙关向山西省进犯。为打击和迟滞西犯的日军,八路军第 129 师师部率第 386 旅于 31 日进至山西省昔阳县城以东地区。11 月 2 日,日军第 109 师团第 136 联队 1 个大队约 700 人由东冶头镇经黄崖底向昔阳攻击前进。第 129 师决定在黄崖底利用两侧高地,采取诱伏手段歼灭日军。遂以第 386 旅第 771 团于黄崖底以南凤居村占领阵地,并派出小分队向黄崖底方向警戒,第 772 团隐蔽集结于黄崖底以东巩家庄一带高地设伏。当日 7 时,日军经南界都进至黄崖底,第 771 团警戒分队与其接触后,节节抵抗,退至凤居村西北高地据险把守。日军屡次反扑,退守黄崖底河滩内集结。这时,在日军翼侧的第 772 团集中火力,居高临下,向日军实施猛烈袭击,激战 1 小时,予以大量杀伤。日军集中 500 余人向第 772 团阵地连续进行 3 次反扑,均未得逞,复退至黄崖底村中及附近沟渠内顽抗待援。伏击部队因受到地形限制,不便出击,遂撤出战斗。这次战争,第 386 旅以伤亡 30 余人的代价,击毙日军 300 余人、军马 200 余匹,缴获长短枪 100 余支、电台 1 部。

神头岭战斗

抗日战争时期,八路军第 129 师在山西省潞城县东北部神头岭地区伏击日军的战斗。

1938 年 3 月上旬,第 129 师奉命由正太铁路(今石家庄—太原)附近进至晋东南的襄垣地区,侧击由邯郸经东阳关向潞城、长治进犯的日军第 108 师团,并破坏东阳关至长治的公路。黎城是日军在邯郸至长治公路线上的重要兵站基地,潞城有日军重兵据守,两城之间为丘陵,并有浊漳河相隔。第 129 师师长刘伯承、政治委员邓小平决心利用这一地

神头岭战斗

形,袭击黎城,调动潞城日军出援而于途中伏击歼灭之。其部署是:以第385旅第769团袭击黎城,并阻击涉县出援的日军;以第386旅在潞河村与微子镇之间的神头村以西山岭设伏,歼灭潞城出援的日军。据此,第386旅于16日拂晓前沿神头岭上公路三面设伏。3月16日4时,第769团第1营袭入黎城城内与日军展开激战,歼其百余人,于拂晓前即主动撤出城内,向西北乔家庄转移。同时,第769团主力在东黄须、西黄须击退由涉县驰援的日军,第771团特务连烧毁赵店镇公路大木桥,切断了黎城、潞城之间的交通。黎城受袭,潞城日军即以步骑兵1500余人向黎城增援。9时,其本队进至神头岭地区,日军遭到突然袭击,顿时陷于混乱,且由于狭形限制,兵力兵器难以展开,死伤惨重。战斗结束时,八路军第129师以伤亡240余人的代价,毙伤日军1500余人,俘获8人,缴获长短枪550余支、骡马600余匹及大批军用物资,给侵入晋东南的日军以有力打击。

响堂铺战斗

抗日战争时期,八路军第129师在邯郸至长治公路线上响堂铺地区伏击日军辎重部队之战斗。

1938年3月下旬,八路军第129师为打击向晋东南进攻的日军,破坏敌后方交通运输线,决定由副师长徐向前指挥部队在邯郸长治公路上黎城至涉县间的响堂铺地区伏击日军辎重部队。其部署是:以第385旅第769团主力、第386旅第771团在公路以北后宽漳至杨家山一线山地分为左右两翼设伏,以第386旅第772团主力在马家拐阻击可能由黎城、东阳关增援的日军,并掩护伏击部队侧后的安全;以第769团一部阻击由涉县可能来援的日军,并以1个连进至王堡保障该团后方安全。各部队于30日午夜进入阵地。31日拂晓,由东阳关出动的日军约200余人,向位于苏家岭的第772团第7连进攻。徐向前判断日军并未发觉设伏企图,除令第772团以1个营进至庙上村以东高地加强右后方安全保障外,仍令参战各部继续隐蔽设伏。8时许,日军第14师团辎重部队2个中队的汽车180辆及掩护部队170余人,由黎城经东阳关向涉县开进。9时许,日军车队进入设状地区,预伏部队突然发起攻击,经2小时激战,日军除30余人逃窜外,余均被歼。与此同时,担负警戒任务的第772团击溃由黎城出援的日军300余人;第769团一部击退由涉县出援的日军400余人,并歼其一部,击毁汽车1辆。16时许,日军出动12架飞机,在响堂铺地区大肆轰炸,但第129师伏击部队已撤出战斗,安全转移。这次战斗,第129师以伤亡317人的代价,共歼日军400余人,烧(击)毁汽车181辆,缴获长短枪130余支、迫击炮4门及大批军用物资。

黄崖洞战斗

在太行区1941年冬季反"扫荡"作战中,八路军驻太行区部队在民兵和群众配合下,给予日军第36师团以杀伤,使其被迫退至黎城等地。11月9日,日军以"反转电击"战术向黎城以北黄崖洞、水腰地区进攻。黄崖洞地区是八路军的重要兵工厂所在地,地势险要,易守难攻,由八路军总部特务团约1个营的兵力守卫。10日拂晓,日军在炮火掩护下,进攻赤峪、槐树坪,特务团防守分队凭险抗击,打退其10多次猛烈冲击。11日,日军复以1000余人强攻南口阵地,特务团防守分队以手榴弹、滚雷与日军展开激战,毙伤其200余人。日军两度冲击受挫后,于13日拂晓调集5000余人,并携重炮10余门,自赤峪、赵姑村轰击桃花寨东南隘口阵地后,步兵全力进攻,强夺阵地。特务团防守分队顽强抗击,毙伤日军300余人,桃花寨失而复得数次。14日,日军侵占该阵地。15日,日军分左、中、右三路进攻水窑口阵地,坚守阵地的特务团分队在三面受敌的情况下,连续打退日军11次冲击。下午,日军继续强攻,并使用燃烧弹和毒气,均未得逞。16日早晨,日军在强大火力支援下,再度发起攻击,使用喷火器烧毁了水窑口的核心工事。此时,鉴于兵工厂职工和部分机器已安全转移,守卫分队在埋设地雷后于当夜撤出战斗。17日拂晓,日军进入厂区,遭到地雷杀伤,兵工厂也遭日军破坏。这次战争历经8昼夜,八路军总部特务团以伤亡100余人的代价,毙伤日军800余人。

夜袭虹桥机场

抗日战争时期,新四军所属江南抗日义勇军第2路袭击上海市郊日军机场的战斗。1939年春,新四军第1支队为执行中共中央关于向东发展之战略方针,派遣第6团团长叶飞率部从苏南茅山地区向无锡、江阴、苏州敌后挺进。5月初,该团在武进县南部戴溪桥,与中共地方组织领导的游击武装合编,沿用当地游击武装"江南抗日义勇军"的番号(简称"江抗"),第6团编为江抗第2路。随即越过京沪铁路(南京—上海),抵达无锡梅村地区,积极开展敌后游击战。5月31日,江抗第2路途经无锡东北黄土塘,与下乡"扫荡"的数百名日伪军遭遇,当即展开激战,经勇猛冲杀,展开白刃格斗,毙伤日伪军近百名,迫其退出黄土塘。6月24日,第2路夜袭浒墅关车站,毙伤日军20余人,并烧毁车站,炸断铁路,使京沪铁路交通一度中断。而后,江抗第2路继续东进,直逼上海近郊。7月下旬,江抗第2路一部在追击伪军时袭入虹桥机场,先将机场内伪警察、伪办事人员俘获,随后分路搜索,发现机场一角停放飞机4架,决定予以烧毁。此时,驻守机场四角碉堡内的日军发觉,用步、机枪射击。江抗部队鉴于日伪军增援迅速,久留不利,遂迅速接近敌机点燃汽油,将飞机焚毁,然后安全撤出战斗。这一胜利,鼓舞了上海人民的抗日斗志,扩大了新四军的政治影响。

皖南事变的历史背景

皖南事变是抗战期间,国民党顽固派对华中的新四军军部所发动的一次突然袭击,是国民党第二次反共高潮的顶点。国民党顽固派策划消灭新四军阴谋,中共中央展开针锋相对的斗争。1940 年 9 月,日本帝国主义与德国、意大利订立军事同盟后,图谋迅速结束侵华战争,抽兵南进,向东南亚和南太平洋地区扩张。它以撤出南宁、龙州为诱饵,加紧对国民政府进行诱降活动。英、美两国从其自身利益出发,需要中国继续抗战,牵制日本南进,对国民政府极力拉拢,故大量增加财政经济和军事援助。然而,国民党蒋介石集团把这一国际形势看成是加紧反共的有利时机,遂发动第二次反共高潮,在进攻江苏省泰兴县黄桥新四军抗日阵地失败后,又加紧策划袭击皖南新四军领导机关及所属部队的阴谋。

皖南事变中的"皓电"

抗战进入相持阶段后,国民党顽固派加紧制造反共摩擦活动。1940 年 10 月 19 日,国民政府军事委员会正副参谋总长何应钦、白崇禧发出致八路军朱德总司令、彭德怀副总司令和新四军叶挺军长的"皓电"。"皓电"对中国共产党及其领导的武装力量进行了种种攻击和诬蔑,并要求在大江南北坚持抗战的八路军、新四军于一个月内全部开赴黄河以北,并将 50 万八路军、新四军合并缩编为 10 万人。与此同时,国民党当局又密令汤恩伯、李品仙、韩德勤、顾祝同等部准备向新四军进攻。"皓电"成为第二次反共高潮的起点。

皖南事变的过程

中共中央对形势发展的前途以及影响它的各种力量做出冷静的分析,提出打退国民党顽固派进攻的正确方针。要求江北部队暂时免调;对皖南方面,决定让步,答应新四军北移。11 月 9 日,中共中央以朱德、彭德怀、叶挺、项英名义复电何应钦、白崇禧(即"佳电"),据实驳斥"皓电"的反共诬蔑和无理要求;同时表示,新四军驻皖南部队将开赴长江以北。12 月 8 日,何应钦、白崇禧再电朱、彭、叶、项(即"齐电"),要求迅即将黄河以南八路军、新四军全部调赴黄河以北。12 月 9 日,蒋介石发布命令:长江以南的新四军于 12

月 31 日前开到长江以北地区,黄河以南的八路军、新四军于 1941 年 1 月 30 日前开到黄河以北地区。12 月 10 日,他又密令第三战区司令长官顾祝同、第三十二集团军总司令上官云相等,调兵围歼新四军部队。

1941 年 1 月 4 日,奉命北移的新四军军部及其所属皖南部队 9000 余人,从云岭驻地出发绕道北上。6 日在安徽泾县茂林地区,突遭国民党军队七个师 8 万余人的包围袭击。新四军部队英勇奋战七昼夜,终因寡不敌众,弹尽粮绝,除约 2000 余人突出重围外,一部被打散,大部壮烈牺牲或被俘。军长叶挺在和国民党谈判时被扣押,政治部主任袁国平牺牲,副军长项英、参谋长周子昆在突围中被叛徒杀害。1 月 17 日,蒋介石反诬新四军"叛变",宣布取消新四军番号,声称将把叶挺交付"军法审判"。这就是震惊中外的皖南事变。这一事变是国民党顽固派发动的第二次反共高潮的最高峰。

皖南事变的解决和结果

中共中央高瞻远瞩、总揽全局,提出在政治上取攻势、在军事上取守势,坚决击退国民党顽固派第二次反共高潮的正确方针。周恩来领导南方局在重庆,对国民党顽固派从政治上和宣传上进行了猛烈反击。周恩来为《新华日报》题写"为江南死国难者志哀!""千古奇冤,江南一叶;同室操戈,相煎何急?!"的题词,对国民党顽固派进行了有力的声讨。中共中央军委还发布命令重建新四军军部,整编全军,继续坚持抗战。共产党的正义自卫立场,得到了各界人士、民主党派的同情和支持。国民党当局在政治上陷于空前孤立的形势下,不得不收敛其反共活动。1941 年 2 月,蒋介石公开表示"以后再也绝无剿共的军事"。第二次反共高潮被打退。国民党顽固派制造皖南事变,警醒和教育了对国民党抱有幻想的人们,孤立了自身。中国共产党的坚定立场和维护抗战大局的态度,赢得了多方面同情,扩大了群众影响,提高了政治地位。

天目山反顽战

抗日战争时期,新四军苏浙军区部队在浙江省天目山地区,对国民党顽固派军队进行的三次自卫反击战。1944 年秋,日军为确保南京、上海、杭州三角地带,防止美军可能在浙江、福建方向登陆,先后占领温州、福州等要地,控制了浙闽两省沿海地区,国民党军纷纷西撤。中共中央华中局和新四军军部遵照中共中央关于开展东南沿海抗日斗争,发展苏浙皖边与浙江沿海地区,以准备实行战略反攻的指示,命令第 1 师主力南进,首先打开苏南、浙西抗日局面,再与浙东打通联系,而后相机向南发展。12 月下旬,第 1 师 3 个团南渡长江,于 1945 年 1 月与在浙江长兴地区的第 16 旅会合。1 月 13 日,新四军苏浙军区成立，粟裕任司令员，谭震林任政治委员（未到职），将苏南、浙东和第1师南下部队整编为第1、第2、第3纵队（4月增编第4纵队），并确定了向东南敌后进军的部署。正当苏浙军区部队积极向敌后挺进之际，国民党顽固派连续调集重兵企图聚歼苏浙军区部队。苏浙军区部队被迫于天目山地区进行了为时5个月的自卫反击作战。新四军苏浙军区部队天目山三次自卫反击战，挫败了国民党顽固派军队聚歼苏浙军区主力，驱逐新四军出江南的企图，巩固和扩大了苏浙皖边抗日根据地，为完成向东南沿海发展的战略任务创造了有利条件。

阜宁战役

抗日战争时期，新四军第3师兼苏北军区部队，在江苏省北部阜宁县城对伪军进行的进攻战役。1945年春季，新四军第3师兼苏北军区为执行扩大解放区、缩小沦陷区之战略任务，在江苏省北部对日伪军发起攻势作战。3至4月间，日军为防止美军在华中沿海登陆，加强长江下游防务，将阜宁等地的日军南撤至长江沿岸地区，以伪军接替苏北各据点守备。阜宁县城及城北各据点由刚从河南省开封地区调来的伪第2方面军第5军第41师和苏北屯垦警备第1总队等部3400余人守备。阜宁县城水陆交通便利，是盐阜区的军事要地。第3师兼苏北军区针对阜宁地区伪军失去日军支撑，忙于交接防务，城内粮食缺乏等情况，决定抓住这一有利战机，集中第8旅全部、第10旅主力、师部特务团及阜宁、阜东、射阳、建阳、盐东等5个县独立团共11个团的兵力，由参谋长洪学智为前线指挥，发起阜宁战役。战役于4月24日午夜发起。此役，第3师兼苏北军区部队共毙伤伪军339人，俘2073人，攻克阜宁县城及其外围据点22处，摧毁碉堡143个，收复国土250平方千米，解放村镇560余处，控制了（南）通（赣）输公路中段。这一胜利，给伪军以沉重打击，扩大了苏北解放区。

高邮战役

1945年12月，新四军华中野战军在江苏省高邮、邵伯地区，对拒绝投降的日伪军进行的进攻作战。1945年8月，日本政府宣布投降后，高邮、泰州、江都等城镇仍为日伪军驻守。盘踞高邮的日伪军，自恃兵多城固，妄图与新四军对抗。12月，新四军华中野战军司令员粟裕、政治委员谭震林为消灭拒绝投降的日伪军，并为阻止国民党军由扬州北上进攻解放区创造条件，决心发起高邮战役，以第8纵队攻击高邮城，以第7纵队攻击高邮以南邵伯，以地方武装配合作战。高邮城四周为湖泊河流所环抱，城墙高厚，工事坚固。城内有日军独立混成第90旅团2个大队和伪军第42师7个团防守，且随时可得到扬州国民党军的配合。12月19日晚战役开始。华中野战军第7纵队于20日攻占邵伯，歼敌近千人，切断了日伪军南逃退路，并沿邵伯、丁沟一线构成对扬州、泰州国民党军的防御。21日，第8纵队在扫除高邮外围据点后，直逼城下，一面作攻城准备，一面对守军开展政治攻势。25日晚，攻城突击队在炮火支援下，冒雨从西北、东、南三个方向攻城，一部以云梯登城突破，与守军展开激烈争夺战，打退守军多次反扑，扩大了突破口。第8纵队主力随即投入战斗。经7小时激战，首先消灭日伪军，26日晨攻进日军旅团司令部，迫使驻守日军投降。同时，击退了由扬州北援的国民党军队。此役，共歼日军1100余人、伪军4000余人，缴获各种炮80余门、枪6000余支，拔除了残存在华中解放区内的日伪军据点。

豫南作战

抗日战争时期，新四军第5师一部挺进河南省南部，创建抗日根据地的作战行动。1944年5月下旬，日军结束河南战役转兵向湖南、广西进攻，中共中央鉴于河南境内日伪军兵力薄弱，决定以八路军、新四军各一部发展河南抗战，并指示新四军第5师以一部向河南南部挺进，创建抗日根据地。7月下旬，鄂豫边区党委和第5师决定以淮南支队5个连、信阳独立第25团5个连和第38团第3营共1000余人，组成由黄林任指挥长、任质斌为政治委员的豫南游击兵团。29日，先遣队5个连从信阳东北陡沟附近渡过淮河，突破国民党豫南挺进军等部阻击后，向北发展。8月29日晚，豫南游击兵团主力由萧王店西北黎山头奔袭驻正阳胡冲店的县保安团，俘其600余人，缴枪500余支。9月下旬，豫南游击兵团越过平汉铁路（今北京—汉口）西进。10月下旬，在确山县竹沟镇东南爬头筹歼灭土匪武装500余人。与此同时，豫南游击兵团得到第5师4次增派兵力，又吸收大批农民参军，扩充为4个团，于11月改称河南挺进兵团。10月中旬，挺进兵团留下少数部队坚持豫南地区的斗争，以第2、第4团和第1团第9连向豫中挺进，在遂平、西平、舞阳、叶县地区展开工作，创建豫中抗日根据地。1945年2月8日，第2、第4团和第39团1个营及嵖岈山游击支队，向盘踞遂平城西北母猪峡一带"皇协军"独立支队进攻，歼其300余人，并击退漯河、驻马店、舞阳、叶县等地日伪军2000余人的增援。3月26日，第38、第39团（欠1个营）和挺进第4团4个连，夹击位于舞阳城南尹集镇的伪"和平建国军"第1旅，歼灭、击溃其各1个团，俘800余人，缴枪300余支；继又乘胜攻占了确山县西南任店伪军据点，争取其一部投诚。4月13日，第2团一举攻破西平城西合水镇，歼伪"和平建国军"第2师一部，俘其师长等指挥官多人并击毙日军官佐多名，从而使叶县、方城、舞阳与西平、遂平抗日根据地连成一片。至抗战胜利前夕，控制了南起信阳、北达叶县、东自正阳、西迄泌阳间1万多平方千米的土地，成立了3个地委、专署和10多个县抗日民主政权和武装总队,与挺进河南的八路军部队共同沟通了华中与华北抗日根据地的联系。

百花洞战斗

1941 年 6 月 10 日,驻广东省东莞县的日伪军 600 余人,利用夜暗袭击县城东南约 20 千米处大岭山抗日根据地中心区百花洞村,企图消灭广东人民抗日游击队第 3 大队。第 3 大队大队长曹生获悉日伪军企图后,率领三个中队 200 余人及自卫队近 1000 人,占领百花洞村周围高地。11 日拂晓,日伪军进至百花洞村,遭游击队突然打击,仓皇占领村东北高地顽抗。第 3 大队第 2、第 3 中队在自卫队配合下,迂回至百花洞村以西大环一带山地,切断日伪军退路,形成包围。同时,第 1 中队向被包围的日伪军发起攻击。战至 15 时许,日伪军两次施放烟幕掩护突围,均被击退。入夜,日伪军原地固守待援。游击队派出小分队不断袭扰、杀伤日伪军。12 日,日军以飞机支援,空投粮弹,并由广州、石龙出动日伪军 1000 余人增援。第 3 大队及自卫队主动撤出战斗。此次战斗,共毙伤日伪军 50 余人。

克山城战斗

1940 年秋,东北抗日联军第 3 路军第 3 支队,接连取得了诱歼嫩江森林警察队、袭击北兴镇警察署、攻占讷南镇等战斗的胜利。9 月,克山县城的日伪军警出城"讨伐",城内留守兵力仅 200 余人。第 3 路军政治委员冯仲云率领的第 9 支队与第 3 支队会合后,决定乘隙攻打克山城。25 日凌晨,第 3、第 9 支队 150 余人潜至城外。傍晚,第 3 支队以 1 个加强班于西门牵制日军守备队;另 100 余人化装成伪军,由西北城墙豁口处潜入城内。20 时 30 分,第 3、第 9 支队突然发起攻击:第 3 支队切断电网攻入伪县公署院内,以猛烈火力歼日伪军警大部,击毙日军指导官,并迅速占据了警察署、武器库、监狱等,解救出被关押群众 217 人;第 9 支队冲入伪军团部,将伪军全部缴械。此时,日军守备队 50 余人乘汽车向城内增援,第 3、第 9 支队在城西门十字街口等处,依托既得工事交替阻击,予以重创,23 时 30 分撤出战斗。这次战争,共毙伤俘日伪军 130 余人,缴获迫击炮 4 门、步枪 150 支、手枪 16 支、子弹 1.5 万发、马 40 匹,烧毁汽车 1 辆。

重庆谈判

1945 年 8 月 15 日,日本帝国主义宣布无条件投降。国共两党面临和平组建联合政府或进行全面内战的重大抉择。13 天后,应蒋介石 3 次电请"共商国是",毛泽东和周恩来、王若飞,在张治中的陪同下,由延安飞往重庆与国民党谈判。8月28日到达。当晚,毛泽东与周恩来、王若飞赴歌乐山林园出席蒋介石的欢迎宴会,美国大使赫尔利以及张群、邵力子、陈诚、张治中、蒋经国应邀作陪。接着,毛泽东与蒋介石进行了长达43天共9次直接谈判。在此期间,毛泽东广泛地接触了各民主党派和社会各界人士,会见了宋庆龄、沈钧儒、张澜、冯玉祥等,还在桂园设宴招待各国援华团体代表和国际朋友。蒋介石面临全国人民要求和平的形势,加之在谈判期间调动军队进攻解放区惨遭失败,最后于10月10日签署《政府与中共代表会谈纪要》(即《双十协定》),表示要结束"训政",承认各党派平等合法地位,释放政治犯,召开政治协商会议,避免内战,建设独立富强的新中国。《双十协定》并未得到遵守,全面内战很快爆发。

上党战役

　　1945年9~10月,晋冀鲁豫军区部队在山西省南部长治地区对国民党军进行的自卫反击作战。1945年8月日本宣布投降后,以蒋介石为首的国民党政府一面邀请中国共产

上党战役

党中央委员会主席毛泽东赴重庆进行和平谈判,一面调集大批军队向解放区发动进攻。8月中旬,国民党军第二战区司令长官阎锡山所部在日伪军接应下进占太原和同蒲铁路(大同—风陵渡)沿线城镇后,以第19军军长史泽波指挥4个步兵师及1个挺进纵队(相当师),连同收编长治地区(古称上党郡)的伪军共1.7万余人,乘晋冀鲁豫军区部队正在向日伪军举行大反攻之际,进占长治及其周围地区。

　　为了保卫抗战胜利果实,中央军委命令晋冀鲁豫军区坚决歼灭进入上党地区之敌,除去心腹之患。晋冀鲁豫军区司令员刘伯承、政治委员邓小平遵照军委指示,针对史泽波所部孤军深入、守备分散的特点,决心以所属的太行、冀南、太岳军区部队及地方武装共3.1万余人,在解放区人民群众支援下,首先逐个夺取长治外围各城,吸引史泽波的主力从长治出援,力争在运动中予以歼灭,而后收复长治。9月10日,战役正式发起。至12日,将突围的国民党军全部歼灭在沁河以东将军岭及桃川村地区,俘虏史泽波。上党战

役,是抗日战争胜利后解放区部队反击国民党军进攻所进行的第一个较大规模的歼灭战,共歼国民党军 3.5 万余人,缴获山炮 24 门、机枪 2000 余挺、长短枪 1.6 万余支,军区部队伤亡约 4000 人,巩固了晋冀鲁豫解放区后方,加强了中国共产党在重庆和平谈判中的地位。

邯郸战役

1945 年 10 月 10 日,蒋介石迫于全国人民反对内战、要求和平的压力,在重庆谈判中与中共签订了"双十协定"。当协定公布之后,蒋介石仍然实行其大规模进犯解放区的原定计划,调集兵力继续沿平绥、同蒲、平汉、津浦等铁路向华北各解放区推进,其中平汉线(北京—汉口)为国民党军进攻的主要方向。10 月中旬,国民党军第 11 战区司令长官孙连仲所属的第 30 军、第 40 军及新编第 8 军共 7 个师 4 万余人组成第一梯队,在第 11 战区副司令长官高树勋的率领下,从新乡出发,沿平汉线及其以东北进;第 32 军及收编的伪军孙殿英部为第二梯队尾随跟进。国民党军企图进占邯郸、石家庄,控制平汉线。10 日中旬,中共中央军委指示晋冀鲁豫军区,以一部兵力截击沿同蒲路北进的国民党军第 1 战区后续部队,集中主力,对付沿平汉路北进之敌。同时要求晋冀鲁豫军区以逸待劳,诱敌深入,打破敌人的迷梦。

10 月 24 日,晋冀鲁豫军区主力部队将敌人包围在邯郸以南地区。时任第 11 战区副司令长官兼新编第 8 军军长高树勋率部起义,敌兵力锐减,部署呈现严重缺口,军心动摇。11 月 1 日夜,我军主力一部突入马法五的指挥部。国民党军失去指挥,顿时大乱。晋冀鲁豫军区部队奋起围追,战至 2 日,国民党军除少数逃脱外,大部被歼灭。由石家庄、安阳出援的国民党军闻讯回撤。

邯郸战役,晋冀鲁豫军区部队伤亡 4700 余人,共歼灭国民党军 3 万余人,毙伤 3000 余人,俘战区副司令长官马法五以下 1.7 万余人,争取起义约万人。此役,对迟滞国民党军沿平汉铁路北进,掩护解放军部队向东北进军及争取国内和平的斗争,发挥了重要作用。

中原突围

中原解放区是抗日战争转入相持阶段后,由新四军第 5 师和王震率领的八路军南下支队在鄂、豫、皖、湘、赣五省交界地区创建的敌后抗日根据地。日军投降前,中原军区部队已发展到 2 个纵队、3 个独立旅及 3 个军区共 6 万余人,根据地也已扩展到 60 多个县,并对战略要地武汉形成了包围之势。抗日战争胜利后,武汉成为国民党军从大后方进军华东、华北和东北的战略枢纽。为了抢夺抗战胜利果实和部署进行内战的兵力，蒋介石调集了20多个师，加紧包围和蚕食中原解放区。至6月下旬，蒋介石用于包围中原军区的兵力已增至10个整编师(相当于军)约30万人。

1946年6月26日，蒋介石撕毁国共双方于1月间达成的《停战协定》，命令郑州绥靖公署主任刘峙指挥10个整编师，约30余万人的兵力，首先对中原军区部队发起大规模进攻，致使全面内战爆发。中原军区遵照中共中央军委的指示，为了保存力量，争取主动，除以一部分武装分散坚持游击战争，牵制敌人，掩护主力转移外，主力在李先念、郑位三、王树声、皮定均等带领下千里突围。

中原军区部队的成功突围，打破了国民党军苦心经营半年之久的封锁和包围，胜利地完成了战略转移的任务。这一行动不仅粉碎了蒋介石企图消灭中原军区部队的企图，而且牵制了国民党军30多个旅的兵力，并将其大部调往豫西、陕南，从战略上有力地配合了其他解放区的作战。

巨野战役

1946年9月28日，进攻鲁西南的国民党军攻占定陶、菏泽等地后，以第5军和整编第11师分别沿荷(泽)巨(野)公路及潴水河南岸东犯，10月3日进至巨野县城以西龙堌集和县城以南张凤集地区。中国人民解放军晋冀鲁豫野战军司令员刘伯承、政治委员邓小平决心集中第3、第6、第7纵队歼灭位置较突出的整编第11师一部；以冀鲁豫军区部队牵制菏泽、金乡方向的整编第88、第55、68师等部；以第2纵队阻击第5军，保障主力作战。当晚，晋冀鲁豫野战军3个纵队对张凤集守军整编第11师第11旅展开多路突击，但因敌情侦察不确，各路攻击部队均未遇敌主力。5日晚各纵队继续攻击，第3、第6纵队从两翼迂回，实施钳形攻势，又因雨后淤泥积水太多未能奏效。第7纵队一部虽突入第11旅第32团驻地，但后续部队未及时跟进，当夜未能解决战斗。6日突入张凤集的部队转入防御，击退守军多次反击，坚守了阵地。黄昏，第3、第7纵队各一部也攻入张凤集，激战至7日上午，国民党守军3000余人除200人逃脱外，全部被歼灭。与此同时，第2纵队将第5军遏阻于龙堌集以西地区，毙伤其2000余人。下午，第5军和整编第11师分别向西和西南方向退却，逐渐靠拢，晋冀鲁豫野战军遂结束战役。是役，晋冀鲁豫野战军伤亡4300余人，毙伤俘国民党军5300余人。

宿北战役

解放战争时期，中国人民解放军山东野战军和华中野战军在江苏省宿迁以北地区反击国民党军进攻的战役。1946 年 6 月全面内战爆发后,国民党军以重兵进攻华东解放区,至 11 月,以损失 10 万余人为代价,占领了苏中、淮南、淮北地区。12 月中旬,国民党徐州绥靖公署主任薛岳指挥 25 个半旅,分四路从江苏省东台、淮阴、宿迁和山东省峄县(今属枣庄)出动,企图先占苏北,消灭分别集结于峄县以东和盐城、涟水地区的山东、华中两野战军主力,或迫使其北撤,然后与其在山东省境内决战。在此期间,山东和华中野战军担任阻援任务的部队,在盐城、涟水和峄县以东地区坚决阻击进攻之敌,保证了主力在宿北作战的胜利。此役,共歼灭国民党军 2.1 万人。这是山东野战军和华中野战军会师后的第一个胜仗,初步取得了大兵团协同作战的经验。

新开岭战役

解放战争时期,东北民主联军第 4 纵队在辽宁省宽甸县新开岭地区反击国民党军进攻,进行的运动战战役。1946 年 10 月,国民党军在东北已调集正规军 7 个军,连同地方保安部队共约 40 万人,但由于战线很长,仍无力向东北民主联军发动全面进攻。遂采取南攻北守、先南后北的作战方针,企图首先集中兵力消灭或驱逐东北民主联军南满部队,解除后顾之忧,而后集中全力进攻北满,以占领全东北。10 月中旬,国民党军 8 个师 10 万余人,分三路向南满解放区发起进攻。左路新编第 1 军和第 52、第 71 军各 1 个师,从营盘、兴京(今新宾)、柳河向辑安(今集安)、临江(今浑江)方向进攻;右路新编第 6 军 2 个师和第 60 军 1 个师,从大石桥、海城向庄河、大孤山方向进攻,并迂回安东(今丹东);中路第 52 军 2 个师,分别从桥头、本溪向东北民主联军辽东军区机关所在地安东进攻。辽东军区为打破国民党军的重兵进攻,决定撤离安东、凤城等城市,集中兵力坚持东部山区,并寻机在运动中歼敌多部或一部。第 4 纵队司令员胡奇才、政治委员彭嘉庆奉命率所部第 11、第 12 师,以一部兵力实施运动防御,迟滞国民党军中路的进攻,掩护军区主力集中及后方机关转移;主力隐蔽待机。此役,辽东军区第 4 纵队伤亡 2000 余人,全歼国民党军号称“千里驹”的第 25 师 8000 余人,并俘师长以下 5000 余人,开创了东北民主联军在一次作战中歼国民党军 1 个整师的先例。

三下江南,四保临江

解放战争时期,东北民主联军在南满临江、通化地区实施运动防御和适时反击,在北满松花江以南地区实施进攻,以挫败国民党军对南满根据地进攻的作战。1946 年 11 月,国民党军东北保安司令长官杜聿明为实现其“南攻北守,先南后北”之战略计划,调集新编第 1、第 6 军和第 52、第 60、第 71 军各一部,准备向临江地区发动进攻,企图消灭或驱逐东北民主联军南满部队;同时以新编第1军主力扼守长春、永吉(今吉林市)以北、松花江以南各要点,阻止东北民主联军北满部队过江南援。这时,东北民主联军南满根据地仅剩临江(今浑江市)、蒙江(今靖宇县)、长白、抚松等四县。鉴于坚持南满根据地对扭转东北战局意义重大,中共中央和东北局坚持南满根据地的斗争。

东北民主联军总体以少胜多,以弱胜强,但在局部战斗中,却以多吃少,以强击弱,集中兵力打歼灭战,伏击战已退居次席,作战样式多元化,其中有张麻子沟伏击战、焦家岭围歼战、清沟子伏击战、城子街攻坚战、靠山屯围歼战、红石砬子伏击战等著名战役。

三下江南、四保临江作战,历时3个半月,民主联军南满、北满部队密切配合,东满、西满部队主动出击,共歼灭国民党军4万余人,收复城镇11座,粉碎了国民革命军南攻北守、先南后北的战略计划,保卫了南满根据地,迫使其在东北战场由攻势转为守势。

鲁南战役

解放战争时期,中国人民解放军山东野战军和华中野战军在山东省南部地区反击国民党军进攻的战役。战役期间,山东解放区组织支前民工60余万人、大小车1500余辆、担架6000余副,有力地保障了部队作战。此役历时19天,山东野战军和华东野战军伤亡8000余人,共歼国民党军5.3万余人,缴获坦克24辆、各种火炮200余门、汽车474辆,首创华东战场人民解放军一次歼灭国民党军2个整编师和1个快速纵队的纪录,挫败了国民党军进攻临沂的计划,获得了对机械化部队作战的经验,并为组建自己的特种兵部队奠定了基础。

莱芜战役

解放战争时期,中国人民解放军华东野战军在山东省莱芜地区对国民党军进行的运动战战役。

1947年1月中旬鲁南战役结束后,山东、华中两野战军合并组成华东野战军,下辖11个步兵纵队和1个特种兵纵队,主力集结于山东省临沂地区,2个纵队位于苏中、苏北坚持敌后斗争。国民党军统帅部判断华东野战军经过宿北、鲁南战役,伤亡惨重,继续作战能力不强,遂制定"鲁南会战"计划,企图在临沂地区寻求与华东野战军决战。为了实现这一计划,蒋介石亲自到徐州部署,并派参谋总长陈诚坐镇指挥。1月31日欧震集团开始北进,采取"集中兵力、稳扎稳打、齐头并进、避免突出"的作战方针,逐步推进。2月2日李仙洲集团分两路南下,先头部队于4日占领莱芜。

2月15日,南线国民党军占领临沂。蒋介石、陈诚判断华东野战军放弃临沂,是由于

"伤亡过大,不堪再战",严令李仙洲集团加速南进,实施南北夹击。华东野战军主力利用在解放区内作战的有利条件,冒严寒,踏山路,夜行晓宿,于18日到达莱芜周围地区,形成战役合围态势。

战役于2月20日发起,第8、第9纵队主力于21日在和庄地区,以伏击手段,歼灭了由博山开往莱芜归建的第73军第77师。其余各纵队经20至21日激战,将李集团指挥所及第73军主力和第46军全部包围于莱芜城。经过激战,大胆穿插,分割围歼,李仙洲集团大部被歼,李仙洲被俘。第73军军长韩浚率1000余人逃至口镇,会同新编第36师余部逃向博山,途中被第9纵队所歼灭,韩浚被俘。当李集团由莱芜开始北逃时,同中国共产党有联系的国民党军第46军军长韩练成,在陈毅委派的敌军工作干部劝告下,临阵放弃指挥,造成李集团内部混乱,对莱芜战役的胜利做出了重要贡献。

此役,华东野战军伤亡8800余人,歼灭国民党军1个绥靖区前进指挥所、2个军部、7个师共5.6万余人,连同南线及胶济路东段的作战,共歼国民党军7万余人。解放博山、淄川等13座县城,使渤海、鲁中、胶东解放区连成一片,粉碎了国民党军的"鲁南会战"计划,取得了打大规模运动战的经验。

孟良崮战役

解放战争时期,中国人民解放军华东野战军在山东省蒙阴县东南孟良崮地区对国民党军进行的进攻作战。国民党军重兵集团进攻鲁中山区,企图同华东野战军决战。华东野战军决心寻机歼灭进犯的国民党军,敌整编七十四师冒进为我军抓住战机,将其四面包围。蒋介石急忙命令增援。华东野战军司令员兼政治委员陈毅、副司令员粟裕,为迅速歼灭整编七十四师,于当日13时调整部署后,即令部队发起总攻。最后,华东野战军主力仅用不到3天时间,痛快淋漓地全歼国民党军"五大主力"之一的整编第七十四师及第八十

孟良崮战役

三师五十七团,毙伤俘第七十四师师长张灵甫、副师长蔡仁杰、师参谋长魏振钺和旅长卢醒、明灿等高级军官及其以下官兵共计3.2万余人,战役取得全胜。

华东野战军首长在战略守势的不利形势下,以"百万军中取上将首级"的惊人胆略和高超指挥艺术,在敌军重兵集团中寻求战机,以一比三的代价,全歼国民党军精锐主力整

编第七十四师,名震中外。中共中央于5月17日发来贺电:"陈、粟、谭请转全体指战员:庆祝你们歼灭进犯军七十四师的伟大胜利。"

孟良崮战役的全胜,一举扭转了华东战局,基本粉碎了国民党军对山东解放区的"重点进攻",标志着国民党当局这一新战略的破产,人民解放军在全国战场上开始赢得战争主动权,是人民解放军即将转入战略反攻的信号。

1947年初党中央撤离延安的原因

解放战争进行了8个月之后,国民党军战线拉长,兵力不足的矛盾日益突出。1947年3月起,被迫由全面进攻改为对山东和陕北两解放区的重点进攻,企图在战略上首先实施两翼突破,而后钳击华北。在陕北战场,国民党军集中34个旅25万余人,以第一战区司令长官胡宗南部20个旅由洛川、宜川一线向北担任主攻,以西北行辕副主任马步芳、马鸿逵部12个旅由银川、同心、镇原一线向东,以晋陕绥边区总部所属第22军2个旅由榆林向南,企图围攻延安,摧毁中共中央机关、人民解放军总部,消灭陕甘宁解放区部队于黄河以西或通过黄河,而后会同华北国民党军将其歼灭于黄河以东地区。此时,人民解放军在陕北战场仅有4个野战旅和3个地方旅2万余人,且装备很差。中共中央军委决定充分利用陕北有利的地形条件和群众基础,诱敌深入,歼其有生力量;必要时放弃延安,采用"蘑菇战术",牵制胡宗南集团主力于陕北战场。

青化砭战役

解放战争时期,中国人民解放军西北野战部队在陕西省延安县青化砭地区对国民党军进行的伏击战。

1947年3月19日,国民党军第一战区司令长官胡宗南部占领延安后,继续寻找陕甘宁解放区部队决战。人民解放军西北野战部队在中共中央军委副主席彭德怀、中共中央西北局书记习仲勋的指挥下,以一部兵力诱敌北上安塞,主力隐蔽集结在延安东北甘谷驿、青化砭等地待机。21日,胡宗南以整编第1军所属整编第1、第90师共5个旅由延安向安塞方向急进;另以该军整编第27师第31旅旅部率第92团由延安东南的临真镇前出青化砭,保障其主力侧翼安全。23日,西北野战部队以6个旅的兵力在青化砭地区利用公路两侧山地伏击孤军冒进的第31旅。其中,第1纵队第358旅位于林坪至阎家沟公路两侧地区;第2纵队(辖第359旅、独4旅)及教导旅位于房家桥至青化砭以东地区;新编第4旅在青化砭以东赵家沟以南高地,利用有利地形隐蔽待机;第1纵队独立第1旅集结在青化砭西南地区为预备队,并担负对延安、安塞方向的警戒任务,保障主力侧翼安全。

24 日,胡宗南部 5 个旅进至安塞。25 日拂晓第 31 旅旅部率 1 个团由拐峁沿公路北进,10 时许进入西北野战部队预设的伏击地域。西北野战部队即采取拦头、断尾、两翼夹击之战法,突然发起猛攻,经过近两小时激战,全歼第 31 旅旅部及第 92 团共 2900 余人。此役,是西北野战部队撤出延安后的首战胜利,打击了胡宗南部的进攻气焰,鼓舞了解放区军民斗志。

羊马河战役

解放战争时期,中国人民解放军西北野战部队在陕西省子长县羊马河地区对国民党军进行的伏击战。

1947 年 3 月青化砭战役后,西北野战部队主力转移到蟠龙、青化砭西北地区休整,以部分兵力与敌周旋。国民党军第一战区司令长官胡宗南急于寻找陕甘宁解放区部队决战,集中整编第 1、第 29 军共 11 个旅的兵力,由安塞、延安、临真等地分三路进至延川、清涧地区。4 月 3 日又折向子长(旧称安定),连连扑空,兵疲粮罄。遂改以整编第 76 师守备延川、清涧,整编第 15 师第 135 旅守备瓦窑堡,主力于 5 日南返蟠龙、青化砭休整补充。6 日,整编第 29 军第 12 旅途经永坪时遭西北野战部队的攻击,损失 600 余人。后来发现西北野战部队主力位于蟠龙西北地区,即以 8 个旅的兵力,于 12 日由蟠龙、青化砭地区向西北方向进攻,并以整编第 76 师第 72 团接第 135 旅防务,第 135 旅沿瓦窑堡至青化砭大路南下策应,企图围歼西北野战部队于蟠龙、青化砭西北地区。西北野战部队在中共中央军委副主席彭德怀和中共中央西北局书记习仲勋的指挥下,以第 1 纵队(2 个旅)伪装主力,牵制胡宗南集团主力,诱其向蟠龙西北地区进攻;集中第 2 纵队和教导旅、新编第 4 旅共 4 个旅的兵力在子长县城西南羊马河地区设伏,全歼孤军南下的第 135 旅。13 日,整编第 1、第 29 军主力被阻于蟠龙西北李家岔、云山寺一线。14 日晨,第 135 旅沿子长、蟠龙公路两侧高地南下,10 时进至羊马河西北高地时,西北野战部队突然对其发起攻击,迅速分割包围,首先于东山歼灭其 1 个团,继而伺机歼灭位于西山的旅部及另 1 个团。激战至 16 时,将第 135 旅 4700 余人全部歼灭。

蟠龙战役

解放战争时期,中国人民解放军西北野战部队对陕西省北部国民党军补给基地延安县蟠龙镇进行的攻坚战。1947 年 4 月羊马河战役后,西北野战部队秘密转移至瓦窑堡附近休整。国民党军统帅部判断中共中央机关及人民解放军西北野战部队主力在绥德地区并正在东渡黄河,遂令第一战区部队急速北上,并令驻守榆林的第 22 军等部南下,企图南北夹击,将其消灭于葭县(今佳县)、吴堡地区,或逼过黄河。国民党军第一战区司令长官胡宗南以整编第1、第29军共9个旅的兵力,于4月26日由蟠龙、永坪地区分两路向绥德地区急进,仅留整编第1师第167旅(少1个团)及陕西保安第3总队等部守备其补给基地蟠龙。中共中央军委副主席彭德怀和中共中央西北局书记习仲勋决心乘胡宗南集团主力北上绥德,回援不及之机,进攻孤立据点蟠龙。遂以第2纵队第359旅一部、第3纵队独立第5旅及绥德军分区部队伪装主力,引诱胡宗南集团主力继续北上;以第1纵队独立第1旅、警备第3旅各一部组成南进支队,威胁其后侧;集中第1纵队第358旅、独立第1旅和第2纵队独立第4旅及新编第4旅共4个旅的兵力攻取蟠龙;并令教导旅位于蟠龙以南,第359旅主力位于永坪以东准备阻敌主力回援。30日,各攻击部队隐蔽进入蟠龙镇附近。5月2日,胡宗南集团主力进占绥德。当日黄昏,西北野战部队对蟠龙守军突然发起攻击。守军凭借外围高地和坚固工事抗击。至4日16时,西北野战部队夺取了蟠龙东山守军主阵地,黄昏攻占全部外围阵地。接着发起总攻,战至24时,攻克蟠龙镇,全歼守军6700余人,缴获面粉1.2万余袋、服装4万余套及大批武器、弹药。蟠龙战役,连同在此之前的青化砭、羊马河战役,西北野战部队三战三捷,共歼国民党军1.4万余人,从而稳定了陕北战局,为转入战略反攻奠定了基础。

进军大别山的战略目的

解放战争进行到1947年6月,全国形势发生了显著变化。国民党军由430万人下降为370余万,虽然在兵力上仍占优势,在战略全局上也仍保持进攻态势,但因机动兵力不足,在东北和华北战场已转为守势;在南部战线,除对陕北、山东解放区实行重点进攻外,鲁西南、豫皖苏边界直至大别山地区兵力薄弱,形成两头重、中间轻的"哑铃型"态势;又因整师整旅不断被歼,士气日益低落,官兵厌战情绪增长,战斗力下降;国民党政府在政治、经济方面也已陷入困境。人民解放军则由120余万人上升到195万人,虽然在兵力装备上仍居劣势,但握有战略机动力量;在战略全局上除陕北、山东战场尚处防御地位外,其他各战场已逐步转入战略性反攻阶段;部队士气高涨,战斗力不断提高;广大解放区的土地改革已基本完成,后方日趋巩固。但大部分解放区遭受战争破坏,人力、物力损耗巨大。为了粉碎国民党军将战争继续引向解放区,进一步消耗解放区人力、物力,使人民解放军不能持久作战之战略企图,中国共产党中央委员会制定了以主力打到外线去,将战争引向国民党区域,在外线大量歼灭敌人之战略方针,并决定将战略进攻的主要方向置于战略地位重要、国民党军防御薄弱的鄂豫皖三省边界大别山地区。

三路大军经略中原

1947 年 6 月,中共中央根据敌我战略形势的变化,果断地制定了由战略防御转入战略进攻,以主力打到外线去,将战争引向国民党区域,在外线大量歼灭敌人的战略方针;并决定将战略进攻的主要方向,置于既是敌人要害又是敌人防御薄弱地带的中原地区。根据这一方针,中共中央军委采取的战略部署是:以晋冀鲁豫野战军司令员刘伯承、政治委员邓小平率野战军主力(又叫作刘邓野战军),实行中央突破,南渡黄河,在鲁西南地区尽量多地歼灭敌军,然后以跃进方式挺进大别山地区,建立根据地;以晋冀鲁豫野战军第 4 纵队司令员陈赓、政治委员谢富治率野战军一部(又叫作陈谢集团)为右后路军,直出豫陕鄂边区,建立根据地;以华东野战军司令员兼政治委员陈毅、副司令员粟裕率外线兵团(又叫作陈粟野战军)为左后路军,从鲁西南挺进豫皖苏边区,扩大原有根据地。这三路大军以"经略中原"为目标,互为犄角,配合作战,开辟江淮河汉间新的解放区。以西北野战军攻打榆林,调动进攻陕北的敌军北上,以华东野战军内线兵团在胶东作战,继续把进攻山东的敌军引向海滨,来策应三军挺进中原的行动。同时,还决定其他战场的人民解放军继续在内线发动攻势,从战略上配合外线作战。

鲁西南战役

为了打破敌人的围堵,刘伯承、邓小平发起鲁西南战役。1947 年 7 月 8 日晨,第 1 纵队攻克郓城,全歼整编第 55 师师部及 2 个旅,吸引金乡之敌北援;10 日夜,第 6 纵队全歼定陶之第 153 旅,第 2 纵队收复曹县城,第 3 纵队进至定陶以东待机。此时,王敬久集团向北增援的部队已进至六营集、独山集、羊山集之线摆成一字长蛇阵。刘、邓当即率部东进,对北援的王敬久集团进行分割包围。于 14 日将整编第 70 师 1 个半旅和整编第 32 师 1 个旅、整编第 66 师(不含第 199 旅)分别包围在六营集和羊山集;在嘉祥以西地区歼灭整编第 32 师第 139 旅;同时,以独立第 1、第 2 旅进至万福河地区阻援。当晚,对六营集采取"围三阙一"部署,以第 1 纵队在其东面布成袋形阵地;以第 6 纵队由西向东猛攻,将向东突围的国民党军全歼于预设阵地内。15 日,第 2、第 3 纵队开始攻击羊山集。

蒋介石获悉上述情况后,于 19 日飞抵开封,令王敬久亲率整编第 58 师和第 199 旅,由金乡北上解羊山集之围;并从西安、洛阳、豫北、山东、汉口等地抽调 8 个整编师和 1 个骑兵旅向鲁西南驰援。刘、邓为争取先机之利,首先将北援之第 199 旅歼灭在万福河地区;接着集中 7 个旅于 27 日夜对羊山集发起总攻,战至 28 日晚,全歼整编第 66 师师部及 2 个旅。

至此,晋冀鲁豫野战军以 15 个旅的兵力,歼灭了国民党军 4 个师部 9 个半旅约 6 万人,打乱了国民党军在南线的战略部署,开辟了挺进大别山的道路。

挺进大别山的历史意义

中国人民解放军由战略防御转为战略进攻,是解放战争的一个伟大转折。在这一历史转折关头,中共中央军委以晋冀鲁豫野战军主力组成战略突击队,在各解放区军民的策应和后面两路大军的配合下,采取无后方的千里跃进的进攻样式,直捣国民党统治的大别山区,创建了大块革命根据地,威胁其首都南京和武汉两大重镇,为转入全国性的战略进攻奠定了基础。这一创造性的战略决策、独特的战略进攻样式和丰富的作战经验,给毛泽东军事思想增添了新的内容。

清风店战役

解放战争时期,中国人民解放军晋察冀野战军和地方部队一部、在河北省保定以南清风店地区对国民党军进行的运动战战役。

1947 年秋,经过晋察冀军区部队连续打击,国民党北平(今北京)行辕被迫将所部主力 5 个军收缩于北平、天津、保定三角地带,以 1 个军驻守石家庄地区,企图依托铁路线,确保平、津、保战略要地。9 月中旬,东北民主联军发起秋季攻势作战,蒋介石令北平行辕抽调 5 个师至北宁铁路(今北京—沈阳)沿线或出关增援东北。晋察冀野战军司令员杨得志、政治委员罗瑞卿、第二政治委员杨成武遵照中共中央军委和晋察冀军区指示,决心在平汉铁路(今北京—汉口)保定以北地区发起攻势作战,调动和歼灭国民党军一部,策应东北民主联军的秋季攻势。遂率所部第 2、第 3、第 4 纵队和炮兵旅及冀中军区独立第 7、第 8 旅向保定以北地区出击,采取围城打援战法,以一部兵力围攻徐水,吸引国民党军增援,以主力集结于徐水东北地区,寻机歼灭国民党援军。在获知徐水危机后,敌人调第 3 军 1.3 万人增援,被我军包围于清风店地区。发起总攻后,全歼第 3 军军部、第 7 师主力及第 22 师 1 个团,俘敌主帅罗历戎。此役,共歼灭国民党军 1.7 万余人,内俘 1.1 万余人,击落飞机 1 架,对扭转华北战局起了重要作用,并策应了东北民主联军的秋季攻势作战。

胶东保卫战

解放战争时期,中国人民解放军华东野战军东线兵团在山东省东部地区反击国民党军进攻的战斗。1947 年 8 月，华东野战军主力(不久组成西线兵团)进入鲁西南地区转入外线作战，策应晋冀鲁豫野战军主力挺进大别山；东线兵团留在内线作战。国民党军统帅部组织中原防御深感兵力不足，企图迅速结束山东战事，以便转用兵力于中原战场。为此，蒋介石亲自飞赴青岛，制定"九月攻势"作战计划，由陆军副总司令范汉杰指挥整编第 8、第 9、第 25、第 45、第 54、第 64 师及整编第 74 师第 57 旅等部共 20 个旅组成胶东兵团，在海、空军配合下，出潍县至青岛一线进攻胶东解放区，企图首先攻取平度、莱阳、烟台，逐步将华东野战军东线兵团压缩在胶东半岛的"牛角尖"内加以消灭。胶东地区三面环海，腹地多山，是华东野战军的主要后方基地。东线兵团司令员许世友、华东野战军区副政治委员兼东线兵团政治委员谭震林遵照中共中央军委关于多打中小规模歼灭战，牵制、阻击国民党军，保卫胶东解放区的指示，决定发起胶东保卫战。华东野战军东线兵团在内线运动防御，另一部在诸城地区作战威胁敌侧背，寻机在运动中歼敌。9 月 22 日阻击中歼敌 14000 余人。处于敌后的华野内线兵团施计使敌回援，歼敌 12000 余人，俘少将旅长张忠中等。从此，山东战场人民解放军开始转入战略反攻。在此期间又击退青岛增援蓬莱之敌 8 个旅的兵力。至此我军收复了胶东大片土地，迫使敌人收缩于青岛及烟台、福山、蓬莱、龙口等几个孤立的据点。持续 4 个月的胶东保卫战，我军共歼国民党军 63000 余人，彻底打破了蒋介石企图占领胶东半岛的计划，根本改变了山东战场的形势，有力地配合了外线兵团的作战。

沙家店战役

解放战争时期，中国人民解放军西北野战军在陕西省米脂县沙家店地区对国民党军进行的进攻作战。

1947 年 8 月 16 日，西北野战军撤围榆林后，以一部兵力掩护后方机关伪装主力于葭县(今佳县)附近东渡黄河，主力集结于榆林东南、沙家店西北地区隐蔽待机。国民党西安绥靖公署主任胡宗南判断西北野战军将东渡黄河避战，遂令所部整编第 1 军军部率整编第 1 师 3 个旅守备绥德，以整编第 29 军军部率 5 个旅由绥德经义合镇向葭县方向急进，整编第 36 师师部率 2 个旅自榆林经归德堡南下，企图合击西北野战军于葭县西北地区。8 月 17 日，整编第 29 军进至吉征店以南；整编第 36 师师部及第 165 旅大部为后梯队进至镇川堡，第 123 旅附第 165 旅 1 个团为前梯队向沙家店以东乌龙铺前进。西北野战军司令员兼政治委员彭德怀决心以一部兵力牵制整编第 29 军 5 个旅，集中主力乘整编第 36 师孤军冒进、侧翼暴露的有利时机，将其歼灭于沙家店地区。18 日上午，西北野战军第 3 纵队及绥德军分区部队在乌龙铺以北与整编第 36 师前梯队接触，第 1、第 2 纵队及新编第 4 旅、教导旅在常高山附近向整编第 36 师后梯队发起攻击。整编第 36 师迅即收缩于沙家店、泥沟则、张家坪地区。因山洪暴发，西北野战军前进道路被阻，遂停止进攻。20日拂晓再次发起攻击，第1、第2纵队及新编第4旅、教导旅将整编第36师前后梯队分割包围于沙家店和常高山以南地区，战至黄昏，将其全歼。与此同时，第3纵队及绥德军分区部队在乌龙铺东南地区阻击整编第29军军部所率3个旅（欠1个团）的增援，并歼其一部。此役，西北野战军共歼国民党军6000余人。至此，基本粉碎了国民党军对陕北的重点进攻，扭转了陕北战局。

石家庄战役

石家庄位于石德、平汉、正太三条铁路交会处，是华北战略要地。国民党军在原侵华日军构筑的工事基础上，经连年加修，至1947年已构成完备的环形防御体系。石家庄守军总兵力2.4万余人。晋察冀军区司令员兼政治委员聂荣臻与野战军司令员杨得志、政治委员罗瑞卿、第二政治委员杨成武等研究制定了作战计划。

11月5日夜，攻城部队南渡滹沱河，突然包围石家庄外围各据点。6日拂晓全线发起攻击，主力继续向内市沟守军阵地推进，最后全歼守军。

此役，共歼国民党军2.4万余人，缴获坦克9辆、火炮100余门、枪1万余支、铁甲车5列、机车90台、汽车280辆及大批弹药、物资，拔除了国民党军在华北的一个战略要点，使晋察冀和晋冀鲁豫两大解放区连成了一片，开创了人民解放军夺取重要城市的先例，为而后进行城市攻坚战提供了宝贵经验。

襄樊战役

解放战争时期，中国人民解放军中原野战军和中原军区部队各一部，对驻守湖北省襄阳、樊城地区的国民党军进行的进攻作战。

1948年6月，人民解放军华东野战军主力和中原野战军一部发动豫东战役，迫使国民党军从豫南、鄂北抽兵北上增援，在鄂北襄阳、樊城（今襄樊）地区仅留第15绥靖区司令官康泽率3个旅担任守备。其绥靖区司令部和第104、第164旅分别位于襄阳、樊城，第163旅旅部和1个团位于谷城，1个团位于老河口。中原野战军决定集中所部第6纵队和中原军区所属桐柏、陕南军区部队主力共14个团，由桐柏军区司令员王宏坤统一指挥，发起襄樊战役，夺取川陕鄂三省要冲襄阳、樊城。7月2日，第6纵队向河南省新野地区西进，袭占老河口。守军经谷城南撤，谷城守军也随即南逃。3日，陕南军区第12旅于谷城以南进行截击，将第163旅大部歼灭；桐柏军区主力也于茨河西北截歼其辎重营。随后，第6纵队等部沿汉水南下，于7日开始襄樊外围作战，准备首先攻取襄阳。襄阳城三面环水，一面靠山，北与樊城隔汉水相对，城南右羊祜山、虎头山等制高点，地势险要，工事坚固。攻城部队于 10 日攻占了襄阳城外东西两面守军的一些阵地。樊城守军惧歼，于 11 日渡河撤入襄阳。攻城部队鉴于襄阳南山主要阵地不易攻占，而城东、城西守军防御薄弱等情况，遂打破历史上取襄阳必先夺南山的惯例，以一部兵力牵制南山守军，集中优势兵力，用"猛虎掏心"战术，从东西两面、重点置于西面，钳击城内守军。战至 13 日，攻城部队占领西关和东关大部。南山守军于 14 日退入襄阳城内，企图固守待援。15 日夜，第 6 纵队和桐柏、陕南军区部队主力发起总攻，分别从西门、城东南与东北角 3 个方向攻入城内，并展开激烈巷战。三路部队密切协同、向心攻击，于 16 日下午合击杨家祠堂第 15 绥靖区司令部，全歼守军。此役，共歼灭国民党军 2.1 万余人，俘康泽。

济南战役

解放战争进入第三年即 1948 年秋时，形势变得更有利于人民解放军。解放区空前扩大，部队士气高昂，装备改善，攻坚作战能力提高。国民党军力量不断削弱，被迫改"分区防御"为"重点防御"，一面加强大城市的设防，一面组织若干机动兵团准备随时救援，以求保持对重要点线的控制。在华东战场，华东野战军山东兵团接连取得周张、潍县及兖州等战役胜利后，已形成对济南的包围之势。华东野战军西线兵团、山东兵团、苏北兵团已经会合。蒋介石为屏障徐州，隔断华北、华东两解放区的联系，并迟滞华东野战军南进，做出确保济南的决定，令第二绥靖区司令官王耀武率部固守济南，并在徐州及其附近地区集中 3 个兵团，准备待华东野战军进攻济南受到一定消耗后，伺机北上举行会战，还决定集中 162 架战斗机、42 架轰炸机进行空中支援。中共中央军委和毛泽东主席根据华东野战军领导人提出的作战方案，确定了"攻济打援"方针，令华东野战军秋季作战以攻克济南为主要目标，并准备歼灭徐州北援的国民党军。

整个"攻济打援"作战由华东野战军代司令员兼代政治委员粟裕指挥，攻城部队由山东兵团司令员许世友、华东野战军副政治委员兼山东兵团政治委员谭震林指挥。攻城部队攻势迅猛，以 4 天时间扫清了守军的外围据点，从四面包围了济南市区。接着于 1948 年 9 月 26 日解放了济南。国民党军先后弃城撤逃。至此，山东全省除青岛及少数边沿据点和岛屿外，均获解放。战役期间，中原野战军严密监视和牵制中原战场的国民党军，有力地策应了攻济作战。华东军区所属各军区和豫皖苏、冀鲁豫军区部队及民兵也积极配合，主动出击当面敌人，攻克据点数十处。济南战役，华东野战军经 8 昼夜激战，以伤亡 2.6 万余人的代价，共歼灭国民党军 10.4 万余人（内起义 2 万余人），俘其高级将领 23 名，缴获各种火炮 800 余门、坦克和装甲车 20 余辆、汽车 238 辆，击毁、击伤飞机 3 架。济南战役的胜利，开创了人民解放军夺取国民党军重兵坚守的大城市的先例，动摇了其据守大城市的信心,锻炼和提高了人民解放军攻取大城市的能力,并使华北、华东两大解放区连成一片,为华东野战军会同中原野战军南下陇海铁路以南举行更大规模的歼灭战创造了有利条件。

塔山阻击战

解放战争时期,中国人民解放军东北野战军第4、第11纵队等部在辽沈战役中,为保障主力夺取锦州,于辽宁省锦州西南塔山地区对增援锦州的国民党军所进行的防御作战。塔山阻击战鏖战六昼夜,东北野战军阻援部队共歼国民党军6000余人,守住了阵地,保障了主力部队的侧后安全和攻锦作战的胜利。

锦州战役

锦州西距山海关近200千米,东距沈阳230千米,是国民党军东北"剿总"与华北"剿总"连接的枢纽,战略地位十分重要。遵照中共中央军委关于集中主力、东野大军首先攻占锦州的指示,东北野战军司令员林彪、政治委员罗荣桓决定以5个纵队16个师和炮兵纵队主力夺取锦州。锦州攻坚战分为两个阶段:第一阶段,扫清锦州外围据点;第二阶段,总攻锦州城垣。1948年10月14日10时,东北野战军集中火炮360余门,向锦州城发动猛烈轰击,为步兵突击扫除障碍。11时左右,突击部队迅速突入城内,在打退守军的多次反扑后,继续向纵深发展。后续梯队及时投入巷战。15日拂晓,攻城部队胜利会师,歼灭范汉杰指挥所和第6兵团部。此时,残余守军约1.6万余人退守锦州老城,企图凭坚顽抗。东北野战军第7纵队由南门和城东南角突破,第2纵队由城西北角突破,并迅速攻克该城,至18时战斗结束。

此战,东北野战军伤亡24548人,歼灭国民党军10万余人,其中俘范汉杰以下官兵8万余人,缴获大批武器弹药和其他军用物资。解放军迅速攻占锦州,使东北战局急转直下,对国民党军形成了"关门打狗"的态势。

辽沈战役

1948年9月至11月,中国人民解放军东北野战军在辽宁西部和沈阳、长春地区与国民党军展开的战略性决战,是解放战争三大战役之一。1948年,国民党军队遭到我军多次打击后,战斗力已经大大削弱,其在东北共有14个军共计44个师,加上地方保安团,约55万人。这些部队被我军分割在长春、沈阳、锦州三个互不相连的狭小地区,失去了机动作战能力。而我军已拥有 12 个步兵纵队,一个炮兵纵队,一个铁道兵纵队,17 个独立师,加上地方部队,总兵力达到 105 万。部队兵源、粮源、支前民工充足,我军在东北战场上已占明显优势。

1948 年 9 月 12 日,辽沈战役首先在北宁线义县至唐山段打响。10 月 14 日,我军对锦州发起总攻,15 日攻占锦州,全歼守敌,俘获范汉杰以下 10 万余人,而后长春和平解放。锦州、长春被我军新中国成立后,东北蒋军全军覆灭的命运已成定局。但蒋介石仍想夺回锦州,令廖耀湘兵团继续向锦州进发,并令 52 军主力抢占营口,企图将东北的残敌经陆路或海路撤逃。26 日,我军在黑山、大虎山、新民地区全线出击,对廖耀湘兵团展开大规模围歼。经两日一夜的激战,至 28 日全歼廖耀湘兵团 10 万余人。

11 月 2 日,我军解放沈阳,歼敌 13.4 万人。辽沈战役胜利结束,共歼敌 47 万人。东北全境获得解放。辽沈战役是一场规模宏大的战略决战,解放了东北全境,使全国的军事形势出现了一个新的转折点,从此,人民解放军不仅在质量上占了优势,而且在数量上也占了优势。辽沈战役的胜利,使得人民解放军拥有了一个稳定的战略后方,为后面两大战役的胜利创造了有利的条件。

淮海战役

解放战争时期,中国人民解放军华东野战军和中原野战军在华东、中原军区和华北军区所属冀鲁豫军区部队配合下,在以徐州为中心,东起江苏省海州(今属连云港),西迄河南省商丘,北至山东省临城(今薛城),南达淮河的广大区域内,同国民党军刘峙集团进行的战略决战战役,是解放战争具有决定意义的三大战役之一。

1948 年 11 月 6 日,人民解放军华东野战军、中原野战军联合举行淮海战役,整个战役由邓小平、陈毅统一指挥。东北国民党军全部被歼,徐州地区国民党军有南撤的迹象。据此,中共中央军委采取粟裕的建议,决定以 60 万兵力,全歼国民党军主力于淮河以北、陇海铁路以南、平汉铁路以东地区。11 月 6 日,淮海战役开始。12 日,开始围歼国民党军黄伯韬兵团,并将李延年兵团、刘汝明兵团分别阻于蒙城,固镇地区。蒋介石为重战宿县,调集兵力,分三路并进,淮海战役总前委决心先歼孤军冒进的国民党军第十二兵团。

11 月 24 日,国民党军黄维第十二兵团被中原野战军合围,多次突围;均被击退。12 月 4 日,国民党军杜聿明集团被华东野战军包围。15 日,中原野战军全歼国民党军第十二兵团,生俘兵团司令黄维。遵照中央军委指示,为配合平津战役作战,对杜聿明集团暂不作最后消灭,华东野战军自 12 月 16 日起,一面休整,一面围困杜聿明集团。1949 年 1 月 6 日,华东野战军发动总攻。10 日,全歼杜聿明集团,生俘杜聿明。至此,战役结束。淮海战役历时 66 天共歼国民党军 55 万余人,解放了长江中下游以北广大地区。

淮海战役胜利结束,国民党反动派的老窝南京,就完全暴露在我人民解放军的直接威胁之下。淮海战役的胜利,连同辽沈、平津战役的胜利,使国民党赖以发动反革命内战的精锐部队基本上归于消灭,中国人民革命战争的全国胜利局面,业已确定了。

平津战役

解放战争时期,中国人民解放军东北野战军和华北军区部队将国民党军傅作义集团抑留于北平、天津、张家口地区,予以各个歼灭之战略决战性战役,是解放战争具有决定意义的三大战役之一。

辽沈战役结束,全国军事形势发生新转折,蒋介石决定暂守北平、天津。1948 年 11 月,中共中央军委明确提出了抑留并歼灭傅作义集团于华北地区的作战方针,并决定发起平津战役。

战役第一阶段,人民解放军完成对傅作义集团的分割包围,切断其南撤西逃之道路。战役第二阶段,人民解放军在完成了对傅作义集团的战略包围和战役分割之后,按照毛泽东的指示精神,采取先打两头、后取中间的战法,逐次歼灭新保安、张家口、天津国民党军。战役第三阶段,天津解放后,北平国民党守军 25 万人,陷入了人民解放军的重重包围之中。中共中央军委为保护这一文化古城,决定继续进行谈判,争取以和平方式进行接管;同时,也训令部队做好强攻的准备。傅作义率部接受改编,北平和平解放。

平津战役历时 64 天,东北野战军和华北军区部队成功地将国民党军傅作义集团抑留于华北地区,进行战略包围和战役分割,予以各个歼灭,并以军事压力与政治争取相结合,实现了对北平守军的和平改编。共计歼灭和改编国民党军华北"剿匪"总司令部及 3 个兵团部、1 个警备司令部、13 个军部、51 个师(包括战役中新建和重建的军、师),连同非正规军总计 52.1 万人。人民解放军伤亡 3.9 万人。平津战役的胜利,连同辽沈战役、淮海战役的胜利,是毛泽东关于战略决战思想的伟大实践,使国民党丧失了三大精锐战略集团,国民党的统治基础发生了根本动摇,为解放战争在全国胜利奠定了巩固的基础。

绥远和平解放

1949 年初,解放战争已取得决定性胜利。国民党绥远省(今属内蒙古)政府主席、华北"剿总"驻归绥(今呼和浩特)指挥所主任董其武率 1 个兵团部、1 个军部、8 个师、8 个旅及保安部队等共 6.5 万人驻守归绥、包头地区,处境孤危。北平(今北京)的和平解放,对绥远国民党军政当局产生巨大影响,上层开始分化,董其武等主张走和平解决的道路。2 月 22 日,中共中央主席毛泽东接见为北平和平解放做了重要贡献的傅作义将军,同时就解决绥远问题进行商谈。3月,中共七届二中全会提出采用和平手段解决绥远问题的"绥远方式",即有意地保存一部分国民党军队,争取其在政治上站在革命方面,或者保持中立,以便人民解放军集中力量首先解决残余国民党军的主要部分,在一段时间后再将暂时保留的国民党军改编为人民解放军。接着,由华北人民政府和傅作义互派代表在北平谈判,拟定了包括军队划界驻防、平绥铁路通车、在绥远使用人民币和互派联络员等项内容的《绥远和平协议》草案,征得董其武同意后于6月8日签字生效。7月中旬,华北人民政府联络处进驻归绥,协助进行起义的准备工作。国民党总裁蒋介石为阻止绥远问题和平解决,不断派遣人员以威逼利诱、策动哗变等手段破坏和平协议,并于7月25日加委董其武为西北军政长官公署副长官。8月25日,中共中央委托傅作义赴绥远协助组织起义。9月19日,在解放战争胜利形势的影响和中国共产党政策的感召下,以董其武为首的39名绥远军政各界和各族代表通电宣布起义,绥远和平解放。随后起义部队改编为中国人民解放军第36、第37军,1950年12月合编为第23兵团,董其武任司令员。

太原战役

解放战争时期,中国人民解放军华北军区部队和第一、第四野战军各一部对国民党军坚固设防的山西省太原市进行的攻坚战。

1948年7月下旬晋中战役结束后,山西省除太原、大同外均告解放。国民党太原绥靖公署主任阎锡山的所辖部队已被歼灭,余部5个师和1个暂编总队收缩于太原及其外围地区,企图依托险要地形和坚固设防进行固守。为夺取太原,歼灭阎锡山集团,华北军区第一副司令员兼第1兵团司令员和政治委员徐向前奉中共中央军委命令,统一指挥11.5万余人,乘晋中战役胜利之势进逼太原,发起太原战役。乘守军脱离筑城地带予以歼灭,我军顺势夺占东山要塞。随后,在中共中央军委统一部署下缓攻太原,休整部队和开展政治攻势。

1949年2月15日,阎锡山乘飞机逃离太原,我军各部队在强大炮火支援下,采取勇猛穿插、分割包围、各个歼灭的战法,迅速突破守军防线,解放了太原城。太原战役,人民解放军伤亡1.5万人,歼灭国民党军1个绥靖公署、2个兵团部、6个军部、20个师,共毙伤俘13.5万余人。太原解放后,大同国民党守军万余人见大势已去,也于4月29日接受改编,大同和平解放。至此,山西全省解放,结束了阎锡山对山西省人民长达38年的统治。

渡江战役

解放战争时期,中国人民解放军第二、第三野战军和第四野战军一部,在长江中下游强渡长江,对国民党军汤恩伯、白崇禧两集团进行之战略性进攻战役。经过辽沈、淮海、平津三大战役以及在战略决战阶段的其他战役,国民党军大部主力已被歼灭,人民解放军已解放东北全境、华北大部、西北一部和长江中下游以北广大地区,各解放区已连成一片。人民解放军的总兵力已发展到400万人,士气高昂,装备得到进一步改善,大兵团作战的经验更加丰富,已完全有把握在全国范围内战胜国民党军。国民党军以70万兵力组织长江防御,企图阻止人民解放军渡江。

在蒋介石下野、李宗仁任代总统后,国共开始"和谈",李宗仁妄图"划江而治",最后拒绝在和谈协议上签字,1949年4月21日,我军发起渡江战役。

渡江战役历时42天,人民解放军以木帆船为主要航渡工具,一举突破国民党军的长江防线,并以运动战和城市攻坚战相结合,合围并歼灭其重兵集团。此役,人民解放军伤亡6万余人,歼灭国民党军11个军部、46个师共43万余人,解放了南京、上海、武汉等大城市,以及江苏、安徽两省全境和浙江省大部及江西、湖北、福建等省各一部,为而后解放华东全境和向华南、西南地区进军创造了重要条件。

李宗仁所谓"划江而治"

在蒋介石之后由代总统李宗仁领导的国民党南京政府于1949年春提出了"和谈"的要求,其真正的企图,是通过和谈,达到"划江而治"的目的。掌握军事实权的蒋介石,之所以退居幕后,同意让李出面谈和,更是企图阻止人民解放军渡江,而将残余部队全部撤至长江以南,组织长江防线,并在江南征集新兵,编练第二线兵团,伺机卷土重来。与此同时,蒋介石指示国民党军加紧进行战争准备,并决定在西南地区编组18个军。其国防部兵役局于3月9日宣布本年内征兵200万。4月间,在江南各省设置了14个编练司令部,组训新兵,企图将国民党军重新扩充到350万至500万人。李宗仁的真实企图是:"希望早日举行和平谈判,今后可以有一个划江而治的政治局面,希望中共军队不要渡过长江。""将来就以长江为界,暂时南北分治。"党中央毛泽东识破了李宗仁的目的,于1948年12月30日新年献词中,发出"将革命进行到底"的伟大号召。

上海战役

解放战争时期,中国人民解放军第三野战军主力对国民党军重兵据守的上海市进行的城市攻坚战。

1949年4月下旬解放军发动渡江战役以来,已歼灭了汤恩伯的大部分有生力量,其剩下的25个师约20万人退守淞沪地区,企图凭借永久工事,继续抵抗。为了解放上海,解放军第三野战军分别从浦东、浦西迫近吴淞口,阻敌退路。解放军在做了充分准备之后,发动上海战役。至 22 日,解放军已扫清上海外围之地,逼近市区,并完成对汤部的合围。解放军于 23 日晚发起总攻,部队迅速跃进,很快占领了市区和高桥、吴淞口。亲临督战的蒋介石见大势已去,遂命汤恩伯逐次掩护,从海上撤出。上船逃走的仅残兵败将 5 万余人。其余 15 万人全部被歼。5 月 27 日,苏州河以北最后一股蒋军被消灭。上海战役宣告胜利结束。

上海战役,除汤恩伯率 5 万人乘军舰撤逃外,第三野战军歼灭国民党军第 51、第 37 军和 5 个交警总队全部及第 123、第 21、第 12、第 75、第 52 军大部,共 15.3 万余人;缴获各种炮 1370 门,坦克、装甲车 119 辆,汽车 1161 辆,舰艇 11 艘。上海的解放,为继续肃清华东国民党军余部,保卫东南沿海国防,以及恢复国民经济创造了有利条件。

汉浔间渡江作战

解放战争时期,中国人民解放军第四野战军先遣兵团和中原军区部队一部入湖北省武汉至江西省九江强渡长江,对国民党军的进攻作战。1949 年 4 月渡江战役开始后,人民解放军第二野战军一举突破国民党军长江下游防线,解放了国民党政府所在地南京。在此形势下,位于武汉的国民党华中军政长官公署长官白崇禧急令所部收缩长江中游防线,将主力撤至湘赣边地区。5 月上旬,武汉(简称汉)至九江(简称浔)间长江两岸仅有第 126 军及第 46 军一部防守,武汉至嘉鱼由第 19 兵团两个军防守,武汉市由第 58 军担负城防,总兵力约 8 万人,其防御重点为长江南岸。人民解放军第四野战军为突破国民党军长江中游防线,并继续向中南地区进军,根据渡江战役的统一部署,决定由第 12 兵团司令员兼政治委员萧劲光率领先遣兵团(辖第 40、第 43 军)共约 12 万人,在中原军区一部兵力配合下,于武汉至九江间发起渡江作战。此役,解放了武汉和大冶等 16 个市、县,毙伤俘国民党军 16 万余人,接收国民党军起义部队 2 万余人。

兰州战役

解放战争时期,中国人民解放军第一野战军在甘肃省兰州地区同西北国民党军进行的决战性作战。

1949 年 7 月扶郿战役后,国民党西安绥靖公署主任胡宗南所部退至秦岭及其以南地区。西北军政长官公署长官马步芳、副长官马鸿逵为阻止人民解放军第一野战军沿西(安)兰(州)公路西进,将所部分别退守兰州、同心及其以北地区。8 月中旬,在人民解放军第二、第三、第四野战军风卷残云般的进军下,国民党政府撤逃台湾、广州、重庆等地,幻想保住西南四省,重整军备,伺机卷土重来,急需胡、马各部在西北地区作战略配合,遂在广州召开"西北联防会议",拟制订"兰州决战计划",企图以马步芳部依托兰州的坚固城防和黄河天险,吸引和消耗人民解放军兵力,会同宁夏地区的马鸿逵部和陕南陇南地区的胡宗南部,挫败第一野战军于兰州外围。兰州是西北第二大城市,为马步芳经营多年。

8月4日,第一野战军司令员兼政治委员彭德怀根据中共中央军委关于向全国进军的战略部署和对兰州作战的指示,发出攻取兰州、西宁的作战命令。8月9日至12日,第一野战军各兵团先后从陇东地区向兰州、西宁攻击前进。经过两次激烈战斗,兰州解放,接着又解放了西宁和青海。

兰州战役,包括在青海省境内的作战,第一野战军共歼灭国民党军4.2万余人,使西北国民党军主力丧失大半,打开了进军宁夏、新疆的门户,奠定了解放西北全境的基础。

宁夏战役

1949年8月,国民党军西北军政长官公署代长官马步芳所部主力在兰州战役中被歼灭后,副长官马鸿逵逃往香港,由其子马敦静指挥宁夏兵团(辖第128、第11军及贺兰军)及第81军等共7万余人的兵力,依托黄河天险,分别在同心、靖远、景泰、中卫、中宁、金积、灵武地区组成三道防线,企图阻止人民解放军北进宁夏。人民解放军第一野战军决定以第19兵团并指挥西北军区独立第1、第2师进军宁夏。第19兵团司令员杨得志、政治委员李志民指挥所部第63、第65军于9月5日和8日先后由兰州地区出发,第64军和西北军区独立第1、第2师于11日由固原、海原地区出发,分三路向银川挺进。至14日,先后解放靖远、同心、中宁等县城。15日,景泰守军新编骑兵第15旅投降。第63军主力于16日进至中卫县城以南常乐堡,歼第81军2个团。第63军第188师由景泰经腾格里沙漠于17日抵近中卫城西,与我军主力形成夹击第81军之势。在军事压力与政治争取下,19日,原国民党西北军政副长官马鸿宾与其子、第81军军长马惇靖起义(起义部队于同年12月19日改编为中国人民解放军西北独立第2军)。同日,第64军进攻金积、灵武等城镇,至21日,马部的三道防线已被全部摧毁。马敦静乘飞机逃到重庆,宁夏兵团失去指挥,贺兰军和第11、第128军相继溃散。24日,第19兵团进驻银川,宁夏遂告解放。此役,共歼灭和改编国民党军4万余人,从此结束了马氏家族对宁夏36年的封建统治。

河西战役

解放战争时期,中国人民解放军第一野战军对溃退甘肃省河西走廊地区的国民党军进行的追击战。1949 年 9 月兰州、西宁等地解放后,国民党西北军政长官公署及所属第 91、第 120 军等部自景泰向河西走廊地区溃退。人民解放军第一野战军司令员兼政治委员彭德怀决心以第 2 兵团(辖第 3、第 4、第 6 军并配属野战军炮兵团、战车营)和第 1 兵团部率第 2 军分别沿甘(肃)新(疆)、西(宁)张(掖)两条公路呈钳形实施追击。9 月 4 日,第 2 兵团由兰州地区向西挺进,沿途国民党军纷纷起义、投诚。至 22 日,第 2 兵团占领永登、古浪、武威、永昌、山丹、民勤等县城。9 月 10 日,第 1 兵团部率第 2 军从西宁地区向北迂回,翻越海拔 4000 余米的祁连山,于 17 日攻占民乐县城,歼灭国民党军骑兵第 15 旅旅部及 1 个团。18 日,又在该县西南三堡、六霸等地歼灭西北军政长官公署警卫团和第 120 军 1 个团。19 日,攻克张掖县城,再歼第 120 军 2 个团和保安部队 1 个团。20 日,第 91、第 120 军各 1 个团投诚。21 日,第 1、第 2 兵团会师张掖。24 日,逃至酒泉地区的国民党西北军政长官公署机关、后方联合勤务第 8 补给区司令部、甘肃河西警备总部和第 91、第 120 军残部共 3.5 万余人,在人民解放军的军事压力和政治争取下,宣布起义。25 日,第 2 兵团组织的快速部队进占老君庙油矿(今玉门油田)。28 日,第 1 兵团第 2 军一部进驻酒泉、安西等城镇。至此,河西战役结束。是役,共歼灭(含起义、投诚)国民党军 4 万余人,解放了河西走廊地区,为进军新疆创造了有利条件。

长沙和平解放

1948 年 6 月,在中国人民解放军不断取得胜利的形势下,蒋介石为稳住华中阵脚,并牵制桂系,任命原武汉行辕主任程潜为长沙绥靖公署主任兼湖南省政府主席。中国共产党湖南省工作委员会鉴于程潜曾与中共领导人有过合作,与蒋介石及副总统李宗仁矛盾较深,决定争取程潜靠拢人民,谋求湖南和平解放。经过政治争取和长沙各界进步人士的推动,程潜于年底定下伺机脱离国民党政府走和平道路的决心。1949 年 2 月,程潜早年的学生、第 1 兵团司令陈明仁所部由湖北调驻湖南长沙等地区。程潜向陈明仁表达了走和平起义道路的意向,陈明仁表示愿与其一致行动。4 月,中共中央主席毛泽东委托民主人士转达对程潜走和平道路的殷切期望。4 至 5 月,人民解放军发起渡江战役,解放南京、上海、杭州、武汉、南昌等地。国民党华中军政长官白崇禧率指挥所退驻长沙,破坏湖南实现和平。6 月,根据中共湖南工委提议,程潜向中共中央和毛泽东递送了起义"备忘录"。7 月下旬,宜沙、湘赣战役后,人民解放军第四野战军第 12、第 13 兵团从东西两面逼近长沙,并对其形成环形包围之势,迫使白崇禧率指挥所退到衡阳,以策应程潜、陈明仁起义。同时,第四野战军根据中共中央军委指示,派出代表团赴长沙进行谈判。程潜和陈明仁接受《国内和平协定》,于 8 月 4 日率长沙绥靖公署、第 1 兵团部和所属 3 个军部、9 个师、3 个保安师通电起义。长沙和平解放后,程潜任湖南人民临时军政委员会主任委员,陈明仁任湖南省临时政府主席。起义部队除部分叛逃外,实有 7.7 万余人,于 1949 年 10 月改编为中国人民解放军第 21 兵团,陈明仁任司令员。

赣南战役

1949 年 4 至 5 月渡江战役中,中国人民解放军第二野战军和第四野战军先遣兵团分别解放赣东北和赣西北地区。7 月上、中旬,第四野战军发起湘赣战役,解放赣西地区。此时,滞留在江西省南部地区的国民党军有第 4 兵团

长沙和平解放

部及所属第 23、第 70 军,驻赣州及其周围地区,连同驻兴国、会昌、信丰等地的保安部队共 2.5 万余人,为保存实力,准备继续南撤。第四野战军为掩护所属主力部队休整和夺取进军广东的前进基地,令第 48 军军长贺晋年、政治委员陈仁麒率所属 3 个师共 4.2 万余人由上高、南昌地区南下,发起赣南战役。7 月 26 日,第 48 军第 142 师经吉安、遂川向赣州以西推进,8 月 12 日攻占唐江,守军南撤,第 142 师在追击中歼其一部,并于 14 日占领南康,切断了赣州地区国民党军向西南撤逃的道路。第 48 军主力沿赣江以东南下,占领兴国、雩都(今于都),然后向赣州进击。赣州守军大部向龙南,一部向会昌方向退却。第 48 军于 14 日解放赣州后,分兵继续追击。第 143 师攻占信丰、安远,在信丰以南连续突破国民党军三道阻击阵地,解放龙南、定南、虔南(今全南)等地,歼国民党军一部;第 144 师解放会昌、瑞金、宁都;第 142 师一直追至赣粤边界地区,29 日战役结束。是役,第 48 军仅伤亡 200 余人,歼灭国民党军近万人,解放县城 14 座,为第四野战军主力而后进军广东创造了有利条件。

长山列岛战役

长山列岛位于山东半岛与辽东半岛中间,扼渤海湾门户,由南、北长山岛等 17 个岛屿组成。山东省大部解放后,退据长山列岛的国民党军陆战第 2 团等部,破坏渔业生产和海上交通,妄图封锁渤海湾。1949 年 8 月,中国人民解放军山东军区指挥第 24 军第 72 师、炮兵第 13 团和警备第 4、第 5 旅进行解放长山列岛的作战。11 日晚,第 72 师和警备第 4、第 5 旅分别从蓬莱县刘家旺、栾家口、解宋营起渡。12 日凌晨,警备第 4、第 5 旅攻

占长山列岛两翼大小黑山岛、大小竹山岛，牵制停泊在南北长山岛的国民党军舰艇。第72师在友军配合下，接近南北长山岛，并在炮火掩护下迅速登岛，与守军展开激战，上午攻占南长山岛，下午占领北长山岛。而后以警备第5旅为主，向砣矶岛、大小钦岛、南北皇城岛发起进攻。至18日下午，守军残部弃岛逃遁，战役结束，山东省全境解放。

衡宝战役

解放战争时期，中国人民解放军第四野战军主力和第二野战军一部在湖南省衡阳、宝庆地区，对国民党军白崇禧集团进行的进攻作战。1949年8月长沙和平解放后，人民解放军第四野战军主力和第二野战军一部挺进到江西省南部和湖南省东北部地区。由湖北省南撤的国民党军华中军政长官白崇禧集团被迫调整部署，将其主力5个兵团11个军31个师共20万余人退据以衡阳、宝庆（今邵阳）为中心的湘南地区，与华南军政长官余汉谋集团组织"湘粤联合防线"，企图在川湘鄂边区绥靖公署主任宋希濂集团呼应下阻止人民解放军南进，战况不利时再退向广西、海南岛或贵州、云南，或逃往国外。国民党军主要集结防守于衡阳、宝庆等地。为歼灭白崇禧集团，第四野战军司令员林彪、第二政治委员邓子恢遵照中共中央军委主席毛泽东关于对白崇禧集团取大迂回动作，插至敌后，先完成包围，然后再回打的方针和部署，统一指挥第四野战军第12、第13、第15兵团和第二野战军第4兵团，分成中、西、东三路进军华南，同时发起衡宝战役和广东战役。参加衡宝战役的中、西两路军共约40万人。

白崇禧发现人民解放军突破其"湘粤联合防线"左右两翼，并已楔入腹心，即令所属主力向广西方向撤退，改守湘南新宁、零陵、新田、嘉禾一线。在衡宝地区仅留第14军第10、第62师等部于桃花坪、宝庆间警戒，掩护主力撤退。第四野战军发现白崇禧集团已全线收缩，即令各部队坚决进行阻击和追击，白崇禧集团大部逃往广西。

衡宝战役，是人民解放军向中南进军中具有决定意义的战役之一，历时34天，歼灭国民党军4.7万余人，解放了湘南和湘西大部地区，为而后第四野战军主力进军广西全歼白崇禧集团和第二野战军经湘西进军西南创造了有利条件。

新疆和平解放

1949年5月，中国人民解放军第一野战军在司令员兼政治委员彭德怀指挥下开始进军西北，对国民党军实施战略追击。至9月，歼灭了西北地区国民党军大部，解放陕西、甘肃、宁夏、青海四省，挺进甘肃河西走廊，主力集结于酒泉、玉门、安西、敦煌一线，威逼新疆。早在1949年3月中共七届二中全会上，中共中央主席毛泽东就提出了解决残存国民党军的天津、北平（今北京）、绥远三种方式。8 月，中共中央提出和平解放新疆的主张，并派出人员赴新疆做促进和平解放的工作。9 月 10 日，曾担任过国民党西北行营主任兼新疆省主席、年初到北平同中共谈判未归的国民党政府首席代表张治中，受毛泽东委托，致电国民党军新疆警备总司令陶峙岳和新疆省政府主席包尔汉，敦促起义。陶峙岳、包尔汉接受了中共中央提出的八项和平条件。9 月 23 日，陶峙岳派代表到兰州，与彭德怀商谈和平解放新疆事宜。同时，陶峙岳和包尔汉共同挫败了新疆国民党军中的少数顽固分子企图破坏和平解放新疆的阴谋。9 月 25 日至 26 日在迪化（今乌鲁木齐）先后通电，率所部 7 万余人起义。新疆宣告和平解放。

福州战役

解放战争时期，中国人民解放军第三野战军第 10 兵团对福州地区国民党军进行的进攻作战。1949 年 4 至 5 月间，人民解放军举行渡江战役，解放了南京、上海、武汉和苏南、皖南、浙西、赣东北、闽北等广大地区。败退的国民党军以第 6、第 22、第 8、第 12 兵团在福州、厦门、漳州和闽粤交界地区设防，企图阻止人民解放军向闽中、闽南推进，以屏障台湾。福州为福建省省会，地处闽江下游，毗连重要军港马尾，闽江横贯市区南部，北部、东部有大、小北岭和鼓岭为屏障。国民党福州绥靖公署主任朱绍良、第 6 兵团司令官李延年率 5 个军 13 个师约 6 万人驻守福州地区。7 月，国民党总裁蒋介石到福州，布置增修工事，调整兵力，加强防御。第三野战军第 10 兵团（辖第 28、第 29、第 31 军）在上海战役后奉命进军福建。战役于 8 月 6 日打响。17 日晨，第 10 兵团攻占福州市区后，留一部兵力担任警备任务，主力追击逃敌，至 23 日，除第 96 军一部逃往漳厦地区外，其余均被歼灭于福清、永泰以北和乌龙江以南地区。此役共歼灭国民党军 4 万人，解放了福州市和周围县城 9 座及军港马尾。

漳厦金战役

1949 年 8 月下旬福州解放后，国民党军固守以漳州、厦门、金门岛为重点的福建省南部沿海地区，以屏障台湾。第三野战军第 10 兵团司令员叶飞、政治委员韦国清根据当时敌情，决定首先攻歼漳州地区及金门、厦门岛外围守军，扫清南下的海陆通道，而后同时攻取金、厦两岛。9 月 10 日前后，第 10 兵团主力由福州、福清南下泉州、安溪地区，稍做准备后即发起漳厦金战役。第 29 军直插云顶岩、曾厝按、黄厝，第 31 军直插厦门市区。17 日晨，第 31 军 1 个营再次攻击鼓浪屿，登陆成功，守军投降。至 11 时解放厦门全岛，歼守军 2.7 万余人，其第 166 师逃往小金门。此役，共歼灭国民党军近 4 万人，解放了福建省南部大陆和除金门、马祖、东山等岛以外的全部沿海岛屿。金门岛登陆作战受挫,为而后渡海登陆作战提供了经验教训。

成都战役

1949 年 12 月,中国人民解放军第二野战军主力在四川省成都地区围歼国民党军胡宗南集团等部的作战,是进军西南的决定性战役。人民解放军第二野战军主力及第四野战军一部,在第二野战军司令员刘伯承、政治委员邓小平指挥下,自 1949 年 11 月初开始进军西南以来,以大迂回、大包围动作,先后解放了湖北省西部,贵州全省和四川省东部、南部广大地区,并从东南西三面逼近成都。由第一野战军转隶属第二野战军建制的第 18 兵团在西北军区司令员贺龙指挥下,于秦岭地区完成抑留川陕甘边区绥靖公署主任胡宗南集团的任务后,于 12 月初兼程南下,对南撤的胡宗南集团跟踪追击,从北面逼近成都。11 月 30 日,重庆解放前夕,国民党总裁蒋介石偕要员逃到成都,企图以撤退到成都地区的国民党军保住川西地区,背靠康、滇山区,等待时机,图谋反攻,敌军共约 32 万人。由于第二野战军各部队正向成都地区进逼,国民党华中军政长官白崇禧所部也已在广西被歼灭,蒋介石眼看割据西南、待机反攻之战略企图已经破灭,于是任命胡宗南为西南军政长官公署副长官兼参谋长,代行长官职权,全权指挥川西地区国民党军进行抵抗,自己则飞往台湾。刘邓指挥第二野战军部队将数十万国民党军全部被包围于成都地区,节节推进。国民党军投降的投降,起义的起义,成都宣告解放。30 日,第二野战军第 18 兵团进驻成都。此役,第二野战军以强大军事压力和政治攻势,使成都地区国民党军 30 余万人大部起义,一部被歼,只有少数溃散和逃往西昌地区。至此,国民党军在大陆上的最后一个战略集团被歼灭。国民党当局盘踞川西、待机反攻的企图被粉碎。

舟山群岛战役

1949 年 8 月至 1950 年 5 月,中国人民解放军第三野战军一部对驻守舟山群岛的国民党军进行的进攻作战。

1949 年夏,上海市和浙江省大陆解放后,国民党军第 75、第 87 军和暂编第 1 军等共 10 个师约 6 万人退据舟山群岛,企图对上海、杭州地区实行海上封锁,并屏障台湾。第三野战军第 7 兵团奉命以第 22 军指挥第 21 军第 61 师,采取逐岛攻占方针,解放舟山群岛。8 月 18 日晚,渡海登陆部队分三路向舟山外围岛屿发起进攻,逐次攻占舟山外围岛屿 30 多个,取得了渡海作战经验,夺取了前进阵地,为进攻舟山本岛创造了有利条件。作战期间,国民党军陆续从台湾、金门等地调兵增援,使舟山本岛总兵力达 5 个军,连同海、空军及特种部队约 12 万人,并加筑工事,抢修机场,企图固守。1950 年 4 月,第三野战军为保证战役全胜,决定增至 6 个军和特种兵纵队炮兵一部参战,组成南、北两个集团,分由第 7、第 9 兵团指挥,并延长了进攻舟山本岛的准备时间。各参战部队筹集船只,进行渡海登陆训练。在进攻舟山本岛作战即将发起之际,国民党军鉴于海南岛已失,为集中兵力确保台湾,遂于 5 月 13 日开始将据守舟山的部队秘密撤退。16 日,第 7 兵团组织部队渡海登岛,追歼逃敌,相继占领定海、朱家尖、岱山、普陀山、长涂山等岛,至 19 日舟山群岛全部解放。此役,共歼国民党军 8850 余人。舟山群岛的解放,打破了国民党军对长江口的封锁,对建设上海和巩固浙东海防具有重要意义。

西昌战役

1949 年 12 月 28 日,从成都逃往海南岛的国民党西南军政长官公署代长官胡宗南返回西康省(今分属四川、西藏)西昌,与西昌警备司令贺国光纠集由四川逃出的国民党军第 27、第 56、第 2、第 124 军等残部及西昌警备司令部所属 1 个多师共约 3 万人,盘踞西昌地区,企图建立"游击根据地"。1950 年 3 月 12 日,中国人民解放军西南军区暨第二野战军以第 14、第 15、第 62 军各一部,共 13 个团的兵力发起西昌战役。大军对西昌形成南北夹击之势。胡宗南、贺国光仓皇乘飞机逃跑,守军纷纷溃逃。第 27、第 56 军残部逃向西昌以北小相岭山区。第 62、第 15 军随即对其实施合击,在彝族群众的帮助下,至 4 月 5 日,全歼被围困在小相岭山区的国民党军,毙原西南军政长官公署副长官、四川第 1 路游击总指挥唐式遵等。第 14 军和桂滇黔边纵队各一部于 3 月 20 日分别由禄丰、宾川北进,渡金沙江,猛追八昼夜,在宾川、邓川(今属洱源)一带歼灭由西昌地区南逃的第 124 军残部。第 62 军另一部于 3 月 17 日由雅安西进,至 24 日,解放泸定、康定,歼第 127 军残部。此役,歼灭国民党军 1 万余人,解放了西昌地区和巧家、华坪、康定、泸定等 18 座县城。

平而关战役

1949 年 12 月广西战役中越国境外逃的国民党军第 17 兵团部及所属第 100 军残部,于 1950 年 1 月 31 日在兵团司令官刘嘉树率领下,辗转回窜广西龙津县水口关(今龙州水口街)东北地区,企图寻机经平而关进入十万大山,逃往海南岛或台湾。正在南宁地区担负剿匪任务的中国人民解放军第 45 军第 134 师奉命歼灭该敌。由于得到的情报是国民党军仅 1000 余人,决定就近调集 4 个多营约 3000 人的兵力,由副师长张晓冰指挥,以 1 个营隐蔽集结于水口关以南那菊卡、龙村地区,2 个营秘密进至龙州西北科甲地区,1 个营集结于南宁西南苏圩地区,准备待国民党军深入内地后,采取分进合击战术予以歼灭。

2月1日,国民党军攻击水口关,第134师驻水口关1个排阻击后即主动撤离。4日,国民党军由水口关南进,5日进至平而关地区。第134师在苏圩的1个营即乘汽车疾进,占领平而关以南的南大山,截断了国民党军去路;其余3个营同时急速南进,于5日下午将其包围于平而关地区。此时,才发觉国民党军有6700余人。第134师遂进行火线政治动员,同时组织部队猛烈攻击。国民党军为了打通前进道路,全力争夺南大山,连续冲击10余次,均被击退。6日上午,第134师将国民党军压缩在平而关南面的河谷内,激战至7日上午将其全歼。此次战斗,第134师行动迅速,战术灵活,打得勇猛,取得了以少胜多之战绩。

海南岛战役

解放战争时期,中国人民解放军第四野战军第15兵团部指挥两个军,在琼崖纵队接应下渡海登陆,对退守海南岛的国民党军进行的进攻作战。海南岛又称琼崖,为中国第二大岛,面积3.2万多平方千米,海岸线长1584千米,北隔琼州海峡,宽11~27海里,与雷州半岛相望。中国人民解放军琼崖纵队在中共琼崖组织领导下,坚持斗争23年,建立了以五指山为中心的根据地,至1949年底,部队发展到2.5万人。岛上国民党军为海南防卫总司令薛岳所部总兵力10万余人,组成"立体防御",企图凭险固守,把海南岛当作反攻大陆的基地。

海南岛战役

第四野战军根据中共中央军事委员会关于慎重从事,充分准备,争取于1950年春夏解决海南岛问题的指示,以第15兵团司令员邓华、政治委员赖传珠指挥第40、第43军及炮兵、工兵各一部共10万余人,组成渡海作战兵团,征集大小帆船,准备解放海南岛。在琼崖纵队独立团接应下,大军两次渡海成功,逐步推进,解放了海口、三亚等城市。薛岳所部紧急逃亡至台湾。是役,人民解放军歼灭国民党军3.3万余人,创造了以木帆船为主,配以部分机帆船进行大规模渡海登陆作战,摧毁了国民党陆海空军"立体防御"体系的战例,为解放其他岛屿的作战提供了宝贵经验。

万山群岛战役

1950年5至8月,中国人民解放军中南军区陆、海军各一部对国民党军据守的广东省万山群岛进行的进攻作战,是人民解放军海军初建时期协同陆军进行的首次登陆作战。

万山群岛有48个岛屿,位于广东省珠江口外,居香港与澳门之间,扼广州门户。主要岛屿有垃圾尾(今桂山)、外伶仃、东澳、三门、大小万山岛和担杆、佳蓬列岛等。1950年5月1日海南岛解放后,国民党海军企图控制进出香港、澳门的主要航线,封锁珠江入海口,阻止人民解放军解放万山群岛。人民解放军第15兵团积极备战,为统一指挥,在兵团副司令员兼广东军区江防部队司令员洪学智指挥下,由各参战部队主要指挥员组成联合指挥所。5月8日参战部队在中山县沿海集结,5月25日凌晨,登陆输送船队和火力支援船队由唐家湾起航,26至28日,登陆部队相继占领牛头、垃圾尾、蜘洲、大磦、大头洲、东澳及大小万山等岛。8月7日,我军攻占蚊尾洲,战役结束。

万山群岛战役历时75天,人民解放军攻占了万山群岛各岛屿,共毙伤俘国民党军700余人,击沉其舰艇4艘,击伤11艘,缴获舰船11艘。万山群岛的解放,打破了国民党军对珠江口的海上封锁,对于巩固华南海防、保证海上渔业生产和交通运输的安全具有重要意义。

一江山岛战役

中国大陆解放后,国民党军残余部队退据东南沿海部分岛屿。台湾国民党当局企图利用这些岛屿作为护卫台湾的屏障,反攻大陆的跳板,袭扰大陆的基地。国民党军在浙东沿海所据守的岛屿,经过几年经营,已构成防御体系,其防务由"大陈防卫区司令部"组织实施,刘廉一任总指挥。守军主要是美械装备的第46师和6个突击大队,还有10余艘海军舰艇经常在此海域游弋,总兵力达2万余人。一江山岛由南一江、北一江两岛组成,是国民党军威胁浙江的主要据点。1954年5月中旬,人民解放军华东军区部队攻占了东矶列岛、头门山、田岙、雀儿岙等岛。1955年1月18日,中国人民解放军华东军区陆海空军各一部发起一江山岛登陆作战。此役,共毙俘国民党军1086人。

一江山岛解放后,浙东前指为了实现解放大陈等浙东沿海岛屿的既定计划,于1月30日下达准备攻占大陈岛的预令。台湾当局被迫于2月5日决定将国民党军撤离以大陈岛为中心的台州列岛。至2月25日,在美国海空军掩护下,国民党军全部撤离。至此浙东沿海岛屿全部解放。

一江山岛战役，是人民解放军陆海空军首次联合登陆作战。解放一江山岛，改变了台湾海峡的斗争形势，初步取得了联合兵种协同作战的经验。

炮击金门

新中国成立后，台湾国民党当局在美国支持下，不断派遣陆海空军，以金门、马祖等岛屿为前哨据点，对大陆东南沿海地区进行袭扰和破坏活动，妄图进而"反攻大陆"。

炮击金门

1954年12月，美国政府和台湾当局签订《共同防御条约》，企图使入侵台湾海峡的美国军队取得合法地位，并增加兵力，扩建军事基地，继续给予台湾当局大量军事援助并制造"两个中国"，以阻挠中国人民解放台湾。在这个条约的策划阶段，人民解放军福建前线部队奉命于1954年9月3日和22日两次炮击金门，惩罚国民党军，表明反对美国干涉中国内政的严正立场。

1958年7月，在美国、英国先后出兵侵略黎巴嫩、约旦之际，台湾国民党当局在美国支持下，企图趁火打劫，叫嚷"加速进行反攻大陆的准备"，中国人民解放军福建前线部队为了对据守福建省金门岛的国民党军进行惩罚，进行了大规模炮击封锁行动。

1959年1月9日，中共中央军委决定"今后逢单日不一定都打炮"。此后福建前线部队炮击次数逐渐减少，只是在1960年6月17、19日，即美国总统艾森豪威尔访问台湾前夕和离台时，进行了更大规模的示威性炮击，发射炮弹数万发。由于精心观测和射击，弹着点都在滩头、水洼和阵地之间，未造成伤亡。1961年12月中旬起，遵照中央军委关于保持台湾海峡局势稳定，不主动打击金门国民党军的指示，福建前线部队只在单日以宣传弹进行射击。1979年1月1日，中美两国建交，美国政府和台湾国民党当局的《共同防御条约》即告终止。同日，中国全国人民代表大会常务委员会发表《告台湾同胞书》，宣布争取和平统一祖国的方针。国防部部长徐向前发表《关于停止炮击大、小金门等岛屿的声明》，福建前线部队对金门的炮击即告停止。

抗美援朝战争的历史背景

1950年6月25日，朝鲜内战爆发。美国为了维护其在亚洲的霸权地位，推行侵略政

策,立即出兵干涉。26 日,美国总统杜鲁门命令美国驻远东的海、空军参战,支援南朝鲜

抗美援朝战争

(韩国)军。27 日,杜鲁门发表声明,宣布派兵入侵朝鲜,并令美国海军第 7 舰队侵入台湾海峡,侵占中国领土台湾。美国操纵联合国,制定了干涉朝鲜的决议。9 月 15 日,美军以其第 10 军在朝鲜西海岸仁川登陆,并越过 38 度线,企图迅速占领全部朝鲜。朝鲜民主主义人民共和国处境危急。中共中央做出"抗美援朝、保家卫国"的决策。1950 年 10 月 19 日,中国人民志愿军在司令员兼政治委员彭德怀率领下,跨过鸭绿江,开赴朝鲜战场,与朝鲜人民军并肩作战。

抗美援朝战争第一次战役

1950 年 10 月 25 日,志愿军发起抗美援朝战争第一次战役,以 1 个军的主力配合朝鲜人民军在东线进行阻击,集中 5 个军和 1 个师于西线给"联合国军"以突然性打击,将其从鸭绿江边驱逐到清川江以南,毙伤俘敌 1.5 万余人,挫败了"联合国军"企图在感恩节(11 月 23 日)前占领全朝鲜的计划,初步稳定了朝鲜战局,并取得了以劣势装备同具有现代化装备的美军作战的初步经验。

抗美援朝战争第二次战役

1950 年 11 月 7 日至 12 月 24 日,中国人民志愿军在朝鲜人民军配合下,将美国为首的"联合国军"及其指挥的南朝鲜(韩国)军诱至预定战场后,对其突然发起反击之战役。11 月 24 日,"联合国军"发起旨在圣诞节结束朝鲜战争的总攻势。志愿军按预定计划,故意示弱,将"联合国军"诱至预定地区后,立即发起反击,予以出其不意的打击。"联合国

军"兵败于西部战线的清川江两岸和东部战线的长津湖畔,被迫弃平壤,丢元山,分从陆路、海路退至"三八线"以南。志愿军在朝鲜人民军配合下,又赢得抗美援朝战争第二次战役的重大胜利,毙伤俘敌3.6万余人,其中美军2.4万余人,扭转了朝鲜战局。

抗美援朝战争第三次战役

"联合国军"在战场上连遭失败,为挽回败局,美国于12月14日操纵联合国大会通过成立所谓"朝鲜停战三人委员会"的决议,打出"先停火,后谈判"的幌子,企图争取时间,整军再战。为不给"联合国军"以喘息时机,在政治上取得更大主动,毛泽东决定志愿军立即越过"三八线"。据此,志愿军同朝鲜人民军一起于1950年除夕发起抗美援朝战争第三次战役。这次战役,采取稳进的方针,志愿军集中6个军,在人民军3个军团协同下,对依托"三八线"既设阵地进行防御的"联合国军"发起全线进攻,将其从"三八线"击退至北纬37度线附近地区,占领汉城,并适时停止了战役追击,第三次战役结束,共毙伤俘敌1.9万余人。

抗美援朝战争第四次战役

"联合国军"在中朝人民军队第一、第二、第三次战役的打击下,丢失汉城,退至北纬37度线附近地区。为恢复攻势,挽回其失败影响,美国操纵联合国大会第一委员会通过所谓"立即安排停火"的"五步方案",同时从美国本土和其他地区迅速抽调大批老兵补充在朝部队。1951年1月25日,美军在全线发起大规模进攻。中朝人民军队停止休整,转入防御作战。为争取时间,掩护后续兵团集结,大量杀伤敌人有生力量,中朝人民军队决定以志愿军1个军和人民军1个军团组成西集团,在西线抗击敌人主要进攻集团;以志愿军4个军组成中央集团,以朝鲜人民军3个军团组成东集团,在东线寻敌弱点,实施反击。在西线,中朝军队将进攻之敌阻止在汉江以南的内飞山、文衡山、武甲山、杨子山一线。在东线,南朝鲜军和美军一部进到砥平里、横城、下珍富里、江陵一线,其中,南朝鲜军第8、第5、第3师前进至横城以北约10公里,态势突出,翼侧暴露。中朝人民军队决心乘此有利时机,采取两翼突击和正面攻击相结合的战法,实施横城反击作战。2月11日,中朝人民军队向横城以北之敌发起反击。中央集团经一昼夜激战,将南朝鲜军第8师3个团、美军第2师1个营和4个炮兵营歼灭。东集团在突破后,向平昌、宁越方向发展。中央集团攻砥平里未克,遂停止进攻。3月7日,"联合国军"集中兵力,开始在整个战线发动猛烈进攻。中朝人民军队节节阻击,大量地杀伤敌人。至4月21日,将敌阻止在开城、涟川、华川、杆城一线,迫使其基本上停止了进攻,第四次战役遂告结束。

此役,中朝人民军队历时 87 天,毙伤俘敌 7.8 万余人,完成防御任务,赢得时间,掩护了志愿军后续兵团集结,为进行第五次战役创造了有利条件。

抗美援朝战争第五次战役

1951 年 4 月 22 日,中朝人民军队发起抗美援朝战争第五次战役。首先集中志愿军 11 个军和人民军 1 个军团于西线实施主要突击,再次越过"三八线",直逼汉城;接着,志愿军又转移兵力于东线,同人民军一起给予县里地区的联合国军以歼灭性打击。胜利后,中朝人民军队为保持主动,向北转移,准备新的作战,至 6 月 10 日,将战线稳定在"三八线"南北地区,此次战役历时 50 天,毙伤俘敌 8.2 万余人。

上甘岭战役

抗美援朝战争中,中国人民志愿军为粉碎美国为首的"联合国军"及其指挥的南朝鲜(韩国)军"金化攻势",于 1952 年 10 月 14 日~11 月 25 日,在上甘岭地区依托坑道工事,所进行的坚守防御作战。1952 年秋,志愿军和朝鲜人民军全线性战术反击作战取得节节胜利,"联合国军"处境愈加被动。在朝鲜停战谈判中,美方坚持所谓"自愿遣返"原则,企图强行扣留中朝人民军队被俘人员,并于 10 月 8 日单方面宣布无限期休会。时值美国总统选举和联合国第七届大会召开前夕,"联合国军"为适应政治斗争需要,谋求在停战谈判中的有利地位,并伺机夺取志愿军中部战线要点五圣山以改

上甘岭战役

善防御态势,摆脱战场上的被动局面,于 10 月 14 日发动"金化攻势",向上甘岭地区的 597.8 高地和 537.7 高地北山实施进攻。

志愿军为坚持持久作战,巩固已有阵地,创造性地建成了以坑道工事为骨干、同野战工事相结合的支撑点式的坚固防御体系。从而由带机动性质的积极防御,转为带坚守性质的积极防御;由主要用于坚守战线、消耗敌人的阵地防御,逐渐转向以歼灭敌人为主的阵地进攻,攻防作战均处于更加主动地位,取得了上甘岭战役的胜利,粉碎了"联合国军"发动的规模较大、持续时间较长的"金化攻势"。

金城战役

抗美援朝战争1953年夏季反击战役中,中国人民志愿军第20兵团在第24军配合下,于7月13日至27日,对金城以南地区向朝鲜(韩国)军4个师防守的坚固阵地实施的进攻作战,是抗美援朝战争的最后一次战役。此役历时15天,毙伤俘敌5.2万余人,有力促进了朝鲜停战的实现。

奇袭白虎团

抗美援朝战争1953年金城战役中,中国人民志愿军第68军第203师穿插至直木洞以南地区,袭击南朝鲜(韩国)军首都师第1团(白虎团)的作战。7月14日零时,由第609团第2营和第607团侦察班组成的穿插营,在师主力攻占南朝鲜军第一线主阵地的同时,迅速通过3千米的炮火封锁区,向其纵深疾进。途中遇南朝鲜军约1个连的兵力向北增援,穿插营先头第5连当即以猛烈的火力将其大部歼灭。零时50分,进至三南里后,第5连向上枫洞方向前进;第4、第6连以侦察班为先导,向二青洞猛插。1时40分,在二青洞沟口与乘坐40余辆汽车的南朝鲜军机甲团第2营遭遇,当即对其首尾夹击,予以大部歼灭。由副排长杨育才带领的侦察班(12人),化装成护送美军顾问的南朝鲜兵,巧妙越过多道岗哨,冲破南朝鲜军增援部队阻拦,迅速插至白虎团团部,趁敌开会之际,突然开火,毙伤参加会议的机甲团团长以下54人,俘16人,缴获了白虎团团旗,捣毁了该团指挥系统。穿插营继续分路作战,先后击毁2辆坦克,歼灭多管火箭炮连和美军第555榴炮营,于2时40分占领421.2高地及其以南诸高地,完成了穿插任务。这次战争,对师主力全歼白虎团起了重要的配合作用。

朝鲜停战谈判

中国人民志愿军以顽强的意志、无比的勇气和智慧,战胜了许多困难,同朝鲜人民军并肩作战,取得了抗美援朝战争的胜利。面对一连串的失败和军事上的重创,美国和南朝鲜(韩国)在武力取胜无望的情况下,被迫表示愿进行停战谈判。最后,1953年7月27日,战争双方在朝鲜停战协定上签字。至此,历时2年零9个月的抗美援朝战争,以中朝军民的胜利和美国的失败而宣告结束。

援越抗美

1965 至 1973 年,中国人民解放军派出防空、工程、铁道、后勤保障等部队及海军扫雷工作队,对越南人民抗美救国战争所提供的军事援助。

1954 年 7 月,美国逐步取代法国渗入越南南方,扶植西贡政权,阻挠越南南北统一,企图变越南南方为美国的殖民地和军事基地。越南南方人民奋起进行武装反抗。美国为消灭越南南方人民武装力量,对越南的侵略逐步升级,特种战争升级为"局部战争"。

中国是日内瓦协议签字国之一,对维护印度支那和平负有责任。早在 1962 年夏,为援助越南南方人民抗击美国侵略,中共中央、中国政府就决定无偿给越南提供各种枪 9 万支。随着战争规模扩大,中国无偿提供的军事援助也不断增加。中国人民解放军于 1965 年 5 月至 1973 年 8 月,先后派出防空、工程、铁道、后勤等部队 23 个支队和海军扫雷工作队(12 艘扫雷艇、4 艘保障艇)共 32 万余人,到越南北方担负防空作战、国防工程建设和扫雷等任务。

1968 年 5 月 13 日,越美两国政府在巴黎开始谈判。11 月 1 日起,美军停止轰炸和炮击越南北方。经中越两国政府商定,中国防空、工程、铁道、后勤等部队于 1970 年 7 月 9 日前全部撤离越南。1973 年 8 月,海军扫雷工作队在越南东北沿海完成扫雷任务,也撤离越南回国。中国政府对越南抗美救国战争提供全面的军事援助,保卫了越南北方重要目标的安全,加强了越南北方的防御能力,保障了越南北方铁路、公路和重要港口、航线的畅通,为越南人民抗美救国战争取得完全胜利做出了重大贡献。

中印边境自卫反击战

印度 1947 年独立后,不仅继承了英国殖民主义者侵占中国的部分领土,还进一步扩大占领范围。到 1951 年前后,印度军队先后侵占了中印边界东段传统习惯线以北、非法的"麦克马洪线"以南约 9 万平方千米的中国领土,中段 2000 平方千米以及西段的巴里加斯,并企图侵占西段的 3.3 万平方千米的中国领土。印度政府还私自改画地图,把已占领和想占领的中印边界东段、中段、西段的中国领土划入印度版图。印度政府加紧进行进攻中国的准备和部署,中国政府多次提出通过谈判解决边界问题的建议,均遭印度政府拒绝。

1962 年 10 月 20 日,印度军队在中印边界东段和西段,向中国发动了大规模全面进攻。当天,中国边防部队被迫进行自卫反击。反击战分为两个阶段。在第一阶段,中国边防部队在东段收复了达旺地区被印军占领的中国领土。11 月 14 日、16 日,印度军队再次在中印边境发起进攻,中国边防部队被迫实施了第二阶段的反击。在东段击溃各路进犯之敌,并拔除印军据点 16 处,一直追击到传统习惯线附近。在西段,中国边防部队收复了班公湖地区。11 月 21 日,中国政府发表声明,宣布中国边防部队自翌日起在中印边界全线主动停火。中印边境自卫反击战的胜利,维护了国家尊严,提高了中国和中国军队在国际上的威信,并开创了胜利之师主动停火、主动后撤、主动交还缴获物资和俘虏人员的先例。

西沙自卫反击战

1974 年 1 月,中国人民解放军海军南海舰队一部与陆军分队、民兵协同,对入侵西沙群岛的南越军队进行的反击作战。位于南海的南沙群岛、西沙群岛、中沙群岛和东沙群岛,历来是中国领土。但在 20 世纪 50 年代后半期,越南南方当局侵占西沙群岛的珊瑚岛等岛屿,并对南海其它诸岛怀有领土野心。1973 年 9 月,南越当局又非法宣布将南沙群岛的南威、太平等 10 多个岛屿划入其版图。1974 年 1 月 11 日,中华人民共和国外交部发言人发表声明,谴责南越当局对中国领土主权的肆意侵犯,重申中国对南沙、西沙、中沙和东沙各群岛拥有领土主权,中国政府决不容许南越当局对中国领土主权的任何侵犯。南越当局不顾中国政府的严正警告,于 1 月 15 日派驱逐舰 16 号("李常杰"号)侵入西沙的永乐群岛海域,后强占金银、甘泉两岛,企图作为继续侵占其他岛屿的据点。中国人民解放军海军南海舰队奉命派出海军,执行巡逻任务,保护中国渔轮安全生产。

中国人民解放军海军南海舰队遵照上级指示,向被南越军队侵占的甘泉、珊瑚和金银三岛逐岛发起攻击,至 13 时 45 分收复三岛,全歼入侵的南越军队。这次战斗,中国人民解放军海军南海舰队共击沉南越海军护航炮舰 1 艘,击伤其驱逐舰 3 艘,俘 49 人(战斗结束后不久,中国即将全部俘虏遣返),收复被南越军队侵占的永乐群岛中的 3 个岛屿。这一胜利,沉重打击了南越当局的扩张主义,维护了国家领土主权。

珍宝岛自卫反击战

珍宝岛位于黑龙江省虎林市境内,在乌苏里江主航道中心线中国一侧,向为中国领土,中国居民祖祖辈辈在这里进行捕鱼等生产活动。自 1967 年 1 月至 1969 年 2 月,苏联边防军先后 16 次侵入该岛,干涉中国居民的正常通行和生产活动,阻止中国边防部队执行正常巡逻勤务,打伤中国边民和边防战士多人。中国一再严正要求苏联方面停止其武装入侵活动,苏联却置若罔闻。1969 年 3 月 2 日,苏联边防军出动 70 余人,分乘 2 辆装甲车和 2 辆军车,从珍宝岛上游的下米海洛夫卡和下游的库列比业克依内两个方向侵入

珍宝岛,袭击中国边防部队巡逻人员,打死打伤6人。中国边防部队被迫自卫反击,将入侵的苏军逐出珍宝岛。15日,苏联边防军3次出动50余辆坦克、装甲车和步兵200余人,在直升机、炮火支援下向守卫珍宝岛的中国边防分队发起猛烈进攻,并用多种火炮轰击中国境内纵深地区。中国边防部队激战近9小时,顶住了苏联边防军的6次炮火急袭,挫败其进攻。17日,苏联边防军又出动步兵70余人,在坦克支援下入侵珍宝岛。中国边防部队以炮火将其击退。中国边防部队的珍宝岛自卫反击作战,保卫了国家的领土,维护了中华民族的尊严。

法卡山战斗

法卡山位于中国广西壮族自治区宁明县上石地区边缘,海拔500米,由3个高地组成,面积为1万多平方米。越南军队侵占法卡山后,利用其有利地形,经常袭击中国边境军民。1981年5月5日,中国人民解放军广西边防部队某部第2营第4连进行反击,收复了法卡山,并随即转入保卫法卡山的战斗。10日黄昏,越军向法卡山发射炮弹约2000发,随即以1个加强连的兵力发起进攻,占领第4连前沿阵地。第4连在友邻分队配合下实施反冲击,夺下了前沿阵地。16日晨,越军又以猛烈炮火轰击法卡山,以1个团的兵力分三路发起进攻。接替第4连坚守阵地的第5连面对10倍于己的越军,顽强奋战2小时,终因寡不敌众,部分阵地失守,情况十分危急。此时,在山下的第6连主动增援,登上法卡山主阵地,勇猛地将越军击退,夺回了失去的阵地,而后连续打退越军的7次进攻,恢复了法卡山的防御态势。19日和6月7日,越军又各以约1个营的兵力向法卡山及其两侧高地进攻,均被击退。至此,越军5次进攻法卡山均遭失败。

老山战斗

老山位于中国云南省麻栗坡县船头以西,主峰海拔1422.2米,扼越南西北部河江市通向中国云南省的咽喉要道。1979年春,越南军队第313师第122团抢占了老山主峰及附近有利地形,建立4个军事据点群,频繁袭扰我边境。至1984年3月,侵占老山地区的越军向麻栗坡县境内发射炮弹2.8万余发,打死打伤中国边民300余人,炸毁民房上百幢。中国人民解放军云南边防部队于1984年4月28日发起老山反击作战。当日凌晨,炮兵对老山主峰和662.6高地实施火力急袭,突击部队采取两翼多路攻击和侧后穿插之战法,不到5个小时即收复了老山主峰。另一支部队只用了9分钟即收复662.6高地,1426高地的越军也于当日弃阵撤逃。5月15日,云南边防部队又清除了封锁中国船头通道的八里河东山越军据点。至此,全部收复老山地区被越军侵占的中国领土。

战争谜踪

战争自然之谜

战争期间出生的男孩比例高之谜

战争期间出生孩子的性别比率一直是许多人类学家很感兴趣的问题。众所周知,在战争中丧生的往往是男性多于女性,然而令人奇怪的是,战争期间出生的孩子中,男孩的比例总是呈增长的趋势。这一事实已被好多研究者所证实,但造成这种奇异变动的生物学机理又是什么呢,难道是给男性的这种额外损失提供这一种天然的补偿? 这个问题还需要科学家去做进一步的研究和探索。

令人对方位和时间产生错觉的迷魂阵村

山东省阳谷县有个神秘的村庄,名迷魂阵村,1925 年的一个夜间,一支奉系军队因参战调动,由西(莘县)往东(阿城)转移。行到阳谷县以北十五里处的迷魂阵村,因先遣部队突然迷失方向,难以出村,致使大部队无法前进而贻误战机,最后只好请当地人做向导,才顺利走出村庄。由此可见,迷魂阵村果能迷魂!

迷魂阵分为大小两个村,小迷魂阵村大,大迷魂阵村小。尤其是小迷魂阵村,始终保持着奇特的建筑格局,全村分前后两街,村庄整体走向从东北向西南又向西北,整条街中段折一大弯,呈牛角形,街道斜曲,无一致方位,房屋则随街道而建,斜度不一,方向各异,同一条街的堂屋方位角却相差 90°不等。

外地人光顾,对方向、时间均会产生错觉。随着街道斜曲和房屋的交错,会使人感到方位随时在变,南北中有东西,东西中有南北。在时间上,若依太阳定时,时差甚远,在前街不到上午 10 点,日头已是正午,而在后街看似正午,实际已是下午 4 时。当时曾有这样的民谣:"进了迷魂阵,状元也难认;东西南北中,到处有胡同;好像把磨推,老路转到黑;

媳妇进门几十冬,东西南北难说清。"

　　曾有一外来卖豆腐的老者,绕村转悠几圈没走出村,他看到好几头小花牛,曾感慨说:"这村真大,这么多的小花牛啊!"其实他所看到的却是同一头小花牛。如今,人们到了迷魂阵村仍如入迷宫,清清楚楚进去,迷迷糊糊出来。前几年,解放军总参谋部和沈阳军区等单位曾派人来做过实地考察,对其迷人处也没得出明确的结论。

　　关于迷魂阵村的历史资料甚少,只是在民国时代的石碑碑文上有这样的记载:"迷魂阵……相传为孙膑用兵地,神其术数,运其兵法,以迷魏师魂而夺其魄,以制其令者也。"

一百零八塔之谜

　　始建于西夏时期的宁夏黄河青铜峡一百零八塔,坐西朝东,背山面河,依山势分阶而建,自上而下,按一、三、三、五、五、七、九、十一、十三、十五、十七、十九奇数排列,为十二行,呈三角形布局,是我国最大的喇嘛塔群。自古以来,人们附会传说,云该塔群变幻无穷,塔数屡经计算,非一百零七,即一百零九,难得其实数。故《甘肃通志》谓此塔群为"天门阵"。

　　民国年间,某军官率部队经过此地,甚疑其说,特令所部一百零八名士兵各依一塔,从上至下,依次报数,忽失一人,得一百零七;再添一人,得一百零九。其实无他,乃先失之人鼾卧而复醒也。对此,早年有一位行视者云:在塔群中,有一塔为单底两顶,此或疑数一百零七之所由起;在塔群三边中点外约丈许,各有一塔,此或疑数一百零九之所由来。

侵滇日军折兵五万之谜

　　抗战时期日军从被占领的缅甸进攻我国云南,侵入滇西的总兵力达十万多人。在被怒江天险阻挡于滇西一隅后,据传竟有五万日军不战而亡,宛如一群恶魔陷进一片遭受报复性惩罚而无法解脱的死海之中。这又是何缘故呢?

　　新中国成立前的滇西、滇南是我国出名的烟瘴之地,其中尤以怒江、澜沧江、元江、金沙江等河谷及平坝丘陵区瘴气最甚。明代云南的著名文学家杨升庵有诗为证:"潞江八弯瘴气多","哑瘴须臾无救药"。所谓瘴气者,即是热带山林潨暑郁蒸的潮湿空气。滇西南四月至十月为雨季,温高湿重,瘴气尤为盛行,而"瘴气伤人"的惨状也最可怕。新中国成立前全省都流行"要到保山坝,先把老婆嫁","要到潞江坝,棺材先买下"等听了令人胆颤心惊的民谣。但"瘴气伤人"之说,其实并非此种潮湿空气能够伤人,而是在此种湿热气候条件下,极有利蚊蝇滋生,以及由蚊蝇为中间寄宿主的疟原虫及其他病菌的传播。因此瘴气也就成了流行性疟疾的代名词。从古流传下来也就是一种"杀人不见血"的可怕瘟疫。

鄱阳湖吞没日军舰船之谜

中国江西省鄱阳湖有"中国百慕大"之称,历史上曾有多起神秘海难发生于此。1945年4月侵华日军一艘运输船"神户丸"装满了在中国各地掠夺来的金银财宝和价值连城的古玩等,准备经长江驶回日本。船驶到鄱阳湖老君庙水域两公里处,无声无息地突然旋卷下沉了,船上的200多人无一生还。当时经日本潜水打捞及日本投降后中国政府请来美国潜水打捞专家等人,在此广泛搜索,一无所获,潜水人员下水后,除一个侥幸生还,精神失常外,其他人全都有去无回。

1980年江西省组织一支观察队前来此处观察,海军也派几名优秀潜水员来支援,他们潜下30米深的湖底,方圆几十公里一无所见,而曾在这时沉没的几十艘大小船只,竟也毫无踪影。一位曾立下赫赫战功的特级潜水员却不甘心失败,要求再次单独下水,不被批准,于是他和助手趁大家睡熟时来到湖边,由助手在岸边守候,他潜下水去,三小时后助手不见其露面,乃鸣枪报警,全体观察队人员立即赶来,时天已大亮,全体潜水员立即下湖搜寻,却无踪影。直至下午,一位乡干部前来报告,在老君庙后15公里四面环山的一个小湖上发现该潜水员的尸体。此事惊动了联合国科学观察委员会,派出一支力量雄厚的观察队伍到鄱阳湖进行观察,务求解开这个神秘海难之谜。结果一无所获,该潜水员是不是潜入湖底一深洞内,通过地下水道被转移过来的呢?这只是一种假设,其真实原因仍是一个难解之谜。

"戴笠楼"四谜

南京东郊汤山镇西北方向约3华里处,有一幢坐北朝南、建筑别致的三层大楼。周围,群山环抱,绿树簇拥。建于30年代的这幢楼是国民党军统头子戴笠训练特务的基地,人称"戴笠楼",现由南京军区工程兵某部驻守。就是这一个"戴笠楼",给人留下了一个个未解之谜。

谜一:1949年新中国成立前夕,国民党特务机关逃离此地的前一天晚上,岗哨密布,戒备森严,20多辆汽车开进这座院子里,却没见到再开出来。我军部队接管后,曾计划开发这个地下室,为干部战士增加一处活动场所。可是,从通气口吊进一只500瓦的灯泡朝下观察,只依稀看到管壁上排列着若干圆圆的小孔,由于管道太深,下面黑幽幽的什么也看不见。前年,几个战士找来绳子,系着一只公鸡从通气口放下去,当放入五六十米时,只听下面一声惨叫,战士们将绳子拎上来一看,鸡已死亡。由于无法找到通向地下室的暗道，开发计划只好搁浅。

谜二：部队为开发地下室，曾顺着室内靶场底部的南端挖进去约 40 米时，被一股强大的电流阻止，官兵们以为是哪里漏了电，检查所有电缆，没有发现漏电处。后来，官兵们穿上绝缘服作业，身上手上仍有电流感应，为了安全起见，只好作罢。

谜三：在大楼前 10 米左右的路旁，有几个锈蚀斑斑的老式消防栓。可以断定消防栓下绝无水源。部队吃水都是从 10 公里外的安基山水库引水食用，部队驻地属无水区。消防栓的作用，是为地下室用水，还是留备用？令人不解。

戴笠

谜四：大楼前长有 4 棵龙柏树，与其他几十棵远离大楼的龙柏树不同。其他树要么树梢向南，要么树梢指天；唯大楼前的这 4 棵龙柏树，树梢呈 45°指向大楼。正在收听的收音机，一放在大楼楼梯走道里，便一点声音也没有了；手机、BP 机在楼梯走道里接收不到任何信号，其屏蔽效果十分强烈。来此之人无不称奇。

沧州上空：空军飞机追"幽灵"

1998 年 10 月 19 日晚 11 时左右，空军驻沧州某飞行试验训练中心的飞行副团长刘明、飞行大队长胡绍恒亲眼目睹了如"幽灵"般的不明飞行物，并驾机追赶至 12000 米高空。

"呜、呜、呜！"一号雷达报警！操纵员迅速在荧光屏上找到了目标，接着又有 3 部雷达报警：空中有一个实体在移动，目标就在机场上空，并迅速向东北方向移动。与此同时，正在机场工作的地面勤务人员发现了上空有一个亮点，开始像星星，后来变成了并排的两颗星，一红一白，两星还在不停地旋转。渐渐地大了，像一个短脚的蘑菇，下面似乎有很多灯，其中一个较大，不停向地面照射。

这是什么？李司令员立即警觉起来。他当即下令查明情况，并向上级汇报，然后请战出击，很快，航管部门证实，此时没有民航机通过这个机场上空，兄弟单位的夜航训练也已在半小时前结束。"很可能是外来飞行器！"李司令员凭着军人特有的敏感和警惕决定，部队立即进入一等战备。

夜 11 时 30 分，标图员报告，飞行物已到了青县上空，并悬停在那里，高度 1500 米。

"啪！"一声枪响，出击的信号打响了。一架国产歼教六飞机发出震耳欲聋的吼声，迅速消失在茫茫的夜空中。刘副团长和胡大队长一起驾机赶到目标所在区域,按照塔台指挥的方位、高度,很快发现了那个飞行物:圆圆的,顶呈弧形,底平;下面有一排排的灯,光柱向下照,边上有一红灯;整体形如草帽。

"靠近它!"李司令员命令道,刘、胡二人推动油门,离"草帽"将近4000米时,目标突然上蹿。刘、胡二人立即拉杆跃升,当飞机上升到3000米,发现目标已飞到飞机正上方。显然,飞行物上升的速度比飞机更快。硬拼不如智取,两名飞行员调转机头,下降高度离目标而去。那怪物果然尾随过来。飞机突然加力拉起,一个筋斗倒扣,想以此来占领制高点,当飞机改平,却发现目标像幽灵一样,上升到高于飞机2000米的位置。他们毫不气馁,加大油门继续追赶。

于是,他们追呀追呀,可就是赶不上那个飞行物。飞机爬升到12000米,目标已上升到20000多米的高空。这时飞机油量表指示已告警。李司令命令飞机返航,地面雷达继续跟踪监视。

当两架新型战机准备出击时,不明飞行物不见了。这"幽灵"到底是什么?难道真的是国外多次报道过的UFO吗?迄今为止,还没有见到形状如此奇特、性能如此优越,想走就走,想停就停,想隐身就立即隐身,而且整体不停旋转的飞行器的消息报道。目前,有关单位正在调查研究这次不明飞行物事件。

令人费解的海滩古井之谜

在广东南澳岛上有这么一口海滩古井,不仅井中泉水喷涌,而且水质清甜,即使把苦咸的海水倒入古井,隔一会儿,井水依然纯净甜淡。这到底是怎么一回事呢?

这事得从700多年前说起,那是在南宋景炎二年(1277)冬季,元兵大举入侵南宋,腐败的南宋王朝不堪一击,只好由当朝文武大臣陆秀夫、张世杰等护送年仅11岁的南宋皇帝端宗赵及其弟、太后等仓皇南逃,亡命海上。其间,他们乘船登上了今天广东省南澳岛,在澳前海滨的山坡上驻扎,随后修建了行宫,挖筑了水井。此事见载于清朝乾隆年间编写的《南澳志》。近千年的时光流逝过去了,洗磨掉了无数的历史痕迹。南澳岛上,亡命皇帝的行宫遗址虽然尚在,但当时的水井却不见了踪迹。

1962年夏,一位到海边捞虾的青年发现海滩上有一口水井,并在井口四角的石缝中捡到四枚宋代铜钱,分别镌刻了"圣宋元宝""政和通宝""淳熙元宝""嘉定通宝"。这是海滩古井在新中国成立后第一次被发现,令人惊奇。每当它出现,便引来络绎不绝的观赏者和汲水者,热闹非凡。古井用花岗岩条石砌成,呈正方形,口径约1米,深约1.2米。尤其令人惊叹不已的是,古井尽管常常被海浪、海沙淹没,一旦显露,井泉便喷涌不息;尽管四周是又咸又苦的海水,涌出的井水却质地纯净,清甜爽口。于是,便有有心人去探寻这古井的历史来历,才发现古井就是南宋亡命皇帝用过的水井。

经有关部门考察分析,发现古井所处的海滩原是滨海坡地,后因陆地不断下沉,形成海滩,古井也就被海沙吞没了。被厚沙覆盖的古井,一般难以被人察觉,但当特大海潮袭来,惊涛骇浪卷走大量沙层,它便会裸露出来。这种井露现象,继 1962 年夏天之后,1969 年 7 月、1978 年 10 月和 1981 年 9 月均发生过,而且都是在强台风掀起的罕见大海潮后出现的。

据有关资料和当地许多人回忆,几次井露的位置和形状各异,看来古井不止一个。事实上当地也曾传闻,说是当年挖筑过"龙井""虎井""马槽"三口井。根据分析,1981 年 9 月显露的是"马槽"井,现在已由南澳县人民政府列为县级重点文物加以保护。

众所周知,沿海的滩地多为盐碱地,地下水因海水淹浸掺和,多半为咸水或半咸水,不能灌溉庄稼,更不能饮用。但南澳岛上的海滩古井却不然,不仅井泉奔涌,而且水质清甜,异常纯净,这是什么道理呢?

原来,当雨水降落到沿岸滩地表面以后,一部分渗入地下,由于古井所处的海滩因陆地下沉使地势明显降低,渗入地下的水便在重力作用下向古井海滩边汇集。一旦井露,地下水就有了出口,在水位差的压力作用下,就会在井底形成泉涌之势。同时,渗入地下的淡水,在底质为沙的古井内遇上海水,由于沙的孔隙中水质点较为稳定,淡水合成的海水混合非常缓慢。又因为海水比重稍大于淡水,所以淡水可以"浮"在海水表面,并把海水压成一个凹面,淡水则成为一个双凸透镜的形状,称为淡水透镜体。难怪把苦咸的海水倒入古井,隔一会儿,人们汲上来的依然是淡水,因为海水沉到"淡水透镜体"下面去了。

如果说井水的成因已初步得到阐明,那么,井水质异常纯净的问题仍然是个谜。有人用水质纯度测量表测得井水的电流是 80 微安,而当地食用的自来水的电流是 85 微安。根据欧姆定律所述,电流越小,水质越纯,可见古井水比当地的自来水还纯净。因此每次古井出现,本县人,乃至潮汕、广州等地的许多人不辞劳苦,长途跋涉,前来观赏和汲水,带回家中冲茶珍藏。据说此水贮存十几载也不腐。有人贮藏一瓶古井水,三年后开盖闻之,不仅气味如常,而且水质仍旧纯净,这实在令人难以理解。这个谜还有待人们进一步研究,予以科学的正确解答。

举世罕见的地下藏军洞之谜

利用地道作战是中国人民军事战略上的一大创举。影片《地道战》以艺术形式生动形象地再现了抗日战争时期华北平原的广大军民在共产党领导下与日寇顽敌周旋鏖战的可歌可泣的光辉业绩。

然而，中国人民这项伟大的军事方略并非始于20世纪40年代，地处京杭运河畔的淮安古城地下，至今存在着一座已历经800多年沧桑的举世罕见的地下藏军洞。关于这座带有神秘色彩的地下藏军洞，淮安民间传说很多。但藏军洞今在何处？何时修建？又为何而建？……一连串的疑问使人们渴望解开这个古代军事工程之谜。

　　淮安为中国古代名城，扼江北之要冲、漕运之中枢，是南北客商必经之孔道，素有"人杰地灵"的美称。南宋初年，金人几欲南下，淮安成了扼制金兵南下的咽喉。

　　据清《山阳志遗》所载，宋绍兴五年，都督张浚劳师镇江（今江苏镇江市），亲自向南宋爱国名将韩世忠（韩蕲王）传达了上谕，命他移兵驻守楚州（今淮安市），防范金兵南下。韩蕲王偕同夫人梁红玉率兵3万屯于郡城西北3里的梁红玉故里北辰坊（今淮安市淮城镇新城村），他号令严明，治军严谨，军队战斗力大为增强。无奈兵力与金兵悬殊甚大，为防不测，二人与部属周密策划之后，于绍兴十年（公元×××年）在故城北面、古淮安南岸又构筑了一道新城，并从新城东门楼下深处掘土，建造了一条长达几十里的地下藏军洞，以备一旦城池被围，就从地下运兵运粮，固守淮郡。

　　随着岁月的流逝，朝代的接踵更换，这座深埋地下的藏军洞逐渐被历史湮没，只有从地方志书清乾隆藏本《山阳县志》和稍后的《山阳志遗》上，可以寻觅到有关它的简略记叙。

　　明代万历（公元×××年）末年，农人在开凿菊花沟时，忽然发现了砖墙。民工们以为是过去被水淤塞的砖头桥，刨开四周积土，里面的砖头取之不尽，细加深视，方知是无尽头的深洞。他们不知这就是几百年前的藏军洞，便在此处建了一座太平庵，以求避匿灾祸。随后填平洞穴，并按洞的走向从上面丈量，得到其洞西到新城东门楼下，东抵柳浦湾，长达30里。

　　乾隆三十四年间，新城西门外相家湾（今淮安城北的河下古镇）有户平民修缮家宅，掘地时忽见一洞，洞口上下约有5尺，洞首用一大石板遮盖。撬开石板入内，有砖彻台阶5层。下得台阶，便进入下洞，整个洞壁皆用城砖砌成。洞里每行三五尺，洞壁上都有个方穴，用以放置油灯。继续向里走1里多，发现了一座土神祠，下面已被泥淤垫，抬头见壁顶上还滴着水珠，阴森可怕，主人不敢再向前走。这个洞究竟通向何处？洞口今在何处？无人知晓，只有相家湾这个古地名依存。

　　对这项宏伟的地下军事建筑工程，清代淮安著名文人卢介清曾吟诗赞颂说："行军上策贵藏军，暗设机谋驰敌氛；洞里伏兵三十里，一声咤叱壮风云。"韩蕲王镇守楚州十余年，金兵始终未能南下一步，藏军洞的军事作用，历史已做了极好的定论。

　　淮安藏军洞存于古城地下，已被几个版本的地方志书所证实。解放后，政府曾号召群众提供线索，配合政府积极寻找。但由于年代久远，加之历史上黄河数度夺淮迭遭淤塞,近百年来又无新的发现,因此有人甚至对它的存在产生了疑问。

1984年淮安进行了文物大普查,新线索又燃起了人们的希望之火。地处淮安新城东20余里的季桥乡出土了明代一块田春野墓志铭,碑石上刻有"葬于凤凰墩菊花沟祖茔"字样。而这菊花沟正是志书上记载的明万历末年发现藏军洞的菊花沟。

距新城东30里的地方,正是今季桥乡大湾、小湾村一带。据史学者考证这是由古地名柳浦湾演变而来。它也正是藏军洞的尽头所在地。若引一直线这正是明代以前淮河南堤下,选择这样的特殊地理位置是建造藏军洞是最理想不过的了。

据季桥乡凤凰墩群众反映:由菊花沟向东,有一段宽约数米,长几里的田块,庄稼年年明显比旁边的田块矮小,尽管加施肥料,也依然如故。从宽度看,与民间传说的藏军洞可供五匹马在洞中并行的说法也颇相近。这下面是不是就是还未淤塞的藏军洞呢?人们议论纷纷。

1978年前后,在淮安城里原总督漕运部院旁的淮安旅社施工过程中,工人们发现有石板遮盖的地洞。近几年来季桥、城郊等地也有群众提供线索,这些蛛丝马迹,为寻找藏军洞提供了新的依据。

地下藏军洞一旦揭晓,它必将为研究我国古代军事史、建筑史提供极珍贵的实物史料。随着古城淮安作为历史文化名城的对外开放,我们期待着这一凝聚着古代劳动人民智慧和血汗,体现着古代战争方略的宏伟地下军事工程能尽早发掘,以尽早解开地下藏军洞之谜。

战争历史之谜

我国古代"东夏"国之谜

南宋嘉定八年(公元1215年),蒙古大军南下,金朝国都被迫从中都(现北京)迁往汴京(现开封),乘此混乱之机,原金朝的辽东宣抚使蒲鲜万奴脱离金王朝商自立为帝,国号"东夏"。绍定六年(公元1233年),蒙古攻灭了"东夏"国。"东夏"政权前后只存在了18年,由于立国时间短,存留资料甚少,因而鲜为人知。

东夏国的国都设立胡里改城,位于现在的黑龙江省牡丹江口的依兰县。蒲鲜万奴立国后,设了三路(宋、金、元时期地方区划名),即胡里改路、南京路、恤品路。其中南京路处于兵家必争的险峻之处——现吉林省延吉市的城子山。蒲鲜万奴在此修筑了坚固的城防工事并派驻官兵以抵御蒙古军队的袭扰。当年,由兵马安抚使统帅配合,在南京路依山势用岩石筑成方圆十里的城墙，抵御蒙古兵将。由于这座城居高临下，形势险要，易守难攻，所以后来蒙军攻城时曾遇到极大的困难。据史料载：当时攻城两月有余方以得城。当然，丢失了南京路，蒲鲜万奴的"东夏"王国也就随之毁灭了。

然而值得奇怪的是，"东夏"国虽是少数民族建立的割据政权，使用的却是汉字，这足以说明以汉族为主体的中华民族在文化上的历史的统一。

蒋介石辞去黄埔军校筹委委员长之谜

1924年2月21日，刚上任一月的国民党黄埔军官学校筹备委员会委员长蒋介石，突然留下一纸辞呈，不告而别。蒋介石为什么要辞职？史学界对此有颇多揣测。最近陈国强撰文认为，蒋介石与孙中山、廖仲恺等人思想认识上的严重分歧是他辞职的基本原因。蒋对孙中山"我党今后之革命，非以俄为师，断无成就"的思想主张不愿降心相从，始终反对联俄容共。在筹备军校的具体问题上，蒋认为廖仲恺在处处干预、掣肘他，使他不能独断专行，这是权欲极强的蒋无法忍受的。另外，蒋对广东革命政权的人事安排也极为不满，指责孙中山领导下的广东革命政权"内部乖戾，精神涣散，军事政治，梦如乱绪，用人任事毫无系统"。面对当时联俄容共政策一日千里地推展，蒋与周边环境形成巨大反差，使他陷入进退失据的尴尬处境中，被迫做出辞职的抉择。此举虽出无奈，但事实上，他并没有也不可能真的"遁迹绝世"。因为他深谙孙中山创办军校的目的，而通过军校培植并掌握军事力量进而谋求政治上的更大发展是蒋当时的奋斗目标，舍弃军校无异丧失一切，所以以辞职相要挟，以退为进，这才是蒋介石辞黄埔军校筹委委员长的真实动机。

白崇禧对红军网开一面之谜

1934年秋，中央苏区红军因第五次反围剿失利乃从瑞金、宁都等地突围转移，开始长征。蒋介石拍电报给广西民团总司令白崇禧，要他在湘桂边境的灌阳等地部署重兵，奋力堵截，不使红军通过，与中央军相配合，将红军围歼于此。

白崇禧接到电报后，复电"遵办"，并要求蒋介石供应武器弹药及经费，蒋介石也都同意了。可蒋桂矛盾由来已久，为此曾兵戎相见。当时混入蒋军中参与机要的白崇禧的同学王建平，探得一个秘密，密电白崇禧，大意是：蒋介石令白崇禧堵截红军的目的是使他们两败俱伤，中央军的主力并不参战，而是虚张声势，压迫红军进入广东，以削弱广东异己余汉谋的实力。这是蒋介石采用政学系头目杨永泰的建议，一举而除"三害"。白崇禧得到王建平的密告后，通过飞机侦察，发现中央军的主力在新安、东安一线，保持与红军两天行程的距离，停滞不前。他由此得出结论，蒋介石确是在行"一箭三雕"的奸计，不禁怒火中烧,把亲信部下召来,出示了王建平的密电后说:"老蒋恨我们比恨朱、毛还甚,现在是有红军有我,无红军无我。"当下,白崇禧令参谋长去前线传达布置:只留少许部队在灌阳一带,全线则完全开放,主力转移到龙虎关,以防红军进入广西。

由于白崇禧网开一面,红军未遇到什么抵抗,便轻而易举通过桂北直入贵州。待红军主力过去后,白崇禧把俘虏红军的掉队伤病员数字夸大,送蒋介石处报功敷衍了事。

蒋介石本以为一举除三害的计划能顺利地实现,在贵州并无重兵布防,孰料红军如入无人之境,直指贵阳。陷于被动的蒋介石气急败坏亲临贵阳督战,又急电白崇禧,斥责他违反军令,无异纵虎归山。白崇禧胸有成竹复电辩白,称桂军兵力不足,千里战线布防难免顾此失彼,被红军突破在预料之中。他反而诘问蒋介石:"委座手握中央军百万之众,为什么远在新安、东安不前? 又为什么不参加围歼?"

蒋介石知阴谋被识破,只能大骂道:"广西的军队不听调遣,这真是外国的军队!"

战火中消失的猿人化石之谜

中国猿人是古老的人类祖先之一,中国猿人化石是人类的无价之宝。然而,1937年以前挖掘的中国猿人化石,包括北京周口店猿人洞中挖掘到的猿人完整的头骨,却在第二次世界大战中下落不明。这些珍贵的化石究竟在何处,至今仍是个谜。

中国猿人化石的发掘经历了曲折的过程,凝结着中外人类学家的心血。21世纪20年代人们在周口店开采石灰石,不时挖掘出"龙骨"。有一次挖掘到了一颗似人的牙齿化石,经北京协和医院解剖系主任步达生研究后,认为是古代人类的化石,它代表着一个新的种属,定名为"中国猿人北京种"。后来又陆续发现了一些猿人化石,这些化石一直保存在北京协和医院的保险柜里,由著名的瑞典人类学家魏敦瑞加以研究。

珍珠港事件发生前不久,日美关系已相当紧张,魏敦瑞建议把这批举世瞩目的化石运到美国保存,由于种种原因,化石没有启运。在珍珠港事件爆发前两三个星期的一天,协和医院总务长博文突然通知将化石秘密装箱,装入两只大木箱运到美国大使馆,准备随美国海军陆战队运到美国。但是,从此之后,这批极其珍贵的化石就从世界上消失了。

那么,中国猿人化石是怎么失踪的呢? 由于当时的战争环境和启运时绝对保密,几乎无法确切查考。有人说,它在秦皇岛被运上哈里森总统号邮船,在赴美途中与邮船一起沉入海底;也有人说,邮船被日军俘获,化石被日军截留,后来几经易手,终于下落不明。不久前,中国人类学家周国兴根据多年调查,发现了一条新的线索。珍珠港事件爆发前夕,一个卫兵守卫在美国海军陆战队总部和美国使馆相通的便门口,看到两个人抬了一箱东西,埋在大使馆后院里,他推测,这一箱东西很可能是中国猿人化石。周国兴已找到这个地方,上面盖有房屋,未能试挖。倘若埋藏的这一箱东西真是化石,那么失踪40

多年的中国猿人化石将会安然重新出现在世界上。

轰炸南粤日军飞机起飞之谜

抗日战争中,中国方面对轰炸南粤的日军飞机到底是从哪里起飞的一直大惑不解,因为据中方所知,南粤一带并无日军机场。直到日本投降后才知道:日军侵占香港之后,就勘查到现属于珠海市西区的三灶岛是建立军用机场的良岛。当年,日军秘密登陆三灶岛,强迫岛上3000余居民日夜赶修机场,然后将这3000余人全部秘密杀害,以致日军飞机从此机场起飞轰炸南粤各地,而中国方面却无人知晓。

美国人险些暗杀蒋介石

白宫最新解密文件披露:美国曾计划暗杀蒋介石。40多年前,朝鲜战争爆发。美国为了挽救其在朝鲜半岛的利益,派遣海军陆战队在仁川登陆,迫使朝鲜人民军节节败退。得意忘形的美国人甚至将战火烧到鸭绿江畔,直接威胁到新成立不久的中华人民共和国。此时,退守到台湾的蒋介石兴奋异常,以为"光复大陆"的时机来了。他多次向美国要求趁机"反攻"大陆,以配合美军在朝鲜战场上的行动。但出于各种因素,蒋介石的这一美梦终究未能实现。对于当时美国为何给积极要求参战的蒋介石泼了一头冷水,各类史书上有不同的解说,美国国务院新近解密的一份绝密文件却爆出惊人内幕:美国政府当时不仅对这位反共亲美"老友"说了"不"字,还私下里制定了一份暗杀蒋介石的绝密计划。

这份绝密文件是美国已故元老级政治家和外交家哈里曼撰写的一份备忘录。该备忘录透露,朝鲜战争前后,美国国务院曾考虑由中央情报局(CIA)策划暗杀蒋介石。由于兹事重大,哈里曼在60年代回忆此事,并将其书写成备忘录存档。这份在1966年10月7日写成的备忘录说:1950年8月,朝鲜战争初期,他在一次看望麦克阿瑟将军的时候偶遇当时担任国务院远东事务司司长的纳斯克,两人在交谈中谈到了美国人民的"朋友"——蒋介石。纳斯克当时认为蒋介石已走上了死胡同。纳斯克还极力反对让蒋军卷入朝鲜战争,这不仅是基于政治上的原因,也由于纳斯克知道蒋军的战斗力极差,根本派不上用场,到时候可能还会给美国制造"很大的麻烦"。而这份不足一页的文件最惊人的披露是,纳斯克当时甚至建议美国可以考虑由CIA制定一个暗杀蒋介石的计划,并在台湾另行扶植他人。

哈里曼在第二次大战时是罗斯福总统的特使,曾代表罗斯福与邱吉尔及斯大林多次交涉谈判,他还担任过驻苏联大使和纽约州州长。肯尼迪当选总统后,哈里曼以70高龄屈就国务院远东事务司司长,1963 年后升任主管政治事务的副国务卿,一直到 1965 改任巡回大使,哈氏在撰写这份备忘录时仍在国务院就职,其顶头上司正是国务卿纳斯克。因而他在备忘录中的记载应非空穴来风。

朝鲜战争爆发前两天(1950 年 6 月 23 日),担任远东事务司司长的纳斯克专程前往纽约,在布拉萨饭店里与胡适长谈一个半小时。后胡适在日记中有所记载,但语焉不详。据美国学者柯明思所著《朝鲜战争的根源》一书说,美国想在台湾发动政变成功后以胡适取代蒋介石,而纳斯克就是去当说客的,不过,他遭到了胡适的断然拒绝。

事实上,哈里曼对自己所写的这份备忘录是十分重视的,这从其临终前的两点交代中可以看出:第一,他规定这份备忘录只是他私人的档案,别人不能看;第二,他称除非当事人均已故去,否则在任何情形下任何人都不能公开本档案。如今,蒋、纳、哈 3 人都已命归黄泉,美国国务院才终于把这份绝密文件向世人公开。

蒋介石"反攻大陆"阴谋破产内幕

1962 年春天,台湾当局成立了"反攻行动委员会"。蒋介石不顾年已 76 岁,多次在阳明山和凤山基地召开军事会议,询问此次反攻祖国大陆有无确定的把握。当时,蒋介石最先问到"陆军总司令"罗列,罗答:"没有把握!"蒋介石闻言大怒,立即撤了罗的职,改由刘安琪担任。刘迎合蒋的意图说:"一切准备就绪,反攻作战绝无问题。"蒋介石大喜,遂下令"三军"集结高雄基地待命。

对蒋介石急于在 1962 年反攻祖国大陆,中国政府一清二楚。老外交家王炳南在《中美会谈九年回顾》一书中说:"1962 年 3 月,我同卡伯特大使(美驻波兰大使)继续会谈……这个时期,台湾蒋介石集团趁我连续遭受自然灾害之际,又开始掀起一股反攻大陆的恶浪。"

1962 年春天,王炳南回国度假,周恩来总理嘱咐他立刻返回华沙,想办法从美国大使卡伯特那里探听美国的态度。周恩来对王炳南说:"经中央认真研究,认为蒋介石反攻祖国大陆的决心很大,但他还是存在一些困难。今天的关键问题要看美国的态度如何,美国是支持还是不支持,要争取美国来制止蒋介石反攻祖国大陆的军事行动。"王炳南不辱使命,卡伯特听了王炳南的"警告",当场表示:"在目前情况下,美国绝不会支持蒋介石发动对中国大陆的战争。"美国对蒋介石反攻祖国大陆的行动不支持,蒋介石不甘心,想通过中央情报局向美国表露反攻祖国大陆的决心,结果肯尼迪政府再次否决了蒋介石的计划。肯尼迪甚至警告蒋介石:"国军如对大陆采取军事行动,等于自杀。"蒋介石无可奈何,只好宣布:军事行动暂缓。

在中国的古罗马军人后裔之谜

"中国考古学家在甘肃发现了近百名形貌酷似欧洲人的当地农民,据有关专家考证,他们应该是 2000 年前古罗马远征军残部留下的后裔。"这条简短的消息经新闻媒体传播后,在海内外引起震动。

公元前 53 年,古罗马的执政官克拉苏派 5 万将士攻打中亚。然而,这支不可一世的远征军最终惨败,只有一支约 6000 人的军队突出重围。但他们在古罗马史料中却神秘地"消失"了。

不少学者认为这支远征军已全军覆灭。可事实上,他们后来竟进入中国,并在大西北的黄土高原上安家落户,繁衍子孙。

永昌县位于河西走廊东段,是古代丝绸之路重镇。这里有汉朝的鸾鸟、番禾古城遗址,汉明长城烽燧遗址等。当年由联合国教科文组织发起的"丝绸之路国际远征队"到此地考察时,就吃惊地发现,永昌县城西南约 100 公里处的鸾鸟古城,在建筑布局上有鲜明的古罗马风格。一些西方学者说,这座城可能是由古罗马人建筑的,他们称之为中国的"庞贝"(意大利那不勒斯附近的古城,约建于公元前七世纪,后火山爆发全城湮没,自十八世纪起考古学者陆续发掘其遗址。)。《史记》《汉书》中有关于"鱼鳞阵"的描述,据考证,这阵势就是罗马军队的布兵方阵,即由士兵手持盾牌组成的方阵。

更让人吃惊的是,他们在这个村庄里还遇到了一些长相完全与众不同的居民。这里的成年人身材魁梧。体格健壮,眼窝深陷,鼻梁老高,头发胡须"自来卷"且金黄。来过这里考察的历史学家认为,他们就是 2000 年前神秘失踪的那支古罗马军队的后代。

者来寨村的居民明显具有地中海人特征。尽管这里相当偏僻,甚至很多人连小小的永昌县界都没走出过,但他们却像西班牙人一样,对斗牛有着特殊的爱好。他们对牛十分崇敬,每年新年都要用面粉做成牛形状的食品以供祭祀。他们还喜欢用血腥味将牛逗得狂奔乱吼,而后互相拼死角斗。专家认为,这正是古罗马人斗牛的遗风。

村里还有许多与众不同的习俗,如他们安葬死者时,不论地形如何一律按照头朝西方的规矩。不久前,永昌县新建了一座"骊干"宾馆,一家"罗马商场",以及一个反映该县 2000 年历史的巨型石雕。

尽管可以肯定居住在永昌县者来寨村的特殊"移民"就是古罗马军人后裔,但至今仍有许多谜难以解开。如他们在河西走廊定居后,是否都成家了? 如果是这样的话,他们的后代当远不止者来寨村这点人,其他地方还应该有。据国家文物局学者林梅村介绍,他们在新疆一座寺院里发现一幅罗马风格的壁画,上面有一行少数民族文字,记载一位名叫蒂沙的工匠,画完这幅画后得了 3000 枚德拉克马(希腊钱)。蒂沙是典型的罗马人名字。新疆是否也居住着这样的特殊"移民"？这些古罗马军人的妻子是汉族或是其他少数民族？这对研究人种学至关重要。

通过考古学家和历史学家的不懈努力,可能不久后这些难解之谜会大白于天下。

中国大百科

探索百科

马博⊙主编

导　读

你知道我国钱塘江为什么日月一起升起来吗？

你知道飞碟出现时的8种现象是什么吗？

你知道地球内部是否真的有一个飞碟基地？

你知道远古人为什么要"食人"？

你知道中国南海的"魔鬼三角"吗？

你知道鄱阳湖为什么被称为"魔鬼水域"吗？

你知道神农架神秘在何处吗？

你知道冬天的早晨为什么时常有雾吗？

……

纵观当今世界：宇宙广阔无边，充满了未知；地球独特的环境创造了众多的神奇；纷繁复杂的生物充满了神秘。

本卷一系列激动人心的阅读主题，科学严谨而又深入浅出的文字内容，世界科学探索前沿的研究成果，可以使你对科学探索产生感性认识，启发探索未知世界的兴趣。让你在轻松的阅读中发现世间万物中许许多多的为什么，在解惑的同时开启智慧心门，感悟科技的神奇和科技的无奈，最大限度地开发创造力与想象力。

回顾往昔，我们可以发现，昨天人们还对神秘的天文现象俯首膜拜，今天人类已登上月球，看到了地球以外的广阔宇宙；昨天人们还在祈雨，今天人类已能预测调控天气；昨天人们还惶惑于生老病死，今天医学从容应对疾患；昨天人们只能徒步远行，今天海陆空便捷的交通令五洲四海的距离日益缩小；昨天人们靠飞马快报传讯千里，今天用鼠标轻轻一点便能畅游信息的海洋。

世界就是这样，在科技进步的过程中呈现日新月异的变化。世界的变化也让我们看到科学无处不在。从小到日常生活起居中的点滴现象，大到天地万象，无不包含着一定的科学道理，而科学就在探索的过程中飞速发展。

本卷《探索百科》以科学探索为宗旨，启迪读者思维中亟待拓展的认知与思考能力出发。采用简明通俗的语言、内容丰富严谨的知识体系、图解的方式，从天文探索、宇宙奇观、史前探秘、大地迷雾、自然探索、古文明之谜、历史谜团、宝藏之谜、人类探秘等多个方面，解密古今中外最为奇特最为不可思议的事件，探索各种最有趣的未知现象。激发阅读兴趣，培养探索精神，追踪教育潮流，提高综合素质，是这卷百科全书的特色和优势。

本卷《探索百科》是一部引领渴求知识的朋友去探索丰富多彩的自然科学世界的综合性图书，构思严谨、逻辑紧密、适合读者循序渐进阅读，是一部不可多得的科学探索类百科全书。

天文探索

宇宙

　　人类对宇宙的认识可以追溯到远古时代。在中国有夸父追日的传说,在传说中,天地始是一片混沌,后来夸父累死之后,才混沌初开。在西方,有上帝造人的传说,在上帝造人的七日之后,天地初开。一直到现在,人类对宇宙的探索还在进行当中。面对浩渺无垠的宇宙,没有人知道它来自哪里又将去向何方,而其中究竟隐藏着多么巨大的秘密?这正是人类千百年,甚至数万年来急于解开之谜。

　　对于宇宙是什么概念这个问题,让我们先有一个清晰的认识。古人云,上下四方为之宇,古往今来为之宙(详见《淮南子·原道训》),按照物理学的观点,上下四方是空间,也就是一个三维的概念,而古往今来是时间,是一个一维的概念,所以,宇宙两个字联系起来,是一个四维空间。可见古人对于宇宙的定义,是带有朴素的唯物辩证法的观点的。而按照现代的观点,宇宙是指广漠空间和其中存在的各种天体以及弥漫物质的

宇宙

总称,并且宇宙是处于不断的运动和发展之中的。也就是说人类目所能及的地方以及人类还没有看到但是仍然存在的物质都是宇宙。

　　人类对宇宙认识进程,先从地球开始,再从地球伸展到太阳系,进而延展到银河系,然后扩展到河外星系、总星系。

地球，在茫茫宇宙太空，它不过是太阳系大家庭一个普普通通的成员。地球与其他八位行星"兄弟"一起日夜绕着他们的"母亲"——太阳旋转，连同66颗"月球"般的卫士、神秘莫测的彗星、数以千计的小行星和无数的流星，组成太阳系。尽管太阳系有这么多成员，但它所占的宇宙空间直径仅120亿公里。比太阳系范围更大的是银河系。银河系包括有1000多亿颗"太阳"——恒星，所占宇宙空间直径已达10万光年。

银河系并不是宇宙空间的尽头。在银河系之外，还有许许多多星系，人们管它们叫"河外星系"。天文学家已发现10亿多个河外星系，每个河外星系都包含有几亿、几百亿甚至几千亿颗恒星和大量的星云和星际物质。所有河外星系又构成更庞大的总星系。目前，通过射电望远镜和空间探测，已观测到距离我们地球约200亿光年的一种似星非星的天体，取名"类星体"。这种天体的发现，把今天人类视线拓展到200亿光年的宇宙深空。

所以我们所说的宇宙是一个无限的概念。

探索火星之谜

火星是太阳系中的第四颗行星，也是我们地球的邻居。火星上有没有生命一直是科学家们多年来争论不休的问题。大多数科学家持否定态度，认为在火星上不可能存在生命，哪怕是极小的微生物，但有一些科学家却始终如一地坚持认为火星上可能存在生命现象。

1976年7月20日在火星表面软着陆的美国"海盗1号"探测器，携带一台用来进行生物实验的仪器。这台仪器把一种化学药品注入火星表面9个地点的土壤中，然后检测土壤中的有关生命信号。如果土壤中存在着微生物，它们"吃掉"化学药品后，会释放出气体。由于仪器的灵敏度很高，很容易测到这种气体。果然这台仪器探测到了微生物"打嗝"声，因此，一些科学家认为火星上可能存在着生命。

而许多科学家对这些实验提出异议。但十多年来少数科学家仍然坚持认为火星上有生命，并一再建议美国宇航局再次向火星发射探测器，进一步探明火星上有无生命存在。他们认为，如果火星上确实存在生命，且发现火星上和地球上的生命之间毫无联系，那就

火星

有巨大的科学价值,就可以证实,生命曾不止一次地产生过。

近几年来,少数科学家的发现和见解引起许多科学家的兴趣和重视。1989 年,美国首先提出载人登上火星的计划。但是真正实现这个计划又谈何容易呢?各国科学家都认识到,只有各国联合起来,让航天员共乘一艘飞船,联合飞往火星,才能揭开火星的奥秘。

你了解太阳黑子吗

人们平常看到的太阳表面,叫作光球,它是太阳大气最下面的一层。一些漩涡状的气流,像是一个浅盘,它的中间凹进去好几百千米。这些漩涡状气流很像大小不等的、形状很不规则的窟窿,很黑很黑．这就是天文学家所说的太阳黑子。黑子本身并不黑,它的温度一般也有四五千摄氏度,但是比起光球来,它的温度要低一、二千度,在更加明亮的光球衬托下,它就成为看起来像是没有什么亮光的、暗黑的黑子了。假设光球上百分之百地覆盖着黑子,太阳仍旧会是相当亮的,只是比现在看到的稍微暗一些罢了。

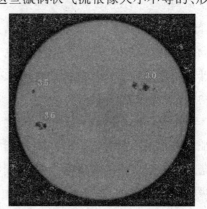

太阳黑子

黑子是由本影和半影构成的,本影就是特别黑的部分,半影不太黑,是由许多纤维状纹理组成的,具有漩涡状结构。当大黑子群具有漩涡结构时,就预示着太阳上将有剧烈的变化。

人类发现太阳黑子活动已经有几千年了。

黑子活动的周期平均是 11 年。在开始的 4 年左右时间里,黑子不断产生,越来越多,活动加剧,在黑子数达到极大的那一年,称为太阳活动峰年。在随后的 7 年左右时间里,黑子活动逐渐减弱,黑子也越来越少,黑子数极小的那一年,称为太阳活动谷年。国际上规定,从 1755 年起算的黑子周期为第一周,然后顺序排列。

太阳耀斑是怎么回事

1859 年 9 月 1 日,两位英国的天文学家分别用高倍望远镜观察太阳。他们同时在一大群形态复杂的黑子群附近,看到了一大片明亮的闪光发射出耀眼的光芒。这片光掠过黑子群,亮度缓慢减弱,直至消失。这就是太阳上最为强烈的活动现象——耀斑。由于这次耀斑特别强大,在白光中也可以见到,所以又叫"白光耀斑"。白光耀斑是极罕见的,它仅仅在太阳活动高峰时才有可能出现。耀斑一般只存在几分钟,个别耀斑能长达几小时。在耀斑出现时要释放大量的能量。一个特大的耀斑释放的总能量高达 10^{26} 焦耳,相当于 100 亿颗百万吨级氢弹爆炸的总能量。耀斑是先在日冕低层开始爆发的,后来下降传到色球。用色球望远镜观测到的是后来的耀斑,或称为次级耀斑。

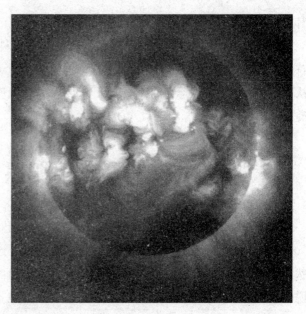

太阳耀斑

耀斑按面积分为 4 级,由 1 级至 4 级逐渐增强,小于 1 级的称亚耀斑。耀斑的显著特征是辐射的品种繁多,不仅有可见光,还有射电波、紫外线、红外线、X 射线和伽马射线。耀斑向外辐射出的大量紫外线、X 射线等,到达地球之后,就会严重干扰电离层对电波的吸收和反射作用,使得部分或全部短波无线电波被吸收掉,短波衰弱甚至完全中断。

银河搜索区域

银河系中约有一千亿颗恒星,也有至少同样多的行星。它的范围极大,以光速前进也要花十万年才能从一端到另一端。但宇宙中有超过一千亿个与它类似的星系。而我们只知道一个行星上有生命。它就是地球。

美国国家航空航天局将在未来 10 年内发射"类地行星发现者"。它的倍率超过以前所有的太空望远镜,科学家将用它来寻找银河系中环绕恒星的、大小和地球一样的行星。

他们的首要目标是小而暗淡的红矮星。红矮星的光线强度只有太阳的十分之一。"类地行星发现者"将会探测到距离地球不到 50 光年的恒星。有趣的是,这类恒星中有百分之八十都是红矮星。因此科学家们相信,发现的第一批适合生物生存的行星就在红矮星附近。

天文学家描绘的另一个世界

你即将看到一个天文学家认为可能存在的世界。在距离地球 40 光年以外的地方，一颗红矮星在太空深处闪耀。一个地球大小的行星围绕它运转。这颗行星很接近它的太阳，因此表面有液态水，但太靠近太阳也有坏处。它被恒星的引力锁定、停止了自转。它的一半处于永久的白昼之中，另一半则永远是黑夜。过去人们认为，环绕红矮星的行星不适合生物居住。因为它背阳面的大气会被冻结，而向阳面的大气会蒸发掉。但在最近的创新研究中，科学家决定调查这种行星是否适合生存。

英国气象办公室马诺奥·乔希博士用计算机大气模型做了深入的研究，进行了一些基本测试，了解大气在哪些情况下会冻结，在哪些情况下不会。所有细节都被输入到模型的程序中，接着就让模型自行运转。我们第一次模拟出了环绕某个恒星的行星的详细天气状况，在地球上我们就是这样预测天气的。他们证明了这个新行星上可能有大气和生命不可或缺的液态水。一颗新的行星诞生了，他们将它命名为"奥丽莉亚星"。

"奥丽莉亚星"适合生物生存吗？它的黑暗面是一大片冰冻的荒原，永远处于黑暗之中。那里没有光线，温度在冰点以下，生物将难以在此立足。在它的亮面，最接近太阳的地方，气候模型预测会有一个永不消失的大气旋。这里有横扫大地的飓风、和永不停止的倾盆大雨。但在风暴区和黑暗面之间，计算机模型预测，会有一个气候温暖稳定的地带。这里有海水和陆地，科学家认为，这里很可能会有生物。科学家兴奋的发现，连树都可以在这个温度范围内生存。

"奥丽莉亚星"，一个生机勃勃的世界。发源于风暴区的河流，呈扇形流过巨大的三角洲，为广大的环礁湖区带来生机。大批怪异的扇形生物，朝着红矮星的方向生长。这颗恒星永远不会移动、也不会落下。这里永远都是白昼。扇形生物慢慢爬过泥地。它们的心跳声在森林中回荡着。水下，一位杀手正在苏醒。欢迎光临这个外星世界。一个科学家认为可能存在的世界——"奥丽莉亚星"。

"奥丽莉亚星"上的怪异生命

这里的一切都扑朔迷离。这些是刺扇，它们看起来像植物，其实却是会利用阳光的动物。它们慢慢爬过泥地，互相推挤，争夺阳光更充足的位置。它们的主要活动就是吸收阳光，如果阳光被挡住，它们就活不下去了。它们不能像树那样、长得比挡光的东西更高，只能慢慢地左右一点点移动，因此行动对它们非常重要。

它们就相当于"奥丽莉亚星"上的植物，高度超过 10 米，靠扇面吸收太阳能、产生糖。

它们原始的心脏将养分输送到身体各处。在这个太阳从不移动的世界上,生物对阳光的争夺十分激烈。刺扇看起来真的很诡异,它既是植物,又是动物。但在地球上,也有些同样特别的生物,例如珊瑚、水母,甚至蛞蝓之类的一些软体动物,某种意义上讲,它们都有不劳而获的本事,光合作用能提供它们所需要的部分养分,这就是共生。

"奥丽莉亚星"上的所有生物都最终依赖刺扇维生。但刺扇还不是这里唯一奇怪的生命形态。还有大胃猪。它是"奥丽莉亚星"上最大的食肉动物。大胃猪直立时有4米半高,体重跟水牛一样重。外星生物绝对不像我们以前见过的任何生物。它们如何去感觉环境呢?它们如何活动?它们和地球生物一样是碳基生物吗?科学家开始依据人类对地球生物的了解对这些问题进行探讨。

任何会移动的生物,感觉器官都应该靠近它身体的前端。眼、耳、嗅觉、味觉器官都应该靠近前端,因为那里是最先接触到环境的地方。它的头脑和计算区域也应该很靠近这些感觉器官。它脖子很长,这样它就能让身体保持静止,只移动一小部分,就能用双眼锁定猎物,其他部分仍然静止不动。因此它可以出其不意地捕获猎物。它的肚子一定很大,而且应该处于一个很稳定的位置,大约在腿附近,行动快速的动物,腿一定要很轻很长。大胃猪遵循着动物身体结构的基本原则。

大胃猪是生物学家构想出来的掠食动物。它们靠探测地面来寻找猎物。它们有些很有趣的适应性特征,最突出的就是它们头骨前方的齿状结构。它会把这些齿插进地面,用这些十分敏感的器官、探测猎物的振动。它们的猎物,就是泥足虫。泥足虫目前还很安全,因为它们不在探测范围内。但大胃猪会从很远的地方找到它们。它们必须动用所有的感官才能生存,其中最重要的就是视觉。

任何有生命的地方,都会有些生物能够影响并永远改变地貌。只要有生物圈存在,不管在银河系的什么地方,就会有生态系统。"奥丽莉亚星"上有一个关键物种,它们就是泥足虫。

它们不知疲倦地搬运泥土,使刺扇倒下。它们是"奥丽莉亚星"的伟大工程师。它们修筑的水坝让大河流速变慢。它们创造了大片错综复杂的环礁湖,为外星生物提供了富饶的栖息地。它有六条腿和强壮的铲状头部,生来就是建造水坝的高手。

泥足虫会把泥巴推来推去以改善环境,而且推泥巴需要强大的摩擦力。它有六条腿,因此在推东西时,仍有四只脚是着地的。所以说,六条腿的动物比四条腿的动物更擅长推东西。它们的水坝为不断移动的森林提供了新的土地,而刺扇也为泥足虫提供了丰富的食物。

泥足虫用爪子挖断刺扇,它的爪子是锯齿状的,这种适应了环境的爪子会不断生长,就像海狸的门牙会不断生长一样,所以它们能咬断树木,而且会始终不断地继续咬下去。

刺扇的哀鸣在空气中回荡。

"奥丽莉亚星"上看不见的危机

"奥丽莉亚星"永远沐浴在阳光中。这里似乎是生物最理想的生存环境。但是,红矮星很不稳定。"奥丽莉亚星"的最大问题,就是所有红矮星实际上都是耀星。它会突然爆发耀斑,耀斑会在几分钟内达到最大亮度。耀斑的光芒会照射在行星的整个白昼半球上。

恒星会发射出强烈的紫外线。不出几分钟,"奥丽莉亚星"就会受到这些致命紫外线的强烈照射。空旷地区的泥足虫正暴露在危险中。它们薄薄的皮肤无法抵御紫外线的照射。"奥丽莉亚星"上的任何生物都必须对所有的耀斑活动做出应急反应。

大胃猪有一套预警系统,它头顶的第三只眼能探测到辐射。它们立刻躲在一棵倒下的刺扇后面。泥足虫的反应较慢。但它们一感觉到耀斑的强光,就会匆忙返回洞穴。一只泥足虫闪动背鳍,警告其他同伴。但有只泥足虫在与大胃猪的争斗中受了伤。耀斑的光线越来越强。刺扇合上扇面,进行自我防护。受伤的泥足虫就快到达安全的洞穴了。但是……耀斑活动现在达到了顶峰。致命的光线照射着泥足虫,它被活活烤熟了。

几分钟后,耀斑衰退。森林又恢复了生机。

紫外线会对碳基生物造成致命伤害,分解构成所有活细胞的碳原子。但其他行星上的生物也是由碳构成的吗?

碳是周期表上人缘最好的元素,因为碳原子最容易和其他原子结合形成化合物。碳最大的成就也许就是 DNA,这种复杂的生命特征标记,是所有地球生物的基本结构,它就是由碳化合物构成的。科学家们认为外星生物也可能是碳基的,这倒不是因为我们缺乏想象力,我们只是将已知的物理和化学法则应用到了未知的世界上。

在任何有生命的地方,生命都会无孔不入地扩散,演化成各种各样相互竞争的物种。各处生物都会经历繁殖、突变和自然选择的过程,它们会经历这种被称为达尔文进化论的演化过程。这个过程就像万有引力和相对论一样普遍。外星球上也有掠食动物,有猎手和猎物。猎食是地球生命进化的主导力量,在"奥丽莉亚星"上也是如此。

一个复杂的生物链出现了。每一种生物都要靠另一种生物维生。在陆地上,大胃猪是最高级的掠食动物。但环礁湖却是另一种致命生物的地盘——歇斯底里虫。这些小小的生物看起来很无辜,它们在水中盘旋,以微生物为食。一旦食物变得稀少,独居的歇斯底里虫就会进行可怕的变身。它们会聚集成百万大军,一个幽灵般的形体出现了,歇斯底里虫聚集得很紧密,形成了一个超级有机体。

现在,它们结合成了一台致命的杀戮机器。它能探测到猎物最微弱的气味。它们行动统一,能一直冲到陆地上追捕猎物。它的第一个猎物,一只疥蛞蝓,在几秒内就被分解了。但这个超级有机体还想找个更大的猎物来满足它的食欲。它探测到了一种新的气味,盘旋的超级有机体不断逼近,它很快就抓住了下一个牺牲品。倒下的刺扇让大胃猪吓了一跳,它赶紧跑回猪群中。歇斯底里虫撤退了。但是,它迟早会抓到大胃猪。

将主宰"奥丽莉亚星"

红矮星不仅能摧毁生命,也能孕育生命。红矮星的寿命虽然不算很长,但也是相当长的一段时间。它们可以长期的存在,寿命比太阳还要长。所以这里必然成为生命的实验场,实验持续的时间几乎长得无法想象。

我们的太阳只有一百亿年的寿命。但"奥丽莉亚星"的寿命,却比我们的太阳长十倍。科学家构想出了它在五十亿岁时所拥有的生命形态。生命还有如此漫长的时间可以进化,未来会是怎样呢?

复杂的社会系统已经出现。大胃猪一生只能产下少数后代。组织起来的大胃猪群体更为强大,个体有了依靠,并能共同养育幼崽。这套有效的生存策略,让它们征服了行星的整个亮面。大胃猪很有可能会进化出智能。在未来的世代中,大胃猪也许会变得越来越聪明。

"奥丽莉亚星"还有一千亿年的进化时间,这里的生物或许会具备极高的智能。目前占据领先地位的是大胃猪。但环礁湖中有一种很成功的杀手,它们很可能会消灭并取代大胃猪。

大胃猪在不懈地追踪着泥足虫。一只大胃猪发现了一个满是泥足虫的洞穴。大胃猪首领的出现,意味有矛盾即将发生。年轻的大胃猪不肯退让,这等于是在挑战首领的权威。它们比首般的角可能会造成致命的伤害。

环礁湖里,歇斯底里虫出动了。决斗的大胃猪打得难解难分。歇斯底里虫钻进大胃猪的脚,释放出一种麻醉性的毒液。年轻的大胃猪立刻死亡。歇斯底里虫聚集在它的体内,开始从内部消化它的肉。越聚越多的歇斯底里虫开始了它们最后的变身。它变成了一个装满卵的庞然大物。这是外星球上的生死故事。在这里,生命的伟大循环将持续数十亿年。

"类地行星发现者"是美国国家航空航天局的下一项重要任务,它将会对准太阳系附近类似太阳的数百颗恒星。既然与"奥丽莉亚星"类似的红矮星行星适合生物栖息,那么我们就有了数以千计的目标。寻找外星生物已不再是遥不可及的梦想,人类或许能够找到一个类似"奥丽莉亚星"的世界。

自1972年12月美国"阿波罗17号"飞船返回地球,美国结束"阿波罗"登月计划后,30多年来,美国、苏联从此再未进行过任何载人登月任务。一种观点认为,这是因为所有25名飞往月球的美国宇航员都曾在月球上发现过不明飞行物,对外星强大科技的"畏惧",促使美国宇航局(NASA)放弃了载人登月任务。

流星雨,不为人知的十大事实

你了解美丽的流星雨吗,当她们那美丽的身姿划过夜空,当你在默默地许愿的时候,你知道它究竟有怎样的神秘身世吗?

事实一:狮子座流星雨除了光顾地球之外同样光顾月球,当狮子座流星雨光顾月球时,我们在地球上同样可以看到。由于月球与地球之间距离相对较近,每年的 11 月,月球也会出现狮子座流星雨。

不过,光顾月球的流星雨与光顾地球的流星雨之间存在一个差别:月球没有大气来阻隔流星雨,因此这些微小的彗星残片会直接坠入月球表面然后发生爆炸。

"阿波罗"时代对月球进行的地震观测记录显示了 70 年代月球上经历的狮子座流星雨,科学家则在 1999 年狮子座流星雨出现时利用观测设备首次证实月球上也有狮子座流星雨。

2005 年,三位独立的天文爱好者利用天文望远镜看到了狮子座流星雨在月球出现的情景,他们看到一束束短暂的光束划过,其亮度与一颗较暗的星星差不多,在黑暗的夜空当中即便用肉眼也能够看到。

但是,流星雨这样比一颗石子大不了多少,重量仅仅几盎司的太空碎片如何能够产生像星星一般

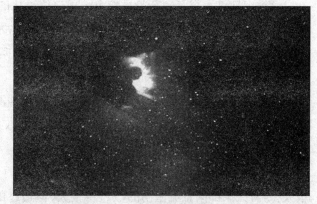

狮子座流星雨

的亮度使得人们在地球上也能够看得到呢? 最近几年来科学家渐渐得出结论,由于狮子座流星雨向地球和月球飞行的速度极快,超过每小时 16 万英里,因此其产生的动能非常大,这导致受到流星雨影响的区域周边的月球灰尘全部气化蒸发,从而产生了明亮的亮光。

事实二:流星雨实际上并非太空碎片。

现在,很多人都把流星雨视作太空碎片,但实际上对流星雨更科学的描述应该是流星体。根据美国流星协会的定义,当流星雨进入大气层当中时,其产生的光亮被称作流星,换言之,流星雨仅仅是一种宇宙现象,而并非太空碎片这样的具体物质。

事实三:流星雨并不坠落地面。

流星雨产生的巨大热量使得它们在距离地球表面很远时就已经气化,即便是体积较大可以达到一个篮球那么大的流星也一般会烧尽而无法坠落地面,当然也有一些例外,极少数的流星最终可能会成为漏网之鱼有幸到达地面。

科学家指出,流星雨主要是由彗星成分组成,韧性较差,因此它们很容易破碎成小碎片或分解。实际上像篮球那样大的流星体几乎没有,大多数流星体也就是小石子那么大。

由于流星雨下落速度极快,他们在距离地球表面87英里时就会燃烧发亮,而那里的空气仍然相当稀薄。

事实四:流星雨并非因为摩擦而燃烧。

很多消息曾表示,流星雨之所以非常明亮是因为它们在下坠的过程当中与空气分子相互摩擦,但实际上由于流星雨飞行速度很快,空气分子往往会受到压力而明显升温,温度升高的空气反过来使得流星雨开始燃烧,当时的温度可能会超过1650摄氏度。

事实五:流星雨不仅外观美丽而且还有声音。

流星雨划过天空会在身后留下一串被离子化的气体,有时来自远方的调频无线电信号或是电视信号可以"截获"这一迹象并将其转化为声音,如果你知道把收音机调到哪个波段就可以听到这一声音。据称这种声音类似口哨声或嗡嗡声。

事实六:流星雨不可预知。

尽管天文学家对于狮子座流星雨进行了种种预测,而且这些预测有的非常准确,但是无论如何对于流星雨进行提前预测,包括预测其数量以及达到高峰的时间都是一件相当困难的事情。

2001年,不同的预测小组对狮子座流星雨进行了不同的预测,他们之间的差异甚至很大,尽管大家都同意流星雨的数量将很大,但最终的结果与预测的数据之间还是有一些差别,没有任何一项预测是完全正确的。在某些地区,流星雨的数量高出预测,而在另外一些地区,流星雨的数量却低于预测。

事实七:狮子座流星雨一度被认为是世界末日的先兆。

流星雨产生大量的流星,这种景观令人叹为观止,但在1833年时人们还对狮子座流星雨感到恐慌,不知其形成的原因,因而误以为世界末日就要来临了。

事实八:狮子座流星雨的形成与Temple-Tuttle彗星有关。

Temple-Tuttle彗星是在1865年年底和1866年年初分别由威廉姆·特姆佩尔和霍雷斯·图特勒独立发现的,因此这颗彗星就用他们二人的名字命名。天文学家后来发现这颗彗星与每年一次的狮子座流星雨之间有着密切的关联。

但直到 1965 年才有人再次观测到 Temple-Tuttle 彗星,1997 年 3 月 4 日,夏威夷大学的三位科学家卡伦·米奇、奥利维尔·汉诺特以及詹姆斯·鲍尔再次观测到了 Temple-Tuttle,据称这颗彗星将于 2031 年重返太阳系。

事实九:观测狮子座流星雨的最佳地点是在太空。

没有人能够像国际空间站里的宇航员那样拥有最佳的观测狮子座流星雨的条件,但是,能够有幸登上国际空间站的人毕竟少之又少,就连流行乐明星兰塞·巴斯都还没有拿到登陆国际空间站的"门票"。

国际空间站上的宇航员可以在狮子座流星雨在欧洲达到高峰时看到这一景观,几小时之后他们还可以看到北美夜空中的狮子座流星雨。不过值得一提的是,宇航员们不像地球上的观测者那样抬头向上看流星雨,而是低头向下看。因为国际空间站飞行高度位于 240 英里的高空,远远超过大气层中能够使流星雨大面积燃烧的浓厚的空气高度。

下面是宇航员弗兰克·库尔伯森 2001 年在国际空间站中观测狮子座流星雨时所做出的描述:"我们好像看到一些不明飞行物正在以编队的方式朝着地球飞去,一次大约有三到四个。"还好,库尔伯森很清楚他看到的是流星雨,他接着写道:"在我们身下每分钟都有数百颗流星飞过,这种场面真的是非常壮观!"

事实十:狮子座流星雨是彗星残片。

狮子座流星雨是彗星的残片,每隔 33 年就会从 Temple—Tuttle 彗星上剥离出大量的流星。科学家认为彗星是在大约 46 亿年前与太阳系一起形成的,当时太阳从氢、氦两种气体以及一些尘埃中脱离出来,而 Temple—Tuttle 彗星则从余下的残余物质中产生,而且此后一直围着太阳飞行。

寿命短暂的狮子座流星雨是天文学家最喜欢研究的课题之一,最近几年来一些天文学家已开始乘坐飞机追赶流星雨的步伐,以便与流星雨进行近距离的接触。

人类能否看到宇宙诞生 7 亿年时的星光

在美国科学促进会年会上,加州理工学院宣布,该学院天文学家小组用哈勃太空望远镜和 Keck 天文台望远镜,在 Abell2218 星系团中,发现了离地球最远的一个星系。该星系发出的光是在宇宙诞生 7 亿年时发出的。

该研究小组首次探测到这一新星系,是用哈勃太空望远镜的"先进调查照相机",对 Abell2218 星系团进行长时间的曝光得到的。对于一系列"哈勃"所获得的图像分析表明,该"红移"至少为 6.6。后来又利用 Keck 天文台的 10 米望远镜进行修正,天文学家发现该星系"红移"近于 7.0。"红移"越大,表明该天体距离地球越远。克奈伯对该星系的

"拍摄",获得两个极为类似的图像。他说,同一天体存在两个影像表明,引力透镜现象正在起作用。由于该星系极为暗淡,识别出它的距离曾是一件特别富有挑战的工作。研究人员估计,该星系是很小的,大概其宽度仅为 2000 光年,但以极高的速率形成恒星。并且这个星系主要是由大质量恒星构成的。

地球内部是空的吗

关于地下城市的最早传闻是在 1946 年,传闻的制造者是 RichardShaver——作家、新闻记者兼科学家。他所写的一篇不可思议的故事发表在《惊奇故事杂志》,描述了他与居住在地下的外星人的接触。Shaver 在故事中写道,他曾经与外星人在地下共同生活过几个星期,这些外星人长得就像魔鬼。其中的一些描述明显带有古代传说和童话故事的影子。几乎每个民族都有古代的神话传说,那些传说中的祖先们都生活在人类出现之前的远古时代。Shaver 描述的地下外星人超级聪明、具有高度的文明,他们与人类没有任何类似之处。

你可以说这位美国作家的故事只是自己的想象而已,但是,这篇故事的反响却不同寻常,许多读者说他们曾经访问过地下城市,与那里的居民交谈,并看到了难以想象的先进科技,使地下的居住者也过着舒适的生活。还有人说地下的外星人曾经交给他控制人类思想的方法。

这个奇异的故事也引起了科学家的注意,人们开始关注地球内部的情况。

17 世纪的英国天文学家 EdmundHalley 在他的著作中也提到地球是个中空的球体。美国当局在 18~19 世纪组成了一个特殊的科研组来探测地球内部空洞的深度。

纳粹德国的科学家同样对神秘的地下世界充满了兴趣。1942 年,德国成立了一个秘密探察组。他们希望装备一个新式的雷达来探索地球内部。但不幸的是,他们的研究结果无人知晓。但是对于地下文明的猜想在 20 世纪下半叶更加活跃了。

1963 年,美国的两个当地矿工——DavidFelling 和 Henry Throne 在地道里发现了一个大门,推开门可以看到大理石楼梯。在英国,矿工们在挖掘地道时能够听到地下传来机器装置的声音。一个英国矿工也说看到过通往地下井的楼梯。机器的声音越来越清晰,工人们感到恐惧,四散而逃,当他们再次回到地道中时,台阶已经不见了,通往地下井的入口也找不到了。

在 20 世纪 70 年代末,美国卫星曾经拍摄到有趣的照片。这些照片曾经在许多西方科学类杂志上发表,照片中显示在北极有一个黑色、规整的圆点。这几张照片并不十分清晰,但是类似的照片在几年之后又出现了。

人类学家 JamesMcKenna 探测过一个有名的山洞，位于美国爱达荷州。当到达山洞几百米的深处时，McKenna 和其他成员听到尖叫声和呻吟声，与此同时，他们发现人类的骨架。但强烈的硫磺味使他们不能再继续走下去了。

地质学家并不同意地球是个中空球体的看法，但他们也不排除地球内部有许多空洞的可能。在那里人类不可能生存，气温极高又缺乏氧气。一些研究者认为地下文明是外星人的杰作，他们对于人类无休止的争战和残暴感到厌倦，于是移居地下，静观人类的发展。UFO 不是其他星系的来客，而是地下居民的交通工具。然而，如果地球是中空的，在很早以前就应该有人看到过通往那里的门。就此问题，一些美国科学家认为地下城市存在于地球的四维空间，随着地球电磁场的变动，隧道的大门有时会被人看到，偶然情况下，也有人看到过地下城市和那里的居民。

还有一种理论认为，许多神秘的建筑是通往地下城市的人口标志，例如英国的 Stonehenge。假如地下真的有人类存在的话，许多无法说明的现象也就迎刃而解了。

彗星之谜

1986 年，哈雷彗星回归太阳系，从地球上发射了 6 个空间探测器进行考察；1994 年 7 月 17 日到 7 月 22 日，苏梅克—列维 9 号彗星分裂成的 22 块碎片相继和木星相撞，全世界的天文台都把望远镜对准了木星，正在天空中的"伽利略"号探测器和"哈勃"太空望远镜也忙于收集彗木相撞的照片和磁场变化、射电流量变化等信息；1994 年 8 月 13 日又发现一颗彗星"麦克豪尔 2 号"，发现时它正向太阳飞去，10 天后亮度增强了 10 倍，彗核开始分裂，9 月 15 日已分裂成 5 块……短短几年时间在全世界天文界掀起了一次又一次彗星研究热潮。

彗星是太阳系神秘的客人，以其在天空中形成美妙的形状和千姿百态的变化而引起人们极大的兴趣。一个完整的彗星有一个明亮的头，长长的扫帚一样的尾。彗头中央明亮部分的核心是直径几公里到几十公

哈雷彗星

里的固体核，核外四周看上去毛茸茸的模糊亮团称为彗发，彗星后部延伸很远的射线状亮线条是彗尾。

彗星来源之谜：彗星非太阳系固定的成员，它们是从太阳系边缘闯入太阳系的不速

之客,它们的原籍在何处?有人认为:在太阳系之外有一片名叫奥尔特的星云,这片星云是一个巨大的彗星仓库,其中约有一万亿颗彗星。奥尔特星云和太阳的距离约为地球到太阳距离的几万倍。由于内部相互作用的不稳定和恒星吸引等作用,少数彗星会脱离星云,有些进入了太阳系,成为太阳系的彗星。也有人认为:彗星是星际空间的气体和尘埃云,它们经过瓦解、凝结成晶体,再聚合成团等过程形成了彗核,太阳系在银河系中运行时把较近的彗星吸引进入太阳系。还有人认为:太阳系形成过程中大量的尘埃、气体积聚形成了行星,一部分则被推到太阳系的边缘,在那里它们又聚合在一起形成彗核。彗星进入太阳系有偶然性,谁也说不准何时将有新的彗星从何处闯入太阳系。

彗核之谜:彗核是彗星的主体,由固态物质组成。彗核有时会分裂,如"苏梅克—列维9号"彗星和"麦克豪尔2号"都分裂了,由此产生了"碎石堆"的想法:彗核是一堆相互作用力不太大的物质堆聚在一起的,一遇到外力作用不平衡,碎块就会分开。另一种猜想是"肮脏冰块":彗核就是一大块由冰和尘埃冻在一起的肮脏大冰块,探测哈雷彗星时发现彗星表面有黑色尘埃覆盖。黑色物质吸收约96%的太阳光,形成彗星表面30℃以上的高温。对哈雷彗星的观测对"肮脏冰块"理论较为有利,但还不能说彗星普遍都是这样的。

彗发之谜:彗核向太阳靠近时,彗核吸收大量太阳能使固态物质升华成气态分子、原子、离子和尘埃,它们在彗核表面形成大气层,它们散射太阳光,自身也吸收太阳光能发出荧光,形成了发亮的彗头,彗头中核心部分是彗核,在四周发亮的是彗发。彗发成分、结构都很复杂,还能形成磁场。形成的磁场犹如一个瓶子,瓶状的中间部分——磁腔磁场很弱,磁场向后延伸很远,其边缘远达数千公里。有人提出用太阳风理论来解释这种现象:太阳日冕中吹出大量带正电荷的质子和带负电荷的电子,高速的太阳风刮到彗星大气层,受到彗星大气层阻碍突然减退,太阳风和大气层相互作用引起激波,带电的粒子都作相当复杂的运动,磁场就是由这些带电粒子的运动形成的。

彗尾之谜:彗尾有两支,一支基本上沿着日彗连线一直向后延伸,它主要由一氧化碳、二氧化碳、水、氢等离子组成。彗尾中的这些离子以极大的加速度向后飞奔,远离彗头。加速度大表明它们受到了很大的作用力,开始设想这是太阳风中的带电粒子和离子的相互作用产生的,但后来证明这种相互作用产生的加速度没有这么大,因此至今尚未对此做出合理的解释。另一支彗尾相对于尾轴对称产生,然后,一边伸长一边向尾轴靠拢,最终合并到彗尾上去。解释这一支彗尾成因的还是太阳风。和太阳风相互作用而飞离彗头的离子在太阳风形成的磁场中一边前进,一边旋转,像一把边旋转边收拢的折伞。彗尾并不一定是规则的,它们会弯曲,方向突变,成螺旋状,会凝集、扭曲……这些现象现今亦无完善的理论说明。

彗星归宿之谜:闯进太阳系的不速之客有的拜访一次后,离开太阳系就杳如黄鹤一去不回;有的则定期回访,如"哈雷"彗星约 76 年回归一次;有的在第一次拜访中就瓦解,如"苏梅克—列维 9 号"彗星。彗星的最后归宿如何? 多数人认为:由于彗星靠近太阳时蒸发掉不少物质,除一次拜访就已瓦解的彗星外,凡定期回归的彗星最终均将瓦解。如"哈雪"彗星,离太阳较近时每秒要损失 40~50 吨物质,彗核总质量约 1000 亿吨,每运行一周要损失约 2 亿吨物质,至多再运行几十周就会瓦解。

麒麟座恒星为什么神秘变亮

悉尼大学物理系的里特和马罗姆在英国《皇家天文学会月报》上发表报告称,在银河系中观测到的麒麟座 V838 星(V838Monochromic)恒星神秘变亮上万倍,原因是它正在吞吃绕其旋转的行星。

2002 年 1 月澳大利亚业余天文爱好者布朗发现,V838Monochromic 恒星发生爆发现象,并很快变成银河系最亮的恒星之一,比太阳还亮 60 万倍。普通新星爆发时,通常将恒星的外层物质推向太空,正发生核聚变的超热核心则暴露在外。但哈勃太空望远镜拍摄到的图像显示,V838Monochromic 恒星的直径却大为增加,其外层冷却,核心仍被隐藏着。天文学家一直无法解释这颗暗淡的普通恒星突然变成明亮的超巨恒星时所发生的壮丽大爆发。

麒麟座恒星

里特和马罗姆领导的研究小组通过研究该恒星发出的光的弯曲现象后认为,V838Monochromic 恒星连续吞吃了 3 颗巨大的、像木星一样的行星,从而发生了这种多阶段大爆发。他们的研究工作也帮助人们认识了新一类天体——吞吃行星的恒星。

火星为什么是红色的

美国科学家艾伯特—延最近的实验证明,火星表面呈现出红色很可能是落在火星地表的流星碎屑所致。科学界原来普遍接受的解释(水氧化了火星岩层中的铁元素而导致火星呈红色)很可能与事实不符。

此前天文学家们曾一致认为:火星呈红色是因为火星表面覆盖着一层红色的氧化

铁。火星在幼年时期时曾是一颗尚未冰冻的"热星",那时火星上的海洋、湖泊和河流溶解了大量火星岩石中的铁元素,这些氧化了的铁元素逐渐地沉积在火星表面,后来当火星表面的各种水源神秘消失后,便留下了一层红红的氧化铁尘土。

然而,自 1997 年"火星探路者"抵达火星进行探险后,来自美国喷气推进实验室(Jet-PropulsionLaboratoty)的艾伯特—延却对上述理论提出了质疑。那次探险结果表明,火星表层土壤中所含的铁和镁比岩石还要多。这就可以说明,火星的这一红色金属表层起源于不断沉积在火星表面的富含金属元素的小流星碎屑和其他太空尘埃。据艾伯特—延计算,这些流星碎屑和太空尘埃每十亿年就可以在火星表面沉积达 5 厘米厚。

如果事实真的像艾伯特—延所推测的那样,那么火星就并不见得一定要是一块"湿润之地"才能发生氧化反应而呈现出红色。为了检验上述推测,艾伯特—延还特地进行了一次实验:他将铁放置在火星环境模拟实验室中进行紫外线照射(模拟太阳光、火星大气及温度),结果只用了一周红色的氧化铁就已经产生了。艾伯特—延因此而表示,他并不排除火星上曾经有过水,但同时他也认为,液态水对火星外形的形成产生的作用微乎其微,并不像人们想象的那么重大。

恒星系的形成与发展

按照宇宙大爆炸理论,第一代星系大概形成于大爆炸发生后十亿年。在宇宙诞生的最初瞬间,有一次原始能量的爆发。随着宇宙的膨胀和冷却,引力开始发挥作用,然后,幼年宇宙进入一个称为"暴涨"的短暂阶段。原始能量分布中的微小涨落随着宇宙的暴涨也从微观尺度急剧放大,从而形成了一些"沟",星系团就是沿着这些"沟"形成的。

在宇宙诞生后的第一秒钟,随着宇宙的持续膨胀冷却,在能量较为"稠密"的区域,大量质子、中子和电子从背景能量中凝聚出来。一百秒后,质子和中子开始结合成氦原子核。在不到两分钟的时间内,构成自然界的所有原子的成分就都产生出来了。大约再经过三十万年,宇宙就已冷却到氢原子核和氦原子核足以俘获电子而形成原子了。这些原子在引力作用下缓慢地聚集成巨大的纤维状的云。不久,星系就在其中形成了。

大爆炸发生过后十亿年,氢云和氦云开始在引力作用下集结成团。随着云团的成长,初生的星系即原星系开始形成。那时的宇宙较小,各个原星系之间靠得比较近,因此相互作用很强。于是,在较稀薄较大的云中凝聚出一些较小的云,而其余部分则被邻近的云所吞并。

同时,原星系由于氢和氦的不断落入而逐渐增大。原星系的质量变得越大,它们吸引的气体也就越多。一个个云团各自的运动加上它们之间的相互作用,最终使得原星系开始缓慢自转。这些云团在引力的作用下进一步坍缩，一些自转较快的云团形成了盘状；其余的大致成为椭球形。这些原始的星系在获得了足够的物质后，便在其中开始形成恒星。这时的宇宙面貌与今天便已经差不多了。星系成群地聚集在一起，就像我们地球上海洋中的群岛一样镶嵌在宇宙空间浩瀚的气体云中，这样的星系团和星系际气体伸展成纤维状的结构，长度可以达到数亿光年。如此大尺度的星系的群集在广阔的空间呈现为球形。

宇宙中没有两个星系的形状是完全相同的，每一个星系都有自己独特的外貌。但是由于星系都是在一个有限的条件范围内形成，因此它们有一些共同的特点，这使人们可以对它们进行大体的分类。在多种星系分类系统中，天文学家哈勃于 1925 年提出的分类系统是应用得最广泛的一种。哈勃根据星系的形态把它们分成三大类：椭圆星系、漩涡星系和不规则星系。

宇宙中的大部分大星系都是漩涡星系，其次是椭圆星系，不规则星系占的比例最小。漩涡星系自转得比较快，其盘面中含有大量尘埃和气体，这些物质聚集成能供恒星形成的区域。这些区域发育出含有许多蓝星的旋臂，所以盘面的颜色看上去偏蓝。而在其棒状结构和中央核球上稠密地分布着许多年老的恒星。与漩涡星系相比，椭圆星系自转得非常慢，其结构是均匀而对称的，没有旋臂，尘埃和气体也极少。造成这种局面的原因是早在数十亿年前恒星迅速形成时就已经将椭圆星系中的所有尘埃和气体消耗完了。其结果是造成这些星系中无法诞生新的恒星，因此椭圆星系中包含的全都是老年恒星。

宇宙中约有十亿个星系的中心有一个超大质量的黑洞，这类星系被称为"活跃星系"。类星体也属于这类星系。

此外，还有一类个子矮小的"矮星系"。这类星系不像大型星系那样明亮，但其数量非常多。银河系附近有许多矮星系，其数量比所有其他类型星系之和都多。在邻近的星系团中也已发现了大量的矮星系。其中一些形状规则，多半都含有星族 II 的恒星；形状不规则的矮星系一般含有明亮的蓝星。

星系的形状一般在其诞生之时就已经确定了，此后一直都保持着相对稳定，除非发生了星系碰撞或邻近星系的引力干扰。

你知道空间移民方案吗

1977 年，美国普林斯顿大学奥尼尔博士发表《宇宙移民岛》一书，描绘了向宇宙空间移民的宇宙城的建设方案。他设想在宇宙空间中的地球和月球引力所及的范围内，建设巨大的宇宙移民岛，成为人类移居的第二故乡。

这种宇宙岛在太空中以一定速度旋转,产生向心力以模拟地球的重力。岛内培植土壤,加上入射的阳光,形成人造生态系统。

宇宙岛上的活动依赖太阳能,充分利用失重状态和日光,建立宇宙工业,成为宇宙城的基础。美国政府对这个设想给予高度评价,并拨出专款支持研究。

奥尼尔设计了以地球为蓝本的三种宇宙岛模型:一是岛直径为512米的中空球体,岛上的赤道内侧是居民区,高纬度区域装有大面积玻璃窗,在球体外由反射镜收集阳光,粮食由岛外侧的农业区域生产,工业原料由月球上的矿产供应。岛的屏蔽层厚2米。岛上的土壤、建筑物总重10万吨,防护层重3万吨。二是岛直径为3600米的球体。三是岛直径为6.4千米、长32千米的半球形封闭圆筒,陆地面积270平方千米,相当于一个大城市。这些宇宙岛一个比一个复杂先进,可接纳越来越多的移民,最后变成一座太空城市。

建造宇宙岛必须解决物资运送问题,也就是说要有特殊的交通工具,即宇宙联络飞船。它像一种能重复使用的普通飞机,太空飞行结束后可以展翅滑翔返回地球,休整两周后再进行太空飞行。宇宙联络飞船把圆筒形的太空舱一个个运到宇宙空间,并在太空组装成宇宙站,然后以此为基础建成宇宙岛。

月球的十大未解之谜

①月球起源之谜

对于月球的起源,科学家提出3种理论,它们全都有缺陷,但是阿波罗计划却有助于证明,其中看来可能性最小的理论是最佳理论。有些科学家认为,月球是和地球一起,于46亿年以前,从一团宇宙尘埃中生成的。另一种理论认为月球是地球的孩子,也许是从太平洋地区抠出去的。然而阿波罗登月探险的结果表明,地球和月球的结构成分差别很大,有一些科学家提出了另一种假说,即俘获说。他们认为,月亮是偶然闯入地球引力场,而被锁定在目前的轨道上。可是,要从理论上解释这过程的机制,难度相当大。因此,上述3种理论全都难以站得住脚。正如罗宾·布列特博士所称:要解释月球不存在,要比解释月球存在更容易些。

②月球年龄之谜

令人惊异的是,从月球带回的岩石标本,经分析发现其中99%的年龄要比地球上90%年龄最大的岩石更加年长。阿姆斯特朗在寂静海降落后拣起的第一块岩石的年龄是36亿岁。其他一些岩石的年龄为43亿岁、46亿岁和45亿岁。它几乎和地球及太阳系本身的年龄一样大,地球上最古老的岩石是37亿岁。1973年,世界月球研讨会上曾测定一块年龄为53亿岁的月球岩石。更令人不解的是,这些古老的岩石都采自科学家认为是月球上最年轻的区域。根据这些证据,有些科学家提出,月球在地球形成之前很久很久便已在星际空间形成了。

月球

③月球土壤的年岁比岩石年岁更大之谜

月球古老的岩石已使科学家束手无策,然而,和这些岩石周围的土壤相比,岩石还算是年轻的。据分析,土壤的年龄至少比岩石大10亿年。乍一听来,这是不可能的,因为科学家认为这些土壤是岩石粉碎后形成的。但是,测定了岩石和土壤的化学成分之后,科学家发现,这些土壤与岩石无关,似乎是从别处来的。

④当巨大物体袭击月球时,月球发出空心球似的声音之谜

在阿波罗探险过程中,废弃的火箭第三节推进器会轰地一下撞在月球表面。据美国航空航天局的文件记载,每一次这样的响声,听起来仿佛是一个大铃铛的声音。当登月人员降落在颜色特别黑的平原上时,他们发现要在月球表面钻孔十分困难。土壤样品经分析后发现,其中含有大量地球上稀有的金属钛(它被用于超音速喷气机和宇宙飞船上);另一些硬金属,如锆、铱、铍的含量也很丰富。科学家觉得迷惑不解,因为这些金属只有在很高的高温约华氏4500度下,才会和周围的岩石融为一体。

⑤不锈铁之谜

月面岩石样其中还含有纯铁颗粒,科学家认为它们不是来自陨星。苏联和美国的科学家还发现了一个更加奇怪的现象:这些纯铁颗粒在地球上放了7年还不生锈。在科学世界里,不生锈的纯铁是闻所未闻的。

⑥月球放射性之谜

月亮中厚度为8英里的表层具有放射性,这也是一个惊人的现象。当"阿波罗"15的宇航员们使用温度计时,他们发现读数高得出奇,这表明,亚平宁平原附近的热流的确温度很高。一位科学家惊呼:上帝啊,这片土地马上就要熔化了!月球的核心一定更热。然而,令人不解的是,月心温度并不高。这些热量是从月球表面大量放射性物质发出的,可是这些放射性物质(铀、钍和钾)是从哪里来的?假如它们来自月心,那么它们怎么会来到月球表面?

⑦干燥的月球上的大量水气之谜

最初几次月球探险表明,月球是个干燥的天体。一位科学家曾断言,它比戈壁大沙

漠干燥 100 万倍。阿波罗计划的最初几次都未在月球表面发现任何水的踪迹。可是阿波罗 15 的科学家却探测到月球表面有一处面积达 100 平方英里的水气团。科学家们红着脸争辩说,这是美国宇航员废弃在月亮上的两个小水箱漏水造成的。可是这么小的水箱怎能产生这样一大片水气? 当然这也不会是宇航员的尿液,它直接喷射到月球的天空中,看来这些水气来自月球内部。

⑧月球表面呈玻璃状之谜

阿波罗的宇航员们发现,月球表面有许多地方覆盖着一层玻璃状的物质,这表明,月球表面似乎被炽热的火球烧灼过。正如一位科学家所指出的:月亮上铺着玻璃。专家的分析证明,这层玻璃状物质并不是巨大的陨星的撞击产生的,有些科学家相信,这是太阳的爆炸某种微型新星状态产生的后果。

⑨月亮的磁场之谜

早先探测和研究表明月球几乎没有磁场,可是对月球岩石的分析却证明它有过强大的磁场。这一现象令科学家大惑不解,保罗·加斯特博士宣称:这里的岩石具有非常奇特的磁性……完全出乎我们意料。如果月球曾经有过磁场,那么它就应该有个铁质的核心,可是可靠的证据显示,月球不可能有这样一个核心;而且月亮也不可能从别的天体(诸如地球)获得磁场,因为假如真是那样的话,它就必须离地球很近,这时它会被地球引力撕得粉碎。

⑩月球内部神秘的物质聚集点之谜

1968 年,围绕月球飞行的探测器首次显示,月球的表层下存在着物质聚集结构。当宇宙飞船飞越这些结构上空时,由于它们的巨大引力,飞船的飞行会稍稍低于规定的轨道,而当飞船离开这些结构上空时,它又会稍稍加速,这清楚地表明这物质聚焦结构的存在,以及它们巨大的质量。科学家们认为,这些结构就像一只牛眼,由重元素构成,隐藏在月球表面海的下面。正如一位科学家所称:看来谁也不知道该如何来对付它们。

你知道"漩涡星系"吗

太阳系所处的银河系是一个漩涡星系,主要由质量和年龄不尽相同的数以千亿计的恒星和星际介质(气体和尘埃)所组成。它们大都密集地分布在银河系对称平面附近,形成,其余部分则散布在银盘上下近于球状的银晕里。恒星和星际介质在银盘内也不是均匀分布的,而是更为密集地分布在由银河中心伸出的几个螺旋形旋臂内,呈条带状。一般分布在旋臂内的恒星,年轻而富金属,并多与电离氢云之类的星际介质成协。而点缀在银晕里的恒星则是年老而贫金属的。其中最老的恒星年龄达 150 亿年,有的恒星早已

漩涡星系

衰老并通过超新星爆发将内部所合成的含有重元素的碎块连同灰烬一起降落到银盘上。

你知道"蟹状星云"吗

　　蟹状星云是超新星爆发的遗迹,在中国史籍中早有记载。今天,科学家们已能运用高科技的望远镜初步揭开其面纱。

蟹状星云

天文学家卞毓麟教授曾在《科学》杂志上撰文："我国史书《宋会要》记载：'至和元年五月晨出东方,守天关,昼见如太白,芒角四出,色赤白,凡见二十三日。'说的是公元 1054 年 7 月 4 日清晨,天空中出现了一颗特别明亮的超新星,在金牛座(中国古星名"天关")附近,白天也能看见它亮如金星,光芒四射,一直持续了 23 天。这颗超新星爆发过程中抛射出来的气体,至今还在以每秒上千公里的速度迅速地向四面八方膨胀……"卞教授认为在科学史上,蟹状星云蕴涵着中国人的自豪。

日食的过程

一次日全食的过程可以包括以下五个时期：初亏、食既、食甚、生光、复圆。

初亏：由于月亮自西向东绕地球运转,所以日食总是在太阳圆面的西边缘开始的。当月亮的东边缘刚接触到太阳圆面的瞬间(即月面的东边缘与月面的西边缘相外切的时刻),称为初亏。初亏也就是日食过程开始的时刻。

食既：从初亏开始,就是偏食阶段了。月亮继续往东运行,太阳圆面被月亮遮掩的部分逐渐增大,阳光的强度与热度显著下降。当月面的东边缘与日面的东边缘相内切时,称为食既。此时整个太阳圆面被遮住,因此,食既也就是日全食开始的时刻。

日食

在太阳将要被月亮完全挡住时,在日面的东边缘会突然出现一弧像钻石似的光芒,好像钻石戒指上引人注目的闪耀光芒,这就是钻石环,同时在瞬间形成一串发光的亮点,像一串光辉夺目的珍珠高高地悬挂在漆黑的天空中,这种现象叫作珍珠食,英国天文学家倍利最早描述了这种现象,因此又称为倍利珠。这是由于月球表面有许多崎岖不平的山峰,当阳光照射到月球边缘时,就形成了倍利珠现象。倍利珠出现的时间很短,通常只有一二秒钟,紧接着太阳光就全部被遮盖住而发生日全食了。

日全食时,大地变得昏暗,兽惊归巢穴。这时天空中就会出现一番奇妙的景色：明亮的星星出来了,在原来太阳所在的位置上,只见暗黑的月轮,在它的周围呈现出一圈美丽的、淡红色的光辉,这就是太阳的色球层;在色球层的外面还弥漫着一片银白色或淡蓝色的光芒,这就是太阳外层的大气—日冕;在淡红色色球的某些地区,还可以看到一些向上喷发的像火焰似的云雾,这就是日珥。日珥是色球层上部气体猛烈运动所形成的气体"喷泉"。色球层、日饵、日冕都是太阳外层大气的组成部分,平时在一定的条件下也可以观测到,但在日全食时,这些现象可以看得特别清楚。

生光:食既以后,月轮继续东移,当月轮中心和日面中心相距最近时,就达到食甚。对日偏食来说,食甚是太阳被月亮遮去最多的时刻。月亮继续往东移动,当月面的西边缘和日面的西边缘相内切的瞬间,称为生光,它是日全食结束的时刻。在生光将发生之前,钻石环、倍利珠的现象又会出现在太阳的西边缘,但也是很快就会消失。接着在太阳西边缘又射出一线刺眼的光芒,原来在日全食时可以看到的色球层、日珥、日冕等现象迅即隐没在阳光之中,星星也消失了,阳光重新普照大地。

复圆:生光之后,月面继续移离日面,太阳被遮蔽的部分逐渐减少,当月面的西边缘与日面的东边缘相切的刹那,称为复圆。这时太阳又呈现出圆盘形状,整个日全食过程就宣告结束了。

日偏食的过程和日全食过程大致相同,由于它只发生偏食,因此就只有初亏、食甚和复圆,而没有食既和生光这两个阶段。日环食则同样有初亏、食既、食甚、生光和复圆等阶段。

天文台对日全食或日环食进行预报时,往往要把这五个阶段的时间报告出来。人们根据这些报告就可以了解整个日食的过程,并进行观测。至于日偏食,天文台在预报时,当然就只给出初亏、食甚和复圆这三个时刻。

我们在日食的预报中,常常还可以看到"食分"这样一个词,它是用来表示日食的程度。对于日食而言,食分并不表示太阳圆面被遮掩的面积,而是表示日面直径的被遮部分与太阳直径的比值。以太阳的直径作为1,如果食分为0.5,这就表示太阳的直径被遮去了一半;如果食分为1,那就是太阳的整个圆面被遮住,那就是日全食。很显然,食分越大,日面被遮掩的程度就越大。日偏食的食分是小于1.0的,日全食的食分是1.0。

食带:月影扫过的地方。日食的时间长短,同月球影锥在地面上移动的速度以及地球的自转方向有关。以日全食来说,由于月球的视直径仅略大于太阳,同时月影在地面移动速度很快,因此日全食的时间是很短暂的。在全食带的某个地点所看到的日全食时间通常只有两三分钟,最多不超过7分钟。如果全食带经过赤道附近地区,日全食时间就可延续到7分40秒,这时是观测日全食的最好机会。

在发生日环食时,月亮总是位于远地点附近,这时月亮运行的速度较慢,因此日环食的时间比较长,如果日环食发生在赤道附近,那么在赤道附近观测日环食的时间可长达12分42秒。

就全球范围来说,如果把月亮半影开始遮掩日面的时间计算在内,日食时间的长度由初亏至复圆的整个过程可长达三个半小时。

日偏食的时候,由于月影范围大于其本影,食相经过的时间长短要视食分的大小而定,食分愈大.时间也就愈长。

由于月亮的影锥又细又长,所以当它落到地球表面时,所占的面积很小,至多不会超过地球总面积的万分之一,它的直径最大也只有二百六十多千米。当月球绕地球转动时,影锥就在地面上自西向东扫过一段比较长的地带,在月影扫过的地带,就都可以看见日食。所以这条带就叫作"日食带"。带内发生日全食的,就叫全食带;带内发生日环食的,就叫环食带。可以看到偏食的范围很广阔,已经不像一条带子,而是很大的一片地区。

全食带是一条宽度不过二三百千米,长约数千到 10000 千米的狭窄路径(有时全食带的宽度甚至只有几千米),只有在全食带扫过的地区才能看见日全食或日环食的发生。全食带的两旁是较广阔的半影扫过的地区,在这些地区内可见偏食。离全食带愈近的偏食区,所见偏食程度愈大;离带愈远,可见偏食程度愈小;半影区以外的地方是看不见日食的。

由于月球是由西向东运行,所以它的影子也是沿同一方向运行,因此各地看到日食的时间是不同的。当地面上的西部地区已经处在黑影区域内,这一地区的人已经看到日食时,东部地区的人却不能同时看到日食,得在月影向东移来后才能看到日食。所以,西部地区的人总是比东部地区的人先看到日食。

日食每年都有发生,但由于全食带是一条狭窄的影带,据估计,平均每 200~300 年,某一地区或城市才有机会被全食带扫过,所以,对住在一个城市的人来说,一生可能未看到过一次日全食。

南极洲的陨石

陨石是岩石的残骸,它可能曾花了数百万年时间绕着太阳旋转,直到天体动力引导它坠入地球。

不适人居的南极洲,却是陨石搜寻者的梦想地域。

南极大陆中心有一片庞大的大冰原,而当地降雪量也不多。

这意味相对容易在这里找到陨石,且不会遭到污染或曾与人类接触过。

过去三十年来,超过六个国家的研究人员已拾获成千上万个大小超过一厘米的陨石。

最著名的陨石是艾伦丘 84001 陨石,这是以美国探险队一九八四年十二月发现的南极洲艾伦丘为名。

这颗重达 1.93 公斤的陨石引发了重大争议,因为理论上,这颗石头是四十五亿年前在火星上由熔岩结晶成形。

约三十六亿年前,陨石撞击从火星表面撞出一块岩石,这块岩石在太阳系漫游了一段极长时间,后来才坠落至地球,过程中它的重量减少,在穿越地球大气层时,也因为摩擦导致它的表面遭到烧灼。

就在这颗陨石发现十二年后,美国国家航空暨太空总署研究人员马凯惊人宣布,他利用电子显微镜检查陨石,发现上头存有已成为化石的微生物形状。

马凯的宣称宛如青天霹雳。这暗示人类在太阳系中并不孤单(即便目前我们唯一仅知的邻居是细菌),更加强了地球生命可能来自外层空间这个一度相当边缘的理论。

从那时起马凯的宣称也引发激烈争论。其他科学家认为,这些明显的化石痕迹,只不过是当熔岩冷却又受到风化时,所产生的地质效果。

在南极洲康科狄亚基地负责陨石搜集工作的杜普拉说,近几年来陨石搜寻的范围已经扩大,涵盖微型陨石。

这些微型陨石也就是大小介于二十五至五百微米之间的尘粒。

太阳系之外的行星有水吗

天文学家特拉维斯·巴曼通过将理论模型和哈勃望远镜的观测结合起来,在"HD209458b"行星周围发现了水。

这个发现虽然不足以证明在其他行星上有生命,但它们至少能打消很多天文学家的顾虑,就是他们的预测基本上是正确的。他说:"这意味着我们在理论上对这些行星的理解近乎正确。对它们的了解足以让我们预知,那里应该有水,然后确认那里确实有水。"

科学家们已经预言,在多数绕其他恒星旋转的行星的大气中有水蒸气。巴曼表示,这些发现无疑是一种"信心助推器"。

飞马座中的 HD209458b 行星和它围绕旋转的恒星 HD209458 距地球 1.5 亿光年。1999 年发现的这个行星系是第一个允许科学家观测到太阳系之外的行星大气的行星系。到现在为止,HD209458b 行星是 14

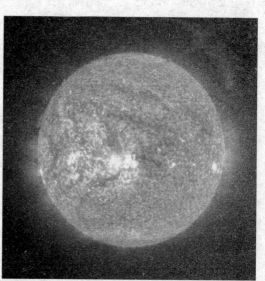

太阳系

个这种"中天系"中的一颗。中天系中的行星从地球和其主恒星之间经过,这样天文学家就可以计算出这颗行星的质量,并测量出它们的大气成分。正如从地球上观测到的一样,HD209458b 行星每 3 天半就会直接从它的恒星前面经过。利用地面和太空望远镜,天文学家们已经仔细察看了这一行星系。

巴曼表示,一些最新发现的行星系可能更适合这种分析。但哈勃望远镜是用一件以后无法再用的工具从 HD209458b 行星捕获资料的,所以使用的这种特殊工具已不再可能用来观测其他的行星系。HD209458b 行星的质量是地球质量的 220 倍。像木星一样,HD209458b 行星是一颗气态行星,尽管与太阳系中最大的行星相比,它的质量只是前者的十分之七左右。HD209458b 行星绕恒星旋转时的距离比水星和太阳之间的距离还近。

这些特点使其被归入其他所谓的"热木星"(Hot Jupiter)一类,"热木星"组成了大约40%的围绕其他恒星旋转的已知行星。(相关资料:有研究显示,"热木星"可能会带来类地天体。)天文学家对"热木星"很感兴趣,原因有两个:一是它们的大小使其成为最好研究的外行星,二是它们猛烈的重力动态可能会创造或摧毁地球大小的行星。

天文爱好者如何寻找新彗星

寻找新彗星是现代天文学中少数几个可以由爱好者使用自己的小型天文望远镜发挥主要作用的领域之一。每个晴朗的黄昏或黎明,在地球的各个角落,都有一些令人尊敬的,不知疲倦的天文爱好者把各式各样的望远镜指向天空,他们的辛勤工作往往可以得到丰厚的回报,每年都有一批新彗星被天文爱好者发现,并以他们的名字命名。

如果你也对寻彗有兴趣,首先要对你即将面临的艰苦工作做好心理准备,一个彗星猎手往往要在望远镜前度过几百个甚至上千个小时才会迎来自己的第一个发现,而且这一发现还可能已经落在了别人的后面而不能为新发现的彗星命名,或者你发现的彗星在前几次回归时就已经被其他人找到了。但只要坚持不懈,你就会在艰苦的寻彗工作中发现无穷的乐趣,正是这种观测的乐趣,才是使得众多天文爱好者投身于寻找彗星的根本动力。让我们记住日本天文爱好者互勉的名言:"淡泊名利,静心搜天"。

寻彗的望远镜口径应至少大于 100mm,实际上多数新彗星都是被口径 150mm 以上的望远镜(或双筒镜)发现的。寻彗镜的放大率应尽量低,以提高成像的亮度并获得尽量大的视场,但一般不应低于 16×,否则将很难看出那些距太阳尚远的彗星的朦胧的轮廓,而将其当作普通的恒星。寻彗镜的支架要求最好是地平式的,这样使用起来比赤道式的方便得多。为了确认可疑天体的身份及在发现新彗星时能够准确记录其位置,需要一份精度较高且标有尽量多的深空天体的星图,寻彗时其他必需的装备还有手电筒(最好用红布包裹住)和一块准确的手表。另外,寻彗者需要对已知回归的周期彗星心中有数,以免观测中重复别人的"发现"。

有经验的寻彗者的观测多在黄昏或黎明选择靠近太阳的天区进行,因为彗星越接近太阳,它的亮度和体积越大,也就越容易被发现。有的寻彗者连满月前后的日子也不放过,因为这时观测虽然困难,但观测的人数较少,一旦发现了新彗星,取得命名权的可能性更大,观测地应选在远离城市和大厂矿的地方,对于家住城市的寻彗者,如要在黄昏观测,应到城市的西边,黎明则反之。

如果在寻彗的过程中发现了朦胧的可疑天体,首先应对照星图确认它是否是星云、星团、星系等深空天体,熟练的彗星猎手往往能熟记成百上千个深空天体的位置和形态,这就免去了对照星图的麻烦,大大提高了观测效率,初学者也应该从梅西叶天体入手,尽量多熟悉一些深空天体,还要注意有时可疑"天体"实际上是由亮星经望远镜光学系统后产生的鬼像,这时只要稍稍移动一下望远镜,如果可疑天体在恒星背景上也有运动,它便是鬼像。有条件时可再换上高倍目镜看可疑天体是否会被分解为相距很近的几颗恒星。排除了以上可能后,如果天文刊物上没有预报这一天区有回归的周期彗星,你所发现的便很可能是一颗新彗星了,这时应尽量细心地根据彗星与恒星背景的相对位置计算出它的赤道坐标,并记录下当时的时间。如果时间允许,应该跟踪观测一段时间(如1~2小时)以检验它相对恒星背景是否移动,发现有移动后,应在草图上画出移动方向和大致速度。

当你确信自己发现了一个新彗星时,应该尽快通过电子邮件或电话将发现报告给国际天文联合会的天文电报中心。

太阳系行星定为8颗,冥王星失去行星地位

位居太阳系九大行星末席70多年的冥王星,自发现之日起地位就备受争议。经过天文学界多年的争论以及国际天文学联合会大会上数天的争吵,冥王星终于"惨遭降级",被驱逐出了行星家族。

从此之后,这个游走在太阳系边缘的天体将只能与其他一些差不多大的"兄弟姐妹"一道被称为"矮行星"。

根据国际天文学联合会大会通过的新定义,"行星"指的是围绕太阳运转、自身引力足以克服其刚体力而使天体呈圆球状、并且能够清除其轨道附近其他物体的天体。按照新的定义.太阳系行星将包括水星、金星、地球、火星、木星、土星、天王星和海王星,它们都是在1900年以前被发现的。

根据新定义,同样具有足够质量、呈圆球形,但不能清除其轨道附近其他物体的天体被称为"矮行星"。冥王星是一颗矮行星,其他围绕太阳运转但不符合上述条件的物体被统称为"太阳系小天体"。

土星的奇异光环

土星的光环比任何人想象的还要美丽。在太阳系的九大行星中,除土星外,天王星和木星也都具有光环,但它们都不如土星光环亮丽壮观。在望远镜里,我们可以看到三圈薄而扁平的光环围绕着土星,仿佛戴着明亮的项圈。奇异的土星光环位于土星赤道平面内,与地球公转情况一样,土星赤道面与它绕太阳运转轨道平面之间有个夹角。这个27°的倾角,造成了土星光环模样的变化。土星光环不仅给我们美的享受,也留下了很多谜团。目前还不知道组成光环的这些物质,是来自土星诞生时的遗物呢? 还是来自土

土星

星卫星与小天体相撞后的碎片? 土星光环为什么有那么奇异的结构呢? 这些都是有待科学家们研究探讨的难题。

冥王星起源之谜

人们根据冥王星与海卫一有许多相似之处(大小接近、成分类似)认为冥王星和海卫一都是行星的"星子"(原行星),而海卫一被海王星所俘获后,冥王星则变为一个独立的行星。中国天文学家戴文赛认为,冥王星不是海王星的卫星,而是由海王星轨道内的大星子形成的。由于该区域一个较大的星子与它碰撞,使它的轨道变得很扁;后来,另一个星子又掠碰它的表面,使冥王星产生了自转,碰出的物质形成了现在的查龙(冥卫),也许还有另外的冥王星卫星。由于对冥王星的认识和研究还很不够,也许宇宙探测器到达冥王星之后,对解开这个谜团有所帮助。

冥王星

水星探秘

我们说水星扑朔迷离,不仅说它漂泊不定(发现它是摆动运行),而且它还不易观察,不像金星和火星那样明亮和经常可见。有人甚至终身都看不到水星。由于水星离太阳

水星

很近,在它绕太阳公转时,我们在地球上看它与太阳之间的距离时远时近,离太阳的最远角距不超过28°。所以水星只能出现在日出前的东方地平线以上和日落后的西方地平线以上。由于水星离太阳较近,故其上面温度较高,昼夜温差亦较大。最近发现水星两极还有冰的存在,并且在运行中有摆动现象,这是令人感到惊奇的。目前人们普遍认为水星上不会有生命存在,因此对水星的探测频度远不如对金星、火星和木星等的探测频度大。

木星上奇异的巨大红斑是什么

木星大红斑是个已存在数百年的巨大风暴系统。木星除了色彩缤纷的条和带之外,还有一块醒目的类似大红斑的标记,从地球上看去,就成了一个红点,仿佛木星上长着的一只"眼睛"。大红斑形状有点像鸡蛋,颜色鲜艳夺目,红而略带棕色,有时却又变得鲜红鲜红的,人们把它取名为"大红斑"。大红斑十分巨大,南北宽度经常保持在1.4万千米,东西方向上的长度在不同时期有所变化,最长时达4万千米。关于大红斑颜色的成因,科学家尚有不同几种见解。有人提出那是因为它含有红磷之类的物质;有人认为,可能是有些物质到达木星的云端以后,受太阳紫外线照射,而发生了光学反应,使这些化学物

木星

质转变成一种带红棕色的物质。总之,这仍然是未解之谜。

令人充满疑惑的海王星

　　海王星距地球的距离较远,因此用天文望远镜观测时,还有好多内幕不易查清。所以,利用宇宙飞船靠近观测和拍摄天文图片,用无线电波发回地球,然后再利用电脑进行图像处理,从而能发现一些奥秘。海王星的弧状光环就是这样发现的。据资料介绍:当美国的"旅行者2号"于1990年飞过海王星时,曾观测到它最外围的环(名为"亚当斯环")上有了一小段明亮的短弧。这些弧状环早在80年代就被天文学家在地面探测到,当时人们记录到一些奇怪的闪变。为此,专家们花掉很多心血研究,但细节不清。

海王星

神秘的小行星

太阳系家族除了九大行星之外,还存在着许许多多的小行星。它们聚集在火星和木星的轨道之间,个头从几十千米至数百米不等,成群地围绕太阳运行。这些小行星是怎么形成的呢? 它们为何只在特定的轨道上聚集,而不是均匀分布在星际空间中?

最有影响力的一种假说认为:在火星和木星轨道之间原来存在着另一颗大行星,名叫"法厄同"。这颗大行星后来破裂了,它的碎块形成了今天小行星带。然而是什么力量使得那么大一颗星体被炸成碎末了呢? 有人认为"法厄同"可能已经演化出了高智能的生命体,它们之间爆发了核战争,将整个行星全部炸毁了。这种说法过于玄妙,多数科学家认为小行星带有其他起源原因。有人认为由于木星的引力干扰,在太阳系形成之时,一部分物质无法集聚成团,最后形成了分散的小行星带。但这也只是一种假说,无法得到验证。

你知道"恶魔之坑"吗

在 1891 年,在美国的亚利桑那州巴林佳发现了一个直径为 1280 米,深 180 米的巨大坑穴,坑周围有一圈高出地面 40 多米的土层。它是怎样形成的呢? 人们迷惑不解,干脆叫它"恶魔之坑"。后经学者们考证,这是个"陨石坑"。是距今 2.7 万年前,一个重达 2.2 万多吨的陨石以 5.8 万千米的时速坠落地球时冲撞而成的。然而奇怪的是,这个庞然大物给人们留下了一个大坑和坑边几块陨石铁片便没了踪影。

走向火星——拜访我们的近邻

空间时代的到来大大拓宽了人类的眼界。经过早期的挫折,1965 年 7 月,美国的水手 4 号宇宙飞船终于成功地访问了火星,人类对火星的深入了解由此开始。接着,1969 年水手 6 号、7 号接连近距离考察火星,发现火星表面温度很低,大气中 95% 为二氧化碳,很少有水蒸气,更没有水的迹象。1971 年,美国又发射了水手 9 号,它成为历史上第一颗围绕另一颗行星——火星运行的人造天体。水手 9 号成功地绘制了第一幅真实的火星全图,那上面有高山和峡谷,就是没有运河,那些暗条纹是火星表面的尘埃。毕竟这还只是在高空观察的结果,1976 年两颗火星探测器先后在火星上着陆,真正在火星表面展开探测,它们就是海盗 1 号和海盗 2 号。海盗号分析了火星的大气与土壤,也没有发现生命的迹象。美国科学院关于火星生命的结论是:海盗号的探测结果减小了火星上存在生命的可能性。

火星话题沉寂了二十年以后,1996 年 8 月美国科学家宣布:在一块编号为 ALH84001 的火星陨石上面有早期生命活动的遗迹! 一石激起千层浪,火星生命的争论又一次成为社会的热点。

1997 年 7 月 4 日,火星探路者号宇宙飞船在火星登陆,它携带的火星车索杰纳是人类历史上第一辆踏上其他行星的车辆,它在火星上分析了一些岩石和土壤;紧接着 1997 年 9 月 12 日另一个火星探测器——火星环球勘探者进入了火星轨道,并于 1999 年 3 月开始对火星的表面做高分辨率的测绘。它们发现火星上有着洪水冲刷的痕迹,但是现今表面却没有任何液态的水,那么那些水哪里去了呢? 作为火星生命的条件,人们开始关注火星上水的存在。

二十一世纪人类进入了火星探测的高潮期,2001 年 10 月美国有史以来最为精密的火星探测器——“火星奥德赛”抵达火星,在它为期两年半的轨道观测中考察火星的表面和大气,测定火星是否有过生命,并为后续的火星探测和登陆做准备;2003 年 6 月和 7 月美国先后发射两个登陆探测器“勇气号”和“机遇号”,计划在火星上寻找水源。此前欧洲也发射了火星快车,这些宇宙飞船正带着各自的探测任务向火星飞去,预计 2004 年初抵达火星。乐观的人士估计人类将在十到二十年的时间内亲自拜访我们的近邻——火星!

宇宙会“变脸”吗

天文学家伊万·巴德利在某次学术会议上说:“宇宙的‘脸色’应该是淡绿色——介于青绿色和碧绿之间的那种颜色。”

巴德利和其同事研究了 20 万个星系的光线图谱,希望借此确定恒星形成的时间和宇宙的年龄。但是他们发现,把所有宇宙光线混合起来,就会呈现淡绿色。“我们的主要工作目的是研究恒星形成的历史,‘宇宙的颜色’只是我们研究结果的副产品。”巴德利说,“而且普通人不可能看到宇宙的颜色,你必须站在宇宙以外,才会发现这种混合色。”

在宇宙形成初期,新形成的恒星统治着宇宙,它的外表呈现蓝色;伴随着恒星不断成熟,宇宙就发展到现在的样子,呈淡绿色;科学家们认为,将来新恒星的数量将会越来越少,宇宙就会变得“通红”。“宇宙‘变脸’的原因,在于新恒星数量的改变。”巴德利说,

"宇宙现在已经发展到衰退期，宇宙初期新恒星的数量应该比现在多得多。"

太阳系外行星探测的新发现

科学家使用哈勃望远镜观测到了一颗太阳系外的行星，了解了它的大气层化学成分，这为寻找类似于地球的行星提供了新的希望。"宇宙是无限大的，其中的各个世界是无数的。"布鲁诺写下这句话之后很长一段时间里，人们对于这种说法怀有认同感，但是却拿不出实际的观测证据。在宇宙中有数不清的恒星，按说理应存在为数不少的行星。但是观测行星比观测恒星困难得多。行星比恒星的体积小很多，更关键的是，行星不发光，常规的观测手段——主要是光学波段的观测——很难奏效。

事实上，即使是最大口径的天文望远镜也不能直接拍摄到太阳系以外行星的照片。而地外文明——倘若存在的话——只可能生活在行星上，而不是炽热的恒星表面。那么，怎样才能找到太阳系之外的世界？

是陨石给地球带来的种子吗

美国科学家的最新研究成果表明，某类陨石中含有糖类化合物，这表明产生地球上最原始生命的部分基本材料可能来自星际空间。

在太阳系广阔的星际空间中存在着大量的小天体，它们闯入地球大气层并烧毁，残骸就是陨石。由于这些小天体是在太阳系诞生的早期形成的，它们往往携带有关太阳系形成的宝贵信息。

20 世纪 60 年代曾经有研究者提出，在地球形成的早期，撞击地球的小行星和彗星带来了大量的有机物，而这些有机物正是产生生命的基础材料。科学家已经从陨石中找到了构成生命必需的多种有机物，例如氨基酸和羧酸，但是此前还未能确认其中含有糖类物质。糖类物质是构成 DNA 和 RNA 分子的基本骨架，还为生命活动提供能量。

大约 40 年以前，曾经有研究者声称在陨石中找到了糖类物质，但是不能排除那是由于陨石降落到地面后被地球上的物质污染所致。最近，美国宇航局艾姆斯研究中心的科学家重新研究了这类碳质球粒陨石。为了确定陨石中的糖类物质到底是地球上的还是来自星际空间，科学家使用了同位素方法。构成糖类物质的碳元素和氢元素都存在稳定同位素。研究表明，所选取的样品中糖类物质的碳-13 和氢-2（即氘元素）的含量相对较高，这就排除了这些糖类物质来自地球的可能。因此，它们是原先就存在于陨石中的。

科学家认为,这些糖类物质很可能是在太阳系形成的早期由较简单的化合物在光的作用下化合的。

人类到底能飞多远

2001 年 4 月 30 日,已经光荣退休 4 年的"先驱者"10 号太空探测器依然壮心不已,向地球发出联系信号,告诉人类:"我还在太阳系外,一切安好……"这不禁让人类怀念起这些远离故乡的"星际游子",它们已经飞了多远?它们还好吗?载人的航天器能否也飞这么远?由此引发一个让人们既好奇又兴奋的问题是:人类到底能飞多远?

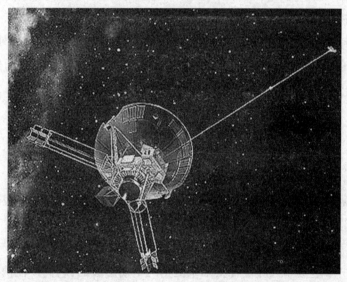

"先驱者"10 号太空探测器

名副其实的"先驱者"

目前,人类发射的"星际游子"中飞得较远的有:"先驱者"10 号和 11 号、"旅行者"1 号和 2 号,它们都是人类派往银河系的大使。其中"先驱者"10 号太空探测器是名副其实的先驱者,它不仅是以上 4 位"星际游子"中发射最早的一位,而且是人类发射的第一个飞出太阳系的探测器。

1972 年 3 月 2 日,"先驱者"10 号在美国发射升空。1973 年 4 月 5 日,美国又发射了"先驱者"11 号探测器。这对孪生探测器在发射时的重量都是 258.5 公斤。"先驱者"10号探测器携带有一张地球人类的"名片"。"名片"是一块镀金铝质金属牌,它不仅能反映出太阳系在银河系的位置和太阳系的主要组成,还画有"先驱者"10 号探测器和男女地球人的简图以及探测器的飞行轨迹。如果外星人获得这张"名片",破译了"名片"上的内容,就有可能与地球人取得联系。

在探测了木星、土星之后,"先驱者"10号探测器于1986年6月飞出了太阳系,并于1997年3月31日退休。目前它与地球的距离大约是110亿公里,它将继续向金牛星座的方向前进,如果顺利,将在200万年之后抵达金牛星座。"先驱者"11号探测器是第一个造访土星的探测器,在1995年9月因为电池耗尽而与人类失去联系。据科学家推算,它于1990年2月越过冥王星的轨道,现在正向天鹰座前进,将在400万年后飞近天鹰座的一颗恒星。

1977年在美国升空的"旅行者"1号和2号探测器是第二批"星际游子"。它们比先驱者要重一些,发射时的重量为721.9公斤。"旅行者"1号探测器带的"名片"比"先驱者"高档了许多。这是一张直径30.5厘米的镀金铜质唱片,密封在一个铝盒内,可以保存10亿年。在这张镀金唱片上,一面录制有116张照片,一面录有联合国秘书长和美国总统的贺词、55种语言的问候语、27首世界古今乐曲和35种自然界声响。"旅行者"1号探测器主要考察了木星、土星及其卫星,于1988年11月越过冥王星的轨道。据科学家推算,目前它与地球的距离约125亿公里,正以每秒约17公里的速度向太空深处继续前进。"旅行者"2号探测器的业绩书写了太阳系探测中的光辉篇章,它不仅探测了木星和土星,而且还首次对天王星和海王星进行了探测。它于1989年10月越过冥王星的轨道,据测算,目前它离地球约98亿公里,走过的整个航程约133亿公里,它还在以每秒约16公里的速度飞行。"旅行者"1号和2号探测器目前都还在努力地工作,不断向人类发回外层空间的珍贵资料。

至于它们中哪个飞得最远?目前还存在着争议。因为在太阳系外飞行的探测器如果还用传统方式计算飞行距离可能有很大的误差。如果单从数据上看,"旅行者"1号探测器离地球的距离是125亿公里,应该是最远的。但是也有科学家认为,"先驱者"10号探测器可能飞得最远,不仅因为它发射得最早,还因为它是第一个飞出太阳系的探测器。

载人飞行最远有多远

有科学家认为,虽然上述4位"星际游子"离地球都有百亿公里计的距离,但是严格说来,这些并不能说成是人类飞行的距离,因为它们都没有载人飞行。

真正人类最远的飞行距离,也就是载人航天器飞行的最远距离,只有从地球到月球那么远,约为38.4万公里,这一纪录还是在20世纪六七十年代创造的,至今未能突破。这一纪录的创造者是"阿波罗"号载人登月飞船及其乘客。

"阿波罗"号载人登月工程开始于1961年5月。1969年7月21日首次实现了人类的登月理想,宇航员阿姆斯特朗和奥尔德林驾驶"阿波罗"11号飞船的登月舱降落在月球赤道附近的静海区,并相继走出舱外,在月球上迈出了人类的第一步。此后,美国又相继 6 次发射"阿波罗"飞船,其中 5 次成功,共有 12 名宇航员先后登上了月球。

"行为"古怪的闪电

在 1892 年 7 月 19 日,两个黑人在美国宾夕法尼亚洲被闪电击毙,当时他们在公园的一棵树下躲雨。当人们从其中一人的身上脱下衣服时,看见了令人震惊的奇景:死者的前胸留下了闪电发生地点的影像,上边还有一片略带棕色的橡树叶以及藏在草中的羊齿草。树叶和羊齿草的图像如此清晰,连肉眼也能看见最细小的筋络。1957 年,美国一位牧场女工在雷雨中工作。忽然巨雷一响,她虽未被劈死,但感到胸部作痛,解开上衣才发现,竟有一头牛的影像印在胸前。在俄罗斯,有一个人遭到雷击后,全身上下的衣服都不见了,只剩下一只衬衫的袖子和几个皮靴上的铁钉。10分钟以后,他恢复了知觉,看到自己全身一丝不挂,感到非常奇怪。闪电所造成的这些奇怪现象该如何解释呢? 有的科学家认为这些现象的形成与雷电时的高压放电、大气等离子的形成及温度、湿度等有关,而且还可能有磁场的参与作用。这仅仅是推测,要破译闪电之谜,还有待探究。

"行为"古怪的闪电

另外球状闪电也是一种奇特的自然现象。一般闪电都是呈枝条状,球状闪电则呈圆球状;一般闪电只能存在百分之几秒,最多不超过几秒,而球状闪电却能存在好几分钟;一般闪电有固定的路径,球状闪电却能像幽灵般的四处飘荡,游移不定。它到底是怎么形成的呢? 科学界对此尚无定论。球状闪电的颜色各种各样,有的橘红,有的淡红,有的闪着蓝白色的光,有的冒着紫色的火星,它们的行踪十分诡秘。

古今中外有不少电光球的记载。中国北宋沈括在《梦溪笔谈》中记载了皇帝内侍李舜举家遭雷击的情形:有一团火球穿过窗户进入室内,家人视为起火,纷纷逃出,雷击过后,发现窗纸被熏黑,墙上挂的一把宝剑在鞘中化为液体,而漆布刀鞘却完好无损,室内其他物品均丝毫无损。

16 世纪中叶,法国亨利二世的婚礼之夜,一个球雷闯入内宫,将皇后迪亚纳烧死。

1946 年,苏联一架大型飞机在北极考察,当飞机飞到沃洛格达州的一个森林地带上空时,有一个耀眼的白球穿过密封的机舱壁进入飞机,悄悄从驾驶舱移向无线电室,只听见轰的一声,散出一团烟雾,电台被击中而短路,但损坏不大,很快修复,机组人员觉得惊奇:冬天零下14度,又无雷电,怎么会出现球状闪电?

1956年,有一天倾盆大雨,一个火球闯入我国东北某一村庄的一户农舍,一连撞倒几个人,一人丧生,7人烧伤。

湖南隆回县桃花坪乡,也发生过一起球雷伤人事件。据说,事发当晚电闪雷鸣,一个拳头大小的绿色光球,猛然击碎窗户玻璃,窜入卧室,将睡梦中的一对农民夫妇及其女儿击死,烧为灰烬。

1963年有一天,一架从美国纽约飞往华盛顿的539号班机,也遇上了球雷。当时雷雨大作,突然从机舱门口窜进一个火球,直径约20厘米,色白偏蓝。火球沿机舱的走廊向后移动,进入盥洗室后消失,机上乘客吓得面无人色。

1981年1月苏联的一架"伊尔—18"飞机在黑海边上的索契市起飞,当时天气良好,升到1200米高空时,一个直径10厘米的火球,窜入驾驶舱,一声巨响爆炸后不知去向,几秒钟后,通过密封金属机壁,又出现在客舱之中。之后又到了后舱,分成两个半月形,继而又合在一起,带着响声飞出舱外。机上雷达和部分仪表失灵,飞机头尾外壳各有一个洞,机内壁和人员无任何损伤。

1985年6月18日晚1时40分和10月10日傍晚分别在我国北京下马岭地区和上海嘉善地区都观察到球状闪电。北京当时下大雨,出现一个红色圆球,损失很轻;上海那次也是发生在风雨雷电交加之中,火球呈锯齿状,直径约80厘米,一声巨响之后,出现在离地面一人多高的地方,穿过无缝的墙,进入村民汪关荣房内,墙上没有火球穿越的裂缝,只是有几片石灰脱落,房屋内外的电线全部被击粉碎,室内损失不大,在场的汪关荣和妻子安然无恙。

据报道,在美国尤尼昂维尔城发生的一次球状闪电中,火球进入了一个家庭的电冰箱,把冰箱中的生鸭变成了烤鸭,蔬菜也熟透了。原来是火球在冰箱中瞬时产生了高温,变成了电炉,令人奇怪的是电冰箱完好无损。

在俄罗斯的伯力,有一次一个黄色球雷在屋前的白杨树上跳来跳去,当它跃到地上时,一个在牛棚下避雨的孩子,踢了它一脚,轰的一声,火球爆炸,孩子应声而倒,然而没有伤着,可是牛棚里的11头牛全被击死。

上述行为神秘的球状闪电到底是怎样形成的,科学家们提出各种假说,有人认为球状闪电是被加热的空气球;也有人认为它是密度极高的等离子体,其电子浓度约为1025个/米^{3}等。此外,关于球状闪电的能量来源也有不同的说法,一种认为球状闪电的能量贮藏在球体之中;另一种认为这种能量来自球外。上述这些看法都尚在争论之中,球状闪电中的许多疑谜有待进一步揭开。

星际怪磁场之谜

海王星和天王星的磁场与其他行星的情况大相径庭,它们的磁场有多个极,而且磁偏角很大,分别是47°和59°。

最近,美国科学家通过利用数学模型研究方法,最终得以对天王星和海王星怪异的磁场现象做出科学解释。

20世纪80年代,"旅行者"2号开始对天王星、海王星进行考察,使得人们有可能将这两个行星的磁场绘制成图。结果是出人意料的。大多数行星都有南极和北极两极磁场。地球的磁极位于极地附近,与地球的南北极存在一个偏角,称为磁偏角,目前二者交角为11.5°。其他许多行星,包括木星、土星和木星的卫星"伽里米德"都与地球类似。比如木星的磁偏角是10°,与地球相近。然而海王星和天王星的磁场与其他行星的情况大相径庭,它们的磁场有多个极,而且磁偏角很大,分别是47°和59°。科学家曾提出若干机制来解释这些异常的磁场,但都没有达成共识。

10年前,科学家曾猜想这可能是两个行星的薄外壳循环流动的结果,而这个外壳是由水、甲烷、氨和硫化氢组成的带电流体。现今,美国哈佛大学萨宾·斯坦利和杰里米·布洛克哈姆利用一个数学模型检验了这个理论,指出产生磁场的循环层是天王星、海王星的薄外壳,而不像地球那样,是位于接近地球核心的外核。他们同时指出薄外壳的循环或对流运动实际上是行星产生怪异磁场的原因,因为这是行星中存在流动和运动的部分。

研究学者说,磁场是由行星中导电体的复杂流动运动产生的,这个过程被称为"发电机效应"。

澳大利亚国家大学地磁学专家特德·里雷说,"这个研究结果意义非凡,但似乎并不是那么让人惊讶。值得注意的是,我们生活的地球,它的磁场两极与地球南北两极大致重合,因此我们也希望在别的行星上发现类似的情况。"

里雷说,"地球外核流体的运动产生了地磁场。虽然我们往往将磁和铁联系在一起,但实际上,任何运动着的带电流体都能产生磁场。对于行星,这首先取决于它是否存在流体以产生'发电机效应'。地球存在外核流体,这两个行星可能不存在流体,也可能存在流体。事实上它们似乎都存在导电性良好的流体,而且还受某种力量驱策处于运动状态,这也是产生'发电机效应'的必要条件。由于天王星和海王星产生'发电机效应'的部位与地球的不同,以至于它们有如此不同的磁场,这就不足为奇了。"

木星能够成为第二个太阳吗

由木星起，顺时针方向为木卫四、木卫三、木卫二和木卫一。天文学家研究发现，太阳已经接近晚年了，而就木星的发展趋势来看，它很可能成为太阳系中与太阳分庭抗礼的第二颗恒星。也有可能在太阳到达它的晚年之前，木星就已经成为第二颗太阳了。不过，这种观点也受到了批驳，反对者认为，木星离取得恒星资格的距离还很远。尽管在太阳系的行星中它的体积最大，但是与太阳比起来，木星仍然是小巫见大巫，太阳的质量是木星质量的 1000 多倍。而且，恒星一般都是熊熊燃烧的气体球，木星却是由液体状态的氢组成的。尽管木星不算严格意义上的行星，但是它更不是严格意义上的恒星。看来，木星能够成为太阳系中的第二颗太阳还是存在争议的。

神秘莫测的时空隧道

古时，有一句得道成仙之语："洞中方一日，世上已千年。"这句话人们现在认为是一派胡言，但在现实生活中确有其事，这正是当前欧美科学界热衷探索的超自然现象，称之为"时空隧道"。这也证明在中国古代可能已发现"时空隧道"。

1990 年 9 月 9 日，在南美洲委内瑞拉的卡拉加机场的控制塔上，人们突然发现一架早已淘汰了的"道格拉斯"型客机飞临机场，而机场的雷达根本找不到这架飞机。

机场人员说："这里是委内瑞拉，你们是从何处而来？"飞行员听罢惊叫道："天啊！我们是泛美航空公司 914 号班机，由纽约飞往佛罗里达州的，怎么会飞到你们这里，误差 2000 多公里？"接着他马上拿出飞行日记给机场人员看：该机是 1955 年 7 月 2 日起飞的，时隔了 35 年。机场人员吃惊地说："这不可能，你们在编故事吧！"后经电传查证：914 号班机确实在 1955 年 7 月 2 日从纽约起飞，飞往佛罗里达，突然途中失踪，一直找不到，机上的 50 多名乘客全部都赔偿了死亡保险金。这些人回到美国家里真令他们的家人大吃一惊。孩子们和亲人都老了，而他们仍和当年一样年轻。美国警方和科学家们专门检查了这些乘客的身份证和身体，认为这不是闹剧，而是事实。

美国物理学家斯内法克教授认为，在空间存在着许多一般人用眼睛看不到的，然而却客观存在的"时空隧道"，历史上神秘失踪的人、船、飞机等，实际上是进入了这个神秘的"时空隧道"。有的学者认为，"时空隧道"可能与宇宙中的"黑洞"有关。"黑洞"是人眼睛看不到的吸引力世界，然而却是客观存在的一种"时空隧道"。人一旦被吸入"黑洞"中,就什么知觉也没有了。当他回到光明世界时只能回想起被吸入以前的事,而对进入"黑洞"遨游无论多长时间,他都一概不知。

最近,美国著名科学家约翰·布凯里教授经过研究分析,对"时空隧道"提出了以下几点理论假说:

一是"时空隧道"是客观存在,是物质性的,它看不见,摸不着,对于我们人类生活的物质世界,它既关闭,又不绝对关闭——偶尔开放。

二是"时空隧道"和人类世界不是一个时间体系,进入另一套时间体系里,有可能回到遥远的过去,或进入未来,因为在"时空隧道"里,时间具有方向性和可逆性,它可以正转,也可倒转,还可以相对静止。

三是对于地球上物质世界,进入"时空隧道",意味着神秘失踪;而从"时空隧道"中出来,又意味着神秘再现。由于"时空隧道"里时光可以相对静止,故而失踪几十年就像一天或半天一样。

这一系列问题,正有待科学家们探索,来解开这宇宙之谜。

探测宇宙有哪几把"量天尺"

为了准确地探测宇宙中的情况,我们先要熟悉几把"量天尺":一是天文单位。地球围绕太阳公转的轨道是椭圆形的,由天体测量知道,太阳到地球的平均距离约是1.5亿千米,称为1天文单位。由此推算,水星距离太阳约为0.39天文单位;土星距离太阳约为9.54天文单位。二是光年。真空中的光速约为每秒30万千米,用它乘以1年里的总秒数约等于9万亿千米,这就是光在1年里走过的距离,称为光年。例如,距离太阳系最近的恒星是半人马座的比邻星,距离太阳约4.3光年。三是秒差距。天文学上表示更遥远的距离常用秒差距,1秒差距的距离为30多万亿千米。

常见的天文单位换算有哪些

1. 长度:

1天文单位 = $1.495\ 978\ 70 \times 10^{11}$ 米

1光年 = $9.460\ 536 \times 10^{15}$ 米 = 63239.8 天文单位

1秒差距 = $3.085\ 678 \times 10^{16}$ 米 = 206264.8 天文单位 = 3.261 631 光年

1英里 = 1.609 344 千米

1 埃 $= 1 \times 10^{-10}$ 米

2. 时间：

(1) 日：平恒星日 (从春分点到春分点) ≈ 86164.094 平太阳秒

地球平均自转周期 (从恒星到恒星) ≈ 86164.102 平太阳秒

平太阳日 ≈ 86400 平太阳秒

(2) 月：交点月是 27.212 220 日 ≈ 27 日 5 时 5 分 35.808 秒

分至月 (春分点到春分点) $\approx 27.321 58$ 日 ≈ 27 日 7 时 43 分 4.7 秒

近点月 $\approx 27.554 551$ 日 ≈ 27 日 13 时 18 分 33.2 秒

朔望月 $\approx 29.530 588$ 日 ≈ 29 日 12 时 44 分 2.8 秒

恒星月 $\approx 27.321 661$ 日 ≈ 27 日 7 时 43 分 11.5 秒

(3) 年：食年 (黄白交点到黄白交点) $\approx 346.620 0$ 日

回归年 (春分点到春分点) $= 365.242 2$ 日

格里历年 $\approx 365.242 5$ 日

儒略年 $\approx 365.250 0$ 日

恒星年 $\approx 365.256 4$ 日

近点年 $\approx 365.259 6$ 日

古人是怎样认识宇宙的

古代自然哲学家们对宇宙问题的探讨,大多集中在大地和天空的相互关系问题上。随着科学的发展,后来又进入到地球和太阳之间的关系上。

远在人类社会的早期,中国古代就逐渐形成"天圆如张盖,地方如棋局"的朴素的直观见解。到了 3000 年前的西周时代,又逐渐形成了"盖天说"。盖天说认为,大地不是平整方形,而是拱形,天空如一个斗笠,大地犹如一个倒扣的盘子。随后,又创造了"宇宙"和"浑天说"。

古代各民族都有自己对宇宙的认识和想象,它们带有深刻的民族特点。比如,古代埃及人认为大地是漂浮在水上的;古希腊人则认为大地下有支柱支撑着;古印度人想象大地是驮在大象背上的……公元 2 世纪,古希腊天文学家托勒密在总结前人对宇宙认识的基础上,发展了"地球中心说"的理论,并提出"地球中心说"分层宇宙模式。1543 年,波兰天文学家哥白尼又建立了"太阳中心说"的宇宙模式。到 17 世纪,牛顿的万有引力定律,奠定了经典的宇宙学基础。以上这些宇宙观基本上只是局限于太阳系范围,还称不上认识宇宙结构。

中西古天文学发展有什么不同

中国自古以来是以农立国,国家由皇帝、贵族和平民百姓所构成。只要皇帝告诉大家何时耕种、收割,颁布准确有效的历法,人民有好收成而不饿肚子,国运就可以万万岁。所以"钦天监"这个官职最主要的任务就是观天象以制定历法,是以讲求实用的精神为出发点。

而古希腊因为多山少平地的地理环境,迫使各族群的人要进行以物易物的贸易,后来形成了各个城市的小国家,各小国相互购买自己缺乏或出售盛产的东西,并没有一个大的国家统治规范。所以,他们很容易吸收邻近地区的埃及、巴比伦等文化,形成百家争鸣的状况。

中国古代的天文学启蒙于何时

原始社会的新石器时代是我国天文学的萌芽阶段。当时的人们开始注意到太阳升落、月亮圆缺的变化,从而产生了时间和方向的概念。通过考古挖掘发现,半坡氏族的房屋都向南开门,一些氏族的墓穴也都向着同一个方向。人们还在陶器上绘制了太阳、月亮乃至星辰的纹样。

进入奴隶社会以后,天文学逐步得到发展。相传在夏朝已有历法,所以,今天还把农历称为"夏历"。根据甲骨文的记载,商代将一年分为春、秋两个季节,平年有 12 个月,闰年 13 个月,大月 30 天,小月 29 天。商代甲骨文中还有世界上关于日食、月食的最早记录。西周已设专门人员管理计时仪器和进行天象观测。春秋时期,人们已能由月亮的位置推出每月太阳的位置,在此基础上建立了二十八宿体系。根据《春秋》一书的记载,当时已将一年分为春、夏、秋、冬四季,另外,还记有"鲁文公十四年(公元前 613 年)秋七月,有星孛于北斗"。这是世界上关于哈雷彗星的最早记录。

中国古代历法起源于何时

有原始的农牧业就应该有原始的历法。早期的历法现在只留下片言只语的传说,难以深入考究。成文的历法从春秋末年的《古四分历》开始,经过多次的历法改革,不断进步和完善,达到了相当高的科学水平,取得了一个又一个成就。我国古代的历法大都使用传统的阴阳历,但是所包含的内容却不仅仅是年月日时的安排,还包括日月五星位置的推算、日月食的预报、节气的安排等。历法的改革,包括了新的理论的提出、精密天文数据的测定、计算方法的改进等。我国古代的历法成就,在世界天文学史上占有相当重要的地位。

历法在中国古代天文学上占什么位置

历法是中国古代天文学的主要部分。在二十四史中有专门的篇章,记载历代历法的资料,称为"历志"或"律历志"。中国古代的历法相当于印度的悉檀多(Siddhanta)或阿拉伯的积尺(Zij),它不单纯是计算朔望、二十四节气和安置闰月等编排日历的工作,还包括日月食和行星位置的计算等一系列方位天文的课题,类似编算现在的天文年历。跟欧洲不同,中国、印度和阿拉伯各国的古代天文学都是以历法作为主要内容。另一方面,中国又跟印度和阿拉伯不同,后者长于行星位置的计算,而中国则长于日月运行的计算。

我国最早的天象观察是从什么时候开始的

我国最早的天象观察,可以追溯到好几千年以前。无论是对太阳、月亮、行星、彗星、新星、恒星,以及日食和月食、太阳黑子、日珥、流星雨等罕见天象,都有着悠久而丰富的记载,观察仔细、记录精确、描述详尽,其水平之高,达到使今人惊讶的程度,这些记载至今仍具有很高的科学价值。在我国河南安阳出土的殷墟甲骨文中,已有丰富的天文现象的记载。这表明远在公元前14世纪时,我们祖先的天文学就已很发达了。举世公认,我国有世界上最早最完整的天象记载。同时,我国是欧洲文艺复兴以前天文现象最精确的观测者和记录的最好保存者。

中国古代创制了哪些天文仪器

我国古代在创制天文仪器方面做出了杰出的贡献,创造性地设计和制造了许多种精巧的观察和测量仪器。我国最古老、最简单的天文仪器是土圭,也叫圭表。它是用来度量日影长短的,它最初是从什么时候开始有的,已无从考证。此外,西汉的落下闳改制了浑仪(它与另一种反映浑天说的仪器浑象,在早期常常通称为浑天仪),这种我国古代测量天体位置的主要仪器,几乎历代都有改进。东汉的张衡创制了世界上第一架利用水力作为动力的浑天仪。元代的郭守敬先后创制和改进了10多种天文仪器,如简仪、高表、仰仪等。

中国古代为什么要进行天象观察

古人勤奋观察日月星辰的位置及其变化,主要目的是通过观察这类天象,掌握他们的规律性,用来确定四季,编制历法,为生产和生活服务。我国古代历法不仅包括节气的推算、每月的日数的分配、月和闰月的安排等,还包括许多天文学的内容,如日月食发生时刻和可见情况的计算和预报,五大行星位置的推算和预报等。这说明我国古代对天文学和天文现象的重视,同时,这类天文现象也是用来验证历法准确性的重要手段之一。测定回归年的长度是历法的基础。我国古代历法特别重视冬至这个节气,准确测定连续两次冬至的时刻,它们之间的时间间隔,就是一个回归年。

中国古代对太阳黑子有哪些记录

我国还有不少太阳黑子记录,如公元前约140年成书的《淮南子》中说:"日中有踆乌。"公元前165年的一次记载中说:"日中有王字。"战国时期的一次记录描述为"日中有立人之像"。更早的观察和记录,可以上溯到甲骨文字中有关太阳黑子的记载,离现在已有3000多年。从公元前28年到明代末年的1600多年当中,我国共有100多次翔实可靠的太阳黑子记录,这些记录不仅有确切日期,而且对黑子的形状、大小、位置乃至分裂、变化等,也都有很详细和认真的描述。这是世界人民一份十分宝贵的科学遗产,对研究太阳物理和太阳的活动规律,以及地球上的气候变迁等,是极为珍贵的历史资料,有着重要的参考价值。

中国古代对流星雨的记录有哪些

我国古代对著名的流星雨,如天琴座、英仙座、狮子座等流星雨,有好多次记录,光是天琴座流星雨至少就有10次,英仙座的至少也有12次。狮子座流星雨由于1833年的盛大"表演"

而特别出名。从公元902~1833年,我国以及欧洲和阿拉伯的一些国家,总共记录了13次狮子座流星雨的出现,其中我国占7次,最早的一次是在公元931年10月21日,是世界上的第二次纪事。从公元前7世纪算起,我国古代至少有180次这类流星雨纪事。

我国最早的天文著作是哪部

甘德是战国时齐国人,他经过长期的天象观测,与石申各自写出一部天文学著作。后人把这两部著作结合起来,称为《甘石星经》,是现存世界上最早的天文学著作。书里记录了800多颗恒星的名字,其中121颗恒星的位置已被测定,是世界最早的恒星表。书里还记录了木、火、土、金、水等五大行星的运行情况,并指出了它们出没的规律。

石申是战国时代魏国天文学、占星学家,著有《天文》八卷、《浑天图》等。石申曾系统地观察了金、木、水、火、土五大行星的运行,发现其出没规律,记录名字,测定121颗恒星方位,数据被后世天文学家所用。《甘石星经》在宋代失传,今天只能从唐代《开元占经》里见到它的片断摘录。它比希腊天文学家伊巴谷测编的欧洲第一个恒星表早200年,《甘石星经》在我国和世界天文学史上都占有重要地位。

祖冲之在天文历法方面有什么建树

祖冲之是中国古代一位伟大的数学家和天文学家,生平著作很多,内容也是多方面的。在天文历法方面的成就,大都包含在他所编制的《大明历》和为《大明历》所写的《驳议》中。祖冲之通过精密的观察测量,发现当时奉行的由前辈著名天文学家何承天所编制的《元嘉历》有不少错误,于是着手编制《大明历》,并在公元462年编成,时年只有33岁。祖冲之对历法的编制做出了很多创造性的贡献,《大明历》是这个时代一部最好的历法,但是却遭到皇帝宠臣的反对。直到祖冲之死后10年,由于他儿子祖日桓的坚决请求,经过实际天象的校验,《大明历》才得以正式颁行。

祖冲之

张衡对天文学方面的贡献有哪些

汉朝时,关于天体运动和宇宙结构的学说已经出现了三种:盖天说、浑天说和宣夜说。盖天说又称天圆地方说,认为天是圆的,像一把张开的伞,地是方的像一个棋盘;浑天说认为天地的形状像一个鸡蛋,天与地的关系就像蛋壳包着蛋黄;宣夜说认为天没有一定的形制,日、月、五星(金、木、水、火、土五大行星)等都飘浮在气体中。

张衡根据自己对天体运行规律的认识和实际观察,认真研究了这三种学说,认为浑天说比较符合观测的实际。他继承和发展了前人的浑天理论,大胆地对天象提出了许多新的见解。他在西汉耿寿昌发明的浑天仪的基础上,根据自己的浑天说,创制了一个比以前更精确、全面的"浑天仪"。

张衡还对许多具体的天象做了观察和分析,统计出中原地区能看到的星数约2500颗。他对太阳和月亮的角直径的测量也是相当准确的。

浑天仪的作用是什么

浑天仪是一个可以转动的空心铜球。铜球外表刻有二十八宿和其他一些恒星的位置;球体内有一根铁轴贯穿球心,轴的两端象征北极和南极。球体的外面装有几个铜圆圈,代表地平圈、子午圈、黄道圈、赤道圈,赤道和黄道上刻有二十四节气。凡是张衡当时知道的重要天文现象,都刻在了浑天仪上。

为了使"浑天仪"能自动转动,张衡又利用水力推动齿轮的原理,用滴壶滴出来的水推动齿轮,带动空心铜球绕轴旋转。铜球转动一周的速度和地球自转的速度相等。这样,人们坐在屋子里,便能从浑天仪上看到天体运行的情况了。

浑天仪

《灵宪》体现了哪些独到的见解

　　张衡一生所著的天文学著作，以《灵宪》最为著名。这是一部阐述天地日月星辰生成和它们的运动的天文理论著作，代表了张衡研究天文的成果。它总结了当时的天文知识，虽然其中也有一些错误，但还是提出了不少先进的科学思想和独到见解。例如，在阐述浑天理论的时候，虽然仍旧保留着旧的地平概念，并且提出了"天球"的直径问题，但是张衡进一步明确提出在"天球"之外还是有空间的。他认为，我们能够观测到的空间是有限的，观测不到的地方是无穷无尽、无始无终的宇宙。这段话明确地提出了宇宙在时间和空间上都是无穷无尽的思想，是十分可贵的。

　　《灵宪》中指出月亮本身并不发光，月光是反射的太阳光。张衡生动形象地把太阳和月亮比做火和水，火能发光，水能反光，指出月光的产生是由于日光照射的缘故，有时看不到月光，是因为太阳光被遮住了。他这种见解在当时是十分新鲜的，也是正确的。

　　同时，张衡还进一步解释了月食发生的原因，认为"望月"时，应该能看到满月，但是有时看不到，这是因为日光被地球遮住的缘故。他将地影的暗处叫作"暗虚"，月亮经过"暗虚"时就发生月食，精辟地阐述了月食的原理。至于"在星则星微"一句，说的是星星碰上"暗虚"就隐而不见了。这种说法有一定局限性。

　　此外，张衡在《灵宪》中还算出了日、月的角直径，记录了在中原洛阳观察到的2500多颗恒星、124颗常明星，叫得上名字的星约有320颗。这和近代天文学家观察的结果是相当接近的。

《太初历》是落下闳创制的吗

　　落下闳（前156~前87）是西汉时期天文学家，以历算和天文学的杰出成就而著称于世，为我国最早的历算学家。汉武帝元封年间为了改革历法，征聘天文学家。落下闳与他人合作创制的新历法因优于其他历法而被汉武帝采用，这种新历法称《太初历》，共施行188年，是中国历史上有文字可考的第一部优良历法。由于《太初历》采用了岁首和科学的置闰法，我国的阴历才会一直沿用至今。落下闳是浑天说的创始人之一，经他改进的赤道式浑天仪，在中国用了2000多年。在天文学史上首次准确推算出135月的日、月食周期，即11年应发生23次日食。根据这个周期，人类可以对日、月食进行预报，并可校正阴历。

僧一行的天文成就体现在哪里

张遂(683~727),即一行禅师,是唐朝高僧,著名的天文学家。主要成就是主持编制《大衍历》,在制造天文仪器,观测天象和主持天文大地测量等方面均有重要的贡献。他纠正了我国古天文算学著作——《周髀算经》中关于子午线"王畿千里,影差一寸"的错误计算公式,对人们正确认识地球做出了重大贡献。他设计制造了黄道游仪、浑仪、复矩等天文测量仪器。

《授时历》的科学性体现在哪里

郭守敬(1231~1316)是中国古代杰出的科学家之一。为了精确汇集天文数据,以备制定新的历法,郭守敬花了两年时间,精心设计制造了一整套天文仪器,其中最有创造性的有3件:高表及其辅助仪器、简仪和仰仪。郭守敬根据观测的结果,于公元1280年3月,制订了一部准确精密的新历法《授时历》。这部新历法设定一年为365.242 5天,与地球绕太阳一周的实际运行时间只差26秒。欧洲的著名历法《格里历》也规定一年为365.242 5天,但是《格里历》是公元1582年开始使用的,比郭守敬的《授时历》晚了300多年。郭守敬在天文历法方面的著作有14种,共计105卷。很长时间以后,世界各国的科学界才逐渐了解他。

沈括有哪些天文贡献

沈括是北宋时期一位多才多艺的科学家,他不仅精通地理,而且对天文、数学、医学、农业等学科也颇有研究。30多岁时,他在参与编校昭文馆书籍的工作中,开始学习和研究天文学。他注重实际观测,通过学习和实践,他认识到岁差现象引起天象的变化是一种自然规律;他解释月亮是因为受太阳光照射发光而产生圆缺变化;他科学而生动地描述了常州陨石的坠落过程,并准确地判断出

沈括

其成分是铁;他还注意到行星的视运动有往复现象。

后来,沈括在主管司天监工作期间,致力于整顿机构,强调实际观测,添置了新的天文仪器。在制造新浑仪时,他对传统的浑仪结构进行改进,简化浑仪的方向。为了测定北极星与北天极之间的距离,沈括亲自参加观测,每天上半夜、午夜和下半夜各观测一次,连续坚持了3个月,画了200多张图,断定出北极星离北天极"三度有余"。

徐光启是第一个把西方先进科技介绍到中国来的吗

徐光启(1562~1633)是我国明末著名的科学家,是第一个把欧洲先进的科学知识介绍到中国的人。崇祯帝授权徐光启组织历局,重新编历。徐光启力主在研究中国古代历法的同时,参用西历,吸收西方先进的科学知识,请了三位传教士参与工作,编译成了《崇祯历书》。这本系统介绍欧洲天文学知识的巨著,包括了欧洲古典天文学理论、仪器、计算和测量方法等。在编历中,他还注重欧洲天文学知识的介绍和西方观测仪器的引进等工作。他所主持的编历工作,为中国天文学的现代化发展奠定了一定的基础。

《夏小正》是一部什么样的著作

《夏小正》是我国现在保留下来最古老的典籍之一,相传是夏代(约前21世纪~前16世纪)的历书。其中记载有人们观察天象和物候决定农时季节的知识。它原是《大戴礼记》中的一篇,后来单独成册流传。据考证,正文只有400多字。就天文知识来说,它按12个月的顺序记述了每月的星象,如早晨和黄昏出现在南方的星星,北斗柄的指向,银河在天空的位置,太阳到了恒星间什么地方等。此外,还有每月的气象、物候以及应该做的农事和政治活动。

《三统历》是现存最早的一部完整历法吗

《三统历》是西汉刘歆(约前50~23)所作,一般认为是根据汉武帝太初元年(公元前104年)邓平、落下闳等人创作的《太初历》稍加修改而成。这是现存最早的一部完整历法,后世历法的基本内容这时大体都已具备。《三统历》共有七节:统母、纪母、五步、统术、纪术、岁术、世经。统母和统术讲日月运动的基本常数和推算方法,包括回归年、朔望月长度、一年的月数、交食周期、计算朔日和节气的方法等；纪母、纪术和五步讲行星的基本常数和推算方法，包括五大行星的会合周期、运行动态、出没规律、预告行星位置等；岁术讲星岁纪年的推算方法；世经讲考古年代学。《三统历》还明确规定，以无中气的月份置闰，并选取一个"上元"作为历法的起算点。

《乾象历》里创造了哪些"第一"

《乾象历》是刘洪（约130~196）所作。它对月亮运动的研究有了新进展，首次提出月亮近地点的移动（过周分），从而算出近点月长度，并在一近点月里逐日编出月离表，又首次提出黄白交角是六度（兼数），首次提出交食计算中推算食限的方法，这些都对后代历法影响很大。

《天学三志》是一套什么著作

中国古代最系统、最完整、记载资料最丰富的天学典籍，当首推历代官制中的《天学三志》：律历志、天文志、五行志。五行志专述该朝灾异、祥瑞的情况，为各地灾异、祥瑞报告的文献汇总；律历志是关于该朝律与历的文献汇总；天文志所记录的是该朝发生的天文大事、天象记录，以及对应的星占占辞等。此外，还有重要的星占著作，如《开元占经》等；官修大型天学著作，如《崇祯历书》等；私家著述，如明朱载堉《圣寿万年历》等。

《五星占》是一部什么样的书籍

《五星占》是1973年在长沙马王堆汉墓中出土的一份帛书，专讲五大行星运动和一些天文知识，共有九部分，8000余字。该书大约写于汉文帝前元年间（前179~前164），书中对五大行星运动有详细的描述，成为后代历法中"步五星"工作的先驱。书中对金星、土星的会合周期定得比较准确，对秦始皇元年（公元前246年）到汉文帝前元三年（公元前177年）70年间木、土、金三星的动态有逐年的记载，这是研究古代行星问题的一份重要资料，受到了中外学者的广泛注意。

圭表是我国古代度量日影长度的仪器吗

圭表是一种天文仪器,由"圭"和"表"两个部件组成。直立于平地上测日影的标杆和石柱,叫作表;正南正北方向平放的测定表影长度的刻板,叫作圭。

很早以前,人们发现房屋、树木等物在太阳光照射下会投出影子,这些影子的变化有一定的规律。于是便在平地上直立一根竿子或石柱来观察影子的变化,这根立竿或立柱就叫作"表";用一把尺子测量表影的长度和方向,则可知道时辰。后来,发现正午时的表影总是投向正北方向,就把石板制成的尺子平铺在地面上,与立表垂直,尺子的一头连着表基,另一头则伸向正北方向,这把用石板制成的尺子叫"圭"。正午时表影投在石板上,古人就能直接读出表影的长度值。

经过长期观测,古人不仅了解到一天中表影在正午最短,而且得出一年内夏至日的正午,烈日高照,表影最短;冬至日的正午,煦阳斜射,表影则最长。于是,古人就以正午时的表影长度来确定节气和一年的长度。譬如,连续两次测得表影的最长值,这两次最长值相隔的天数,就是一年的时间长度,难怪我国古人早就知道一年等于 365 天多的数值。

中国现存最早的圭表是什么

中国现存最早的圭表是仪征铜圭表,1965 年在江苏仪征石碑村 1 号东汉墓出土。仪征铜圭表长 34.5 厘米,合汉制 1.5 尺,边缘上刻有尺寸单位;表高 19.2 厘米,合汉制 8 寸。圭、表间用枢轴连接,使之合为一体。使用时将表竖立与圭垂直;平时可将表折入圭体中留出的空间内,便于携带。根据传统的说法,表高为 8 尺,这一数值曾被长期沿用。该表的表高恰为 8 尺的 1/10,说明它是一件便携式的测影仪器,可证明当时常设的天文台用 8 尺的表进行观测的说法是可信的。圭表由圭和表两部分组成:圭是平放的有刻度的尺,表是直立的标杆,置于圭的一端且与圭垂直。当太阳照着表的时候,圭上出现了表的影子,根据影子的方向和长度,就能读出时间。春秋时代已经使用圭表测量连续两次日影最长和最短之间所经历的时间,并计算出回归年的长度。

刻漏是中国古代的漏水计时器吗

刻漏又称漏刻、漏壶，是中国古代的漏水计时器。漏壶主要有泄水型和受水型两类。早期的刻漏多为泄水型。水从漏壶底部侧面流泄，使浮在漏壶水面上的漏箭随水面下降，由漏箭上的刻度指示时间。后来创造出受水型，水从漏壶以恒定的流量注入受水壶，浮在受水壶水面上的漏箭随水面上升指示时间，提高了计时精度。为了获得恒定的流量，首先应使漏壶的水位保持恒定。其次，向受水壶注水的水管截面面积必须固定，水管采用"渴乌"（虹吸管）原理，便于调整和修理。

浑象是一种什么样的仪器

浑象是中国古代用于演示天象的仪器，与浑仪合称为浑天仪，相当于现在用以演示天体运动的天球仪。在一个可绕轴转动的圆球上刻画有星宿、赤道、黄道、恒隐圈、恒显圈等，与现代天球仪相似。浑象可能是西汉耿寿昌发明的。东汉张衡设计制造的漏水转浑天仪的核心部分就是浑象。张衡以后许多天文学家，如三国时陆绩、王蕃，南北朝时钱乐三，唐代一行、梁令瓒，元代郭守敬等都曾制造过浑象，而且都同水力和机械联系在一起，以取得与天球的周日转动同步的效果。现存北京古观象台的浑象是清初南怀仁所造。

浑象

水运浑象是张衡制造的吗

张衡制造了第一台自动的天文仪器——水运浑象。它以一个直径5尺（约1.18米，东汉1尺约23.5厘米）的空心铜球表示天球，上面画有二十八宿，中外星官，互成24度交角的黄道和赤道等，黄道上又标明有二十四节气。紧附于天球的有地平环和子午环等。

天体半露于地平环之上,半隐于地平环之下。天轴则支架在子午环上,天球可绕天轴转动。同时,又以漏壶流出的水作动力,通过齿轮系的传动和控制,使浑象每日均匀地绕天轴旋转一周,从而达到自动地、近似正确地演示天象的目的。此外,水运浑象还带动有一个日历,能随着月亮的盈亏演示一个月中日期的推移,相当于一个机械日历。

张衡的水运浑象对后世浑象的制造影响很大,宋代的水运浑象仪达到历史上浑象发展的最高峰。历代制造的浑象大都已经毁亡,现存仅有两架,一架在南京紫金山天文台,另一架在北京建国门古观象台,这两架均是清代铸造的。

中国自行设计的第一颗人造卫星叫什么名字

1970 年 4 月 24 日,我国自行设计、制造的第一颗人造地球卫星东方红 1 号,由长征 1 号运载火箭一次发射成功。该卫星直径约 1 米,质量为 173 千克,运行轨道距地球最近点

卫星

为 439 千米,最远点为 2384 千米,轨道平面和地球赤道平面的夹角为 68.5 度,绕地球一周(运行周期)为 114 分。卫星用 20009 兆赫的频率,播送《东方红》乐曲。发射东方红 1 号卫星的运载火箭为长征 1 号三级运载火箭,火箭全长 29.86 米,起飞质量为 81.57 吨,发射推力为 1020 千牛。东方红 1 号的发射,响应了毛泽东提出的"我们也要搞人造卫星"的号召,实现了中国人探索太空的梦想。

北斗导航试验卫星的作用是什么

北斗导航试验卫星由中国空间技术研究院研制,该研究院将自行建立第一代卫星导航定位系统——北斗导航系统。

北斗导航系统是全天候、全天时提供卫星导航信息的区域导航系统。这个系统建成后,主要为公路交通、铁路运输、海上作业等领域提供导航服务,对我国国民经济建设将起到积极推动作用。北斗导航试验卫星的首次发射成功,为北斗导航系统的建设奠定了基础。

天链1号为什么被称为卫星中的卫星

天链1号卫星是中国首次发射的数据中继卫星,由中国空间技术研究院为主研制,采用成熟的东方红3号通用平台并且在研制过程中技术人员突破多项关键技术难题。其发射成功填补了中国中继卫星领域的空白。其任务是为卫星、飞船等航天器提供数据中继和测控服务,极大地提高各类卫星使用效益和应急能力,能使资源卫星、环境卫星等数据实时下传,为应对重大自然灾害赢得更多预警时间,因此,它被称为"卫星中的卫星"。

风云3号卫星实现了哪些技术跨越

风云3号是我国新一代极轨气象卫星,装备了可监测地球大气和气候的三维传感器,可在全球范围内实施全天候预报。它实现的跨越有四个方面:

一是从单一光学观测发展到10余种先进仪器的综合探测,不仅能够获取云图,还能够通过光谱的层析,把整个大气层从高到低每个高度的温度变化情况演示出来。

二是解决了云的遮挡问题。传统光学探测遇到云层时探测效果大打折扣,而风云3号能够对云的内部和云下的地面有清晰准确把握。

三是分辨率和灵敏度上的突破。"风云"3号一帧扫描的幅宽为数千千米,而在这样一幅巨大的照片上,地面分辨率达到百米量级。星上仪器最高探测灵敏度达到0.1开尔文,这意味着在距地面807千米高空的卫星,对地表温度0.1摄氏度的微小变化都可以准

确感觉到。

四是使卫星数据传输的实时性大大提高。卫星每101分钟绕地球飞行一圈,每圈都经过两极。通过在北极附近向瑞典租用的地面站,可使卫星至少每101分钟就向地面传回一次数据,数据传输的实时性因此大大提高。

中国第一个月球探测卫星是什么

"嫦娥"1号是中国自主研制、发射的第一个月球探测器。中国月球探测工程"嫦娥"1号月球探测卫星由中国空间技术研究院承担研制,以中国古代神话人物嫦娥命名,是因为"嫦娥奔月"是一个在中国流传许久的古老的神话故事。"嫦娥"1号主要用于获取月球表面三维影像,分析月球表面有关物质元素的分布特点,探测月壤厚度,探测地月空间环境等。整个"奔月"过程需要8~9天。"嫦娥"1号运行在距月球表面200千米的圆形极轨道上。"嫦娥"1号工作寿命1年,计划绕月飞行一年。执行任务后将不再返回地球。"嫦娥"1号发射成功,标志着中国成为世界上第五个能够自行发射月球探测器的国家或地区。

"神舟"7号为什么要释放伴飞小卫星

"神舟"7号发射升空后,释放了一颗伴飞小卫星,这主要是出于安全考虑。释放小卫星,在我国载人航天工程中还是第一次,安全性要求非常高,首要原则是小卫星不能威胁飞船和出舱航天员安全。

"神舟"7号

伴飞小卫星是怎么释放出来的? 出舱航天员返回座舱后,将根据地面指令按动按钮,小卫星被弹簧弹离飞船,由于初速度较快,小卫星始终处于飞船前面,可从飞船外部不同角度拍摄"神舟"7号运行姿态。为什么要释放伴飞小卫星呢? 原来,小卫星上携带的照相机，具备广角和长焦两个镜头，可以拍摄下从 4 米到 2 千米范围内的清晰图像，这样就有助于科学研究。

另外，小卫星具有高密度、功能单一的特点，研制周期短，发射灵活，甚至可以"一箭多星"发射。

"神舟"7 号为什么选择夜间发射

"神舟"7 号飞船的发射窗口之所以选择在夜晚而不是白天，最重要的原因是便于飞船发射升空时，地面的光学跟踪测量设备易于捕捉到跟踪目标。道理很简单，在漆黑的夜空中，喷射着火焰向太空飞行的载有飞船的火箭非常显眼。

另外还和发射窗口的宽窄有关。据有关专家介绍，航天发射是一项极其复杂和庞大的系统工程，飞船发射时机的选择要考虑到各种各样可能影响到发射的因素，其中，气象因素往往是最关键最直接的决定性因素。在综合考虑判断的基础上，最终确定下来的一天中的某一个时间段会作为飞船发射的时机，这个时间段被称为"发射窗口"。

在 9 月底之前发射，能够保证阳面出舱，返回时候天还不太黑。按照 9 月 25 日至 30 日这个计划窗口，如果发射时间选择在晚上 9 时 10 分左右，可以保证航天员出舱活动在阳照面，返回大概是下午 5 时 40 分，天还不太黑。这样能够保证航天员返回更加安全，是以人为本的体现。而进入 10 月份特别是 10 月中旬以后，发射窗口很窄，不利于发射和回收。此外，秋分前后，太阳活动比较剧烈，对飞船的测控通信也有不利影响。

航天飞机的优点有哪些

航天飞机是靠火箭发动机提供动力的，既可以在稠密的大气层中穿行，又能在星际空间中自由翱翔，它是集卫星、飞机、宇宙飞船于一体的飞行器。因此跟别的飞行器相比，它有自己的特色。

一是可以重复使用。由于航天飞机起飞容易，回归迅速，能够像普通飞机那样进行定时维修和保养，因此大大提高了使用的次数。它是世界上唯一可以部分重复使用的航天飞行器，可以实现定点着陆和无损返回。

二是利用价值高。航天飞机把物体送入太空的费用只是其他太空飞行器的 10%。航天飞机的货舱，一般长 18 米，直径约 4.6 米，可容纳 30 吨左右的货物。这样大的容积比起运载火箭整流罩内的小小空间就宽敞多了。由于它的货舱大，使用面广，所以完成

的工作量也就大，一次可以装载一颗大型人造天体或一批小型人造天体，并且可以利用机械手在轨道上布置任何类型的人造天体。

飞船在返回地球进入大气层时，为什么不能减缓速度

飞船和航天飞机在返回地球进入大气层时，总是要进入"黑障"，这时机身与大气层剧烈摩擦燃烧，通讯信号中断，航天员生理感觉痛苦，因而成为太空任务中最危险的关口。

飞船的速度是非常快的，是第一宇宙速度，这样才能让它在轨道上运行。它的速度一旦降低，就会下落，如果速度在进入大气层前降到很低，它就会直线往下掉，这样克服地球引力一直落到可以开伞的高度，需要消耗大量的燃料。因此，飞船在返回地球进入大气层时，不能减缓速度。

宇宙飞船有哪些种类

目前，人类已先后研究制出3种构型的宇宙飞船，即单舱型、双舱型和三舱型。

单舱式最为简单，只有宇航员的座舱，美国第一个宇航员格伦就是乘单舱型的水星号飞船上天的。

双舱型飞船是由座舱和提供动力、电源、氧气和水的服务舱组成，它改善了宇航员的工作和生活环境，世界第一个男女宇航员乘坐的苏联东方号飞船、世界第1个出舱宇航员乘坐的苏联上升号飞船以及美国的双子星座号飞船均属于双舱型。

宇宙飞船假象图

最复杂的是三舱型飞船，它是在双舱型飞船基础上或增加1个轨道舱（卫星或飞船），用于增加活动空间、进行科学实验等；或增加1个登月舱（登月式飞船），用于在月面

宇宙飞船有哪些技术要求

虽然宇宙飞船是最简单的一种载人航天器,但它还是比无人航天器(例如卫星等)复杂得多,以至于到目前仍只有美、俄、中三国能独立进行载人航天活动。

宇宙飞船与返回式卫星有相似之处,但要载人,故增加了许多特设系统,以满足宇航员在太空工作和生活的多种需要。例如,用于空气更新、废水处理和再生、通风、温度和湿度控制等的环境控制和生命保障系统、报话通信系统、仪表和照明系统、航天服、载人机动装置和逃逸生存系统等。

掌握航天器再入大气层和安全返回技术也至关重要。尤其是宇宙飞船,除了要使飞船在返回过程中的制动过载限制在人的耐受范围内,还应使其落点精度比返回式卫星要高,以便于及时发现和营救宇航员。

航天员是怎样训练吸氧排氮的

低压舱训练的前期准备非常烦琐也非常重要,在航天员准备区,航天员先穿好生理背心、内衣、液冷服等个人装备。医监、医保人员则为航天员检测好生理指标。随后,航天员走进低压舱,在工作人员的协助下穿上悬吊着的舱外服,关闭背包门,并对舱外服、舱载对接系统、有线通话等进行相关检查和操作后,工作人员关上舱门,训练正式开始。

在航天员进行两次低压舱气密性检查后,工作人员启动真空机组,低压舱开始模拟轨道舱泄压曲线泄压。低压舱泄压至 70 千帕时,自动停止泄压,此时开始进行大流量冲洗和吸氧排氮。所谓大流量冲洗,就是同时打开几个舱载高压氧瓶,向服装灌入大量的氧气,使得氧浓度在服装内占据相当高的比例(高于 95%)。大流量冲洗完毕,达到规定要求后,航天员就要进行吸氧排氮。

低压舱内设有两套吸氧排氮装置。航天员穿着悬吊着的舱外服,在 70 千帕稳定的压力下,他们开始深呼吸纯氧,并不时活动身体,这一过程持续半个小时左右。如果吸氧排氮期间,航天员氮气还排除得不够,则还要继续进行吸氧排氮的操作。直到达到预期指标后,才能进行下一步程序。

航天员吸氧排氮完毕,低压舱内模拟轨道舱泄压曲线继续完全泄压,直至 10 帕以下，并继续保持舱压稳定，这已是不到一个标准大气压的万分之一了。后面的训练，便都在这10帕以下的近乎真空舱压中进行，而航天员穿着的舱外服，其余压维持在40千帕左右。这时，舱外服转到自主模式。所谓舱外服自主模式，就是说舱外服与低压舱断开气液电管路，独立工作，单独供给，并保持稳定的服装内生存保障环境。

宇航员的安全怎样保障

载人航天事业发展至今，已经有40年的历史了。这40年来，已经有十多位宇航员为航天事业献出了宝贵的生命。科学家们不断从实验和失败中总结经验，改进技术，载人航天的安全与救生措施已日臻完善。比如说，弹射座椅的脱险装置就很好地保证了宇航员的安全。在应急状态下，宇航员乘坐的弹射座椅，由救生火箭弹出，迅速脱离航天器。弹射座椅安装了复杂的安全装置，这些装置可以保证宇航员在脱离危险后，安全地返回地面。

航天服有哪些功能

宇航员的航天服不仅科技含量很高，而且造价昂贵，是不折不扣的高科技产品。从功能上讲，宇航服简直就是个小太空舱，外壳具有伸缩性，里里外外总共有10~20层，质量为50多千克，且每层之间还要用隔热的玻璃纤维布衬着。因为太空里有很多岩石，如果衣服太薄，就很容易被割破。只有厚衣服才能抵御宇宙线辐射和高温，以免身体被灼伤。

由于要让宇航员穿着航天服能进食和大小便，手腕和双膝等关节部位能弯曲伸缩等，所以航天服内的各种管线纵横交错。这些管子有的负责送空气，有的负责送水。衣服上还有加压设备，让宇航员感到一点儿重量，免得血液在没有压力的情况下沸腾起来。此外，航天服上还有一个圆形透明的头盔，可以挡住红外线。

在航天服的背上还有一个大背包，它在各个方向上安装有喷嘴，利用它向不同方向

航天服

喷气所产生的反作用力,可以使宇航员前后左右上下自由运动。

宇航服应该满足什么条件

根据宇航员的活动范围和航天任务,宇航服应当满足这样一些条件:一是能使位于太空的人体处于加压状态;二是能供给保障宇航员生命安全所必需的氧气,消除二氧化碳,并能够控制温度和湿度;三是能使宇航员在宇宙空间具有各种活动能力,并能使宇航员的疲劳减轻到最低限度;四是穿戴和脱下方便;五是具有防护宇宙射线辐射的能力;六是能经得起微流星的冲击;七是具有应付太空意外事故的能力。

宇航服一般由密闭头盔和密闭服组成。密闭头盔由透明聚碳酸酯制成,为防止来自太阳的紫外线与红外线等强烈辐射,在头盔的透明层上涂有金属薄层。密闭头盔内可以供氧和加压。密闭服通常由几层具有耐高温性能的防火聚酰胺纤维织物等一些特殊材料制成,其中夹有数层铝箔,具有隔热、防护宇宙射线以及防止太空中流星雨撞击等作用。为了适应宇航员在航天飞行中长时间穿用,宇航服都具有良好的气密性。另外,宇航服还配备有自动控制空气再生和调节的自给系统、无线电通信系统、宇航员的摄食与排泄等设施。

宇航员为什么要穿宇航服

宇航服按其用途主要有两种:一种是宇宙飞船内部穿用的宇航服,这种宇航服是在宇宙飞船座舱内使用的应急装置。当飞船发生故障时,它可以保护宇航员安全地返回地面。这种宇航服一般制作比较轻便,在不加压时穿着比较舒适、灵活,因此有助于宇航员在不加压状态下较长时间地穿着;另一种是宇航员在飞船外部工作时穿用的宇航服,用以保证宇航员进入外层空间或者降落到其他天体表面完成一定的工作任务。这种宇航服具有更高的可靠性,它还装配有携带式生命保障系统,并携带有供宇航员在外层空间运动的小型火箭。

宇航员在太空是怎样生活的

到太空中去生活,是人类千百年来的梦想。但是,太空中的生活环境与地球有很大的区别,那里气候恶劣,没有空气、水和食物,特别是没有大气层的保护,被太阳直射的地方,极其炎热;阳光照不到的地方,又异常寒冷。

目前,只有一些宇航员在太空中生活过一段时间。宇航员们在太空中过着与我们完全不同的生活:他们穿着特别的宇航服,吃特别的食物,用特殊的方法洗脸、刷牙、睡觉和上厕所。如果有机会看到反映宇航员生活的电影或电视,就会完全明白了。

宇航员是怎样进行训练的

宇航员的选拔和训练极为严格。培养一名合格的宇航员,需要经过多方面的培训。宇航员的训练主要包括以下3个方面。

宇航员在太空中遇到的情况与地球上有很大差别,因此,每个预备宇航员必须掌握与此有关的各方面的基础知识。由于宇航员是要借助火箭和各类载人航天器飞向太空的,所以宇航员还必须熟悉火箭、各种航天器的设计原理、结构、导航控制、通信、座舱中设备和各种仪表的性能,以及简单的检修技术。因此航天理论和基础知识的训练是至关重要的。

有关航天特殊技能的训练,主要是模拟航天飞行的真实环境和过程,使宇航员通过训练,能熟练地掌握操作技能,应付各种可能出现的问题。

此外,航天工作十分艰苦,要做一个宇航员,必须具有良好的身体素质,因此还要进行增强体质的体育训练。

宇航员是怎样应对意外事故的

在探索宇宙的载人航天飞行中,尽管航天专家们事先尽了最大努力来预测和防止航天中可能出现的种种问题,但仍旧难免会出现意外事故。那么,宇航员是怎样应对这种局面的呢?

航天器发生一些小故障时,上面的自动化救生系统会在电子计算机的指令下,更换有关程序,自动采取应急措施。

对于一些比较大的问题,就需要宇航员亲自动手了。宇航员在上天之前都接受过严格训练,精通多门学科,判明故障原因后,他们可以启动应急备用设备,抢修故障,化险为夷。此外,地面救生系统是宇航员的坚强后盾。一旦太空中出现紧急状况时,地面立即组成专家小组帮助宇航员寻找故障根源并设法排除。地面模拟设备可以复现航天器上的种种状况,以慢动作再现航天器上产生故障的经过。专家们经过会诊后,制定出抢险的最佳方案,然后通过电视遥控,指挥宇航员排除各类故障。

宇航员在太空是怎么吃饭的

  人无论生活在什么地方,都要吃饭,生活在太空宇宙飞船里的宇航员也不例外。但是,由于飞船里的所有东西都处于失重状态,如果不把这些东西固定在什么地方,就会在飞船里飘来飘去。如果面包、牛奶都要这样四处乱飞,宇航员就吃不成饭了。于是科学家把营养丰富的牛肉、蔬菜、水果等加工成太空食品,装入塑料袋或塑料盒子里。宇航员吃饭时,就像我们吃果冻那样,一点一点地吸食加工好的太空食品,或者把太空食品像挤牙膏那样,挤进嘴里。吃饭时还不能说话,否则食物会从口里跑出去,在空中乱飞。宇航员就是这样吃饭的,挺有趣的吧,但也并不好受。

神秘的巨大黑洞

  在北斗七星的旁边,大熊座的"熊头"附近,有一个形状不伦不类的 M82 星系。直径达 1200 万光年的 M82 星系,有一条黑色缝隙横贯其中,所以它得到了一个"破裂星系"的

黑洞

绰号。这条黑色缝隙实际上是一个由混杂尘埃的气体构成的,而 M82 星系本身是一个标准的"透镜"型星系。M82 星系具有显著的特征,其中心部位以超过别的星系数千倍的速度诞生着新的恒星。最近在被称为"星爆"的 M82 星系中,天文学家发现了奇异的天体。

  1997 年,日本京都大学的一个研究小组使用 X 射线观测卫星发现 M82 星系内的一个天体,从非常有限的空间发出大量 X 射线,这个天体主要放射 3000 电子伏特的高能 X 射线,其光度达到太阳全部光度的千万倍。

为了搞清这个天体的真实面目，科学家立即着手进行了反复达 9 次的观测，对可信数据的分析结果表明，这个天体在短短几天的时间里，其光度就发生了几倍的变化。这个天体光度的变化情况被美国麻省理工学院和内华达大学的科学家于 1999 年同时观测到。它的光度变化的直接原因目前还无法确定，但是却为科学家了解这一奇异天体的本来面目，提供了极其珍贵的数据，因为根据这些数据能够算出这个天体的大小，它的直径约为太阳与地球距离的数十倍，也就是说，它的大小充其量相当于太阳系。从如此小的区域内居然能够释放出相当于太阳 1000 万倍的能量，从现代物理学可知其唯一的可能就是黑洞。

"黑洞"是根据广义相对论预言存在的天体，它凭着自身的引力把空间中的一切"禁闭"起来。黑洞的大小若用质量相比较的话，那么具有太阳质量的黑洞，其半径只有 3 公里。黑洞把一切物质吸入，连光都不可能逸出。而 M82 星系中的黑洞却喷释出大量能量，这的确是异乎寻常的。事实上，当物质被吸入黑洞的"地平线"下之前，黑洞极强的引力场引起了超高速运动，由此释放出巨大能量。其原理与水力发电相似，在水力发电中，下落的势能转化为电能。对黑洞来说，因引力下落的能量由于摩擦转变为热能，并最终转变为光能。

事实上，对被称为"X 射线双星"的天体的观测表明，气体被吸入黑洞后释放出的是光放射。黑洞是与中子星或是巨星构成彼此绕转的双星，从巨星流出的气体在旋转着落入黑洞或中子星时，会放出大量 X 射线。在这种情况下黑洞具有太阳的质量，若具有 8 倍于太阳的质量，那便是超新星爆发后的残存物。中子星是仅由中子构成的天体，比黑洞要大上数倍。

迄今为止已知的 x 射线双星系统最亮者达到太阳光度的 100 万倍程度，M82 星系发现的 X 射线天体在此基础上又增高了 10 倍。由此估计这个黑洞的质量约为太阳的 460 倍到最大为 1 亿倍。总之，这个黑洞的质量很可能远远超过了太阳。这说明，在 M82 星系发现的是待确认的黑洞，而不单纯是超新星爆发后残存物。

M82 星系发现的待确认黑洞在研究宇宙中存在的巨大黑洞起源的时候，具有极重大的意义。

小行星"吻"地球

美国天文学家最近宣称，一颗直径为 400 米的小行星将在 20 年后的某天，有可能与地球表面相擦，从而危及地球上的所有生命。世界上许多国家的天文学家经过观察后认为，这个被称为"阿波菲斯"的天体确实如美国天文学家所称，将于 2029 年 4 月 13 日，与地球擦肩而过,它与地球之间的距离仅为地球与月球之间距离的 1/10,而欧洲、非洲和亚洲西部则是"阿波非斯"最有可能的碰擦处。

现在,各国的天文学家都在详细记录这颗行星的运行轨道和它与地球接近的进度,以判断它是否存在撞击地球的几率。记录显示,"阿波非斯"将在 2007 年至 2012 年之间,开始进入接近太阳的轨道区。而一旦"阿波非斯"进入这一轨道区域,天文学家将无法正常观察它的行踪和动态。

为此,世界天文学家最近共同商议,准备策划一个自由航天任务,在 2013 年或者 2014 年之前,为"阿波非斯"装上一个无线电发射机。天文学家便可以更加准确有效地跟踪观察这颗小行星,从而做出更加精确的判断。美国航天局专家还计划,在适当的时候发送一枚核能火箭,破坏或者大幅度地改变"阿波非斯"的运行轨道。

火星上的神奇现象

火星在太阳系中离地球较近。它曾有过河流、海洋,还有和地球一样的大气层。它是一个充满着神奇与奥秘的净土。从 19 世纪起,它就吸引着众多的天文学家们的注目。

人类进入 20 世纪,跨入太空时代,对火星上的观察更前进一大步。美国、苏联曾向火星发射过多种卫星,进行认真、仔细地观察。如今的火星是一颗既冷又荒凉的行星,表面温度在-60℃,即使有水存在,也永远保持冰冻状态,加上空气稀薄,缺乏臭氧层,致使紫外线直接射入星球地面,使任何生物难以存在,这是科学家们坚信不疑的。

最近,美国的科学家们断言:他们从火星上的一块陨石中发现了火星上存在生命的确切证据。美国航天局约翰逊航天中心的一个研究小组在戴维·梦凯博士的领导下,利用一台光学显微镜和一台功效很强的扫描电子显微镜,对火星陨石进行了研究。他们发现:火星上细菌的矿化残留物体积与地球上发现的细菌相似。这一点是证明火星上有生命存在的新证据。

1994 年,美国发射的"火星观察者号"准备在火星上做实地考察。但在进入火星轨道时突然失踪。俄罗斯在最近几年里,发射了多枚火星探测装置,只有两枚在火星上着陆成功。就在美国"火星观察者号"失踪的前 13 天,将拍摄的两张震惊世界的照片传回地球。一张照片是火星上的一座巨大的人头雕像。它是从火星上空另一个角度近距离拍摄的。另一张照片更令科学家们百思不得其解,照片上竟出现一只巨大无比的鱼形太空生物。它长着一条鲸鱼般的大尾巴,扁圆状身躯,金鱼一样的大眼睛,张着三角形的大嘴。背景上充满着大大小小闪烁着的宇宙星光。

美国航天局的专家们认为:在对火星的考察进入关键时,发生"火星观察者号"失踪和地面接收到它发回的"太空鱼怪"照片两件事并非偶然。有人认为:"火星观察者号"的神秘失踪,可能是火星上的智慧生物将它击落。"太空鱼怪"可能是火星上的智慧生物制造的一种用特殊动物外貌作伪装的大型宇宙星际母舰。

早在15年前,美国航天局科学家们研究"海盗号"和"维京一号"火星观察卫星发回地球的数千张照片。科学家们在照片上发现多张矗立在火星上的巨大狮身人面像。研究人员用计算机处理了两张不同角度拍摄的火星照片,结果清晰地显现出人像的眼球,和半张着嘴巴的牙齿。

计算机精确地算出狮身人面像的大小,从头顶到下巴为1.5公里,宽1.3公里。要制造出这样巨大的塑像,只有高智慧生物才能办到。

俄罗斯的火星观察卫星也拍摄到了巨大的狮身人面像。俄罗斯的著名太空学者阿温斯基博士向记者们展示了几张从火星观察卫星上发回的照片。就在巨大的狮身人面像7公里处,有11座金字塔,4座大的,7座小的,简直是一座城市。

经过计算机的整理分析,在金字塔附近有19座建筑物,还有道路和奇怪的圆形广场。建筑物的尺寸都很巨大,最大的中央金字塔几乎相当于埃及最大的河普斯金字塔的10倍。直径达一公里的圆形广场究竟是什么?是航天器发射场,还是加速器试验场呢?但有一点是无疑的,这座城市已荒废了许多年,如今已无人居住。

美国航天局的科学家们在"维京一号"火星观察卫星发回的数千张的火星照片上,发现了几张巨大无比的"人脸"像,非常清晰。照片上显示着一个人的面部,眼睛、眉毛、头发、嘴唇和鼻子十分清楚,就连两个鼻孔都能看见。这是一位长相英俊、潇洒的男性脸,因为它嘴唇上有胡须。这张照片的出现,不能不引起美国科学界的震动。

火星是一个早已变成一片荒漠的世界。那里没有空气、水,气温低得不可能使任何生物生存。据计算这"人脸"的面积约有100平方公里。这样大的巨幅"人脸"像又是谁造的呢? 又是怎样造成的呢?因此,有些科学家们怀疑,这些"建筑物""人脸"照片是有些人恶作剧,伪造出的,通过美国太空总署的宇航微波接收网络传来的,目的是故意开个玩笑,让科学家们震惊、瞎忙活、乱猜测。为此,美国太空总署在1989年聘请了一些优秀的电脑专家对"人脸""建筑物"照片做分析、鉴定,让人识别真伪。美国著名的电脑专家萨姆兰尔教授动用最新的电脑绘图技术,对"人脸""建筑物""狮身人面像"等照片做分析,确定了这些照片确是从"海盗号"和"维京一号"火星观察卫星上发回来的。此外,还发现"人脸""狮身人面像""建筑物"照片,并非光影上的错觉,而是一个个庞大的实体!布兰登博士认为:那些"人脸""建筑物"照片是数百万年前,曾在火星上出现过文明的一个标志。显然那个文明已在火星上消失了。但它留下了永恒的标志。

奇怪的是从1992年9月开始,从火星上拍回的照片,那张"人脸"突然消失,变得无影无踪了。此事使火星文明之谜,更蒙上了神秘的色彩:为什么图像会忽隐忽现呢?

1997 年 7 月 4 日,美国"火星探路者号"探测器在火星着陆,当时数百万美国电视观众坐在电视机前焦急地等待着"火星探路者号"从火星上传回震惊世界的新发现。但令人遗憾的是,"火星探路者号"在火星着陆和"外来者号"漫游车在火星上行驶的镜头虽已向观众播放,但另外一个震惊世界的场面并未向观众们播放。"外来者号"漫游车上的摄影机镜头上清晰地出现了一艘酷似地球上的诺亚方舟的高大船体,它半埋在一片沙滩上。

美国航天局的科学家们立刻接到一道严格的命令:"在官方当局尚未决定向社会公众发布这一令人绝对难以置信的震惊世界的新闻之前,必须守口如瓶!"

而美国航天局的一个工作人员却把这张"火星诺亚方舟"的照片转交给一位天文小组的负责人。这位天文学家认为:美国"火星探路者号"发回的"火星诺亚方舟"照片是昔日火星上曾发生巨大洪水、天然灾害悲剧最有说服力的证明。这场大洪水给火星上的智慧生物带来了巨大的灾难。

1997 年 7 月间,美国"火星探路者号"探测器在火星上登陆,并由"外来者号"火星漫游车对火星的考察发现:火星的过去和地球一样有空气、河流、海洋,能维持生命的存在与发展。

如今火星是一片荒漠、空气稀薄,没有水,温差极大,无法生存。火星上的智慧生物要么离开,到火星附近的星球上去。要么火星人依靠自己的智慧潜居于地下,建造地下独立的生活圈。他们可利用太阳能、核能燃料等各种能源,建造地下的山川、河流、动植物生物庄园。那里完全可以绿树成荫、百花齐放,有城市和乡村,这是一项十分巨大的工程,需要火星人数千年的精力。可想而知,如果确有火星人的存在,他们在航天技术、无线电技术、建筑、光束、能源、环境生存等科技领域,将远远超过地球人类的水平。

美、俄两国科学家们一致认为:火星变成一片荒漠,失去大气层的过程是十分缓慢的,它是慢慢毁灭的,从一个有河流、有海洋、有四季气候的行星变成一个冰冷的不毛之地。这就是说:如今发现的这些火星上的建筑物是在数百万年之前,火星人建造的。如今科学家们尚不清楚,这些狮身人面像、金字塔是用什么材料建造的,能够维持数百万年不变。由于尘暴,五千至一万年内道路本来会消失得无影无踪,可是从道路上看,照片上清楚地显示,道路铺得平整、宽阔。有的道路故意修得绕过陨石坑。为什么道路数百万年没给尘暴埋没呢?这说明火星人当年的建筑技巧已经十分高超。

要破译火星之谜,尚有待科学家们登上火星,实地考察,美国计划在 2020 年派人登上火星,在火星上建立地球人类基地,仔细深入考察火星,希望能取得成功。

极光形成之谜

在地球南、北两极附近的高空，夜间常会出现一种奇异的光。其色彩斑斓：有紫红色，有玫瑰红，有橙红色，也有白色和蓝色；其形状也是千差万别：有的像空中飘舞的彩带，有的像一团跳动的火焰，有的像帷幕，有的像柔丝，有的像巨伞。这种大自然的"火树银花不夜天"的景象就是极光。

极光

1957年3月2日夜晚，人们在黑龙江省呼玛县的上空观察到了这种离奇的光变。7点多钟，西北方的天空中出现了几个稀有的彩色光点，接着，光点放射出不断变化的橙黄色的强烈光线。不久，光线渐渐模糊而形成幕状。尔后，彩色逐渐变弱，到8点30分消失。但10点零3分，这一情景又再次出现。

令人惊奇的是，在同一天晚上7点零7分，新疆北部阿尔泰山背后的天空也出现了鲜艳的红光，像山林起火一般。红色的天空里射出很多片状，垂直于地面形成白而略带黄色的光带。渐渐地，这光带变成了银白色。这些光带呈辐射状，逐渐向天顶推进。各光带之间呈淡红色，并不断忽明忽暗。光带的长短也不断变化。7点40分左右，光带伸展到天顶附近，这时的光色最为鲜明，好似一束白绸带，飘扬在淡红色的天空中。大约10点，景色完全消失。

极光有时被称为北极光或南极光，其实他们本质上是一回事，只不过在北极出现的极光被称为北极光，在南极出现的极光被称为南极光。我国的黑龙江省和新疆维吾尔自治区都曾经出现过极光，只是非常难得一见，甚至比海市蜃楼还不容易看到，但在南北极的高纬度地区，极光出现则是司空见惯的事。极光是天空中一种奇特的自然光，是人们能用肉眼看得见的唯一的超高层大气物理现象。在南、北极的高空，大多位于100公里以上,在漫长的极夜或极昼时,常会出现鲜艳的极光。

用来形容极光的词很多,但无论用哪一个都难以表达出极光的神奇和美妙。极光是令人神往的自然奇观,是南极和北极最为瑰丽的景色。在南极的漫漫长夜,有时几乎整个天空都是一幅南极光的美妙景象,极光时而像高耸在头顶上的美丽的圆柱,突然变成一幅拉开的帐幕,以后,又迅速卷成螺旋的条带;有时,极光就想传说中天女手中慢舞的长长的彩色飘带,有时变化迅猛,形状转瞬即逝,有时又像天边一缕淡淡的烟霭,久久不动;有时似漫天光箭从天而降,几乎举手可触,有时又像原子弹爆炸后的蘑菇云腾空而起,令人望而生畏。当然,这一切都发生在距离地面 100 千米以上的大气层里。这在南极的种种景象中,再没有比这更壮丽的了。

五彩缤纷、变幻莫测的极光给在南极洲越冬的科学家们带来了无穷的乐趣,也减低了漫长冬季给人们心理上带来的压抑。极光的亮度有强有弱,强极光的亮度可以把考察站建筑物的轮廓照亮,甚至照出物体影子。

极光的形成如同日常所见到的氖气灯管一样,灯管中稀薄的气体受到带电粒子的强烈碰撞因而发光,而极光就是高空大气中的一种发光过程。具体地说,极光是太阳放射出大量的质子和电子等带电微粒,这些微粒以高速度射进地球外围的高空大气层里,同大气层中的稀薄气体中的原子和分子进行剧烈地碰撞,而激发出来的光。极光出现的高度一般在离地面 100 千米到 500 千米的高空,实际上在那里的空气是十分稀薄的,只有人造卫星可以在这一高度经过。

那么,为什么极光只在地球的南、北极地区频繁出现呢?人们知道,地球本身就像一个巨大的吸铁石,它两端的磁极,也就是地球磁场的磁南极、磁北极分别在南、北极地区。当太阳放射出来的大量带电微粒射向地球时,受到地球南、北磁极的吸引,纷纷向南、北极地区涌入,所以,极光就集中出现于南、北极地区。

恒星吞食行星

欧洲天文学家近日发现一颗围绕巨大恒星运转的行星,在短短几千万年里,它就可能被自己围绕运转的恒星所吞食。

欧洲南方天文台(ESO)的科学家使用安装在智利拉塞拉天文台望远镜上的先进摄谱仪,分析了代号为 HD47536 的恒星光谱的变化,发现了这颗行星。

恒星 HD47536 距地球 398 光年,直径为 3300 万公里,比太阳大得多。在人们已经发现拥有行星的恒星中,按发现先后次序,它是第 4 颗比太阳大的,也是最大的一颗。科学家发现的这颗行星质量为木星的 5 到 10 倍左右,在离恒星约 3 亿公里外的轨道上运转,

恒星吞食行星

公转周期 712 天。

　　这一恒星处于生命的最后阶段,正在膨胀。在未来几千万年的时间里,恒星的高热辐射将"剥掉"这颗行星的大气层,使它变得炽热无比。最终,当这颗恒星膨胀到一定程度后,它将完全把这颗行星吞食。这在宇宙尺度上是很短的一段时间。天文学家们称,太阳也属于这类恒星,只不过目前太阳还处在漫长的稳定期内。

　　这一发现拓展了人们在大恒星周围寻找行星的能力,并为天文学上的一些其他问题提供了线索。例如,科学家在这颗恒星的光谱中发现了锂元素的踪迹,而锂元素在恒星中是会迅速消耗掉、不应该存在的。在此之前有理论认为,出现这种现象可能是由于恒星刚刚吞食了一颗行星,新发现为这种假设提供了依据。

冥王星外发现巨大新物体

　　美国科学家最近发现了一个类似星球的新物体。其位置在冥王星外 5 亿公里的地方。它正围绕太阳旋转,每 288 年转一圈。这个新发现物体的直径约 1280 公里,为地球直径的十分之一,是自 72 年前发现冥王星以来太阳系的最大发现。是美国加利福尼亚理工大学研究人员布朗及其同事特鲁希略在 6 月 4 日发现的。布朗对 BBC 记者说,"它的确非常之大","其大小是所有小行星的总和"。布朗和他的同事是用加利福尼亚帕洛玛天文台的望远镜发现的,后来又用哈勃太空望远镜对进行了研究。天文学家将这个新物体暂时取名"夸欧尔",编号为"2002LM60"。

惊人的火星地貌

火星是一个直径为 6787 千米的寒冷荒芜的星球在砂砾遍地、荒凉沉寂的火星表面，遍布陨星袭击后因撞击形成的坑坑洼洼。它的最引人注目的地形特征是干涸的河床。它们多达数千条，长度从数百千米到 1000 千米以上，宽度也可达几千米到几十千米，蜿蜒曲折，纵横交错，极为壮观。它们主要集中在火星的赤道区域附近。河床的存在使科学家们认为，现在干燥异常的火星曾经有过大量的水。火星上最壮观的特征是位于南半球的大峡谷其中尤以水手谷更为突出。

水手谷由一系列峡谷组成，绵延 5000 米以上，宽 500 千米，深也达到 6 千米左右，这样的峡谷是地球上任何峡谷无法比拟的。奥林匹斯火山更为神奇，这个直径达 600 千米的大火山口竟比周围地区高出 26 千米，是地球上珠穆朗玛峰的 3 倍。像水手谷和奥林匹斯火山这样的地貌，在整个太阳系里都是绝无仅有的。火星两极有白色极冠，是干冰和水冰，水冰如果全融化，可在火星表面形成 10 米的均匀水层。

萨西斯高原突起的部分，由三座巨大的"盾构"火山围绕：阿西亚火山、帕沃尼斯火山和阿克拉乌斯火山——这些火山被称为"萨西斯火山群""二分线"是一条富于戏剧性的分界线，将火星南半球火山熔浆形成的高地与北半球熔浆较少的底地分开。直径是 30千米的深坑，93% 位于这条线的南面，包括巨大的阿吉尔、埃拉斯、伊斯迪斯深坑。它们都是火星在历史上的某个时刻与小行星碰撞所形成的，今天可一作为研究火星历史的线索。

火星北半球的底地，被称为是由于其外壳厚度下降 3 千米的缘故。它不可能是天体对北半球的直接撞击而引起的，相反，更可能是对南半秋的破坏性撞击的结果。埃拉斯平原的隆起地貌覆盖这一层火山岩。这是它和直径 100 千米的天体直接相撞引起的。"埃拉斯"撞击造成的巨大动能，可能促进了位于另一半球的萨西斯隆起地貌的形成。从高原的东端裂出条条深谷其宽度达到火星周长的四分之一，最终形成了"水手谷"那条可怕的大裂缝。

黑洞的神奇魔力

浩瀚的宇宙高深莫测，无奇不有，其中最神秘的天体莫过于黑洞。这种"怪物"比森林中的老虎更凶猛，不管是什么东西，一旦进入它的势力范围，都会被吞吃掉，连骨头也不吐出来。而且它还穿上了隐身衣,谁也看不见它,即使你用强光照射,用雷达探测,仍然找不到它的踪迹。这种"怪兽"就是爱因斯坦广义相对论预言的一种奇特天体。

黑洞为什么会有如此神奇的魔力呢?这需要从引力谈起。我们都知道,即使是世界跳高冠军,也不可能一蹦就跳到月球上去,其原因是地球有强大的引力。这种万有引力存在于宇宙中任何两个物体之间,引力的强弱取决于两个物体各自的质量,也取决于两个物体之间的距离。物体的质量愈大,引力就愈大。地球质量有60万亿亿吨,地球半径为6371公里,所以有很强的引力。人类想飞出地球,必须使宇宙飞船达到每秒11.2公里以上的速度。而太阳的引力更大,如果想从太阳表面发射宇宙飞船,飞船的速度至少要达到每秒618公里,才能挣脱太阳的引力,飞向另一颗恒星。万有引力随距离缩小而明显增强。假如太阳不断地收缩,其半径便会不断地缩小,而物质密度却不断增大。如果太阳的半径从现在的70万公里收缩到3公里,太阳就变成一颗超高密的天体。虽然其质量不变,仍为两千亿亿亿吨,但其半径距离却缩小了20多万倍,此时每秒30万公里的光线也无法从太阳表面射出,这样太阳就变成了一个黑洞。

也许有些读者担心,如果太阳变成了黑洞,人类不是很危险了吗?实际上不必担心。科学研究表明,太阳是不会变成黑洞的,只有3倍以上太阳质量的恒星在晚年消耗掉内部的核燃料后,才会在自身的强大引力作用下坍缩,变成恒星级的黑洞。

如果将宇宙空间想象成一张平铺的悬空的大纸,具有弹性且不易破,其四角用线拉住,那么任何放在上面的物体都会使之产生凹痕,物体愈重,凹痕就愈深。如果一个物体重量不变,体积越小,凹痕越深。假如将地球放在上面,那只有浅浅的凹痕。太阳会比地球的凹痕稍深一些。像黑洞这样既小又重的超高密天体就会带来极深极深的凹洞。宇宙中不仅有几个太阳质量的恒星级黑洞,还有更大的黑洞。我们知道地球与其他行星在绕太阳公转,而太阳又带着九大行星在银河系公转。整个银河系有着1000多亿颗恒星,它们是太阳的"兄弟姐妹",天文学家推测在银河系的中心有一个大黑洞,质量为300万个太阳质量。这个大黑洞还不算宇宙中的巨洞。我们知道,在银河系以外还有上千亿个银河系的"兄弟姐妹",它们被称为星系,在其他星系中还会有巨大的黑洞。

除了巨型黑洞外,还有微型黑洞。人们常说明察秋毫,秋天动物新生的细毛已经是十分细小了,其实微型黑洞比起秋毫还要小得多,它只有一万亿分之一毫米,相当于最小的氢原子中的原子核大小,连电子显微镜也无法找到,然而它却比一座大山还重。当代世界级物理大师霍金在微型黑洞的研究中做出了重大的贡献。

看来,宇宙实在是太神奇了,已超过神话中的一些想象。像《西游记》中孙悟空的"金箍棒"这样一根小棍子怎么可能有上万斤重呢?而宇宙中这种物质却真的存在,而且还要重得多。

火星火山上空出现神秘云雾

美国航空航天局（NASA）的天文学家根据 NASA 火星全球探测器拍摄下的照片发现，火星上一座巨型火山上空有一团巨大的螺旋状云雾，天文学家表示，不清楚这团云雾已经形成了多长时间。

天文学家表示，这团云雾可能由尘埃粒组成，其呈螺旋状盘旋的原因是火山坑上方的风向时而发生变化。

天文学家称，同一地区几天来也出现了类似的云雾，但他们不清楚这些云雾属于一大团当中的一部分还是每天下午独立形成的单个云雾团。

NASA 火星全球探测器于 1996 年发射升空，该探测器已经对火星的整个地表、火星大气甚至包括火星内部进行了研究。到目前为言，该探测器搜集到的有关火星的数据比其他所有火星探测器搜集数据的总和还要多。

神秘的天坑群

广西百色大石围天坑群中具有集独特奇绝的溶洞与原始森林和珍稀动植物于一体的垂直竖井，形成天然的洞底有洞，洞中有河的景观。两条地下暗河河流湍急，且冷热相交汇，洞中石笋挺拔丛生，石柱峭然擎天，石帘晶莹透亮，石瀑到处都有，造型组合不凡，具有很高的观赏价值。

神秘的天坑群

在大石围周边村屯又有独特奇绝的百洞、神木、苏家坑、邓家坨、甲蒙、燕子、盖帽、黄狼、风岩、大坨、穿洞等 20 多个石围，形成了世界上独一无二的"天坑群"。在"天坑群"的周边,还有冒气洞、马蜂洞、琢木当上洞、下洞、熊家东洞、西洞等30多个溶洞景点及配套的人文景观。

大石围天坑群位于乐业县同乐镇刷把村百岩脚屯,形成于大约6500万年以前,是一块鲜为人知的秘境,集险、奇、峻、雄、秀、美于一体,是世界上罕见的宇宙奇观。大石围的地下原始森林面积为世界第一。中国地质学会洞穴研究会会长朱学稳教授考察论证后称乐业县大石围天坑为"天坑博物馆""世界岩溶胜地"。

站在高高的观光台上,眺望堪称世界岩容之首的喀斯特漏斗,其气势之宏伟,场面之壮观,不言而喻,而站在大石围西峰,眺望山峦起伏群峰连绵的远景,又让人感受到大自然之神奇。

步入那独特、神秘的地下原始森林奇景之中,那珍稀的花草,罕见的鸟兽,翠绿的树木,给人一种独特的感受。

大石围底部深处有纵横交错的地下河流,有姿态万千,神态各异的洞穴钟乳石,也有鱼、蟹等丰富的地下水族,是世间难得一见的洞中美景。

大石围所在地白岩脚屯,路边花草芬芳,林木浓翠,绿树成荫,且山岭连绵,群峰争奇,富有诗意,令人流连,让人回味。岩溶洞穴观光。溶洞群中那些千姿百态,绚丽多彩,玲珑剔透的各种类型的洞穴次生化学沉积物,件件都是巧夺天工的精美艺术品,每个洞都有不同的景观,让你不得不感叹大自然的鬼斧神工。

地球探索

地球从哪里来

据推测，地球有40多亿年的历史。

地球由星云分化而来的。一开始，它只是一些宇宙固体微粒的聚合体。在运动的过程中，它不断吸附四周的宇宙微粒，最后才凝聚成一个球状体。原始地球是一个冷冰冰的坚硬球体。在它的周围，弥漫着氮、二氧化碳、甲烷、氨等气体。

在构成原始地球的物质中，有许多放射性物质。在衰变的过程中，它们释放出大量热量。随着热量的不断积累，地球内部的温度渐渐增高，坚硬的地球慢慢变得柔软。随着运动的作用，在地还应内部便产生了复杂的圈层分化运动。

地球

在重力的作用下，氧、铝、镁等比较轻的物质浮到地球的表面上来，铁、镍等比较重的物质慢慢下沉到地心部分去了。最后，在地球内部形成了明显的层次，这就是现在的地壳、地幔和地核。

地球为什么是三轴椭球体

地球的形状接近于旋转椭球体。一个与处于流体静力平衡状态的海洋面重合,并延伸到大陆内部的水准面,叫大地水准面。大地水准面忽略了地面上的凸凹不平,但由于地球内物质分布的不均匀,大地水准面仍是起伏不平,为了定量描述地球的形状而不受起伏的影响,测量上把与大地水准面符合得最理想的旋转椭球体叫作地球椭球体。但是,更严格地说,地球椭球体的三个轴均不相等,它不是旋转椭球体,而是三轴椭球体。尽管如此,由于赤道椭圆扁率很小(约 1/91827),而且计算复杂,这个形状未被采用。目前,仍取旋转椭球体形状作为地球形状的描述。人造卫星发射成功后,利用人造卫星测地大大提高了测地的精确度。1979 年,国际大地测量和地球物理联合会决定从 1980 年开始采用新的椭球体参数即:地球的赤道半径是 6378137 米;地球的极半径是 6356752米;地球的赤道周长是 40075.7 千米。

地球的圈层是怎样形成的

地球是由固体的宇宙尘埃聚集而成的。在形成初期,地球上的各种物质是混杂在一起的,并没有明显的分层现象。后来,地球内部放射性物质分裂,释放的能量在地球内部积累起来。随着地球内部热量的积累,地球内部的温度逐渐升高。因物质具有可塑性,加以重力的作用,较重的物质就缓慢地下沉,流向地内深处,形成原始地幔。原始地幔继续分化而成地壳和地幔。这样就形成了地球内部的圈层结构。

存在地下王国吗

远在 1904 年,美国加利福尼亚卡斯特山脉中一个叫布朗的采矿者,发现一处类似巨人居住的人工地道。洞穴中有用巨大铜锁锁住的巨大房舍,墙壁间有黄金铸成的盾和从未见过的物品,墙壁上还画着奇怪的图画和文学。

第二次世界大战期间,美国陆军上士兵希伯在和侵缅日军战斗中与战友失散被遗留在森林里,有一天他无意中发现一处被巨石隐蔽的洞口。希伯冒险进入洞内,竟然发现里面被人工光源照得亮如白昼,俨然是一处庞大的地下城市。希伯正看得惊迷时,突然被抓住,一关就是 4 年,后来寻机拼命逃出。据他说这个地下王国通向地面的隧道有 7 条,分别在世界其他一些地方开有秘密出入口。

或许有人会问,若真的存在这个地下王国,那么他们为什么不回到阳光明媚的地面来生活呢? 答案似乎只有一个:这个地下王国的居民长期居住在地下,或已演化成嗜热的硅生命体,已不可能再适应地面的生活。

有一点是肯定的,假设地下王国真的存在,那么他们必定掌握着高于地表人的科学技术,诸如飞碟等一系列所谓之谜也就不难获得答案了。且不说是否真的存在着一个地下王国,难道地球内部确是空的吗? 不少地球物理专家认为,地球的现有重量是 6 兆吨的百万倍,假如地球内部不是空的,它的重量应该远不止此。

地下王国之说,引发了科学界一场有关"地球空洞说"的激烈争论,结果如何,只能拭目以待。但是它启发了我们,当地球气候发生骤变或其他地表灾难发生时,我们地表人转入地下或许比移居外星球更具现实意义。

什么是地球膨胀说

20 世纪 20 至 30 年代,林德曼和希尔根贝格分别提出地球膨胀说。该学说认为原始地球有一个封闭的硅铝圈,因地球内部膨胀而导致硅铝圈的破裂、离散,形成分离的大陆;而从地幔膨胀出来的物质充填在离散的大陆之间,使洋盆不断扩大。板块构造理论提出以前,地球膨胀说曾经作为活动论的重要代表而引人注目。一些学者从不同的途径计算过地球膨胀的速率,如 1956 年埃吉德根据古地理图上显生宙面积的扩大得出 0.5 毫米/年,1965 年霍姆斯根据一天的时间每一世纪增长 1/50 万秒的数据估算出膨胀速率为 0.24—0.6 毫米/年。但是,按照最早提出的地球膨胀模式,石炭纪以后地球的半径需要增长 2000 千米以上,而热力学理论和引力常数随时间变小的假说都认为这在理论上是不可能的。地质历史上大量事件也难以用地球单纯膨胀来解释。板块构造理论提出以后,大多数地球物理科学家对地幔对流说的动力解释表现出很大的兴趣。

地球的未来是怎样的

地球的未来与太阳有密切的关联,由于氦的灰烬在太阳的核心稳定的累积,太阳光度将缓慢地增加,在未来的 11 亿年中,太阳的光度将增加 10%,之后的 35 亿年又将增加 40%。气候模型显示抵达地球的辐射增加,可能会有可怕的后果,包括地球的海洋可能消失。

地球表面温度的增加会加速无机的二氧化碳循环,使它的浓度在 9 亿年间还原至植物致死的水准。缺乏植物会导致大气层中氧气的流失,那么动物也将在数百万年内绝种。而即使太阳是永恒和稳定的,地球内部持续的冷却,也会造成海洋和大气层的损失(由于火山活动降低)。在之后的十亿年,表面的水将完全消失,并且全球的平均温度将达到 70 摄氏度。

太阳在大约 50 亿年后将成为红巨星,当太阳成为红巨星时,大约已经流失了 30%的质量,所以若不考虑潮汐的影响,当太阳达到最大半径时,地球会在距离太阳大约 1.7 天文单位(254316600 千米)的轨道上,因此,地球会逃逸在太阳松散的大气层封包之外。现在绝大部分(如果不是全部)生物会因为与太阳过度的接近而被摧毁。

太阳为什么会东升西落

每天太阳从东方升起,从西方落下,日出日落是由于地球的自转造成的。

地球每天都在不停地由西向东旋转着,相对而言太阳在很远的地方不动,我们住在地球上的人每天跟着地球一起旋转,所以会觉得早晨太阳从东方升起来,傍晚太阳又从西方落下去,地球每天都转一周,当背向太阳的一面是黑夜的时候,另一面正好是白天。

地球辐射带

地球周围空间大量高能带电粒子的聚集区称为地球辐射带,又称为 Vallen 辐射带,它分为内外两个带,它们在向阳面和背阳面各有一个区,内辐射带是离地面较近,而外辐射带离地面较远。

内辐射带的中心位置到地心的距离约 1.5 个地球半径,外辐射带的中心离开地心距在 3~4 个地球半径。向阳面和背阳面的内外辐射带的粒子环境在空间上并不是完全对称的。

内辐射带简称内带,内带中含有大量的高能质子和电子,在无太阳质子事件并且地磁扰动不大的情况下,内辐射带中高能质子和电子的空间分布和强度相当稳定,称之为稳定的内辐射带。

它并不是永远不变的,还受地磁场长期变化的影响,而使辐射带的空间分布和强度的发生变化,空间分布的长期变化与南大西洋负磁异常区的变化趋势基本一致,强度的变化则要进行大量的探测。

内带中对卫星和宇航员的威胁主要来自高能的质子。外辐射带对卫星和宇航员的威胁主要来自高能的电子。

影响地球辐射带空间分布和强度的主要因素有：太阳活动的水平、地磁长期变化、地磁短期变化（磁暴）、太阳宇宙线事件。

磁层

过去人们一直认为，地球磁场和一根大磁棒的磁场一样，磁力线对称分布，逐渐消失在星际空间。人造卫星的探测结果纠正了人们的错误认识，绘出了全新的地球磁场图像：当太阳风到达地球附近空间时，太阳风与地球的偶极磁场发生作用，把地球磁场压缩在一个固定的区域里，这个区域就叫磁层。磁层像一个头朝太阳的蛋形物，它的外壳叫作磁层顶。地球的磁力线被压在壳内。在背着太阳的一面，壳拉长，尾端呈开放状，磁力线像小姑娘的长发，飘散到 200 万千米以外。磁层好像一道防护林，保护着地球上的生物免受太阳风的袭击。地球的磁层非常复杂，其中许多物理机制需要进一步的研究和探讨。最近十年，科学家已经把磁层的概念扩展到其他的一些行星，甚至发现宇宙中的中子星、活动星系核电具有磁层结构的特征。

地极

地极有两个解释：一是指大地的极远之处；二是指地球的南极和北极，即地球自转轴同地面相交的两点。故又称"地球两极"和"南北极"。它们是地理坐标系的极点和地面上正南、正北的标志。南极位于南极大陆，北极位于北冰洋。它们是地球上南方和北方的终极。在南极四面皆向北，在北极四面皆向南。由于地轴在地球内的位置有微小变化，故地极在地面的位置也有微小变化，称为"极移"。

极光

太阳是一个庞大而炽热的气体球，在它的内部和表面进行着各种化学元素的核反应，产生了强大的带电微粒流，并从太阳发射出来，用极大的速度射向周围的空间。当这种带电微粒流射入地球外围那稀薄的高空大气层时，就与稀薄气体的分子猛烈地冲击起来，于是产生了发光现象，这就是极光。

极光的表现形式有哪些

极光的表现有各种各样的形式，就外形看，有的如光幕、有的如光冕、有的如光弧、有的如光斑、有的如光带、有的如光柱、有的如光束。就结构来说，有的是均匀片状结构的、有的是下部明显上部模糊、有的是由线条构成、有的是由斑点构成。就轮廓来看，有的下面有轮廓上面没有轮廓、有的则全部没有轮廓，只在夜空中呈薄透明的一片。就运动的情况来看，有的静、有的动，动的情况也是各种各样的：有的呈脉动状、有的如布幕因被风吹而呈现的晃动的样子，有的呈横扫状、有的如火蛇般窜动、有的则如火焰般窜动。就位置来看，有的在天顶（如冕状极光）、有的在地平线上微露出来（如曙光状极光）。在一次极光中可以同时呈现几种式样，有时极光是单层的，有时则是双层的甚至是多层的。

天究竟有多高

天有时候看上去很低，尤其是快要下雨的时候，乌云就好像压在人们的头上。而有时，天看上去却又高又蓝。人们常用"不知天高地厚"来形容那些异想天开、做事鲁莽的人。那么，天究竟有多高呢？

其实，所谓的"天"，就是地球的大气层。大气层的厚度就是天的高度。这个大气层可是很厚的，它就像一层厚厚的外衣，保护着地球上的一切。据测算，地球大气的厚度为2000～3000千米。正因为这个大气层的存在，人类才能生存在地球表面。否则，太阳就会把地球烤得寸草不生。

天空分有几层

从广义上讲，天空是指的日、月、星、辰罗列的广大的宇宙空间。从这个意义上讲，宇宙空间有多大，天就有多高。从狭义上讲，天空指的是包围着地球的大气层。古代神话传说将天分为九层，玉皇大帝住在第九层上。这里所说的天，也是指的地球大气层。也就是说从狭义上讲地球大气层有多高，天就有多高。现在天文科学告诉我们，大气层分

为5层,对流层、平流层、中间层、热成层、散逸层。

天空按温度变化可分为5层。

(1)对流层:从地面到10~16千米处(极地8~9千米,赤道15~18千米),是大气层的最底层。这一层集中了约整个大气的四分之三的质量和几乎全部的水汽量。大气的对流在这一层十分发达,气温随高度的下降而均匀下降,平均每上升100米降低0.6摄氏度,在11千米附近温度下降到-55摄氏度。在这层里,大气的活动异常激烈,或者上升,或者下降,甚至还会翻滚。正是由于这些不断变化着的大气运动,形成了多种多样复杂的天气变化,风、云、雨、雪、雾、露、雷、雹也多发生在这层里,因而也有人称这层为气象层。这层的顶部叫对流层顶,这里气温不再随高度上升而降低,而是基本不变,是一个很稳定的层次,对流层里的天气影响不到这儿来。这里经常晴空万里,能见度极高,空气平稳,非常适宜喷气客气的飞行。

(2)平流层:从对流层顶向上到约55千米高空附近。这一层是地球大气中臭氧集中的地方,尤其是在其下部,即在15~25千米高度上臭氧浓度最大,因而这一层又称臭氧层。由于臭氧层能大量吸收太阳辐射热而使空气温度大大升高,所以这一层的最大特点是温度随高度的上升而升高,到顶部温度增大到最大值。平流层虽然水汽极少,天气现象比较少见,但随着气象火箭和卫星的发射,发现这一层的气流等的变化与对流层中天气变化有着密切联系,相互影响。

(3)中间层:从平流层顶向上,也就是从55千米到80千米这个范围被命名为中层大气,简称中层。在这里,温度随高度而下降,大约在80千米达到最低点,约为~90摄氏度。人们一般把飞行高度达到80~100千米的飞行器,看成是不依靠大气飞行的航天器。按照美国航空航天局规定:飞行高度超过80千米的飞行员即可称为宇航员。

(4)热成层:从中层大气向上到500千米左右的范围。之所以叫热成层,是因为这层中的空气分子和离子直接吸收太阳紫外辐射能量,因而运动速度很快,和高温气体一样。这里空气极其稀薄,尽管热层顶的气温可达1000摄氏度(太阳比较宁静时)至2000摄氏度(太阳活动剧烈时),但实际上却根本不会感到热。

(5)散逸层:500千米以上是外大气层,这一层顶也就是地球大气层的顶。在这里地球的引力很小。再加上空气又特别稀薄,气体分子互相碰撞的机会很小,因此空气分子就像一颗颗微小的导弹一样高速地飞来飞去,一旦向上飞去,就会进入碰撞机会极小的区域,最后它将告别地球进入星际空间,所以外大气层被称为散逸层。这一层温度极高,但近于等温。这里的空气也处于高度电离状态。人类大部分的航天活动都是在散逸层之内(或之外)进行的。

除了按温度分层外,根据大气的电磁特性,还可以将大气划分为中性层、电离层和磁

天空为什么是蓝色的

我们看到的天空,经常是蔚蓝色的,特别是一场大雨之后,天空更是幽蓝得像一泓秋水,令人心旷神怡,跃跃欲飞。天空为什么是蔚蓝色的呢?

大气本身是无色的。天空的蓝色是大气分子、冰晶、水滴等和阳光共同创作的图景。

阳光进入大气时,波长较长的色光,如红光,透射力大,能透过大气射向地面;而波长短的紫、蓝、青色光,碰到大气分子、冰晶、水滴等时,就很容易发生散射现象。被散射了的紫、蓝、青色光布满天空,就使天空呈现出一片蔚蓝了。

地球的四季是怎样形成的

地球是歪着身子绕太阳公转的,这样,在一年之中,太阳光有时直射地球赤道以北,有时直射赤道,有时则直射赤道以南。每年 7 月前后,太阳光直射地球的北半球,在这一段时间里,北半球日长夜短,天气很热,是夏季;每年的一月前后,太阳光直射南半球,北半球的阳光是斜射来的,而且日短夜长,所以天气很冷,是冬季。冬季过后,天气由冷变暖,就是春季;夏季过后,天气由暖渐渐变凉,就是秋季。

在一年的 12 月中,要是把四季划分成一样长短的话,每季正好 3 个月。春季:3、4、5 月;夏季:6、7、8 月;秋季:9、10、11 月;冬季:12、1、2 月。其实在我国,南北相差几千千米,在最靠南的地方,人们已经穿上夏天的衣裳,可是在北方,人们还穿着棉衣呢。所以,我们对四季的划分也只能对我国大部分地区适用,而且每季也不可能正好都是 3 个月。

夏天为什么比冬天长

夏天和冬天的冷热不是地球与太阳的距离决定的,因为地球的公转轨道几近圆形,主要原因是太阳照射时间的长短决定的。

地球的自转轴与围绕太阳公转轨道平面不是垂直的,有一个 66.5° 的夹角,这样,地球在公转轨道上的不同位置上不同纬度光照就有一个周期,夏季时,北半球光照时间长,南半球就是冬季,光照时间短,就有了夏至冬至两个点,只有在春分秋分时,南北两半球光照时间才一样长,具体说,在夏至,北回归线就成了赤道(北回归线是北纬23.5°线,加上自转轴的66.5°,正好是90°与轨道平面垂直),反之冬至时,南回归线就成了实际上的赤道线,南半球就成为夏季。

至于夏天白天长,冬季白天短,与纬度有直接关系,越靠近两极就越明显,在赤道附近并不明显,这与球面有关,在北极圈,春分开始至秋分,是永昼,没有黑夜,反之又有半年黑夜,因为夏天太阳照得时间长。

昆明为什么会四季如春

这是由昆明的地理位置和地形特点决定的。昆明处在北纬30°以南的地区,终年接收太阳光热较多,而且均匀。夏季受来自印度洋的西南风和东南风的暖湿气流影响,阴雨天多,云雨减弱了太阳辐射,日照少,地面湿度不易上升,雨水的蒸发也带走了不少热量,加上地处海拔1000多米的云贵高原,气温随高度而降低,所以夏季温度不会很高。冬季昆明等地上空盛行西风。这儿的气流把附近印度半岛的干暖空气引导过来。另外,昆明地处云南东部,云南北部和东部的高

昆明

大山脉梁王山、乌蒙山等又能阻挡着北方冷空气南下,因而晴天多,空气干燥,日照充足。夏季不热,冬季不冷,四季的气温也就比较均匀了。

地球是我们唯一家园吗

在太阳系中,地球距太阳的空间距离适中,温度冷热适度,液态水是最主要的存在形态。大气中氧占21%,氮占78%,二氧化碳占0.03%。由此可见,地球拥有适宜的光、热、水分、氧和养分(氮、二氧化碳),具有孕育生命的最完美条件。

而太阳系其他行星就不是这样了。它们不是太冷就是太热,没有液态水,没有足够的氧,没有稳定的环境,也自然没有生命。

那么,在太阳系之外呢?还有那么多星系,那么多恒星,它们中间会不会有与地球类似的行星?也许,真有那么一颗星球,在宇宙深处的某一个角落,和地球一样,繁衍着各种生命。但即使有,那也是"别人"的星球,人类从地球产生,也只属于地球。

磁暴

全球性的强烈地磁场扰动,即磁暴。所谓强烈,是相对各种地磁扰动而言的。其实地面地磁场变化量较其平静值是很微小的。在中低纬度地区,地面地磁场变化量很少有超过几百纳特的(地面地磁场的宁静值在全球绝大多数地区都超过 3 万纳特)。一般的磁暴都需要在地磁台用专门仪器做系统观测才能发现。

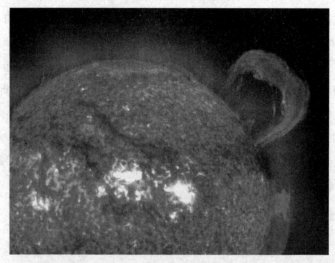

磁暴

磁暴是常见现象。不发生磁暴的月份是很少的,当太阳活动增强时,可能一个月发生数次。有时一次磁暴发生 27 天(一个太阳自转周期)后,又有磁暴发生。这类磁暴称为重现性磁暴。重现次数一般为 1 至 2 次。

磁暴急始

在磁暴期间,地磁场的磁偏角和垂直分量都有明显起伏,但最具特征的是水平分量。

磁暴进程多以水平分量的变化为代表。大多数磁暴开始时,在全球大多数地磁台的磁照图上呈现出水平分量的一个陡然上升。在中低纬度台站,其上升幅度 10~20 纳特。这称为磁暴急始,记为 SSC 或 SC。急始是识别磁暴发生的明显标志。高纬台站急始发生的时刻较低纬台站超前,时间差不超过 1 分钟。

磁暴开始急,发展快,恢复慢,一般都持续两三天才逐渐恢复平静。磁暴发生之后,磁照图呈现明显的起伏,这也是识别磁暴的标志。同一磁暴在不同经纬度的磁照图上表现得很不一样。为了看出磁暴进程,通常都需要用分布在全球不同经度的若干个中、低纬度台站的磁照图进行平均。

磁暴时变化

经过平均之后的磁暴的进程称为磁暴时(以急始起算的时刻)变化,记为 Dst。

磁暴时变化大体可分为 3 个阶段。紧接磁暴急始之后,数小时之内,水平分量较其平静值大,但增大的幅度不大,一般为数十纳特,磁照图相对稳定。这段时间称为磁暴初相。然后,水平分量很快下降到极小值,下降时间约半天,其间,磁照图起伏剧烈,这是磁暴表现最活跃的时期,称为磁暴主相。通常所谓磁暴幅度或磁暴强度,即指这个极小值与平静值之差的绝对值,也称 Dst 幅度。水平分量下降到极小值之后开始回升,两三天后恢复平静,这段时间称为磁暴恢复相。磁暴的总的效果是使地面地磁场减小。这一效应一直持续到恢复相之后的两三天,称为磁暴后效。通常,一次磁暴的幅度随纬度增加而减小,表明主相的源距离赤道较近。

研究磁暴有什么意义

在所有空间物理观测项目中,地面磁场观测最简单可行,也易于连续和持久进行,观测点可以同时覆盖全球陆地表面。因此磁暴的地面观测可以了解磁层的最基本、最有效的手段。在研究日地空间的其他现象时,往往都要参考代表磁暴活动情况的磁情指数,用以进行数据分类和相关性研究。

磁暴引起电离层暴,从而干扰短波无线电通信;磁暴有可能干扰电工、磁工设备的运行;磁暴还有可能干扰各种磁测量工作。因此,研究磁暴的预报和观测对于某些工业和实用部门是十分重要的。

磁暴研究除了上述服务性目的之外,还有它本身的学科意义。磁暴和其他空间现象

的关系,特别是磁暴与太阳风状态的关系,磁暴与磁层亚暴的关系,以及磁暴的诱发条件,供应磁暴的能量如何从太阳风进入磁层等问题,至今仍是磁层物理最活跃的课题。磁暴作为一种环境因素,与生态的关系问题也开始引起人们的注意和兴趣。

岁差和章动是怎样发现的

公元前2世纪,古希腊天文学家喜帕恰斯在编制恒星星表时最早发现了岁差现象。公元4世纪,中国晋代天文学家虞喜根据对冬至日恒星的中天观测,独立地发现岁差并定出冬至点每50年后退1°。

英国天文学家布拉德利在1748年分析了1727~1747年的恒星位置的观测资料后,发现了章动。月球轨道面(白道面)的位置变化是引起章动的主要原因。白道的升交点沿黄道向西运动,约18.6年绕行一周,因而月球对地球的引力作用也有同一周期的变化。在天球上表现为天极(真天极)在绕黄极运动的同时,还围绕其平均位置(平天极)作周期18.6年的运动。同样,太阳对地球的引力也具有周期性变化,并引起相应周期的章动。岁差和章动的共同影响使得真天极绕着黄极在天球上描绘出一条波状曲线。

天体与地球间的距离是如何测定的

在浩瀚的宇宙中,天体与地球之间的距离都十分遥远,那么,我们是怎样知道它们与地球之间的距离的呢?

1912年,美国女天文学家勒维特发现,造父变星的光变周期越长,它的光度就越大。基于这种关系,天文学家只要测量出造父变星的光变周期,就能计算出它的光度,再从光度和亮度的关系上推算出它与地球的距离。很多球状星团、河外星系等天体与地球的距离十分遥远,不易确定,但只要能够观测到其中的"造父变星",就能计算出它们与我们的距离。

陨石

陨石是地球以外未燃尽的宇宙流星脱离原有运行轨道或成碎块散落到地球或其他行星表面的石体。从宇宙空间落到某个地方的天然固体,也称"陨星"。它是人类直接认识太阳系各星体珍贵稀有的实物标本,极具收藏价值。大多数陨石来自小行星带,小部分来自月球和火星。陨石多半带有地球上没有或不常见的矿物组合,以及经过大气层高速燃烧的痕迹。至于太空人登上外星球,如月球,所带回来的则不叫陨石。而会称为月球矿石。

陨石是天外来客,是迄今为止人类直接从太阳系获得的主要物质。越来越多的事实说明地球的形成与宇宙的影响是分不开的,原始地球各圈层的形成与太阳系的形成和发展有密不可分的联系。因此,研究陨石对于人类认识地球的起源、成分、结构和演化有很重要的科学意义。

陨石有哪些种类

在世界各地博物馆收藏的陨石中,特别是当陨石坠落地面时直接收集到的陨石标本,大部分为石质陨石。但实际上,陨石的种类很多。科学家们根据陨石中金属和硅酸盐的含量、结构和构造以及它们的成分差异,将陨石分类为:铁陨石、石铁陨石和石陨石三大类。每大类中根据结构或出现矿物等特征的不同,再进一步细分出不同类型。

怎样鉴别陨石

鉴定一块样品是否为陨石,可以从以下几方面考虑:

(1)外表熔壳。陨石在陨落地面以前要穿越稠密的大气层,陨石在降落过程中与大气发生摩擦产生高温,使其表面发生熔融而形成一层薄薄的熔壳。因此,新降落的陨石表面都有一层黑色的熔壳,厚度约为 1 毫米。

(2)表面气印。由于陨石与大气流之间的相互作用,陨石表面还会留下许多气印,就像手指按下的手印。

(3)内部金属。铁陨石和石铁陨石内部是有金属铁组成,这些铁的镍含量很高(5%

陨石

~10%)。球粒陨石内部也有金属颗粒,在新鲜断裂面上能看到细小的金属颗粒。

（4）磁性。正因为大多数陨石含有铁，所以95%的陨石都能被磁铁吸住。

（5）球粒。大部分陨石是球粒陨石（占总数的90%），这些陨石中有大量毫米大小的硅酸盐球体，称作球粒。在球粒陨石的新鲜断裂面上能看到圆形的球粒。

（6）比重。铁陨石的比重为8克/厘米^3，远远大于地球上一般岩石的比重。球粒陨石由于含有少量金属，其比重也较重。

陨石是怎样落入地球的

通常，陨石被认为是环绕太阳轨道运行的行星彼此碰撞、破裂而形成的碎块。在晴朗的夜晚，可以看到一线亮光划过夜空，瞬间消失，这种现象就是人们常说的流星；它们都是弥漫在宇宙空间中的星际尘埃，如果被地球的引力捕获，便形成陨星；当它们以极快的速度进入地球浓密的大气圈时，大多数陨星与大气发生摩擦、生热、发光而汽化，但仍有一部分残留下来落到地表，成为陨石。大多数陨石是行星最外层破碎而形成的石质陨石。来自行星核部的铁陨石相对较少。

从目前掌握的资料来看，每年大约有500块陨石作为天外来客来到地球表面。其中，大部分落到海洋里，大约有150块落在陆地上。陨石落在陆地上的情景是多种多样的，陨石的成分也不完全相同。因此，陨石以其独特的科学价值引起人们越来越广泛地关注。

20世纪最大的陨石雨在哪里

20世纪最壮观的一次陨石雨，是1976年3月8日下午3时，散落在吉林市的大陨石雨。那天下午，先是出现一个大火球，很快就变成3个，二大一小，相随向西飞行。有100多万人听到火球发出的霹雳巨响，接着就发生爆炸，大小石头，纷纷下坠，散落在72千米长、8.5千米宽的地带，面积有500平方千米。这是现在世界上分布面积最大的一次陨石雨，共收集到100多块陨石，总质量达2700多千克。最大的一块陨石是"吉林1号"，质量约为1770千克。根据科学家的研究，在未爆炸以前，这块陨石质量约为5吨，年龄已经有46亿岁了，和地球、月亮差

陨石雨

不多老。它原来是一颗直径 440 千米的小行星,围绕太阳运行,在约 8000 万年第一次受到撞击,30 万至 50 万年前经历了第二次撞击而瓦解,其中一块质量约 10 吨的碎块在漫游了数十万年后落到地面,有 30%的物质在通过大气层时烧毁。

陨石是小行星的碎片吗

行星科学家多半认为,陨石是小行星的碎片。不过,这些掉落在地球上的石块究竟来自哪种小行星呢?恐怕就是专家想要辨别清楚也不容易的。

石质球粒陨石占了所有陨石的八成以上,数十年来,科学家一直努力想找出这种陨石来自哪种小行星。从位置上来看,那些主要位于火星和木星之间的小行星带内缘,被称为 S 型小行星的天体是这些球粒陨石最可能的来源。但是,石质球粒陨石和这些小行星的成分似乎差别很大:S 型小行星的颜色比较偏红,很少出现蓝色,这表示它们可能含有太多的金属,而缺乏足够的硅酸盐矿物;而球粒陨石的颜色通体偏蓝,石体里面包裹着五颜六色美丽的硅酸盐矿物球状颗粒。这似乎表明 S 型小行星不太可能是球粒陨石的母体。

玻璃陨石

有一种陨石被称为"玻璃陨石",它呈黑色或墨绿色,有点像石头,但不是石头,更像是玻璃,因为它是一种很特别的没有结晶的玻璃状物质。中国古代称之为雷公墨。唐代刘恂著《岭表录异》曾有记载。

玻璃陨石

玻璃陨石一般都不大,质量从几克到几十克。到目前为止,已发现的玻璃陨石有几十万块,而且令人奇怪的是它们的分布有明显的区域性。关于玻璃陨石的来源和成因,现在还没有定论。

玻璃陨石有哪些特征

大多数玻璃陨石的形状与熔融溅射物的形状相似,常呈黑色或深绿色,半透明,一般认为是陨石事件造成的,大陨石冲撞使地表及陨石的碎裂物很快熔融、迅速冷却结晶而成。玻璃陨石有球状、哑铃状、液滴状、纽扣状和不规则的块体,易碎,破裂后多具贝壳状断口。大陆上发现的玻璃陨石的大小,从几毫米至十几厘米不等,反射光下发暗,但薄的边缘透亮,并具有不同的颜色,从黄色到绿色,从橄榄褐色到暗褐色。相对密度一般为2.3~2.6,折光率为1.48~1.62。其组成,同一区域比较一致,不同区域差异很大。但SiO_2含量都很高,实际上是100%的玻璃。微玻璃陨石只在海洋沉积物中有发现。其大小都在几毫米以下,与附近大陆上的玻璃陨石具有同样的年龄、组成和形状。

玻璃陨石内常含有气泡空腔,大小由几微米至几毫米,个别可达几厘米。还含有焦石英、柯石英、斜锆石和陨石中常见的铁镍金属等物质。

玻璃陨石是怎么来的

玻璃陨石的形成与来源,一直受到有关专家的关注,它涉及陨石学、地质学、天文学、空气动力学、天体物理学等学科。按现有资料的说法,玻璃陨石分布具有区域性,每个区域内的玻璃陨石,代表一次陨石事件的产物。刚开始,它是一块巨大的陨石,在太空飞行过程撞击了一大天体,该天体很可能是月球,因为月球引力小,撞击后陨石碎块只要有每秒2.4千米的初速度就可以飞离开月球,粉碎性撞击后分解成许多碎块,陨石碎块表面高温熔融了被撞天体上的岩土,溅射离开被撞天体,翻转着进入太空,后形成相对稳定飞行方向,接近地球大气层时,被地球引力捕获,陨石碎块经过漫长的继续飞行陨落到地球,这就是玻璃陨石。

铁陨石由哪些元素组成

铁陨石数量约占陨石总量的6%,主要由铁和镍组成,此外,还有钴、磷、硅、硫、铜等元素,在地球上还没有见到与铁陨石相应的物质。铁陨石的密度比较大,为 $8\sim8.5$ 克/米^3。

铁陨石

根据成分和结构特征的差异,铁陨石可以细分为方陨铁、八面石、贫镍角砾斑杂岩和富镍角砾斑杂岩 4 种类型。它们在成分上是过渡的,可以由同一种铁—镍熔体缓慢冷却而逐渐形成。它们在结构上也有不同,比如方陨铁在光面上具有平行条纹,也叫牛曼条纹;而八面石的光面上是交错条纹,也叫韦氏条纹。

石铁陨石在陨石中数量最少,约占 2%,为铁、镍金属和硅酸盐的混合物,是铁陨石和石陨石之间的过渡类型。

我国最大的陨铁在哪里

我国最大的铁陨石质量约 30 吨,长 2.42 米,最宽处 1.9 米,高 1.37 米,属世界第三大陨铁,目前陈列在乌鲁木齐地质博物馆的广场上。该陨铁 1898 年发现于新疆青河县,什么时候陨落不可考。1965 年自治区政府将其移运到乌鲁木齐,据说移运工程之艰巨浩大,在新疆史无前例。

石陨石由哪些元素组成

石陨石由硅酸盐矿物如橄榄石、辉石和少量斜长石组成,也含有少量金属铁微粒,有时可达 20 个以上。密度为 $3\sim3.5$ 克/厘米^3。吉林陨石表面,有黑色、黑棕色熔壳和大小不等气印。化学组成成分为 SiO_2 占 37.2%,MgO_2 占 3.19%,Fe 占 28.43%。主要矿物有贵橄榄石、古铜辉石、铁纹石和陨硫铁;次要矿物有单斜辉石、斜长石等。

石陨石根据起内部是否含有球粒结构又可分为两类:球粒陨石、不含球粒陨石。球粒陨石根据化学—岩石学分类被分为:E、H、L、LL、C 五个化学群类。E 群中铁镍金属含量最高,形成在一个极端还原的环境中,其橄榄石和辉石中几乎不含氧化铁;C 群中的铁镍金属含量最低(或不含铁镍金属成分),形成在一个相当氧化的环境中,其橄榄石和辉石中的氧化铁含量比值最高;H、L、LL 群的形成环境介于 E 群和 C 群之间,其特点也介于 E 群和 C 群之间。无球粒陨石根据其氧化钙含量的高低分为:贫钙无球粒陨石、富钙无球粒陨石两个大类。贫钙无球粒陨石中的氧化钙含量小于等于 3%;富钙无球粒陨石中氧化钙含量大于等于 5%。

陨冰从哪里来

坠落到地球上的陨石已使科学家非常惊奇,但更使科学家困惑不解的是地球上出现了陨冰。1990 年 3 月 31 日上午 9 时 53 分,中国江苏锡山市鸿升香璞家里村的三个农民正站在一起聊天,忽然听到啪的一声,前面突然出现了一大堆冰,其中最大的一块竟有 40 厘米长。这些冰块有浅绿的光泽,质地细密,在阳光下成半透明状。事后,有关部门做了调查分析,确认这些冰是从天上掉下来的陨冰。天文学家认为陨冰极有可能来自地球以外的太空。它应该是彗星的彗核部分的碎块。但是,这种陨冰在很短时间内在一个地区降落多次是非常少见的。甚至有人认为,地球上的水主要就是由这些陨冰带来的。

致命的灾难能导致物种的灭绝吗

巨大的陨星能以许多方式导致物种的灭绝。如果它落入海洋,会导致海啸,巨大的潮汐海浪高达 100 米。一些研究表明海洋冲积层与在此时的巨浪的通过是一致的。

撞击同样能把大量的物质抛送入大气层。这会阻拦太阳的光线,有碍植物的生长,进而影响以植物为生的动物,科学家知道那时有 70% 的生物绝种。白垩纪和第三纪交界时期同样发现了大范围的煤灰化石,有强烈冲击特征的矿物颗粒以及熔融岩石的小球体。

巨大的陨石可以造出 40 千米深的陨石坑,这个深度足以穿透海洋或大陆的地壳层,导致大量的火山喷发。不论是加拿大的萨德伯里陨石坑,还是南非的费里德堡陨石坑,有证据表明都曾引起火山喷发。大规模的火山活动能直接导致许多物种的灭绝。大范围的火山喷发会增加大气层中的灰尘,首先使一段时期的气候持续变冷,然后逐渐导致相应的全球破坏性气候变暖,最后是致命的酸雨。

恐龙灭绝与陨石有关吗

我们知道,恐龙是古代一种大型爬行动物,如果中生代末期它们不灭绝,那么处于蒙昧时代的古猿至少没有机会变成现在的人。那么恐龙是怎样被灭绝的呢?科学家们发现,在白垩纪—第三纪沉积层堆积着一层厚几十厘米的白色粉末,那是地球上极为罕见的氨基酸。因此,有科学家推断:6500万年前一颗直径约10千米的陨石与地球相撞,撞击后的巨大爆炸使大多数恐龙立刻死去,爆炸后的粉末笼罩在大地上空,数年之久,气温骤变,致使恐龙无一幸存,而恐龙的灭绝却给其他新生动物带来了生机,比如哺乳动物的兴盛,古猿也被迫走出森林。这种推断尚未被证实,恐龙灭绝的原因也尚无定论。

一天的时间会超过24小时吗

一天的时间是24小时,这是每一个人都知道的常识。但星,这一情况却很有可能会在未来发生改变。美国国家航空局研究表明,现在地球的白天时间比原来平均延长了1/1400秒,1昼夜平均长了约1/700秒。照这样计算,每年大约要比原来延长半秒钟。再过120年,每天便会长1分钟。如此延长下去,若干世纪后,1天便要超过24小时。

为什么1昼夜的时间会越来越长呢?科学家们经研究后认为,这是由于地球自转速度变慢导致的。经计算表明,5亿年前至3亿年前,地球自转速度迅速减慢。2亿年前至今,每隔5万年,地球自转速度减慢1秒钟,到现在成了1天24时。

有些学者认为,5亿年前至3亿年前,地球的大陆是沿赤道方向排列的,涨潮产生的摩擦力较大,因而地球自转减慢得较迅速;2亿年前以后,大陆按照南北方向排列,使涨潮产生的摩擦力相对减小,地球自转速度就自然变缓了。

地球为什么会有白天和黑夜

地球是一个很大的圆球,它自己不会发光,地球上之所以有白天和黑夜的区别,都是由于地球自转的缘故。太阳离我们地球很远,对于地球来说,它是固定不动的。地球不停地从西向东旋转,一天转一圈,所以地球总是一半向着太阳,一半背着太阳。向着太阳的半边接收到太阳光,就是白天,背着太阳的半边就是黑夜。地球自转一圈就有一次白天、黑夜的变化,地球总是不停地转着,白天和黑夜总是不断地、有规律地变换着。

地球在空中为什么不会掉下来

英国物理学家牛顿发现,一切物体相互间都有吸引力。一个物体的质量越大,对别的物体的吸力越大。据调查,太阳的质量约是地球的 33 万倍,所以太阳对地球拥有强大的吸引力。那么,为什么地球又不会掉到太阳上去呢? 地球是绕着太阳做圆周运动的,而且地球的圆周运动速度非常快,达 30 千米/秒。因为一切做圆周运动的物体,都有一股惯性离心力。而地球运动所产生的离心力与太阳对地球的引力保持平衡,所以地球不会掉向太阳。

卫星

卫星是围绕行星运行的天体,月亮就是地球的卫星。卫星反射太阳光,但除了月球以外,其他卫星的反射光都非常微弱。卫星在大小和质量方面相差悬殊,它们的运动特性也很不一致。太阳系中,除了水星和金星以外,其他的行星各自都有数目不等的卫星。

月球探索

月球有哪些别称

月球在我国古代诗文中有许多有趣的美称:玉兔(著意登楼瞻玉兔,何人张幕遮银阙——辛弃疾);夜光(夜光何德,死则又育——屈原);素娥(素娥即月亮之别称——《幼学琼林》);冰轮(玉钩定谁挂,冰轮了无辙——陆游);玉轮(玉轮轧露湿团光,鸾佩相逢桂香陌——李贺);玉蟾(凉宵烟霭外,三五玉蟾秋——方干);桂魄(桂魄飞来光射处,冷浸一天秋碧——苏轼);蟾蜍(闽国扬帆去,蟾蜍亏复团——贾岛);顾菟(阳乌未出谷,顾菟半藏身——李白);婵娟(但愿人长久,千里共婵娟——苏轼)。此外,月球还有许多别致的雅号,如玉弓、玉桂、玉盘、玉钩、玉镜、冰镜、广寒宫、嫦娥等。

月球上是什么样子

从地球上看月亮,我们都会觉得月亮是一个美丽的天体。神话中的月宫、桂树、吴刚、嫦娥仙子和玉兔也给月亮抹上一笔浪漫的色彩。但是,如果人们有机会登上月球,就会发现全不是那么回事。在月球上肉眼所能见到的范围内,都是大小不同的环形山和沙漠,月球的表面都是沙子和岩石,没有动物,也没有水和空气,完全是一片荒凉死寂的世界。这里即便是岩石掉落也没有声音,并且是轻轻地落下来。

像地球一样,月球也是南北极稍扁,赤道稍隆起的扁球。它的平均极半径比赤道半径短 500 米,南北极也不对称,北极区隆起,南极区凹陷约 400 米。

月球是从地球上分裂出去的吗

分裂说,是最早解释月球起源的一种假设。早在 1898 年,著名生物学家达尔文的儿子乔治·达尔文就在《太阳系中的潮汐和类似效应》一文中指出,月球本来是地球的一部分,后来由于地球转速太快,把地球上一部分物质抛了出去,这些物质脱离地球后形成了月球,而遗留在地球上的大坑,就是现在的太平洋。

这一观点很快就被一些人所反对。他们认为,以地球的自转速度是无法将那样大的一块东西抛出去的。再说,如果月球是地球抛出去的,那么二者的物质成分就应该是一致的。可是,通过对阿波罗 12 号宇宙飞船从月球上带回来的岩石样本进行化验分析,发现二者相差非常远。

月球是外星碰撞地球的产物吗

碰撞说认为,约 45 亿年前,一个比火星更大的行星,名叫塞亚,以 4000 千米/小时的飞行速度猛然撞击早期的地球,力度如此之大,以致这个行星的铁质核一直撞到了我们地球的中心。碰撞结果是产生巨大爆炸,伴随有 6000 摄氏度以上的高温。地球在爆炸的冲击下变了形,这个采取"自杀行为"的巨大天体的大部分与地球融合,只有一部分作为炽热的蒸汽与其他碎片一道汹涌地喷射入外层空间,后来这些蒸汽冷却下来并凝固成尘埃,尘埃与其他碎片混杂在一起形成了一个核,这个核后来凝聚成团,我们的邻居——月球从此诞生了。但这种理论尚未被证实。

月球是地球的"小弟弟"吗

一种月球起源理论认为,地球和月球都是太阳系中浮动的星云,经过旋转和吸积,同时形成星体。在吸积过程中,地球比月球相应要快一点,成为"哥哥"。这一假设也受到了客观存在的挑战。通过对阿波罗 12 号飞船从月球上带回来的岩石样本进行化验分析,人们发现月球要比地球古老得多。有人认为,月球年龄至少应在 70 亿年。

月球是被地球"俘虏"过来的吗

1986 年,科学家提出了大碰撞假设,认为太阳系演化早期,在星际空间曾形成大量的星子,星子通过互相碰撞、吸积而长大。星子合并形成原始的地球,同时也形成了一个相当于地球质量 0.14 倍的天体。这两个天体在各自演化过程中,分别形成了以铁为主的金属核和由硅酸盐构成的幔和壳。

　　由于这两个天体相距不远,因此相遇的机会就很大。一次偶然的机会,那个小的天体以5千米/秒左右的速度撞向地球。剧烈的碰撞不仅改变了地球的运动状态,使地轴倾斜,而且还使那个小的天体被撞击破裂,硅酸盐壳和幔受热蒸发,膨胀的气体以极大的速度携带大量粉碎了的尘埃飞离地球。这些飞离地球的物质,主要由碰撞体的幔组成,也有少部分地球上的物质,比例约为0.85∶0.15。在撞击体破裂时,与幔分离的金属核,因受膨胀飞离的气体所阻而减速,大约在4小时内被吸积到地球上。飞离地球的气体和尘埃,并没有完全脱离地球的引力控制,它们通过相互吸积而结合起来,形成全部熔融的月球,或者是先形成几个分离的小月球,在逐渐吸积形成一个部分熔融的大月球。

月球离地球越来越远吗

　　月球现在距离地球大约60倍地球半径。但是,一方面由于潮汐力的影响,月球正以每年约3厘米的速度慢慢离地球远去;另一方面,地球的自转速度也逐渐变慢。也就是说,以前月球比现在更靠近地球,而地球的自转速度比现在更快。证据就在科学家发现的二枚贝化石上。二枚贝的生长速度会随着潮汐的涨落而变化,一边生长一边形成树木年轮一样的条纹,条纹数量和宽度依潮湿的大小而异。根据这些条纹数量和宽度,科学家发现,大约5亿年前,地球一天只有21小时,1年有410天。

月球的自传和公转周期是怎样的

　　月球以1.02千米/秒的速度围绕地球在一个椭圆形的轨道上公转,月球离地球最近时约36.33万公里,最远时约40.55万千米。它公转一周的时间是27天7小时43分11.5秒,为一个恒星月。

　　月球的自转方向与公转相同,都是自西向东。由于自转周期恰好和月球绕地球转动的周期相等,所以月球总以相同的面向着地球。直到行星探测器上天,人们才看到月球的背面。

月球也绕着太阳运转吗

　　月球在绕地球运动的过程中,还要跟着地球一起绕太阳运动。这就是说,月球绕地球运动一周后,再回到的空间位置已不是原出发点了。由此可见,月球在运动过程中还要参与多种系统的运动。和其他天体一样,月球也处于永恒的运动之中。

什么是天秤动现象

天秤动一般指月球相对于地球的视运动。由于观察时在选择一个点来平衡与对比晃动的尺度,所以天秤动现象会随平衡点的选择不同而表现不同。

月球围绕地球的轨道为同步轨道,所谓的同步自转并不严格。由于月球轨道为椭圆形,当月球处于近日点时,它的自转速度便追不上公转速度,因此我们可见月球东部达其东经98度的地区;相反,当月球处于远日点时,自转速度比公转速度快,因此我们可见月球西部达其西经98度的地区。这种现象称为天秤动。

又由于月球轨道倾斜于地球赤道,因此月球在星空中移动时,极区会做约7度的晃动,这种现象也称为天秤动。

再者,由于月球距离地球只有60倍地球半径之遥,若观测者从月出观测至月落,观测点便有了一个地球直径的位移,可多见月球经度1度的地区。这种现象也称为天秤动。

月亮为什么会跟着人走

当我们坐在火车或汽车里,从车窗往外看,会觉得路边的树、电线杆、房屋建筑物等东西好像都往后跑一样。离车窗近一点的东西跑得最快,稍微远一点的东西感觉,跑得慢一些,离车很远的高山、大树等东西又好像跟着车走一样。我们走路的时候,离我们很近的东西很快被甩到背后去,看不见了。那些很远很远的东西,走了老半天也仍旧看得见,看上去就像在跟着我们走一样。月亮跟着人走的道理同此。

月亮是高高地挂在天上的,它离地面很远很远,没有什么东西挡住它。所以,不管是谁,不管走到哪,总能看见月亮。这样,我们就会觉得月亮在跟着人走。

月相变化

随着月球每天在星空中自西向东移动一大段距离,它的形状也在不断地变化着,这就是月球位相变化,叫作月相变化。由于月球本身不发光,在太阳光照射下,向着太阳的半个球面是亮区,另半个球面是暗区。随着月球相对于地球和太阳的位置变化,就使它被太阳照亮的一面有时朝向地球,有时背向地球;有时朝向地球的月亮部分大一些,有时小一些,这样就出现了不同的月相。

月相周而复始地变化着。如果用月相变化的周期(即一次月相变化的全部过程)来计算,从新月到下一个新月,或从满月到下一个满月,就是一个"朔望月",时间间隔约29.53天。中国农历的一个月长度,就是根据"朔望月"确定的。

月相分哪些种类

月相是根据日月黄经差(指月球相对于太阳的位置)度数来算的,共划分为以下八种。

(1)新月(农历初一日,即朔日):0度。

(2)上娥眉月(一般为农历的初二夜左右~初七日左右):0~90度。

(3)上弦月(农历初八日左右):90度。

(4)凸月(农历初九日左右~农历十四日左右):90~180度。

(5)满月(望月,农历十五日左右):180度。

(6)残月(农历十六日左右~农历二十三日左右):180~270度。

(7)下弦月(农历二十三日左右):270度。

(8)下娥眉月(农历二十四日左右~月末):270~360度。

另外,农历月最后一天称为晦日,即不见月亮。

以上有四种是主要月相:新月(农历初一日),上弦月(农历初八日左右),满月(农历十五日左右),下弦月(农历二十三日左右)。它们都有明确的发生时刻,这些时刻是经过精密的轨道计算得出的。

怎样识别月相

假设满月是一个圆形,那么无论月相如何变化,它的上下两个顶点的连线都一定是这个圆形的直径(月食的时候月相是不规则的)。当我们看到的月相外边缘是接近C字母形状时,那么这时的月相则是农历十五日以前的月相;相反,当我们看到的月相外边缘是接近反C字母形状时,那么这时的月相则是农历十五日以后的月相。

月球号探测器实现了哪些"第一"

从 1958 年至 1976 年,苏联发射了 24 个月球号探测器,其中 18 个完成探测月球的任务。1959 年 9 月 12 日发射的月球 2 号,两天后飞抵月球,在月球表面的澄海硬着陆,成为到达月球的第一位使者,首次实现了从地球到另一个天体的飞行。它的科学仪器舱所载的无线电通信装置,在撞击月球后便停止了工作。

世界上率先在月球软着陆的探测器,是 1966 年 1 月 31 日发射的月球 9 号,它经过 79 小时的长途飞行之后,在月球的风暴洋附近软着陆,用摄像机拍摄了月面照片。1970 年 9 月 12 日发射的月球 16 号,于 9 月 20 日在月面丰富海软着陆,第一次使用钻头采集了 120 克月球岩石样品,装入回收舱的密封容器里,于 24 日带回地球。1970 年 11 月 10 日,月球 17 号载着世界上第一辆自动月球车上天,17 日在月面雨海着陆后,月球车在月面进行了 10 个半月的科学考察。

人类是什么时候登上月球的

月球离我们地球有 38.4 万千米远,假如乘喷气式飞机,从地球飞到月球要 18 天才能到达。不过,喷气式飞机是离不开地球的。

几十年来,科学家们一直用宇宙飞船把宇航员送上了月球,去探索月球上的秘密。人类第一次登上月球是美国的两个宇航员。1969 年 7 月 20 日,美国阿波罗 11 号宇宙飞船把第一批宇航员送上了月球,使月球成为人类亲临考察的第一个天体;7 月 21 日格林尼治时间 4 时 7 分,宇航员阿姆斯特朗从登月舱中走出来,在月面上迈出了具有历史意义的第一步。由于月球地质活动很弱,据美国科学家估计,如果不受陨星的撞击,那些人类的脚印将留存 100 万年之久。

谁是第一个登上月球的地球人

人类登临的第一个天体是月球,飞向月球并登月成功的第一艘宇宙飞船是阿波罗 11 号。登上月面的第一批宇航员,是阿波罗 11 号 3 人乘务组中的 2 人,他们是指令长阿姆斯特朗和奥尔德林,第一个把脚踩在月面上的是阿姆斯特朗。

登月舱在月面停稳之后，阿姆斯特朗先是小心翼翼地爬过通向舱外的狭窄隧道。在5米高的隧道口小平台上，为了稳定一下情绪，他待了几分钟，随后转过身来顺着扶梯往下走，为了适应谁都没有体验过的月亮引力，他用了"漫长"的3分钟走完了9级扶梯。阿姆斯特朗先是疑虑重重地把左脚伸向月面，接着鼓足勇气把右脚也踏上。他站在月面上说了一句很有深度的话："一个人的一小步，却是人类的一大步。"

人类的第一次登月飞行，来回总共花了约8天零3小时。两位宇航员在月面上停留了21个多小时，其中在舱外的活动时间不到2小时30分。他们在月面上进行了预定的科学实验，设置了一些测试仪器，最后从月球带回23千克的岩石和土壤标本。

登月宇航员的脚掌和鞋子为什么要进行特殊处理

月球上的土壤到底是什么性质的？对于这个问题，宇宙飞船在月面上着陆之前，科学家们对此一直不那么清楚。如果是很厚又很酥松的尘土之类的物质，使得宇宙飞船到达月球表面后，不仅站立不稳而且还会倾斜，甚至翻倒，那可如何是好呢？如果宇航员站到月面上之后，顷刻间被埋了进去而遭到灭顶之灾，那怎么办呢？为此，科学家们对准备在月面上着陆的登月舱的支撑脚掌，以及宇航员的鞋子等，都做了特殊的考虑。尽管如此，宇航员在踏上月面的瞬间，既提心吊胆，又十分谨慎。第一批宇航员登月之后，这个问题就迎刃而解了。

宇航员登上月球后发现，月面上覆盖着的是一层多孔的火山灰性质的土壤，有的地方只有30多厘米厚，有的地方却有好几米厚，甚至再厚些。登月舱脚掌只陷下去了3厘米左右，就连高达7米、总重量为14.7吨的登月舱也站得很稳。阿姆斯特朗比较形象地说了这个问题："月面是松软粉状的东西，我可以用鞋尖很容易把它踢松。我的靴子上只粘了薄薄的一层……我只陷进去了几毫米，也许是5毫米吧，我能看见自己的脚印，以及刻在细沙般月面上的鞋跟图案。"

宇航员在月球上做了些什么

宇航员在月球上设置了众多设备和仪器，包括自动月震仪、测试太阳风的仪器、激光反射器，以及核动力科学实验站等。从"阿波罗"15号开始，宇航员们曾先后使用了三辆月球车，这样，他们的活动范围得到了扩大，可以在月面上走得更远，收集到更多和更有代表性的月球岩石和土壤标本，而劳动强度大大减轻。

宇航员们在月球上进行了大量的科学实验。譬如：月面引力实验，大气成分和密度等实验，微陨石实验，月球磁场的测量和实验，月震方面的实验，电离层实验等。这些实验主要涉及以下三个方面。

（1）月面学方面，通过地形描述、绘制月面图以及拍摄月面照片，来研究月球表面特征。

（2）月球测量学方面，包括月球自转的研究，月球表面特征位置的测量，以及它们的大小、高度、倾斜角和其他需要测量的项目。

（3）月成学方面，是关于月球的形成和起源，以及它后来的演变和发展等。

宇航员在月球上看见了什么

月球又称"月亮"。在望远镜发明之前，古代的人们只能在晴朗的夜晚，用眼睛仰望皎洁的明月。看到月亮表面有明有暗，形状奇特，于是人们就编出如嫦娥奔月、吴刚伐桂、玉兔捣药等美丽神话。古希腊人则把月球看作美丽的狩猎女神阿尔忒弥斯，并且把女神狩猎时从不离身的银弓作为月球的天文符号。

然而，据首次登月的宇航员回忆，登上月球后，他们第一眼看到的是十分奇异的景象。在地球上，人们看到的天空是蓝色的，白云在空中飘浮，金色的阳光照耀着大地。可是，在月球上，看到的天空是黑洞洞的，月球的"地面"上却洒满了灿烂的阳光；天空中的星星分外明亮，似乎直瞪瞪地盯着你；月球的一边高悬着一个大蓝球——地球。月球上只有岩石、环形的高山和尘土，处处是一片荒凉，静得出奇。

月球上基本没有水，由于没有空气，也就没有声音的传播，到处是一片寂静的世界。

建立月球基地需要解决哪些问题

建立月球基地首先要解决的问题是必不可少的淡水和氧气。如果月球上既没有水又没有空气该怎么办呢？科学家发现月球的沙土含有很多的氧，他们便提出了用月球沙土制造淡水和氧气的设想。这一设想是先用铲车自动挖掘月面的沙土，从中选出含氧的铁矿物，然后用氢使含氧铁矿物还原，便可制得淡水了。有了水，通电使水电解，得到的是氧气和氢气。氧气经液化贮存，随时可向基地居民供应。据估计，190吨月球沙土含有15~16吨含氧铁矿物，可制得1吨氧气。而1年只需要生产1吨氧便可维持月球上10人生存的需要。

其次，食物从哪里来呢？近几年来，科学家在太空站上进行了大量的生物实验，先后培育出了100多种"太空植物"，其中包括小麦、玉米、燕麦、大豆等。而且证明在太空失重条件下，在月球土壤中植物种子发芽率更高，生长更快，开花或抽穗时间更早。科学家还对一些动物进行了试验，证明失重状态不会影响新生命的诞生。因而只要在月球上建立起月球农业和养殖业基地，月球上的人的食物来源是有充分保障的。

第三是月球基地的能源供应。这个更不成问题。因为月球上无风无雨，晴朗无阴，终日有阳光照射，而且没有大气吸收，太阳的辐射强度大约是地球上的1.5倍。因此，月球上完全可以利用太阳能来照明、供热、采暖、发电。当然，必要时还可以在月球上建立核电站，以保证基地能源的充足供应。

月球车

在月球表面行驶并对月球考察和收集分析样品的专用车辆，叫月球车。月球车分为无人驾驶月球车和有人驾驶月球车。无人驾驶月球车由轮式基盘和仪器舱组成，用太阳电池和蓄电池联合供电无人驾驶。无人驾驶月球车根据地球上的遥控指令，在高低不平的月面上行驶。有人驾驶月球车，由宇航员驾驶在月面上行走，主要用于扩大宇航员的活动范围。

月球上有海吗

月海，并不是真的海。月海这个名称最早是意大利科学家伽利略在17世纪初提出来的。由于他用的望远镜很简陋，倍率不大，于是误以为月面上那些看起来比较暗的地方就像是地球上的海，便称它们为月海，就这么叫开来了。事实上，所谓的月海连一滴水也没有，那里只是一些平坦广阔的平原，是月面上低凹的区域。这些平原上面堆积着厚度不匀的疏松尘土。由于这些尘土反射太阳光的本领比质地紧密的山脉要差得多，在人们的视觉中就显得比较阴暗。

现在已知整个月球表面著名的月海有风暴洋、雨海、静海、危海、澄海、丰富海等22个。其中向着地球这面有19个，背着地球那面有3个。在月球向着地球的一面，月海面积占整个半球的一半。最大的月海叫风暴洋，位于月球的东北部，面积达500万平方千米，约为我国面积的一半。雨海面积约为90万平方千米，月面中央的静海约有26万平方千米。月海四周是山脉，大多呈封闭的圆形。

月球上有湖和湾吗

除了海以外，月球上还有5个地形与之类似的湖——梦湖、死湖、夏湖、秋湖、春湖。但有的湖比海还大，比如梦湖面积7万平方千米，比汽海等还大得多。

月海伸向陆地的部分称为湾和沼，都分布在月面的正面。湾有5个，分别是露湾、暑湾、中央湾、虹湾、眉月湾；沼有腐沼、疫沼、梦沼3个。其实沼和湾没什么区别，只是名称不同而已。

月球的石块和尘土有哪些未解之谜

科学家们把宇航员从月球上带回来的石块和尘土进行了各种化验，化验结果表明，还有许多奥秘等待人类去探索。

一是显微镜下的月球石块，在坑坑洼洼的石面上布满了一层玻璃质的东西，还在闪闪发光。而月球尘土经化验，科学家们惊奇地发现，它竟有一半是有棱有角的玻璃粉。月球上的玻璃质为什么这么多呢？真是个难解的谜！

二是从月球取回的样品中，还发现了一些铁质颗粒。奇怪的是，带回来放了那么久的铁质颗粒一直未生锈，拿去做生锈实验，也还是不生锈。这又是一个谜。

三是科学家们把从月球上带回来的尘土撒到地球的细菌上，试试月球的尘土能不能像地球尘土那样成为细菌的温床。结果呢，细菌一下子都死了。难道月球上的尘土能杀死细菌？怎么会有这种特殊的杀菌能力呢？又是一个谜！

四是科学家们还用植物做试验，把玉米种在月球尘土里，它的生长和在地球土壤里的生长没有明显的不同。水藻在月球尘土里长得特别鲜嫩青绿。这是什么原因呢？又是一个谜！

五是月球中有玄武岩，玄武岩是火山爆发而形成的岩石，这证明月球早先有过火山活动。分析这些岩石，估计出它们的年龄已有46亿岁了。但是，在地球上，只有在格陵兰最偏僻的地方才能找到有40多亿年的石块。难道月球的年龄比地球的年龄大吗？又是一个谜！

月球有多大、多重、多远、多亮

月球基本上是个圆球体,平均直径约为 3476 千米。地球直径是月球直径的 3.6 倍。月球的表面积有 3800 万平方千米,大约是中国陆地面积的 4 倍,还不如我们亚洲的面积大。月球的体积仅为地球的 1/49。

月球的质量约 $7.35×10^{22}$ 千克,相当于地球的 1/81。由于质量小,产生的引力就小,月球的表面重力只有地球的 1/6。

月球绕着地球公转,有时近有时远。最近时约 36 万千米,最远时约 40 万千米,平均距离约为 38 万千米,相当于地球赤道的 10 倍。

月球本身并不发光,只是因为表面反射太阳光而发亮。从天文学角度来说,月球的反照率只有 0.07,换句话说,它只反射了照射到它上面的太阳光的 7%,其余 93% 都被月球表面吸收了。与太阳亮度相比,月球的平均亮度只有太阳的 1/465000。

月球的自然特征是什么

月球的自然特征主要有以下 5 方面。

(1)有环形山。月球上有无数个圆形的山,好像一个个大坑,人们推测这是月球形成不久时天体撞击的结果。

(2)月球没有大气层。因为月球的引力很小,所以大气都逃散到太空中去了。

(3)月球的引力只有地球的 1/6。因为月球的质量小,所以导致引力也小。

(4)月球的一面永远对着地球,另一面永远背着地球。月球自转同时围绕着地球公转,且转动周期相同,所以有这个结果。

(5)月球不会发光,它只是反射太阳光。

月球上有哪些主要的环形山

在雨海的西北边,定神搜寻一下,你会看到形如彩虹的一处地形,就好像地球上的港湾一样,这就是月球上很有点名气的虹湾。虹湾的直径达 260 千米,即使与地球上的大港湾相比,也毫不逊色。

在虹湾的东北方向，可以看到一个形状比较完整的环形山，名字叫柏拉图环形山。这个直径上百千米的大环形山的底部相当平坦、光滑，是一个很好的目视观测目标。环形山底部还有几个直径只有一二千米的小环形山。如果你以后有机会用望远镜观测月面时，不要忘记欣赏这里的月面风光呀！

月球上最大的环形山是加加林环形山，它的直径有 280 千米。

不用望远镜就能看到的三个主要环形山，是分别用丹麦、波兰和德国的三位天文学家的名字命名的，他们是第谷、哥白尼和开普勒。有意思的是，这三个著名的环形山都有所谓的辐射纹系统，即以环形山为中心向四周散射开去的明亮光带。辐射纹是月亮表面的特征物之一。

月背环形山以哪些中国科学家的名字命名

月背环形山也都以科学家的名字命名，其中有我国的石申、张衡、祖冲之、郭守敬和万户等。

石申（约公元前 400 年）是战国中期的天文学家，张衡（78~139 年）是东汉时期伟大的天文学家、文学家，祖冲之（429~500 年）是南北朝时期杰出的数学家和天文学家，郭守敬（1231~1316 年）是元代天文学家、水利专家和仪器制造家。

张衡

万户环形山的万户，实际上并非人名，而是从金代就开始有的一种军职的名称。根据历史记载，有那么一位万户，很醉心于将人送上天去，他大胆地进行了试验，把类似于今天爆竹那样的古代"火箭"捆绑在坐椅上，让手下的人把"火箭"点燃，企图用这样的方法把自己送上太空。其结果不言而喻。以万户的名字来命名环形山，是为了纪念这位太空飞行的先驱者。

月球上的环形山是怎样形成的

对于月球上环形山的形成原因，现在有两种解释：一种是，环形山由于陨星撞击月球表面而形成的；另一种是，月球上曾发生过猛烈的火山爆发，环形山就是喷射出来的物质凝结而成的。现在看来，月亮上的大环形山，也许主要是由于火山活动而形成的；而那些

月球上的环形山

小环形山,可能是由于陨星撞击而成的。月亮上有许多环形山。在我们能观测到的半球上,直径在 1 千米以上的环形山有 30 万座以上,最大的叫贝利的环形山直径有 395 千米。

月面上的辐射纹是怎样形成的

月面上还有一个主要特征,是一些较"年轻"的环形山常带有美丽的辐射纹,这是一种以环形山为辐射点的向四面八方延伸的亮带,它几乎以笔直的方向穿过山系、月海和环形山。辐射文长度和亮度不一,最引人注目的是第谷环形山的辐射纹,最长的一条长1800 千米,满月时尤为壮观。其次,哥白尼和开普勒两个环形山也有相当美丽的辐射纹。据统计,具有辐射纹的环形山有 50 个。

形成辐射纹的原因至今未有定论。实质上,它与环形山的形成理论密切相关。现在许多人都倾向于陨星撞击说,认为在没有大气和引力很小的月球上,陨星撞击可能使高温碎块飞得很远。而另外一些科学家认为不能排除火山的作用,火山爆发时的喷射也有可能形成四处飞散的辐射形状。

月球白道

月球绕地球公转的轨道在天球上的投影叫白道,它是天球上的一个大圆,也是月球中心在天球上运行的视轨道。白道与黄道之间的交角叫作黄白交角,平均值约为5°9′。因此,我们见到月球总是在黄道附近的星座中徘徊。正因为有黄白交角的存在,所以并不是每个望日都会发生月食,而只有当月球运行到黄白交点附近时,才可能发生月食。

如何用肉眼观察月球上的海

选择月亮看起来比较圆的那几天进行肉眼观察,效果会更好些。先粗略地扫视一遍整个月面,你马上就会看出,月面上有些地方要比周围地区略为暗些,它们就是被称为月海的地方。月面上已经命名的海有22个,除个别的以外,绝大多数都在我们能常看到的半个月球面上。其中特别明显的有10个,分别是危海、丰富海、静海、澄海、酒海、冷海、雨海、风暴洋、湿海、云海。稍仔细一些,你就会进一步看到,这10个月海中的前5个,都是在月面的东半部,每逢呈半圆形状的上弦月出现在天空时,这5个月海都可以清晰地看到。那后面的4个月海都是在月面的西半部,也就是说,当半圆形状的下弦月高挂在天空时,这4个月海都可以看到。冷海跨在月面的东、西两个半球面上,上弦或下弦时各能看到它的一半左右,要想看得更完整一些,就要在月圆前后那几天去观察它。

星星大还是月亮大

为了回答这个问题,我们先来做个小实验:拿一个大气球和一个苹果,放在一起。你看,哪个大?当然是气球大啦。好,现在,咱们把苹果放在眼前,把气球放在很远很远的地方。你再看看。咦,怎么气球变小了?原来,远处的东西看起来就小。你看,远处的汽车、房屋不是都显得很小吗?

天空中,那些向我们眨眼睛的星星,实际上都比月亮大得多。可是因为它们离我们很远很远,所以看起来,星星小,月亮大。

月球为什么会放出神奇的光

　　早在 50 万年前就已停止了全面地质活动的月球,似乎并不甘寂寞,它不时地以其特有的辉光唤起人们的关注。

　　1783 年,威廉·赫歇尔首先以其自制的 22 厘米望远镜观测到阿里斯托克环形山附近阴暗地区的红色闪光。1958 年 11 月 3 日,苏联科学家还拍下了阿尔芬斯环形山中央峰上一次长达 30 分钟的粉红色喷发型闪光的光谱图。1969 年 7 月 20 日,首先登月的阿姆斯特朗在着陆前夕,曾看到阿里斯托克环形山发出的淡淡荧光。类似发光现象有记载的就有 1400 多起。

　　月面辉光现象大多发生在月球过近地点前后,此时月壳由于受到最强的地球潮汐作用而处于月震频发期。月震使密封于月球表面下的气体得以从裂缝和断层中逸出,进而吹扬起月尘,引发了辉光。另外,月面闪光多发于月球上受太阳照射的明暗交界线上,此处温差变化大,导致月岩破裂并放出电子,与月岩中的气体发生作用而放出辉光。

月球南极表面有什么特点

　　美国天文学家发现,太阳系中最冷的地方并非冥王星,而是在距地球约 38 万千米的月球南极,其气温只有 -240 摄氏度。这比在冥王星上发现的最低温还低大约一度。

　　初步观测表明,月球南极永久阴影区及附近地区可能蕴藏着水冰或氢,但还需进一步观测加以确认。天文学家指出,月球南极处在一个大坑洞内,因为被遮住,永远照不到太阳,因此气温十分低,其永久阴影区的温度约为 -240 摄氏度,足以将潜在的水冰或者氢封存数十亿年。

　　美国国家航空航天局对月球南极非常感兴趣,认为其永久阴影区下面可能存在水冰或者氢资源。如果数量足以开采,今后美国航天员登月后便可就地取材,不必专门从地球运水。

月球火山的特点

　　地球火山多呈链状分布。例如安第斯山脉,火山链勾勒出一个岩石圈板块的边缘。

夏威夷岛上的山脉链,则显示板块活动的热区。

月球上没有板块构造的迹象。典型的月球火山多出现在巨大古老的冲击盆地底部,即月面阴暗区。因此,大部分月面阴暗区都呈圆形外观。冲击盆地的边缘往往有环绕的山脉,这些山脉包围着阴暗区。

月球火山

月面阴暗区主要出现在月球离地面较近的一侧,几乎覆盖了这一侧的1/3面积。而在较远一侧,阴暗区的面积仅占2%。然而,较远一侧的地势相对更高,地壳也较厚。由此可见,控制月球火山作用的主要因素是地表高度和地壳厚度。

月球的地心引力仅为地球的1/6,这意味着月球火山熔岩的流动阻力较地球更小,熔岩行进更为流畅。这就可以解释,为什么月球阴暗区的表面大都平坦而光滑。同时,流畅的熔岩流很容易扩散开,因而形成巨大的玄武岩平原。此外,地心引力小,使得喷发出的火山灰碎片能够落得更远,因此,月球火山的喷发,只形成了宽阔平坦的熔岩平原,而非类似地球形态的火山锥。这也是月球上没有发现大型火山的原因之一。

月球上没有溶解的水,月球阴暗区是完全干涸的。而水在地球熔岩中是最常见的气体,是激起地球火山强烈喷发的重要因素之一。因此,科学家认为缺乏水分,也对月球火山活动产生巨大影响。具体地说,没有水,月球火山的喷发就不会那么强烈,熔岩或许仅仅是平静流畅地涌出地面。

月球体有哪些重要资源

月壳由多种元素组成,主要包括铀、钍、钾、氧、硅、镁、铁、钛、钙、铝及氢。当受到宇宙射线轰击时,每种元素会发射特定的伽马辐射。

月球岩石中含有丰富的矿物,其稀有金属的储藏量比地球还多。月球上的岩石主要有三种类型,第一种是富含铁、钛的月海玄武岩;第二种是斜长岩,富含钾、稀土和磷等,主要分布在月球高地;第三种主要是由0.1~1毫米的岩屑颗粒组成的角砾岩。月球岩石中含有地球岩石中的全部元素和其他 60 种左右的矿物,其中 6 种矿物是地球没有的。

月球的矿产资源极为丰富,地球上最常见的 17 种矿产,在月球上比比皆是。以铁为例,仅月面表层 5 厘米厚的沙土就含有上亿吨铁,而整个月球表面平均有 10 米厚的沙土。月球表层的铁不仅异常丰富,而且便于开采和冶炼。据悉,月球上的铁主要是氧化铁,只要把氧和铁分开就行;此外,科学家已研究出利用月球土壤和岩石制造水泥和玻璃的办法。在月球表层,铝的含量也十分丰富。

月球上有哪些可以利用的资源

月球上可以利用的资源主要有以下三大类。

(1)矿产资源。月岩中含有地壳中的全部化学元素和约 60 种矿藏,还富含地球上没有的能源氦-3,氦-3 是核聚变反应最理想的燃料。

(2)太阳能资源。月球没有大气,对太阳辐射没有削弱,因此利用太阳能的条件较好。

(3)空间资源。月球上高真空、强辐射、失重等条件,可用于进行太空实验,甚至建太空工厂。

月球上存在外星文明吗

传说,登上月球的阿姆斯特朗,在和代号休斯敦的指挥中心联系时,突然吃惊地说:"这些东西大得惊人! 天哪! 简直难以置信,我要告诉你们,这里有其他宇宙飞船,它们排列在火山口的另一侧,他们在月球上,他们正在注视着我们……"此时,电信信号突然中断。阿姆斯特朗看到了什么?

1968 年 12 月 21 日,美国在肯尼迪航天中心向月球发射了第一艘探测飞船,当这艘飞船进入月球轨道之后,宇航员在 100 千米高空用望远镜照相机拍摄了第一张月球背面照片。许多年后,人们在研究这些照片的时候意外发现,在火山口中有一个巨大的圆形物体,它十分规则,不像是自然之物,看上去好像正在着陆或起飞。

从阿波罗 8 号开始,10 号、11 号、16 号、17 号都曾目击或拍摄过月面不明飞行物的照片,甚至早在 1966 年,美国的月球轨道环形飞行器 2 号就发现,在月面上有一些排列有序的 12~23 米高的塔状建筑物,随后,苏联的宇宙飞船也发现了这些建筑。

以上情景的实际情况是怎样的,目前科学家还没有给出一个明确的结论。

人类怎样在月球上生存

月球上白天酷热、夜间严寒的气候,是月球上没有人烟和生命的一个重要原因。俄罗斯科学家已在研究如何利用月球上的土壤和岩石制造水泥等建筑材料,然后利用这些材料建筑一座可以调节室温,并适合人类居住的生活基地。有的科学家通过对月球的一些实测数据进行分析,认为月球很可能是一个空心球体。基于这一认识,有朝一日,就可在月球表面打一条通道,进入月球地壳深处的"地下月宫",在那里建造一座适于人类居住的地下城。这样,乘坐飞船奔月的旅游者,可在这座地下城找到过夜的旅馆。科技工作者就能以这座地下城为基地从事月球资源勘探、太空产品生产、天文观测等活动。

在"地下月宫"这个永久基地未建成之前,科学家建议可以先在地球上制成一些预制塑模构件,形成一个自动竖升的巨形圆筒。在地球上装配好后,用宇宙运输船送到月球表面,圆筒在月球表面一登陆即自动分成两半打开,并自动形成一座多层结构的建筑物,作为登月者的临时居所。

人类移民月球的梦想能成真吗

人类向月球移民的梦想难以成真,最大障碍是月球没有人类赖以生存的水。

美国的空间探测飞船曾经发现,月球表面分布着星星点点的水冰。它们以很小的储存量分布在月球南北两极数千平方千米的范围内,与月球的外壳混为一体。这些水冰可以填满一条深达12米,方圆10平方千米的湖泊。这些水冰能够供应有1000户两口之家的居民社区享用一个多世纪,而且不需要循环使用。

至于人类是否能够再一次实现在月球上行走,是否能够将月球作为对火星和太阳系中的其他星球进行探测的基地,科学家们还在做进一步的研究和探索。

月 食

月食是一种特殊的天文现象,指当月球行至地球的阴影后时,太阳光被地球遮住,此时观测月球所看到的现象。所以每当农历十五前后可能就会出现月食。也就是说,此时的太阳、地球、月球恰好(或几乎)在同一条直线,因此从太阳照射到月球的光线,会被地

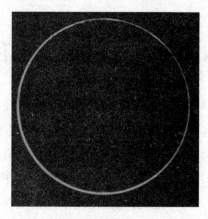

月食

球所掩盖。

以地球而言,当月食发生的时候,太阳和月球的方向会相差180°,所以月食必定发生在"望"(即农历十五前后)。要注意的是,由于太阳和月球在天空的轨道(称为黄道和白道)并不在同一个平面上,而是有约5°的交角,所以只有太阳和月球分别位于黄道和白道的两个交点附近,才有机会连成一条直线,产生月食。

月食分为几类

月食可分为月偏食、月全食及半影月食三种。需要注意的是不会发生月环食,因为,月球的体积比地球小得多。

太阳的直径比地球的直径大得多,所以地球的影子可以分为本影和半影。地球的直径大约是月球的4倍,在月球轨道处,地球的本影的直径仍相当于月球的2.5倍。当月球只有部分进入地球的本影时,就会出现月偏食;而当整个月球进入地球的本影之时,就会出现月全食。如果月球进入地球的半影区域,太阳的光也可以被遮掩掉一些,这种现象在天文上称为半影月食。由于在半影区阳光仍十分强烈,月面的光度只是极轻微减弱,因此多数情况下半影月食不容易用肉眼分辨。

月全食的光度分为哪几级

当发生月全食时,肉眼几乎看不见月球,此时的月球是深黑色。这种月全食的光度为0级。

当发生月全食时,分辨细节有困难,此时的月球是黑带有灰或者棕色。这种月全食的光度为 1 级。

当发生月全食时,本影中心深黑色,但外围较光亮,此时的月球是深红或锈红色。这种月全食的光度为 2 级。

当发生月全食时,本影边缘光亮或带黄色,此时的月球是硅红色。这种月全食的光度为 3 级。

当发生月全食时,本影明亮,边缘带蓝色,此时的月球是明亮的橙红色。这种月全食的光度为 4 级。

怎样观测月全食

使用 7 倍以上的双筒望远镜或者天文望远镜就可以清晰地观看到月全食。可以站在高处看,这样视野会更好。也可用肉眼直接观察,不需要什么特别的设备,就可以作月全食的两项观察。

一是记录月全食的全过程。观察前准备一些观察用纸,纸上画有大圆,圆上按逆时针方向标出 0°至 360°,0°的位置表示月面的正北点。在月全食发生的过程中,每隔 4 分钟画一幅月食素描。这样做的结果即可得到一套月全食全过程的食相图。

二是观察月面的亮度与颜色。月食时月面的亮度和颜色可区分为以下 5 级:0 级,非常暗淡,几乎看不见;1 级,稍亮,呈黑黄色或黑灰色,细节难以区分;2 级,微亮,呈黑红色或红棕色,中心有些暗斑,外侧相当明亮;3 级,呈砖红色,能看见月面细节,但很模糊;4 级,呈橙红色,非常明亮,外侧很亮,边缘略有蓝色,可看到大的细节。观察月全食时,要对月面的亮度和颜色的级别做出判断,并记录下来,同时也要记录当时的天气情况。

月食对人造天体有什么影响

月全食对于靠太阳照射太阳能帆板供电的人造天体有一定的影响。例如 2007 年 10 月 24 日升空的中国绕月卫星嫦娥一号,就在 2008 年 2 月底面临首次月全食的考验,要迎接暂时的能源危机和低温考验。当月全食发生时,整个月球以及绕月卫星都会"钻"进地球的巨大身影中,估计有 3~4 个小时照不到阳光。由于嫦娥一号目前主要靠太阳照射太阳能帆板供电,尽管卫星上装有蓄电池,但蓄电池只能保障短时间供电。因此,在这段时间里,卫星上的个别科学设备将暂时关机,让身在太空的"嫦娥"尽可能"节衣缩食",确保挺过难关。月食过后,再进行开机控制。整体而言,月食对"嫦娥"一号卫星工作没有太大的影响。

潮汐与月球有关吗

海边可以见到一种自然现象,这种现象叫作潮汐。生活经验告诉我们,每天有两次涨潮落潮的现象。发生在白天的叫作潮,发生在夜间的叫作汐。每天的潮(或者汐)总比前一天的推迟几十分钟。这恰好和月球出现的规律相同。人们很早以前就猜测潮汐现象和月球有关。事实也确实如此。

造成潮汐的根本原因是万有引力。我们知道,万有引力随着物体距离的增加而减少。月球对地球是有引力作用的,然而地球的半径较大,因此地球各处受到的月球引力是不相等的。这种不相等的引力造成了地球表面海水的起伏。具体来说,在引力的作用下,距月球近的海平面上升,距月球远的海平面下降。由于地球是转动的,某一地点的海平面就会有规律的上升和下降,潮汐就这样形成了。

太阳对于地球也有潮汐作用。在总的潮汐作用中,太阳起到了 1/3 的效应,剩下的 2/3 属于月球。在太阳、月球的共同作用下,会产生大潮和小潮。一个著名的大潮就是钱塘潮。

潮汐现象不仅仅局限于海水。起潮力的作用也会影响到大气和地壳,这种效应分别被称为大气潮和固体潮。潮汐现象也不仅仅作用于地球,由于力的作用是相互的,地球也会引起月球的潮汐现象——当然是固体潮。并且地球对月球的潮汐作用要比月球对地球的作用大得多。

人类探索

人类究竟从哪里来

关于人类从哪里来的问题,一直存在争论,主要有这几种说法:太空人基因与雌猿结合的杂交说,某些娇小恐龙是人类祖先的恐龙起源说,人是太空人的合成品的合成说,来自海洋生物的海洋生成说。目前主要采用海洋生成说。

46亿年前,刚刚形成的地球是一个没有生命的世界。那时,天空中赤日炎炎,电闪雷鸣,地面上火山喷发,熔岩横溢。从火山中喷出的甲烷、氨、氢、水蒸气等气体包围在地球表面,形成了原始大气层。原始大气与现在的大气成分完全不同,没有氧,也没有臭氧

地球

层,太阳的紫外线直射到地面上。在紫外线、宇宙射线、闪电、高温等巨大的自然条件长期作用下,原始大气中的各种成分不断发生合成或分解反应,形成了多种简单的有机物,这就为原始生命的产生创造了物质条件。

后来(大约在39亿年前),地球的温度逐渐降低,但火山的喷发仍然很频繁,地壳也

发生了变化,有些地方隆起形成高原和山脉,有些地方下降形成洼地和山谷。同时,大气中的水蒸气不断增多。当水蒸气达到饱和状态,冷却以后,便成为雨水降落到地面,汇入洼地,形成原始海洋。原始大气中的简单有机物也随着雨水进入原始海洋。在原始海洋中,这些简单的有机物在一定条件下,不断地进行反应,经过极其漫长的岁月,逐渐形成了原始生命。因此,原始海洋是原始生命诞生的摇篮。

中国人的人种之谜

人类根据不同肤色被划分为三大人种,中国人属于什么人种呢?

按照人类学家研究,全世界的各种人种都属于同一物种,有着共同的起源,大约在距今5万年前,人类体质发展到晚期智人阶段。与此同时,世界上的三大人种也基本形成按照人类学家分类,当代中国人属于蒙古人种的东亚类型和南亚类型。蒙古人种的主要特征是:体形肤色中等,头发直而硬,体毛和须发较少,脸扁平,鼻宽度中等,鼻梁较低,唇厚中等,眼睑大多有内眦褶且眼角有角度(俗称蒙古眼),高眼眶,顺骨突出,多铲形门齿,面骨平扁,少体味。

中国文明产生于旧石器时代晚期和新石器时代。在中国境内发现的人骨化石全都属于原始蒙古人种,属于晚期智人,因此可以说中国的晚期智人是我们的直系祖先在北京西南周口店龙骨山顶,紧靠发现北京直立人的第一地点,曾发现了山顶洞人化石,其中有三个比较完整的头骨。

经著名人类学家魏敦瑞观察,其中一个男性头骨在测量上很像某些西欧智人化石,从外形观察却应确定为原始蒙古人种;另一个女性头骨很像美拉尼西亚类型;还有一个女性头骨则像爱斯基摩人类型。因此,他得出了一个奇怪的推测:这些山顶洞人是由外地迁来的居民,因受到原住当地的蒙古人种的攻击而绝了种。所以后来的中国人的体质特征同他们没有直接的继承关系。后来的学者重新研究了山顶洞人的三个头骨,认为魏敦瑞过分地强调了三者的差异而对其共同性估计不足,实际上三者都应代表原始蒙古人种,与中国人、爱斯基摩人、美洲印第安人特别相近,是上述几种人的共同祖先,并不是几种人聚集到了一个山顶里。

人类学家的研究还表明:中国人的人种特征很大程度上是适应东亚中纬度的地理环境的,中等身材,中等肤色与中纬的日照、温度相应,"蒙古眼"、平鼻可能与中亚寒冷的多风沙气候有关。

但是,中国人的人种构成也不是单一的,黄河下游的大汶口文化居民可能有波利尼西亚的因素,河姆渡文化和广东发现的一些人骨化石则有明显的尼格罗—澳大利亚成分,商代殷墟发现的人头骨也包含了几种不同种族的人。因为,在石器时代以前,人类处于长期和大幅度的迁徙中,只有人类进入了有史时代,形成了地域性民族,生活才相对稳定。因而,在中华民族形成一个独立整体和中国文明的形成过程中,总是要融汇众多的要素,即使在中华民族形成之后,也在不断地吸收着新的成分。

楼兰人种之谜

楼兰是中国西部的一个古代小国,国都楼兰城(遗址在今中国新疆罗布泊西北岸)。西南通且末、精绝、拘弥、于阗,北通车师,西北通焉耆,东当白龙堆,通敦煌,扼丝绸之路的要冲。

"楼兰美女"复原图

1934 年的时候,贝格曼发现微笑公主,鉴于当时的环境,在第二次世界大战以前,通信工具、人们的文化水平都没有达到现在的程度。当时虽然引起轰动,但是比发现楼兰美女规模和动静小得多。1980 年,楼兰美女的发现在世界上引起很大的震动,绝不亚于当初楼兰古城的发现。但紧跟而来的就是楼兰人种的问题。

根据遗传学体质的特征,现代人类分为三大人种,其中一个人种是蒙古人种,也就是黄种人。另外就是高加索人种,这就是白种人。还有一种尼格罗人种,就是黑种人,这是学术上的命名方式,俗称白种人、黑种人、黄种人。人类学家就根据人头骨的各种比例来判断种群和属性。

然而,"楼兰人到底源于何处"这一问题并没有取得一致的观点。

有一种观点认为楼兰人属于雅利安人。也有人认为楼兰人是漂泊东方的印欧人古部落。

但是大部分人认为,楼兰人应该是属于高加索人。因为那具保存完好的女尸,浅色头发,眉弓发育,鼻骨挺直的形象,明显具有高加索人种特征。这与人类学家对墓地出土人骨进行体质人类学测量的结果完全吻合。他们认为,到了汉代楼兰王国时期,楼兰居民的种族构成又有了新的发展。他们与高加索人种共生,其中还有蒙古人种的存在。

不过，据近期我国某人类学家从基因学、器物学的角度所做的研究表明，楼兰人更接近于古代阿富汗人，这又是一个全新的论点。

总之，如果说楼兰古国是个民族成分十分复杂的国家，那么，这些古欧洲人到底是什么民族？他们是出于什么目的而千里迢迢奔赴楼兰？后来他们又去了哪里？楼兰，一个等待人们去破解的千古之谜。

生老病死的奥秘如何揭开

人类的生老病死，一直是个人人关心的问题，那么，关于生老病死的奥秘该由什么来揭开呢？

随着科学的发展，我们逐渐了解到，人类的基因决定了人的生老病死，它存在于人体每一个细胞内的脱氧核糖核酸分子即 DNA 分子。DNA 分子在细胞核内的染色体上，由两条相互盘绕的链组成，每一条链都是由单一成分首位相接纵向排列而成，这种单一成分被称为碱基（因为这些化合物溶于水中能形成碱性溶液）。碱基有 4 种，分别简写为 A、T、G、C。它们排列组合构成了基因。人类基因组计划的目的首先是把人类 23 对染色体上的碱基排列顺序一一测试出来．以供科学家进一步研究。所谓基因图谱就是 31 亿个"字母"——A、T、G、C 的排列组合。

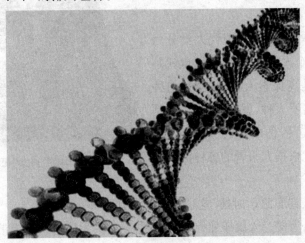

DNA 链

一直以来，人类基因组工程有"生命登月计划"之称，它的内容是破译人类分布在细胞核中的 23 对染色体上的约 6 至 10 万个基因，约 30 亿个碱基。为了打开这个人类生老病死的"黑匣子"，1990 年，人类基因组工程正式启动。我国科学家从去年 9 月承担了其中 1% 的测序任务。仅用半年时间,就完成破译任务,为国际人类基因组研究做出了自己的贡献。

所以,只要把人类的基因图谱弄清楚,科学家就能找到破解人类生老病死的秘密。

科学家说,随着人类在基因密码研究方面的进展,死亡也受到科学的挑战。这位科学家预言,人类寿命很可能在不久的将来被大大延长,而且具有达到 1200 岁的潜力。国家人类基因组北方中心负责人顾军博士告诉记者,可以说,人体的疾病都与基因有关。比如一些人到中年会秃顶,年老会得糖尿病。这都与基因有关。记录着人体奥秘的基因密码公布后,人就变成了一个"透明"体,医学家可以预测出何时会得疾病,得什么病,由哪些基因致病,从而用基因诊治,人的寿命由此会大为延长。人类基因组博士张猛说,不少科学家认为人的寿命与细胞的周期分裂有关,而基因研究可以计算出细胞的寿命,从而为人体"算命"提供科学依据。

而且,基因组计划给医学也带来了广泛的发展空间。科学家预言,未来,我们只要将一滴血放在装满基因的芯片上,就可以检验出病症,甚至可准确测出自己每天能抽多少烟、吃多少饭。未来的药厂将会根据不同病人的基因报告开药方,而且基因本身也会成为药品。科学人员预言,到 2050 年,许多病症将会在症发前就被消灭。

人类正盼望着基因图谱的尽快完成。

人类寿命可以延长多少

研究认为,哺乳动物的寿命一般为生长期的 5~7 倍,如牛生长期约 6 年,寿命约为 30~42 年。人类的生长期约 20~25 年,自然寿命应为 100~175 岁。然而,人类目前的平均寿命不足自然寿命的一半,远不及其他哺乳动物相对长寿。

其中原因有三:

一是运动姿势变化,使脊柱负荷重,大脑位置高,易缺血缺氧。

二是呼吸方式改变,大部分肺细胞闲置,肺功能退化,影响长寿。

三是消化功能萎缩,消化功能明显退化,咀嚼能力下降,吞食能力功能退化。舒适环境使人类变懒,生活方式不良,心血管锻炼少,全身微循环系统退化,心脑血管易硬化。

另外,人类神经系统和智力高度发达,心理情绪却复杂、恶化,饮食失衡,免疫力下降,都是人类的短寿因素。

因此,合理运动、饮食均衡、心理调节等,是人类恢复自然寿命的长寿方向。

从目前来看,尽管百岁老人仍然少见,人类的平均寿命(尤其是在发达国家)在过去的几十年中一直在延长。同时,科学家通过对实验动物的研究,发现包括限制热量摄入在内的一些方法可以显著地延长它们的寿命。不过,这些方法是否可以成功地应用到人类的身上,以及能延长多少寿命,科学家还没有得出具体的数据,但是,一些科学家认为,至少人类活到 100 岁可以成为家常便饭。

人体经络之谜

中医的经络学说已同空中不明飞行物"飞碟"以及"百慕大"现象,一同被世人列为当今世界的科学之谜。中医是如何认识经络的? 经络有哪些功用? 经络的实质是什么? 国内外对经络研究的近况如何? 这些问题无疑是人们关心的焦点。

经络学说的产生有着悠久的历史,并在医疗实践中逐步形成且不断得到充实和发展。早在 2000 多年前的医学著作《黄帝内经》中就有了系统的记载。

中医认为,经络是人体气血运行的通路,内属于脏腑,外布于全身,将各部组织、器官联结成为一个有机的整体。一般认为,其形成与疾病的症候、针感的传导、按摩和导引的应用以及古代解剖知识的结合等有关。这一理论与脏腑、气血等基础理论一起,对中医各科特别是对针灸的临床辨证和治疗,有着极为重要的指导意义。

古代医学家认为,生命是自然界的一部分,人也不例外,其运行规律应与天地万物完全统一。这种一元论的观点指导着中国古代的医学,使之与当时的物理、天文、地理和哲学等学科紧密结合了起来,形成了以经络藏像学说为核心的一整套医学理论。

令人惊诧的是,用以创建现代医学(西医)的解剖方法,似乎对认识经络根本无能为力。不仅手术刀不能帮助人观察到经络及运行于其中的"气",而且无论哪一种现代的精密仪器似乎都无助于人观察。于是,不少人对经络与气的存在表示怀疑。

经络研究目前还处于唯象学的阶段,远未达到将经络、穴位和气是什么清楚地呈现在每个人眼前的水平,即远未达到能揭示经络谜底的水平。还需应用多种学科的知识和研究手法,对经络、穴位和气的物理特性做深入的研究,积累材料,才有可能揭示其实质。

经络在人体上具体的解剖结构迄今还没有找到。经络的实质究竟是什么,目前仍是个谜。国内外的学者从不同角度对经络的实质进行了探索,并提出了许多假说。

除经络神经体液相关说外,第三平衡论、生物电场论和经络控制论也是几种引人注目的假说。虽然它们远不及前者被广泛地加以研究,但其观点立意新颖。一旦经络之谜被解开,一场新的科学革命将不可避免。

人体的潜力之谜

人体的潜力是指人体内暂时处于潜在状态还没有发挥出来的力量。大量事实表明，人体有着巨大的潜力。每个人都能发挥巨大的能量，成为我们时代的巨人。

这样的例子在生活中常有发生，尤其是当人在危急关头时，往往能充分发挥体内的潜在能力。一位飞行员因飞机故障迫降了，正当他在地面察看飞机起落架时，突然有头白熊抓住了他的肩头。飞行员在情急之中，竟然一下子跳上了离地 2 米的机翼。令人不可思议的是。他是穿着笨拙的皮鞋、沉重的大衣和肥大的裤子跳上去的。还有一位 50 多岁的妇女在烈火蔓延之际，抱起一个超过她体重的、装有贵重物品的柜子，一口气从十楼搬到了楼外的地上。等到大火被扑灭后，她却怎么使劲也搬不动那个柜子了。

为什么人会在危险的情况下表现出这么大的潜力呢？

原来，人体的肌肉和肝脏里在平时贮存着大量的"三磷酸腺苷"，简称 ATP。这种 ATP 就是能量的来源。在正常情况下，人体只需要一部分 ATP 提供能量就可以了。一旦遇到紧急情况，大脑就会发出命令，让全身所有的 ATP 立即释放出来。命令下达后，身体能量剧增，就能做出平时想象不到的事情来。

科学家估计，目前世界上大约有 5% 以上的疾病不需要治疗就能自愈，这也被认为是人体潜力的作用。这种潜力包括人体免疫系统的防御作用和自身稳定作用等。能不能让更多的疾病不经治疗而自愈呢？这是现代医学探讨解决的问题。比如癌症，现在被认为是"不治之症"，可是也有靠人体潜力使癌细胞消退的例子。人体使癌细胞消退的潜力在哪里？这还是一个谜。

人体为什么会自燃

人体自燃指的是人体没有和外部火焰接触，内部自发燃烧，化为灰烬，而在灰烬周围一切可燃性物品都保持原样的现象。这种现象有丰富的历史记载。有些受害人只是轻微灼伤，另一些则化为灰烬。最奇怪的是，受害人所坐的椅子、所睡的床，甚至所穿的衣服，有时竟然没有烧毁。尤有甚者，有些人虽然全身烧焦，但一只脚、一条腿或一些指头依然完好无损。

1966 年 12 月 5 日，我国某市一位煤气查表工人上午九时来到 94 岁的蔡医生家查表。这天天气奇寒，工人以为老人尚未起床，就径直走到地下室去看表。一进地下室，就发现地上有一堆冷却的灰烬。在灰上方的天花板上出现了一个烧透的洞。工人大吃一惊,急忙上楼找医生。当他走进卫生间时,里面的景象使他毛骨悚然。在烧穿洞的地板上只剩下半条腿,老人身体的其余部分都化为灰烬了。但那辆老人的推车竟连支架下的胶垫都完好无缺。除了死者身体所及那部分外,整个室内没有一点火灾的迹象或气味。

不久警方赶到现场,但对其死因无法理解,最后草草结案。宣布死者因在床上吸烟,睡着后衣服着火引起火灾,醒后去卫生间取水灭火,在那里失去知觉,被火烧成灰烬。但是一位火葬专家指出,一具尸体化为灰烬,先要经过华氏 2200 度高温烧 90 分钟,再经过华氏 1800 度高温烧 50~60 分钟。即使这样,尸体火化后只是碎骨骨灰。最严重的房屋火灾,温度也不会超过华氏 1500 度。因此老人不可能因火灾而烧成灰烬。况且,能将他烧成灰烬的大火,不要说整个房子要付之一炬,就是手扶推车的铝制框架也会熔化的。科学家认为,蔡医生死于人体自燃。

三百多年来,科学家对这个问题不断探索,从 200 多个案例中,科学家发现:男女比例大约一致,年龄从 4 个月到 114 岁都有。饮酒有度和身体胖瘦都有。有的案例发生在走路、开车、划船、跳舞过程中。

有一位自称为超自然学家亚诺,专门研究现代科学无法解释的现象。他首先认为,有些酒鬼因为无节制地喝酒,以致身体组织充满了太多的易燃物质,一旦遇到火柴或烟头便起火燃烧。后来,他又把视线开始转向人体内的一种高能物质——ATP(三磷酸腺苷)。现代科学已经证实:ATP 是人体内的动力燃料,它的热值比汽油还高得多!所以人起跑时,头几秒内的速度比机动车快得多;只是由于人体却必须维持 37℃ 的体温,奔跑速度很快达到极限,而机动车却能承受上千度的高温,故此行驶速度能不断提高,这说明人体内 ATP 燃料释放量受到某种生物机制的控制。一旦出现失控,ATP 过量释放,人体内部的"发动机"温度便会直线上升达数千度,引发身体起火,形成比汽油燃烧更为猛烈的火焰。

但是,这些解释招来不少生物学家的反驳:人在体温超过 40 多摄氏度时便会死亡,生命运动马上停止,无法再生成新的 ATP;接着又如何把人体内 70% 的水分蒸发完,并把人体烧为灰烬呢? 人体自燃,对于这个数百年来困扰科学家们的怪事,不少超自然学者提出过大胆假设与推测,但多数只是违背科学原理的无稽之谈。最终还是需要科学家们用科学的手段和实验去验证,揭开这个百年之谜。

人类应该长多高才好

大自然最杰出而神奇的创造,莫过于号称万物之灵的人类了。从一米五到两米,这大约是地球上几十亿男男女女的身高范围,而层出不穷的巨人和侏儒又常常刷新人类的高矮纪录。在吉尼斯世界大全上,身高2.72米的美国男子罗伯特和身高0.48米的荷兰女子波琳,恐怕可以算是目前世界人类身高的上限和下限了。

世界第一女巨人

即使翻开年代久远的古书,我们也不难找出诸如伟岸、魁梧、七尺男儿、金钢铁塔之类赞美高个子的词句。可见人们鄙弃矮小、追求高大的心态并非自今日始。根深蒂固的观念认为,高大意味着健康、强壮、力量和俊美。顺应这种心理的研究成果不断问世。教人如何长高的办法也五花八门、翻新出奇。然而,我们有没有认真考虑过,人类究竟应该长多高才好呢?

简单的数学常识告诉我们,随着物体线度的增加,表面积将按平方数增加,而体积则按立方数增加。如果把跳蚤原模原样放大十倍,其结果绝不是可以跳上大树;燕子如果增大十倍,将再不能飞翔自如;老鼠如果增大十倍,从高楼上跌下来便不会安然无恙;而假如真有童话中身高数丈、力大无穷的巨人,我们姑且也算他们比普通人高大十倍吧,其体重将达到八十吨,即正常人的一千倍,而骨骼的截面积却只能增加一百倍。于是这些可怜的巨人便会被自身体重压得举步维艰,甚至筋断骨折,哪里还谈得上去拔山举鼎,力扫千军呢?

看看现实生活中巨人步履蹒跚，行动迟缓的样子，便会明白高大的体态足以使人类的灵活机敏大打折扣。而皮肤面积不能和体重按同样比例增长，自然带来了热量散发的困难，这便是躯体庞大者特别怕热的原因。

问题还远远不止于此。我们知道，长颈鹿需要用260厘米水银柱高的血压才能把血液送到头部，身材高大的人无疑也需要较高的血压和更坚韧的血管才能避免脑供血不足。而肢体过长又会带来静脉回流不畅和末梢循环不良，何况庞大的躯体要求更多的供血量。这样，获取大高个美称的人就不得不以增加心血管系统的负担为代价了。其实，同步增加了负担的还包括消化系统、呼吸系统、泌尿系统和其他一切系统。我们的脑袋如果负担一个比例过大的身躯，无疑也会导致自身管理水平的全面下降。

身材高大引起的生理上的困难还可以一直列举下去。翔实的统计数字指出，人类寿命和身高有着确定的函数关系。而寿星老人并不钟情于高个子。倒是常常垂青于身材矮小的人。湖北省对88名百岁老人的调查表明，他们的平均身高为143厘米，体重为38公斤。调查报告把"瘦小的体形"列为长寿的第一要素，这个结论和世界各地学者的研究成果不谋而合。许多科学家都试图对这一现象做出解答：营养的充足，医疗条件的改善，地球上二氧化碳含量的升高，电磁辐射剂量的增加，人类迁徙流动的日益频繁，特别是远距离人群婚配的增多……

究竟什么才是人类身高持续增长的真正原因，还有待进一步探索和证实。而人类是能够从自在走向自为的唯一物种，应该由富有远见的科学家、哲学家、政治家、经济学家和未来学家应联手合作，从有无数制约因素的高次方程中求出人类最佳身高的解。

人类的器官能否再生

长久以来，科学家想通过引人注目的干细胞治疗来达到肢体再生这一美好目标，通过我们的自身系统来修复我们的身体。现在，对器官移植和人工器官的研究正在不断开展。目前，这方面的研究取得了进展，可以通过细胞培养而使血管和皮肤再生，并期望可以将位于骨髓等处的幼稚干细胞制成具有各种作用的组织或器官。由于是在人体外进行培养，所以与工厂中制造的产品相似，出现了细胞工程、组织工程、器官工程等术语，其中器官的组织水平再生工程得以实现，组织工程成为今后医学的重要领域。在美国，组织工程企业日益增多。

目前，因为器官移植的提供者（包括脑死亡者）不足，而且人工器官尚未达到实用的程度等，再生医学令世人瞩目。使用培养技术，从采自自身或他人的细胞或组织可以制成血管、骨、肌肉、皮肤等处的组织，甚至可以制成器官。

然而，还有一些科学家却在一个相对不清晰的领域中探寻解决办法，他们相信再生医学的另一条道路可能会获得成功，因为在大多数动物中，自然界本身就已经有了修复受损肢体和器官的办法。研究人员发现许多动物都有自我再生能力，特别是两栖动物和某些鱼。都能重新长出不同的部分身体。如蝾螈能长出断了的尾巴、脚、上下颚、眼球、视网膜、肠；斑马鱼能再长出它的鳍、鳞、脊髓和部分心脏；蜥蜴在受到攻击时，它可以弃掉部分或是整条尾巴，在 3 到 4 个月的时间内新的尾巴就可以再生出来；蝌蚪可以在几小时内再生出新的尾巴而不留下任何伤疤，不过，当蝌蚪长成青蛙时，这种功能就莫名其妙地消失了；切下海参的一点点肉就能长出一整个新海参；海星能长胳膊和大部分身体；蜘蛛能长出断了的腿；多肠目动物蛆被分割成许多部分后，每一部分都可以再生成为一个新的机体，而且一次可以再生出 300 个新的机体；真涡虫是一种扁形虫，被切成 1/279 后仍能让每一个切片再生，成为完整的新真涡虫。

由于那些可以让器官再生的动物，在必要的时候都是重新启动了胚胎发育时期的遗传程序，从而长出了新的器官。所以，目前科学家正在研究，人类是否可以利用类似的手法，在人工控制下自我更换零部件。

"天才"大脑之谜

"天才"之所以在某一方面表现出非凡的才能，是因为其大脑中负责这方面能力的区域被隔离了起来。爱因斯坦惊人的智慧和才华，成为他创造卓越成就的神秘光环。1955 年 4 月 18 日，爱因斯坦逝世，其后主治医师把他的大脑完整地取了出来，进而做成约 240 片大脑切片并进行妥善保存，同时还将切片提供给科学界，这位"天才"大脑的探秘之旅由此拉开了序幕。

科学泰斗爱因斯坦脑部结构的秘密，近年来被加拿大神经学家破解，他的大脑负责数学运算的部分，比常人大 15%。这一发现一经宣布，立即在世界上引起轰动，爱因斯坦的身世也再次成为人们谈论的话题。人们不禁要问，真的有天才吗？他们的脑部结构与常人有何不一样？

最近，澳大利亚堪培拉国立大学大脑研究中心神经生理学家，借助电子核磁共振设备对部分"天才"的大脑活动情况进行观测后给出了一个解释。他们发现，"天才"的感觉器官对外来信息的反应以及处理速度非常惊人。例如：从视网膜接收外来光源，到晶状体将其聚焦成像，再传递到大脑，直至转化成思想意识。整个过程只用了 1/4 秒。

两位澳大利亚科学家解释说，很多人认为，"天才"之所以成为"天才"，是因为他们的大脑资源全部开发了，这完全是一种误解。研究者认为，天才人物之所以在某一方面表现出非凡的才能,是他们大脑中负责这方面能力的区域被隔离起来的结果。

不过,对于这种说法,因为没有相关的数据做进一步表明,国内相关专家表示不能完全认可。他们认为想要说清楚"天才"大脑在结构上的区别,是一个很庞大的工程。首先,需要确定想研究的是大脑的什么区域,选择什么人为受试对象,是活体还是死后的研究;其次,必须有可以用来反映这一研究结果的可测量、有反应灵敏度的指标。如果没有统一的指标,灵敏度就没有存在的可能。此外,如果做活体测量,其所受到的影响因素非常多,心情的好坏和环境都会影响最后的结果。

在"天才"大脑结构的解密过程中,某些研究人员认为,"特殊结构"可以通过个体差异的研究,进一步建立起大脑结构和功能之间有规律可循的共性关系。但也有人认为,想要确定"天才"的智慧在大脑中的定量指标目前还难以做到。因为,没有公认的、明确的结构和功能指标来衡量"天才"。而即使有了统一的指标,这个指标是否灵敏,是否可以量化,如何测量,如何排除众多的干扰因素,这些都还是未知数。

总之,大部分的人都同意的是,人类的大脑处在不断发展和变化过程中,后天的思维和意识对大脑的塑造具有很重要的作用。聪慧的大脑并不一定是与生俱来的。天生聪颖的人一般具有较为优秀的遗传基因,但是如果缺乏探索精神,没有勤于思考的习惯,同样会丧失基因所赋予的优势,难以有所成就。

胃为什么不会消化自己

胃,是我们重要的消化器官。我们吃的东西,必须经过胃的消化和小肠的吸收,才能变成身体可利用的物质,我们才显得生气勃勃,精神十足。生物学家曾做了这样一个实验:把胃内液体注入其他体腔,比如胸腔、腹腔、关节腔、结果发现这些体腔很快就会产生严重的炎症并坏死。原来,胃液的主要成分是盐酸和各种胃蛋白酶。胃液中的氢离子浓度高出血液三、四百万倍,而盐酸又是腐蚀性非常强的液体;胃液中的各种蛋白酶对各种组织和细胞也有很强的破坏作用。

既然胃酸是一种腐蚀性很强的酸,其浓度足可以把金属锌溶化掉,为什么不会消化掉自身呢?

要回答这个问题,还得先从食物的消化谈起。

一般来讲,胃有两种消化食物的方式:一是通过胃壁肌肉有节律性地蠕动,将食物磨碎;另一种是胃分泌出大量的胃液,胃液是酸性的,它能消化、分解食物,胃液中有胃蛋白酶和胃酸。胃蛋白酶可以消化分解食物中的蛋白质转化成人体的营养物质——氨基酸。胃酸的酸性很强,它不仅可以把食物蛋白质分解成氨基酸,而且还能使胃蛋白酶的作用加强、加快。

　　科学家发现，胃除了能分泌大量的胃酸和胃蛋白酶外，还能分泌一种粘液物质，其黏稠度很大，它覆盖在胃的内表面，能防止盐酸进入伤害胃黏膜。同时，胃黏膜还有"丢卒保车"的本领，它让上皮细胞不停地进行代谢更新，阻止胃蛋白酶吸附在粘膜上，达到保护胃壁的目的。另外，由于这种粘稠物质是弱碱性的，它能防止胃酸对胃粘膜本身的消化、腐蚀，因此，它不会被自己消化掉。

　　所以，在正常的条件下，胃不能自己消化自己。但如果胃内产生的胃酸过多，或者受到幽门螺杆菌的感染，损伤了胃壁，胃就会开始消化自己，腐蚀掉胃黏膜，就形成了我们常说的胃溃疡。

皮肤细胞如何能变成神经细胞

　　2007年11月。世界首只克隆羊多利的"助产士"、英国科学家伊恩·威尔默特说："我们现在可以设想这么一个时代：能够以一种简单方式制造干细胞，任何人身上的组织标本均能培育出任何组织器官。"

　　人体皮肤细胞可以改造成类似胚胎干细胞的"万能细胞"。美日研究人员今日宣布的这一成果，被学界评价为生物科学的"里程碑"，同时意味着胚胎干细胞克隆技术可能退出舞台。

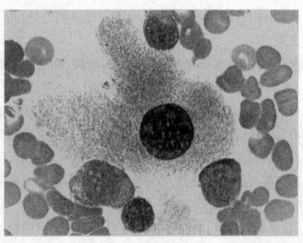

细胞

　　5个月前，研究人员宣布在实验鼠身上获得类似成果，此后，美国威斯康星大学詹姆斯·汤姆森实验室和日本京都大学教授山中伸弥领导的研究小组开始在人体皮肤细胞改造上展开"较量"。双方今日分别在《科学》杂志和《细胞》杂志发表研究成果。美联社科技记者马尔科姆·利特戏称这是"同时撞线"。

两个小组的研究方法和原理大同小异。山中伸弥研究小组从一名 36 岁女性的脸部提取了科学家称为纤维原细胞的皮肤细胞。詹姆斯·汤姆森实验室的皮肤细胞来自一名新生儿的阴茎包皮。研究人员然后借助逆转录酶病毒为载体,把 4 种基因注入皮肤细胞。这些特定基因能够"重组"皮肤细胞的基因,从而得到特定类型的人体干细胞。

从理论上说,这种干细胞最终能培育成人体组织或器官。由于这种干细胞能通过基因组合控制,因此有"万能细胞""变色龙细胞"之称。

但是,这种"万能细胞"却无法解决 20 世纪中期的一个生物难题。当时,生物学家把青蛙的体细胞核放入青蛙的去核卵细胞里,结果制造出了克隆蝌蚪。最近几年,关于人类胚胎干细胞的研究正在热火朝天地进行——把人的体细胞核放入卵细胞中.科学家期待着制造出各种各样的人类体细胞,例如神经细胞、成骨细胞、心肌细胞等等。尽管科学家已经取得了一些成功,但是,他们仍然对于这种体细胞核移植技术能够成功的原因知之甚少。因为,去核的卵细胞在这个过程中扮演着至关重要的角色,可是具体的机制是什么,到目前为止,人们却不得而知。

人体被忽略的"第三眼"

我们从神话传说中可以看到许多神仙都有 3 只眼睛,而且这只眼具有无上的神力。然而神话毕竟是神话,自然与现实不同。可是,令你意想不到的是,其实我们也同样也长着 3 只眼睛!它长在哪里呢?

希腊古生物学家奥尔维茨,在研究大穿山甲的头骨时,在它两个眼孔上方发现了一个小孔,这一小孔与两个眼孔成品字形排列,这引起他很大兴趣。经反复研究,这个小孔被证明是退化的眼眶。这一发现,轰动了整个生物界,自此以后,各国的生物学家纷纷加入研究行列。各项研究结果表明,鱼类、两栖类、爬行类、鸟类、哺乳动物,甚至包括人类,都有 3 只眼睛。人们通常忘记了自己的第三只眼,或是从来没有想过它的存在,这只是因为这只额外的眼睛已离开原来的位置,不在脸部表面,而是深深地埋藏在大脑的丘脑上部,而且拥有另外的名字——松果腺体。人的第三眼已经变成一个极为独特的、专门的腺体,人体中除了松果腺体以外,再也没有其他腺体具有星形细胞。星形细胞不是普通的细胞,它在大脑半球中含量十分丰富。至于腺体和神经细胞究竟为什么会盘根错节地缠绕在一起,人们还不是很清楚。

现在,第三眼的功能和另两只眼睛相比虽然功能迥异,但还是有点"藕断丝连",松果腺体对太阳光有极强的敏感性,它通过神经纤维与眼睛相联系。松果腺体在太阳光十分强烈时受阳光抑制,分泌松果激素较少;反之,碰到阴雨连绵的天气,松果腺体就会分泌出较多的松果激素。

此外,人们发现在第三眼的组织结构中含有钙、镁、磷、铁等晶体颗粒。刚出生的婴儿根本没有这种奇怪的称之为"脑砂"的东西,在15岁以内的孩子中也极为少见,但是15岁以后,"脑砂"的数量就开始逐年增加。在第三眼中有那么一小堆砂子,竟丝毫不会影响它本身的功能。看来,科学家对其的研究还有待深入。

打哈欠为什么会"传染"

一个人打哈欠,周围的人纷纷跟着他一起打,打哈欠为什么会"传染"?

目前有两种看法,一种是人类的移情作用,一种是认为哈欠具有感染力。

美国德雷克塞尔大学的心理学家史蒂文·普拉捷克认为,所谓的打哈欠传染更容易在移情人群,即那些喜欢将自己假想成他人的那些人中发生。为验证这一观点,普拉捷克和他在纽约州立大学的同事让志愿者观看了一段人们打哈欠的录像。结果有40%多的志愿者会随着屏幕上的人一起打哈欠,而在这些受"传染"的人中,有60%的人不止打一个哈欠。研究人员随即让这部分人接受移情能力测试,他们的分数都非常高。

认为哈欠具有感染力的有三种理论来支持,这三种理论是:生理理论、厌倦理论、进化理论。

打哈欠

生理理论认为,打哈欠是大脑意识到需要补充氧气的一种反应。打哈欠之所以有感染力,是因为在某个房间里的每一个人很可能同时都觉得需要补充氧气。打哈欠可能还会受外界因素的刺激,在很大程度上如同看见别人吃饭会感到饥饿一样。

厌倦理论依据的假设是:如果每个人都觉得某件事情令人感到厌倦．就会打哈欠。但是这种理论无法解释人为何在感到厌倦的时候打哈欠,除非人把打哈欠作为一种本能方式,用形体语言表达对某件事情不感兴趣。

进化理论认为,人打哈欠是为了露出牙齿,这个行为是我们的原始祖先传下来的。打哈欠可能是向别人发出警告的一种行为。鉴于人类的发展已经进入文明社会,用打哈欠的方式向别人发出警告已经过时了。

由于人们还没有找到打哈欠为何具有感染力的确切原因,即使打哈欠会传染的说法是正确的,但为何光是看到、听到或想到打哈欠,就可以让人真的打起哈欠来,我们对个中原因知之甚少。因此,这个问题至今仍然是个谜。

头发为何会变白

一般说来,年轻人的头发乌黑油亮,而老年人往往白发苍苍。头发乌黑是由头皮毛囊中的色素细胞产生的黑色素决定,不同的基因决定了产生不同类型的黑色素。因为头发里含有一种黑色素,黑色素含量越多,头发的颜色就越黑;反之,黑色素含量越少,头发的颜色就越淡。随着人体的衰老,毛囊中的色素细胞将停止产生黑色素,头发也就开始变白。人体没有统一分泌黑色素的腺体,黑色素在每根头发中分别产生,所以头发总是一根一根地变白。一般头发变白都要好多年,但也有少数罕见的病能使人一夜变白发。

研究表明:头发变白的原因是遗传和衰老。

当我们渐渐衰老,黑色素细胞会停止生产黑色素,于是头发就变得花白。至于头发从什么时候开始变白,完全取决于基因。不过,外界因素,比如压力、营养不良、抽烟等,也可能会损伤黑色素细胞,使黑色素减产,影响头发的颜色。

大部分人的头发从黑到白,需要几十年时间,因为头皮上的毛囊不下10万个。但头发也可能在短短几个月内完全变白,只是造成这种现象的原因不是压力或者悲伤,也是一种老化的过程。有时,某些人的所有毛囊会同时制造灰白的头发,因此,只要他们一理发,黑色部分被剪去,就只剩下满头白发了。

而年轻人头上出现白发,很可能是因为他们头皮上的某些毛囊无法正常工作,导致有些头发没能"着色",便长了出来,于是我们就看见了一头黑白相间的头发。

虽然目前尚不清楚为什么毛囊停止产生黑色素,但这个研究小组发现,灰色头发的毛囊中仍有可以转化为黑色素的物质,他们希望能让这些处于休眠中的物质从新开始合成黑色素,这可能还需要一定的时间。

雪人真的存在吗

　　"雪人"是对处于高寒地带的"野人"的一种通常称呼,它们不仅出没于欧洲东南部的高加索山脉,而且还活动于喜马拉雅山、喀喇昆仑山、帕米尔高原以及蒙古高原的群山之中、冰天雪地的广阔空间。它们在当地居民的记忆里至少存在有 300 年以上的历史,至今还被描绘得活灵活现,以致成百上千的科学家、探险家为之耗尽心力,苦苦探寻……

　　在喜马拉雅山北麓的中国西藏地区,也多次有发现雪人足迹的报道。1972 年 12 月,驻边地区的边防部队曾接到边民的报告,说有两个能直立行走的怪兽经常来偷牛羊,并说这两只怪兽不是把牛羊咬死,而是成群地赶走,看管起来慢慢吃。边防军出于为民除害的目的,派一位副团长带着几名战士上了山,很快找到了那两只怪兽。在相距 400 多米处,战士们开枪打伤了一只,另一只逃走了。但受伤的那只怪兽竟抱起一块 150 多千克重的大石头朝开枪的人冲来,没冲多远就倒下了。据战士们说,这个怪兽长得像猿人又像人,尖尖的头顶,长着 20 多厘米长的棕红色头发,有眉骨,大嘴,牙齿尖利,前肢很长,没有尾巴。在场的官兵没一个人见过这种怪兽。但由于当时交通、通讯条件的限制,这个很可能是雪人的怪物尸体被白白地抛弃了。那么,这种雪人到底是什么呢?

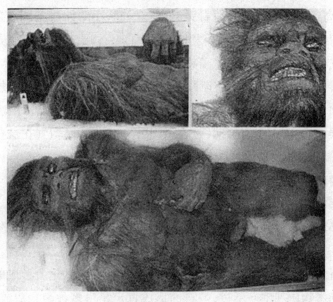

雪人

　　中国人类学家推测,古代的巨猿并没有真正灭绝,它的后代潜伏生长在欧洲东南部及亚洲的雪山冰峰之间,成为神秘的"雪人"。但它们并没有言语的功能,只会发出模糊的叫声。因此,它们似乎没有走进人类的门槛。蒙古科学院院士赖斯恩认为,"雪人"的存在不容怀疑,而且应该像珍稀动物一样受到保护。

也有学者否认"雪人"的存在。他们认为传说中的"雪人"的脚印可能是熊的脚印,也可能是山上的落石在雪融化后造成的。锡金政府曾组织过专门的考察队考察据说是"雪人"频繁出没的世界第三高峰干城章嘉峰山麓,可是一无所获。1959年,一支美国"雪人"考察队也在尼泊尔境内考察了一个半月,也没有发现"雪人"的蛛丝马迹。那么,前述各国各地区有关"雪人"的报告甚或科学调查都是在撒谎吗?显然又不像。

总之,"雪人"之谜和大脚怪之谜一样,令人既难以置信,又感觉不好轻易否定。它是否也属于"假说科学"的范畴呢?

揭开响石治疗眼疾之谜

重庆市相传有一种能发出响声的奇石,当地人称它为"响石",有人说响石里面藏有灵丹妙药。这些传说究竟因何而起,响石又是一种什么样的石头?

在重庆巴南区丰盛镇的响石地带,从外表上看,这是块坡度不大的平常山地,名叫紫云。平时没有异样,到风大的时候,石头就会传来各种奇妙的声音。有时像鸟叫,有时像鹰鸣,有时像女高音……响石和普通石头混杂在一起,小的如蚕豆,大的如油橙,外观颜色上并没有区别。听说这里曾发现重达十多公斤的响石,要双手合抱才能摇动发声。

响石的形成机理其实很简单:含菱铁质的泥质岩层里,分布着一些土质结核。当结核因某种情况露出地表后,菱铁质逐渐渗出外溢,并在结核外层形成褐铁矿壳,内部泥质因失水而体积缩小,并在泥质体与外壳之间形成空心,所以能在敲击时发出声响。

大风的时候,有的响石表面长期因风化作用产生裂缝,而空气在这些裂缝中急速通过,就会产生调高而急促的声音。

石头被雨滴敲打的时候,会因为雨点落下的速度产生不同的效果。雨缓的时候,声音相对平和悠远,雨急的时候,则声音出现频率加快,音波叠加的效果,使人听不真切。尤其是雨夜的环境,人们的心理容易出现各种奇特的联想,自然也就产生了类似有人叫冤的幻听了。

对于这种石头的形成原因,朱教授认为,由白云质灰岩风化后形成的黄色黏土应该是形成响石的基本物质基础。不过,响石的形成肯定是由多种因素造成的,例如当地的地壳变迁以及环境,气候变化等等,所以说目前只是发现了一个典型特征后对响石形成原因的一个初步判断,而具体的原因还有待于对响石的继续研究。

但是,还有各问题就是,这种石头真的能治疗眼疾吗?

朱顺知教授告诉记者,在《巴县县志》里记载着这响石可以治眼疾。说眼睛有各种疾病,把响石打开后,取出中间那个石子就可以起到治眼疾的作用。

而有的专家也认为,响石中的成分对眼表的炎症应当有止痒消毒的作用。因为硼通常是以一种化合物的形式存在,在临床上,硼酸可以止痒,可以进行消毒。把硼酸粉配成一定的比例,可以对眼进行冲洗或者消毒。而矿物质中的硒。尤其对人的视力有保护作用。因为在眼睛里,一些组织硒的含量很高。现在的科学认为,人体如果缺硒,会对青少年的视力造成损害。所以,所谓的响石治眼疾可能是起到止痒消毒的作用,而绝不可能是真正意义上的能治愈眼睛上的疾病!

滴血认亲有科学性吗

在一些武侠小说和电视剧里,常提到一种检验是否有亲生父子关系的方法,叫"滴血认亲"。而且,根据记载,古代"滴血认亲"的方法,分为两种,一是叫滴骨法,另一种叫合血法。滴骨法,早在三国时期就有实例记载,是指将活人的血滴在死人的骨头上,观察是否渗入,如能渗入则示有父母子女兄弟等血统关系;合血法,则大约出现在明代,是指双方都是活人时,将两人刺出的血滴在器皿内,看是否凝为一体,如凝为一体就说明存在亲子兄弟关系。

这种古法的滴血认亲在现代医学角度说是不科学的。因为,骨骼无论保存在露天,还是埋藏在泥土中,经过较长时间,一般情况下软组织都会经过腐败完全,溶解消失,毛发、指甲脱落,最后仅剩下白骨化骨骼。白骨化了的骨骼,表层常腐蚀发酥,滴注任何人的血液都会浸入。而如果骨骼未干枯、结构完整、表面还存有软组织时,滴注任何人的血液都不会发生浸入的现象。对于活体,如果将几个人的血液共同注入同一器皿,不久都会凝合为一,不必尽系骨肉至亲。

举个例子,人类的 A 型、B 型血是能够溶合在一起的,如果以所谓的"合血法"检验两名分别是 A、B 血型的人,其血液虽能溶合却没有亲子关系。

随着科学的发展,亲子鉴定的手段越来越多,结果也越来越准确。现代的"滴血认亲"是根据孟德尔遗传定律进行的。孩子的遗传特征(标记)是由其父母双方提供的基因组合而成的。从受精的那一瞬间开始就已决定了。检验遗传特征,看它符不符合遗传规律,便可做出判断,如现代的人类基因DNA多态性鉴定法,虽然 DNA 检测并不会给出绝对的结果,但能得出有关亲子关系是否成立的接近肯定的数据。至于兄弟、姐妹、叔侄及爷孙隔代关系等的鉴定,以前单靠血型检验几乎无法完成,现在由于 DNA 检测技术的不断发展也基本上可以迎刃而解了。例如,在检测报告上,接近肯定的结果会注明受试人

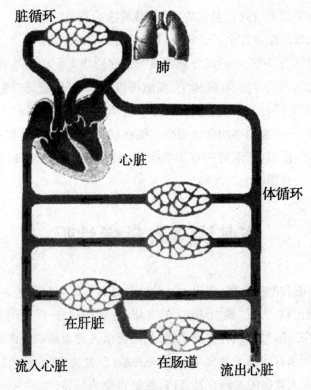

脏循环

肺

心脏

体循环

在肝脏

在肠道

流入心脏

流出心脏

血液循环图

存在亲子关系的比率为 99.99%。

　　所以说,古代的所谓"滴血认亲"是没有任何科学依据。因为在这种鉴定过程中,亲子关系的血液不一定能融合,而不是亲子关系的血液常常能融合。

自然探索

香格里拉之谜

"不识庐山真面目,只缘身在此山中"。世上许多神奇美妙的事物往往就被拥有它们的人们所忽略。

香格里拉

"香格里拉"就是如此,它如此虚幻迷离地在人们的现实生活与精神世界之间的地平线上游荡了整整半个多世纪,至今仍散发着诱人的感力,始终是世人内心深处向往的一片"世外桃源"。

"香格里拉"一词,源于藏经中的香巴拉王国,在藏传佛教的发展史上,其一直作为"净土"的最高境界而被广泛提及,在现代词汇中它又是了"伊甸园、理想国、世外桃源、乌托邦"的代名词。传说中的香格里拉人是具有最高智慧的圣人,他们身材高大,拥有超自然力量,至今仍从人们看不到的地方借助于高度发达的文明通过一种名为"地之肚脐"的隐秘通道与世界进行沟通和联系,并牢牢地控制着世界。事实上长期以来,这条"地之肚脐"的神秘通道,一直作为到达香格里拉王国的唯一途径而成为寻找香格里拉的关键。

但是,是什么力量使香格里拉由世界的直接缔造者变为隐秘的统治者?这个传说中的天堂又是在什么时候失落于历史的双眼隐身于茫茫雪山?一直是藏传佛教中的一个谜,这个谜同样引起香格里拉信仰者和藏史家的浓厚兴趣。有人推断是类似《圣经》中记载的空前洪水,而有人则从藏经中寻找到大陆沉没的灾变记载,更有甚者认为香格里拉就在我们身边,正用超自然的神奇力量注视并影响着我们的生活,而凡眼肉胎却无从觉察。

从 40 年代开始,知道"香格里拉"的人们都在询问:"美丽的香格里拉在哪里?"有许多探险家、旅游家不懈地在印度、尼泊尔、中国西藏的喀喇昆仑山一带寻找"美丽的香格里拉",半个多世纪过去了,没任何结果。于是有人称:"香格里拉"是个谜,一个世界之谜、一个世纪之谜、一个也许到 21 世纪才能解开的谜。

不过,1997 年 9 月 25 日,半个多世纪的世界之谜终于解开,找到了被称为世纪之谜的"香格里拉",日前在云南省迪庆藏族自治州被发现、认证。

神秘莫测的神农架野人

在神州的华中腹地,有一个纵横 3200 平方公里的原始大森林,那就是著名的神农架林区,这里千峰陡峭,万壑幽深,被誉为"华中屋脊",也是我国著名的"绿色宝库"。它是国家生物多样性的示范基地,也是联合国教科文组织"人与生物圈"保护网之一。

当今世界有四大自然之谜,它们是:野人、飞碟与外星人、尼斯湖怪与恐龙、百慕大死亡三角,成为全人类共同探索的问题,神农架"野人"首当其冲。这让人们扑朔迷离、眼花缭乱,神农架也散发出魔幻般的魅力。"野人"在我国已有三千多年的流传,西周时期就有我国少数民族就捉拿"野人"向周成王进贡的记载。

从 1976 年开始,中国科学院和湖北省人民政府有关部门组织科学考察队对神农架野人进行了多次的考察。考察中,发现了大量野人脚印,长度从 21 厘米到 48 厘米,并灌制了数 10 个石膏模型,同时还收集到数千根野人毛发。在海拔 2500 米的箭竹丛中,考察队还发现了用箭竹编成的适合坐躺的野人窝。神农架野人是神农架山区客观存在的一种奇异动物,虽然已初步了解到这种动物活动地带和其活动规律,但要揭开这千古之谜,还需要进行一系列的科学考察,神农架旅游委员会已将野考作为一项旅游项目。

在众多与"野人"遭遇的事件中,有两次是非常珍贵的。一次是 1976 年 5 月 14 日凌晨 1 时左右,一辆北京吉普车上坐着神农架的 5 位干部,他们在十堰开完会后返回神农架的时见到了一个红色毛发的动物;另一次是 1993 年 9 月 3 日,铁道部大桥局谷城桥梁厂一行 8 人途经燕子垭时,见到了 3 个"野人"。

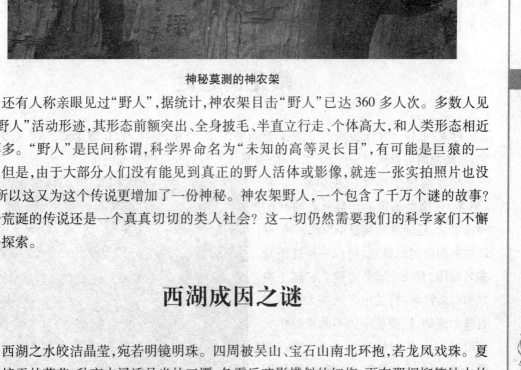

神秘莫测的神农架

　　还有人称亲眼见过"野人",据统计,神农架目击"野人"已达360多人次。多数人见到"野人"活动形迹,其形态前额突出、全身披毛、半直立行走、个体高大,和人类形态相近差不多。"野人"是民间称谓,科学界命名为"未知的高等灵长目",有可能是巨猿的一支。但是,由于大部分人们没有能见到真正的野人活体或影像,就连一张实拍照片也没有,所以这又为这个传说更增加了一份神秘。神农架野人,一个包含了千万个谜的故事?一个荒诞的传说还是一个真真切切的类人社会? 这一切仍然需要我们的科学家们不懈地去探索。

西湖成因之谜

　　西湖之水皎洁晶莹,宛若明镜明珠。四周被吴山、宝石山南北环抱,若龙凤戏珠。夏日里接天的荷花,秋夜中浸透月光的三潭,冬雪后疏影横斜的红梅,更有那烟柳笼纱中的莺啼,细雨迷蒙中的楼台,无论你在何时来,都会领略到西湖不同寻常的风采。关于"西湖"这个名称,最早开始于唐朝。在唐以前,西湖有武林水,明圣湖,金牛湖,龙川,钱源,钱塘湖,上湖等名称。到了宋朝,苏东坡守杭时,他咏诗赞美西湖说:"水光潋滟晴方好,山色空蒙雨亦奇。欲把西湖比西子,淡妆浓抹总相宜。"诗人别出心裁地把西湖比作我国古代传说中的美人西施,于是,西湖又多了一个"西子湖"的雅号。

那么,可与古代四大美女之一的西施相媲美的西湖究竟是怎样形成的呢?至今学术界仍众说纷纭。许多研究者主张"西湖是因为东汉华信筑塘成功后才形成的"说法,这种说法遭到质疑。

1909 年,日本地质学家石井八万次郎提出:西湖是由于火山爆发,岩浆阻塞海湾而形成湖泊的。我国著名科学家竺可桢先生通过详细的实地调查研究,否认了石井八万次郎的推断。他认为,西湖是一个潟湖。根据史书记载:远在秦朝时,西湖还是一个和钱塘江相连的海湾。耸峙在西湖南北的吴山和宝石山,是当时环抱着这个小海湾的两个岬角。后来由于潮汐的冲击,泥沙在两个岬角淤积起来,逐渐变成沙洲。此后日积月累,沙洲不断向东,南,北三个方向扩展,终于把吴山和宝石山的沙洲连在一起,形成了一片冲积平原,把海湾和钱塘江分隔了开来,原来的海湾变成了一个内湖,西湖就由此而诞生了。

尽管至今人们对西湖形成原因还没有一个统一的说法,而且,对其形成的详细机制、形成的确凿年代等,至今仍然是一个谜,但随着研究的深入,科学家们应该会得出一个满意的答案。

蟠龙洞之谜

蟠龙湖,位于元氏县境内,北距省会石家庄 25 公里,景区内,有蟠龙湖、马头寨山、蟠龙寺、蟠龙洞等景点,是一处山水兼具、自然人文景观交汇的游览场所。

蟠龙洞位于蟠龙山东山腰,总长236 米,在这里不仅能体验远古时代的洞穴生活,还能欣赏到根据"蟠龙"的神话故事而修建的景观,可以一解这里众多名称用"蟠龙"冠名之谜。它属于典型的喀斯特溶洞,是地下水在大理岩的石缝中流动,经漫长年代不断侵蚀扩大而成的。因其洞体迂回曲折,形若蛟龙,故取名"蟠龙洞"。在湖畔,度假别墅村依山傍水,形如水滨城市,因省会石家庄旧曾用名"石门",因此而得名"石门水都"的雅号。

蟠龙洞

中国广东云浮蟠龙洞也有与白云洞"节外生枝"的特点相似的石花。蟠龙洞全长 500

米,洞分3层。它拥有洞穴世界中的稀世珍品——宝石花。长在蟠龙洞中的宝石花不像常见的滴聚而成的石钟乳那样上下垂直,它们竟横向斜生,甚至反重力作用而向上节节生长。曾有人不经意把一个石花碰断,不曾想,这一偶然事件,却使人们发现了蟠龙洞宝石花的一个秘密:一年后,人们发现折断的宝石花又长出了几厘米。要知道,一般的石钟乳、石笋几十年也长不了这么长。这究竟是怎么一回事呢? 现在还是一个谜。

漠河极光形成之谜

极光是一种大气光学现象。当太阳黑子、耀斑活动剧烈时,太阳发出大量强烈的带电粒子流,沿着地磁场的磁力线向南北两极移动,它以极快的速度进入地球大气的上层,其能量相当于几万或几十万颗氢弹爆炸的威力。由于带电粒子速度很快,碰撞空气中的原子时,原子外层的电子便获得能量。当这些电子获得的能量释放出来,便会辐射出一种可见的光束,这种迷人的色彩就是极光。

地球的两极有两个大磁场,带电粒子流受地球磁场的影响,飞行路线就要向两极偏转,两极地区形成的粒子流较中纬度更多,在高纬度地区人们能观察到极光的机会更多些。出现在北极的叫北极光,出现在南极的叫南极光。

我国最北部的黑龙江省漠河地区,人们常常可以看到五彩斑斓北极光。漠河县位于北纬53度线上,是中国纬度最高的县份。在夏季的夜晚人们经常可以看到漠河地区天空中出现极光。那么漠河地区的极光是怎么形成的呢?

许多世纪以来,这一直是人们猜测和探索的天象之谜。有的科学家认为这美丽的景色是太阳与大气层合作表演出来的作品。在太阳创造的能量中,有一种能量被称为"太阳风"。太阳风是太阳喷射出的带电粒子,它在地球上空环绕地球流动,以大约每秒400公里的速度撞击地球磁场,沿着磁场进入地球的两极地区。两极的高层大气,受到太阳风的轰击后会发出光芒,形成极光。但是,把极光产生仅仅说成是太阳风与地磁场互相作用的结果,并不那么确切。因为太阳风总是在不断地刮,按理说极光也应该不断发生,但漠河极光又不是经常发生的。

总之,对于这种奇异的极光现象,科学家们有着各种各样的解释,但是每一种解释又都不够准确,因此,漠河极光现象成了人们至今未解开的谜。

孔林"含泪碑"之谜

孔林,位于山东省曲阜市,它是孔子及其后裔的家族墓地,始建于公元前478年,距今已有 2400 多年的历史。是世界上延续时间最长的家族墓地。孔林面积约 200 公顷,其围墙周长达七公里,有墓葬一万多座。林内古木参天,浓荫蔽日,四季常青。与孔庙、孔府并称曲阜"三孔",举世闻名。

孔林内有一块"含泪碑",位于祭祀孔子的享殿后面,距孔子墓数十米。关于此碑的来历,倒是感人至深的。据历史记载。子贡是孔子十大优秀学生之一。当时,他虽然是富甲一方的巨商,但他敬仰孔子的道德、学问,弃商从学,拜孔子为师,很快成为孔门高徒。

孔子去世后,正在外地经商的子贡,闻讯悲痛欲绝。他迅速赶来奔丧,据说眼睛都哭肿了。丧事完毕,众弟子轮流为孔子守墓 3 年,期满而去,唯子贡守墓 6 载。其间,子贡将南方稀有珍木楷树,移植孔子墓旁,寄托对老师的一腔真情。楷树,木质坚而韧,树干挺而直,顶天立地,象征孔子为万世师表,天下楷模。

有一年夏天,楷树突遭雷火,不幸死亡。清帝康熙得知此事,诏令重植楷树一株,并立碑刻石纪念。说来也巧,石碑正好立在当年子贡挥泪植树的原址。于是,"含泪碑"便成为孔林的一大奇景。

孔林"含泪碑"

不过,这块碑很奇怪,每年农历 8 月 27 日前后,也就是大祭孔子的时间,无论是白天还是黑夜,也不管是早晨或者中午,在石碑的表面,总是湿漉漉地挂满了一串串水珠,酷似一个极度伤心的人正在流泪。尤其在石碑中部竖刻"子贡手植楷"的碑文上,水珠最多;而"子贡"二字处,"泪流"又为最。人们都说那是孔子的忠实门徒子贡,为祭祀老师而暗暗涕泣呢!当然,这不过是人们的一种附会,但是令人费解的是,假如把碑上的水珠擦去,不消一会儿,串串水珠接着就又冒出来。再擦再冒,决不会擦干。你说怪也不怪?

"含泪碑"为什么会"哭"?科学家们还没有找到合理的解释。

龙卷风的奥秘

刮风下雨本是极寻常的自然现象,但有些风和雨确实很奇异。在许多国家经常发生这样的事,晴朗的日子里,天上突然撒下许多麦粒,掉下橙子和蜘蛛,有时又会随雨落下一群青蛙或鱼……这些骤然看来不可思议的现象,其实都是龙卷风的恶作剧!

水龙卷与陆龙卷

龙卷风发生在水面时,称为"水龙卷";如发生在陆地上,则称为"陆龙卷"。龙卷风外貌奇特,上部是一块乌黑或浓灰的积雨云,下部是下垂着的形如大象鼻子似的漏斗状云柱,具有"小、快、猛、短"的特点。水龙卷直径 25～100

龙卷风

米,陆龙卷的直径为 100～1000 米。其风速一般达每秒 50～100 米,有时可达每秒 300 米。它像巨大的吸尘器,经过地面时,地面的一切都要被它卷走,经过水库、河流时,常卷起冲天水柱,连水库、河流的底部有时都会暴露出来。同时,龙卷风又是短命的,往往在几分钟或几十分钟,最多几小时之内便"寿终正寝"了。

龙卷风的成因

苏联学者维克托·库申提出了龙卷风的内引力——热过程的成因新理论:当大气变成像"有层的烤饼"时,里面会很快形成暴雨云。大量已变暖的湿润空气朝上急速移动,同时,附近区域的气流迅速下降,形成了巨大的漩涡。在漩涡里,温润的气流沿着螺旋线向上飞速移动,内部形成一个稀薄的空间,空气在里面迅速变冷,水蒸气冷凝,这也是为什么人们观察到龙卷风像雾气沉沉的云柱的原因。

怪风的奥秘

风是一种常见的自然现象,微风习习、清风拂面、寒风凛冽……都是用来描述风的。但有时这平常的风却有很多怪"把戏",怪得让我们摸不着头脑。

微风的威力

微风习习,除送给人们一丝凉爽和惬意外,也会将一座70米高的铁塔吹倒在地,你不会想到吧?一个晴朗的夏夜,晚风轻拂。突然,轰隆一声巨响,一座铁塔倒塌了。这或许太不可思议了。其实,当风的气流贴着物体流动时,气流会形成一个小漩涡,而这漩涡会使物体左右摇摆。建筑物的设计师们只考虑到了大风的威力,却没有"防微杜渐",小瞧了这微风的力量。

奇特的焚风

焚风多发生在地球上的山区地带,不少地方都可以见到它。当山脉阻隔风的流向时,风会顺山坡上升。在上升过程中,一部分水汽成云落雨后,空气就变得特别干燥了。当干燥的空气开始下沉时,就变得更干燥了,如山顶上2℃的空气从海拔3000米的山上下沉到地面时,温度会达到20℃。这样高温而干燥的风,在冬季可以使积雪在很短时间里融化,造成雪崩;在干燥季节能使树叶、杂草点燃,造成火灾。

猛烈的台风

台风是发生在太平洋西部的极猛烈的热带气旋。当炙热的太阳终日照在海洋上时,海面上的空气会急剧升温。冷空气与热空气发生对流,热空气大规模上升到高空,冷空气向下流动,直到热空气到达高空变为冷空气为止。这时变冷的空气立即形成暴雨。各个方向的冷空气夹着狂风暴雨形成一个空气大漩涡,这就是台风(又叫飓风)。台风有时在空中会产生带有垂直转轴的漩涡,这时又叫龙卷风。

佛光的奥秘

佛光,又叫"峨眉宝光",它是一个巨大的七彩光环,光环中还有人的影子。观看佛光的人举手、挥手,此际人影也会举手,挥手"云成五彩奇光,人影在光中藏"的景象,神奇而魂丽。佛光到底是怎么一回事呢?

奇异的佛光

有研究人员对自己亲眼见到的佛光做过详尽的记录:一轮彩色的光环如同显影一样由淡到浓地浮现,环形巨大,直径约4米。光环色彩由外而内排列着红、蓝、青、绿、黄、橙各色,中心是一团如蛋黄般耀眼的光亮,因为云雾的不断飘送,光环结构随之发生相应变化。影像在光环的正中心,只是一个淡淡的剪影,很难辨别细微的形象。当人手舞足蹈的时候,那剪影也跟着摇摆晃动,正所谓"光环随人动,人影在环中"。

佛光的成因

究竟是什么样的地理和自然条件才能形成佛光呢? 佛光是自然界中的一种光学现象,它的出现必须具备三个条件:阳光、云雾、地形。只有当太阳、人体和云雾三者处在一条倾斜的直线上时,方能产生佛光效应。佛光通常出现在半雾半晴的天气里。在峭壁边的云端,是光线造就了这个美丽的奇迹。在水汽氤氲的悬崖之旁,水滴凝结成的云雾在山峰和深谷间弥漫,铺成重重叠叠的云层。阳光从一定的角度斜射下来,透过厚厚的云层。这时,大自然开始了它的光线游戏。当光线穿透云雾表面时,会在云层深部的水滴或冰晶中产生衍射和反射。在衍射的作用下,有部分光偏离原来的方向,其偏离的角度与冰晶点的直径成反比,与各种色光波长成正比。于是,不同波长的单色光逐渐扩散开去,最终形成了一个彩色光环。

雾与虹的奥秘

诸多的气象要素组成了庞杂的天气系统,而系统的变迁造就了百般变幻的气象之景。清晨之际,近地面处常形成浓厚的锋面雾。弥漫的大雾笼罩着大地,灰蒙蒙的一片,顿时天地相连,海天一色。你知道雾是怎么形成的吗? 雨后天晴,天际挂着一道瑰丽的七色彩虹,引发了人们无限的想象。天空中的虹又是如何形成的呢?

雾的形成

雾不是凭空从天上掉下来的,它是由悬浮在低空中的小水滴凝结而成的。空气中所含有的水汽是一定的,而且随温度的下降而增加,当增加到最大限量时水汽就饱和了,等到高出饱和水汽量时,多余的水汽就凝结成水滴或冰晶。如果空气中水汽含量非常大,而气温降低到一定的程度,一部分水汽将会凝结成很多小水滴。这些小水滴会越来越多而最终形成雾。一般把水平能见距离低于 1000 米的雾称为"雾",而能见距离在 1000~10000 米的雾称为"轻雾"。

虹的形成

在盛夏和初秋季节里,降雨之后,许多小水滴飘浮在空气中。当太阳光射入这些小水滴时,经折射而改变了光线原来的方向,并将由 7 种颜色合成的白色太阳光散射,使之重新分解成为 7 种颜色;再经地面的反射作用,就在太阳的对面形成了颜色从外向内呈赤、橙、黄、绿、青,蓝、紫七色的美丽光弧,这就是虹。虹的颜色和宽度与水滴大小有关。水滴越大,虹的颜色就越鲜艳,虹带也越宽。

奇异的雪

我国古代就出现过六月飞雪的反常现象。周代的《六韬》一书中有夏雪的相关记载;《汉书·五行志》记载了元帝永光元年(公元前 43),从农历三月到九月就一直是雨雪天气,使庄稼颗粒无收。据考证,我国在 537 年也发生过一次长达数月的夏雪天气,导致天下饥馑。夏季本应是酸热难当,却出现了寒冷的天气,这是怎么回事呢?

六月飞雪探索

一些科学家认为,六月飞雪是由于大规模的火山爆发造成的。火山爆发时可产生达数百万吨的火山灰,上升至大气高层,飘散到世界各处,一连数月遮天蔽日。它导致白天太阳无光,夜间不见星星,还使得许多地区出现寒冷天气。据研究,537 年中国发生的那次夏雪天气,是由于新几内亚东南部的一次火山喷发造成的。"六月雪"虽属罕见,但也有其科学道理。像青藏高原这类地区,天气多变,虽是六七月天,下大雪也是平常事。所以六月飞雪的现象虽然十分罕见,但从气象学角度讲,是可能发生的。

离奇的彩雪

日常所见的雪都是白色的,我们也常用"皑皑白雪"来形容大雪,好像雪的颜色已经被界定,就是白色的。其实,雪也有彩色的。我国西藏的察隅、德国的海德堡和南极等地就曾下过红色雪;内蒙古下过黄色的雪;北冰洋斯比兹尔下过绿色的雪;更让人不可思议的是,意大利挑罗台依和瑞典南部竟下过乌黑的雪……这时呈现在我们眼前的仿佛是一个五彩缤纷的雪的世界。那么彩雪又是如何形成的呢?原来那是因为雪中掺杂了有颜色的物质。

极昼极夜的奥秘

神秘笼罩下的南极和北极总是让人捉摸不透,在这里演绎着太多的奇闻,极昼和极夜即是其中之一。顾名思义,极昼就是一天 24 小时都是白日,反之则是极夜。出现"极昼"时,在南极或北极地区,太阳始终在地平线附近。在"极夜"时,天空并不像我们想象的那样漆黑一片,而是在月光和星光的照射下,显得格外明亮。

极昼极夜的成因

我们都知道,地球在公转的过程中,地轴始终指向北极星的方向,而且地轴与公转轨道始终保持一定的交角。地球的公转使太阳在地球表面的直射点总在发生变化。春分至秋分之间,太阳光总是照射在北极的低空上,此时北极地区全是白天,出现了"极昼"。但过了秋分至下一年的春分之前,太阳直射点移到南半球,北极地区就都是晚上,出现了"极夜"。南极出现极昼与极夜的情况则正好与北极相反。

黎明前的黑暗探因

黎明前的黑暗是最"黑"的,这是地球大气与太阳光相互作用的结果。在长夜即将结束,黎明马上来临时,地平线以下的太阳光照射到地球上 2000~3000 千米的高层大气。这样,星星的光亮就被太阳的散射光冲淡了,而高层大气又十分稀薄,它所散射的阳光不能充分传到地面上来。此刻,地球上既没有星光,也没有大气的散射光,是一天里最黑暗的时候。

南极奇湖的奥秘

南极洲的绝大部分地方覆盖着坚硬寒冷的冰层,大陆冰层的平均厚度达 1880 米,许多地方甚至厚达 4000 米以上,被称为"冰雪大陆"。南极大陆气候酷寒,年平均温度仅-25℃,最低温度达到-90℃,所以又被称为"世界寒极"。然而,就在这片寒冷的冰天雪地上,却奇迹般地存在着一个不冻湖。

酷寒地带的异类

南极不冻湖的面积有 2500 多平方千米,湖水最深处达 66 米。不冻湖最神奇的地方在于随着深度的增加,水温不断增高。在 16 米深的地方,湖水的水温升至 7.7℃。这个温度一直保持到 40 米深处。在 40 米以下,水温随着深度逐渐增加,到 50 米以下,水温骤增。在最深的 66 米处,水温竟然达到了 25℃。不冻湖的奇怪现象,使人们百思不得其解。为了揭开这个谜团,科学家们对湖的周围进行了考察。他们发现,不冻湖的周围并不存在类似于火山活动的地质现象。这使得不冻湖水温增加探索更加神秘。

不冻湖的成因

科学家们认为，不冻湖的成因是气压和温度在特殊条件下交织在一起的结果。南极的大部分地区被厚厚的冰层覆盖，在300多米的冰层下，压力可以达到278个大气压。这样强大的气压使大气释放出比普通状态下更多的热量。而且，冰层像个大棉被，把大地所释放的热量积存起来。这样，大量的冰在积存热量的作用下融化，汇集在南极大陆的凹陷处，就形成了现在的不冻湖。

响石与跳石

任何时候都不能用一成不变的眼光来看待事物。对于石头也是如此。因为石头不仅能跳，还能如乐器似的发出悦耳动听的声音。浙江湖州有一个不引人注目的黄龙洞，但倒挂在这个小溶洞顶部的岩石却不同寻常，因为它们是闻名天下的"响石"。如果用力敲击这些岩石，岩石就会发出动听的声响。假如音乐家有节奏地敲打它们，还可以演奏一曲动听的"响石乐"。

有趣的跳跳石

一次，科学家们把刚从海底采集来的石块放在甲板上。疲惫的他们正准备坐下来歇一会儿，忽然一些石块蹦跳起来，发出了咚咚的响声。这真是一件怪事！科学家们马上对这些石头进行研究。研究结果显示，并不是所有从深海海底采集的石头都会蹦跳，只有来自死火山或者活火山所形成的海底山脉的石头才会蹦跳。二氧化碳在这种火山熔岩岩石中的含量比一般岩石的含量要高出约20倍。在深海高压的条件下，火山熔岩里面的气泡会呈现比较稳定的状态，但当它们离开海底的深水来到水面上的时候，一下子失去了原有的高压力，石块就仿佛挣脱了束缚，欢快地跳起来。

声音从哪里来

石头能当乐器使，这到底是怎么回事呢？由于黄龙洞是由石灰岩组成的，斗转星移，石灰岩被含有二氧化碳的流水所溶解，渐渐形成了溶洞。而溶洞靠近古太湖，古太湖的湖水升降十分频繁，石灰岩逐渐被冲刷溶解。久而久之，石灰岩成为中空状，而且形式各种各样。它们还有一个共同的特点就是比较扁而薄，因此只要受到了震动，就能发出各种清脆的音响，萦绕在耳边。

峡谷枪声之谜

在 1980 年 6 月的一个阴雨天,湖北省水文地质大队的几名地质人员,在路过陕西省旬阳县境内一条深而狭窄的峡谷时,突然听到一阵震耳的枪声,以及大人和小孩的哭喊声……这恐怖的声音来自何处呢? 据说,新中国成立前夕有一个马戏班路过这条峡谷,遭到了一支国民党军队的疯狂屠杀。当时,正值雨季,也同样是阴雨天,山谷中枪声大作,哭喊连天。以后,每到这个时节,一遇上阴雨天便会响起这些声音。这一离奇现象,引起了人们的兴趣和猜测。有一种观点认为,峡谷两侧高峻的山崖中可能含有一种磁性矿物,在某种情况下能像磁带那样录下当时的声音。一旦外界条件具备,"磁带"中的声音便被释放出来。此说是否属实,还有待科学的证实。

海南岛"雷公墨"之谜

暴雨倾泻后的海南岛,往往会发现地里有一种杏子大小,长约十几厘米,样子奇特的、黑色玻璃质石块。由于它总是在雷雨之后出现,因此被称为"雷公墨"。

那么,"雷公墨"是怎么形成的呢?

目前科学界大致有五种解释:

第一种认为它与雷电有关。从分布特征看,在我国,雷公墨不仅在海南岛有,也可见于雷州半岛,闽粤沿海和台湾等地。在世界上,主要集中分布于四个地区。即澳亚散布区、象牙海岸散布区、北美散布区、莫尔达维散布区。此外,在埃及西部的沙漠地带及其他一些地方也有少量发现。各散布区的玻璃质石块都具有相似的地质年龄。这些情况显然表明它们的形成与雷电这种遍布全球的自然现象毫无关系。

第二种认为它是火山喷出的物质。当火山爆发时,喷出的炽热气体中充满了火山灰,并常伴有雷电。闪电使灰尘形成一种气泡,它常会因种种原因而破裂,形成一些物质掉到地上。但是火山的分布与雷公墨的散布区并不吻合,而且火山形成的这种物质中常有一些微晶和骸晶物质,而雷公墨却是均一的玻璃质。

第三种认为它是陨石。每一散布区的玻璃陨石代表了一次陨落事件,因此它们都有相似的年龄值。由于陨石落的方向也与陨石母体与地球的相对位置有关,这就导致了玻璃陨石呈有限的四个地区分布的状态。但是有史以来人们看到的自天而降的陨石只有三种,从来没有发现过玻璃陨石的降落,而且它们的年龄值相差也很大,所以很难说雷公墨来源于天体。

第四种认为它来自月球，可能是月球火山喷发物飞溅到地球上而形成的。月球起源说既能解释玻璃陨石在物质成分上所表现出来的地外成因特征，也能说明玻璃陨石所具有的陨石分布特点，还能说明它为什么与常见的三类陨石有明显的差异，及它为什么具有明显小得多的年龄值。可是月球早在31亿年前已结束火山活动，根本不具有喷出如此多玻璃陨石到地球上的火山作用。

第五种认为是地球陨石坑的产物。它的形成与偶尔陨落的巨大陨石的撞击有关。对古地磁的研究发现，地磁极会突然转向，它与巨大陨石的撞击有关，而几次雷公墨的形成年龄正好和地磁转向年龄吻合。但是巨大的陨石轰击事件比雷公墨出现的频率要多，为什么雷公墨的年龄只限于3~4千万年以内呢？

银狐洞之谜

我国洞穴中的石花，在南北都有所分布，论说起来，哪个洞穴也不及北京房山银狐洞。

银狐洞

1991年7月1日，距北京70公里的西南郊房山区佛子庄乡下英水村，采煤掘进岩石巷道时，巧遇溶洞，即今日已正式对外开放的银狐洞。该洞深入地下100多米，主洞、支洞、水洞、旱洞、季节河、地下河，洞连洞，洞套洞，纵横交错，上下贯通。中国科学院地质研究所的专家学者一致认为，这是我国北方最好的溶洞。

银狐洞内既有一般洞穴中常见的卷曲石、壁流石、石珍珠、石葡萄、石瀑布、石枝、石花、石蘑、石幔、石盾、石旗、穴珠、鹅管等，还有一般洞穴中少见的云盆、石钟、大型边槽石坝、仙田晶花、方解石晶体。令人不解的是，洞内石花数量惊人，形状奇异。洞顶、洞壁，以及支洞深处的仙田里，菊花状、松柏枝叶态、刺猬样的石花密布。为何独此洞石花如此之多，没人能够说得清。

在一个人必须四肢贴地才能钻进去的小洞口，沿狭窄的洞壁前行十来米，是三叉支洞的交汇处。此处，洞顶密布着大朵石菊花。洞底有个一米高的石台，一个长近两米，形似雪豹头银狐身的大型晶体，从洞顶垂到洞底，通体如冰琢玉雕般洁白晶莹，并且布满丝绒状的毛刺，密密麻麻，洁白纯净，毛刺一、二寸长不等。此种形态及颜色，此前洞穴专家亦见所未见，闻所未闻，在世界上是首次发现。

对"银狐"的成因，人们有不同的说法。以北京市地矿局董新菊为首的一部分工程师认为，"银狐"是由于雾喷而后凝聚形成的。以国际洞穴联合会副秘书长张寿越为首的中国科学院地质研究所一部分专家教授们则认为，丝绒般的毛状晶体是含有这种物质的水，从内部通过毛细现象渗透到外部而形成的。也就是说，前者持外部成因论，后者持内部成因论，究竟孰是孰非，亦或二者都不是，而属第三种成因，目前还没人能说得清。有一位颇有名气的气功师光临银狐洞，进行了发功测试，测试的结果，此处"磁场"异常强，远远超出其他地方。假若气功师所测可信，是否可以说"银狐"以及洞内石花等溶蚀物都是强磁场所"造化"也未可知！

银狐洞可以用磁场强作为一种解释，我国洞穴内所有构造与溶蚀物等方面的"神秘大观"，不能都用磁场强来做解释吧！还是一句话：神秘！没谁能够完全说得清。

怪坡之谜

生活中，由于地球引力的作用，每当人们走下坡路时，就会感到省力；每当车辆行驶到下坡时就会自动滑行；骑自行车也是如此，下坡时即使在不蹬的情况下，自行车也会加速行驶。而上坡则相反，这时步行要加力，开车要加油，骑自行车要使劲蹬，否则就难以前行。

世界之大，无奇不有。在沈阳新城子区清水台镇阎家村蛤蟆岭附近的哈大公路的东侧约1公里处有一条长60多米、宽15米的一段坡路，却是一个"上坡容易下坡难"的奇怪路段。

这段坡路，从表面看无任何异常之处，土道比较平坦，两侧长满了小草，坡路东低西高。可就在这里却有着一种令人不解的奇怪现象。

怪坡是1989年4月的一天，由一位青年司机发现的。具有多年驾驶经验的屠春明，驾驶着一辆面包车路经这里,到卧龙山,无意中把车停在山坡的下端,摘档熄火,跳下车到路边办事。没等他走几步,车轮就向上滚动,车在无人驾驶的情况下向坡路顶端冲了上去,一直冲出近 60 米远,直到车后轮被一块石头挡住,车才停下来。

司机开始以为自己视觉出了毛病,定睛细看,车轮确实往山坡上滚动,并没有人推车。汽车自动向上滑行,这可把他吓坏了,赶忙开车离开这个鬼地方。司机越想越费解,他带着疑惑和不解向人们述说了这一事情的经过。这样,这一具有神秘色彩的怪事,很快就传开了。对产生异常现象的成因,专家们也众说不一,各执己见。

一种观点猜测,汽车自动上行,很可能是此山坡附近有巨大的磁场,吸引着汽车和自行车由下向上滚动。如果是磁场作用,为什么和它紧紧相连的其他山坡就没有这种现象呢?

物理学家则认为,这很可能是"重力位移"作用。他们根据万有引力学说,认为物质结构的密度越大,则引力越强。在坡顶端地下,很可能有一块密度很大的巨石或空洞,引起了这种奇特的现象。

第三种意见否定了前两种看法,认为这是典型的"视觉差"现象。由于这里三面环山,视觉参照物比较复杂,这样人们很容易受视觉参照物的影响,本来很高的地方,使人感觉却是很低;同样,原来很低的地方又使人觉得它很高。这种情况人们在沙漠测量时经常能够遇到,这里是否也是这种情况?

这一派观点的人对汽车滑行现象仍感迷惑,因为他们认定,如果这一怪坡的"坡底"比"坡顶"高,其坡度也绝不会超过一度。而汽车要自动滑行,即使在光滑的柏油路面上,坡度至少也得在二三度以上,速度也不会很快,更何况在这条土路上。这样一来,"视觉差"说难以自圆其说,也很难令人信服。

还有人说这里是气功之气造成的。种种说法的依据明显不充分,不能令人信服。其神秘之处究竟在哪里,目前仍无法解释清楚。况且未解之谜还有很多,只要能供人欣赏就有价值,几年来,怪坡又开发建设了许多景点,吸引了越来越多的游人。

天底塘下的叠叠谜团

距浙江龙游县城北 3 公里的凤凰山南麓有座叫"小南海"的低矮的小山包,此山正好在衢江与灵山江的交汇处。登高南望,但见江水滔滔,气度非凡,风光无限。山上临江处有座始建于明代的竹林禅寺,禅寺附近散布着许多大小差不多的方形水塘。当地石岩背村的老人说,这些都是"无底塘",深不可测,即使在大旱之时也不见浅,旧时曾作寺院的放生池。老人还说,这几年,常有村民从池中钓起大鱼。就在那一个个"无底塘"之下,隐藏着个天大的秘密。

　　1992年6月9日，小南海石岩背村的四位村民，突发奇想，集资1万多元，借来4台水泵，要抽干池水，看看到底池底有什么，说不定能找到点文物或能开发成旅游景点，寻出个生财之道。洞口不过20多平方米，昼夜不停地抽到第四天，水平面才开始向里伸展，且从池的左侧出现了向下伸展的台阶。他们好不兴奋，小心翼翼地将抽水泵沿台阶向下移，抽水抽到第九天清晨，突然发现前方水平面上显露出两个鱼尾状的石柱。他们有些害怕了，怕触犯了神灵，这里怎么会有老大老大的石柱呢？再说也没钱了，8天8夜，白白扔光了那1万块钱，还不知何时能见底。当时龙游县县长知道了此事，实地考察后认为可能很有开发价值，与财政部门协商，拨了2万元，支持他们继续抽下去。抽到第17个昼夜，终于将一个"无底塘"抽干了。水干露真容，"无底塘"下竟是一个人工开凿而成的由4根巨柱支撑的巨大洞窟！这更加引起了当地政府的重视，很快又相继抽干了紧邻的6个洞窟。经进一步勘查，在方圆不过几公里的石岩背村，类似这样的洞窟目前至少有24个之多！龙游石窟群就这样横空出世了。

　　展现在人们面前的，是一个气势恢弘、构造奇特、谜团丛生的石窟群。

　　从已经露出真容的7个洞窟来看，这些石窟似乎都在开凿前作过精密的设计和统筹安排。据目测，石窟的高度均在10至30米之间，假如再挖掉仍淤积于洞底的浮土层，实际高度将更大。发现洞窟的村民通过打木桩的土办法测量出浮土层的厚度大概在5至8米。石窟的面积小则数百平方米，大则有两千多平方米。所有石窟都凿有一条石阶，从洞口直达洞底。现已开发的洞窟内，均"半砌半凿"出一个深5至6米、面积20余平方米的矩形"水池"，究竟有何功用，目前尚是一个谜。更为奇特的是，每个石窟都有粗细不等的石柱，显然是在开凿过程中有意留下的。石柱少则一根，多则四五根，其大小与布局似乎是依照力学原理而设，以支撑窟顶。这些石柱的横截面均呈电熨斗状，其中最粗的一根石柱需5人方能合抱。最令人叹为观止的是，石窟的四壁陡峭笔直，棱角分明，而窟顶则无一例外地呈45度斜角，从约20平方米的洞口向下倾斜。而且洞顶与洞壁、石柱相接处凿痕呈弧形展开，凿痕均平如刀削，纹理匀称细密，道道凿痕整齐排列，极像是机械加工而成。

　　人们还发现许多至今无法破译的神秘之处。仅从洞窟本身来看，就有许多令人费解的地方。一是所有石窟的洞口均朝南西向，午后的阳光可以直射进石窟的中心；二是已发现的7个石窟的平面布局竟呈北斗七星状，而这7个石窟又正好处于整个扇形石窟群的中心部位；三是这些石窟均紧紧相邻，却绝不彼此相通，而洞与洞之间的最短壁距竟只有半米，这在当今地下工程中，运用极为先进的地下探测仪器亦很难做到；四是当村民们抽干洞窟积水时，惊讶地发现，在完全封闭的洞窟内竟找不到一条鱼，难道原先一直在

"无底塘"里生存的鱼类都插了翅膀飞了？五是在 1 号洞的洞壁上方，隐约可见一幅神秘的石刻图案，分别雕刻着一匹马、一只鸟和一条鱼，虽都是未完工的雏形，但其线条及造型极为古拙，似乎出自远古时代的工匠之手；六是在一些洞窟的洞壁上，刻有长达数米，深达 5 厘米的散发状线条图案，有的像闪电，有的像楔形文字，这些粗犷的石刻线条象征着什么？是图腾还是有待破译的密码？而龙游石窟群最大的谜团，就是这些地下石窟群开凿于什么年代。为什么这么宏大的工程，却至今尚未发现有关的史料记载？一个小小的山村地下，竟深藏着 24 个以上大小不一、高低错落的石窟，其密集程度令人吃惊。为什么地下石窟群要集中在这个小山村？悠悠几千年来，为什么人们一直不知道这个巨大的秘密？就连在这块土地上生息了一代又一代的村民们也毫无察觉？还有一件事值得一提。浙江省地球物理技术应用研究所的几位研究员带了一车子仪器到龙游，试图运用浅层地震测试法，摸清整个石窟群的布局结构，结果因地层复杂、洞窟繁多而搁浅。这更加重了龙游石窟群的神秘色彩。

仰天山之谜

在山东省青州市城南近百里的崇山峻岭中，有一座被古人称为"仰天胜绝，甲于东方"的仰天山。那里的迷人风光让人流连忘返，而且有关此山的优美的传说和三个千古之谜更令人拍案叫绝，心驰神往。

仰天山

佛光崖夜显佛光

仰天山的文殊寺后有一绝壁，名叫佛光崖。崖壁上奇松倒挂，千姿百态；下面崖壁宽宏，石纹间杂如织。站在崖根仰头望去，只见云动崖移，群鸟惊飞，其势险峻，撼人心魄。宋时人们欲在此建一座石窟，但因石质欠佳，只好用浅浮雕雕刻了文殊菩萨及左右侍童。

浮雕线条流畅,端庄静雅,栩栩如生。令人称奇的是,佛光崖顶部圆秀处,在漆黑的夜里能显出彩虹般的光芒。明朝工部尚书钟羽正在他的《仰天山文殊寺佛光崖放光记》中写道:"万历四十八年(公元1620年)四月朔,佛光崖放光三日,夜则穿月两垂,色明如银,昼则映日圆下,色耀如金。"据当地人介绍,他们在1992年春天也看到过这种彩虹,这大概就是人们所说的"佛光"。佛光是怎么形成的? 直至今日还没有能解释这一自然现象。

三龙湾蛙蚊不鸣仰天山的山脚下有个水湾,叫三龙湾。水湾中间有三根石梁,刚好被水淹没,微风起处,水波荡漾,石梁若隐若现,好似三条长龙戏水,三龙湾因此得名。每当夏天,附近的小河,池塘里蛙声四起的时候,唯独三龙湾里一片寂静,青蛙不鸣,蚊子也不哼哼。据当地人传说,从前这三道石梁上有一凉亭,当年赵匡胤做了皇帝后周游天下,到仰天寺时,在此住了一夜。时值盛夏,赵匡胤晚上就在凉亭纳凉读书,湾内的青蛙不知皇帝驾到,哇哇乱叫,蚊子也在耳边飞来飞去,哼哼不止,搅得赵匡胤心烦意乱,于是大声呵斥:"青蛙不鸣,蚊子噤声。"皇帝金口一开,湾里立即静了下来。当然,这只是传说而已,但现在三龙湾的青蛙不叫却是事实。人们期望有一天能解开这个谜。

荆棘不长弯刺在仰天山流域有一座陡峭的山峰,山峰的绝壁上有一个影像。远看那影像峨冠博带,足登官靴,长髯飘胸,惟妙惟肖,影像被称作逢山爷。相传,逢山爷的本名叫逢伯陵(殷商时的一个诸侯国的国君)。有一年,逢伯陵的后代在这一带聚众造反,自封为杨王。他们在山峰上建起山寨,四处攻城掠地,烧杀掳掠,朝野震动,国王便命逢伯陵率军征剿。逢伯陵临行夸下海口,要活捉杨王献给朝廷。逢伯陵率大军围住山寨,一连攻了三天三夜。杨王实在顶不住了,便用悬羊击鼓之计,悄悄地逃跑了。直到现在,山上其他地方的荆棘都长有带钩的针刺,唯有当年杨王逃跑时走过的小路上的荆棘只长直刺,不长弯刺,传说是怕划破杨王的蟒袍。逢伯陵没有抓到杨王,感到无颜回朝见驾,便纵身跳下了山峰,他的影像就印在了绝壁之上。这自然也是传说,至于荆棘不长弯刺之谜,尚待植物学家们做出解释了。

神秘的中国南海"魔鬼三角"

从1979年5月至1980年2月,不到10个月的时间里,在中国南海同一海域,接连发生了3起货船失踪案件。三艘遇难的船只分别叫作"海松"号、"安吉陵明"号和"东方明尼空"号。它们在行驶到遇难海域时,都发出了紧急求救信号,但是无线电很快中断,甚至都没来得及报告船只所处的具体位置。当救援小组火速赶去查找时,却连任何遗迹也没找到。

灾难来得如此突然,三艘货船上的船员和货物全都神秘失踪。如果人员都被鲨鱼吞噬了,也不会一点遗骸都找不着;而且连船只也失踪得不露一点痕迹。海面上碎片、油污都没有,平静得就像要故意掩饰刚刚所发生的不幸一样。难道遇难的这些船只和人员都被漩涡吞噬到海洋最深处去了吗? 可是救援人员多次深度打捞也一无所获,这实在过于神秘和蹊跷。

由于 3 艘货船遇难的海域都在西起香港、东至台湾、南到菲律宾吕宋岛的一个呈三角形的海域,很快,中国南海"魔鬼三角"的称谓闻名遐迩。这里又成为了世界上另一大危险海域。

南海"魔鬼三角"所处的位置,海底地形异常复杂,海水很深,洋流活动频繁,经常出现海啸、旋涡、巨浪、台风等恶劣海况,出现海上交通意外并不奇怪。专家们推测,大洋里的中尺度漩涡可能是造成这几次灾难的罪魁祸首。

神秘的中国南海"魔鬼三角",谁能将它弄明白?

魔鬼水域鄱阳湖

鄱阳湖位于中国江西省北部的都昌县境内,南部宽阔、北部狭窄,就像一个长颈的葫芦长在长江下游的南岸。然而秀丽的鄱阳湖却又是无比的神秘。许多年来,无数的船只在这里转眼之间就神秘地消失,没有一点儿下落,给人们留下了一个个难以解释的谜团。

鄱阳湖"魔鬼三角"

请看出事记载:

1945 年 4 月 16 日,一艘日本轮船在鄱阳湖面上飞快地行驶着,船上装满了金银珠宝和价值连城的古董文物。突然,在离老爷庙 2 千米的地方,轮船猛然不动了,紧接着便悄无声息地沉了下去,一直落入湖底。不一会儿,湖面又恢复了往日的平静。驻扎在江西省九江市的日本侵略军听到这个消息,立即命人前去打捞那些金银财宝和古董文物。然而,所有的打捞队员都是有去无回。至此,神秘的鄱阳湖更让人望而生畏了。

六十年代初，从松门山出发的一条渔船北去老爷庙，船行不远便消失在岸上送行的老百姓的目光中，倏然沉入湖底。

1985 年 3 月 15 日，一艘载重二十五吨，编号"饶机 41838 号"船舶，凌晨六时半在晨晖中沉没于老爷庙以南三公里处的浊浪中。

1985 年 8 月 3 日，江西进贤县航运公司的两艘各为二十吨的船只，亦在老爷庙水域神奇般地葬身湖底。同一天中，同在此处遭此厄运的还有另外十二条船只！

同年 9 月，一艘来自安徽省的运载竹木的机动船在老爷庙以北附近突然笛熄船沉岸上行人目睹船手们抱着竹木狂呼救命，一个个逃到岸上后吓得魂不附体，不敢回头望浊浪翻滚的湖面。1986 年 3 月 15 日，江西省丰城县小港乡编号为"丰机 29356 号"，载重量为二十吨的机动船，在老爷庙水域航行，突然，狂风骤起，恶浪狂舞，顷刻间，大船无奈地摇动着沉入湖底。

1985 年，在老爷庙水域沉没的船只有二十多条。

1988 年，据都昌县航监站负责人透露又有数十条船只在此水域沉没。

曾夺去许多无辜生命，毁灭过许多宝贵财富的鄱阳湖"魔鬼三角"，屡屡显露杀机、制造惨案的秘密，究竟何在呢？问题似乎变得越来越令人不可捉摸，令人费解。这是个亟待解开的谜团。

1984 年 9 月，江西省组成探险队深入凶险水域—老爷庙水域考察。这支考察探险队由自然、气象、地质专家和有关科研人员组成。他们以严肃的科学研究态。对鄱阳湖"魔鬼三角"水域进行全面的考察和探测。首先，考察队在老爷庙东南、西北、西南"魔鬼三角"水域内，建立了三座气象观测站，以测试老爷庙周围地势、风力等诸多自然环境因素。经过一系列的考察，测试和对当地渔民的走访，得出了这样几点结论：

老爷庙水域内所发生的沉船事故，没有任何先兆，船和船上的人几乎在毫无防备的情况下，突遇狂涛巨浪。

狂风恶浪持续时间短，从浓黑的雾气弥漫、滚滚浊流吞噬船只到湖面上风平浪静，也就仅仅几分钟。

狂浪扑来时，伴有风雨、怪啸和船体的碎裂声。四周黑气沉沉，难辨五指。

考察队经过多次测算、反复查阅沉船事故记录，发现老爷庙沉船事故多发生于每年春天的三四月，在这个时候，无论白天或夜晚，过往船只常面临被巨浪吞没的危险。另外，出事的当天，往往天气很好，晴空丽日，蓝天白天，或皓月当空、繁星点点。而在阴雨天却从未发生沉船事件，这似乎成了谜中之谜。考察队员们百思不得其解。

考察队从当地史料记载和流传在民间的传说故事中得知落星山和隔岸遥遥相望的是星山同是两千多年前，一颗硕大的流星坠毁于此而形成的。另外，一起意外事件也引起当地人和考察队员们的注意。七十年代中期,曾有人在鄱阳湖西部地区,目睹了一块呈圆盘状的发光体在天空游动,长达八九分钟之久。当地曾将上情况报告上级有关部门,而有关部门未做出建设性的解释。所以有人猜测,是因为"飞碟"降临了老爷庙水域,像幽灵在湖底运动,从而导致沉船不断。显然这一猜测缺乏科学依据。

考察队在对老爷庙进行精确测量后,惊奇地发现,老爷庙的建筑正处在落星山的东西线的上下正中,三角形庙体的三个直角和平面锥相等,毫厘不差。这使得人们无论站在哪个方向都始终与老爷庙面对面。老爷庙的建立距今已有一千多年了。这就让人猜测这精妙的建筑是不是外星人所为?但这也仅仅是猜测,更缺乏科学依据,因为无数古代的精妙建筑使这种猜测不攻自破。

也许考察队下面这个发现还有些价值。

考察队从当地的大量资料中查阅到一张《联合国环境报》于1978年9月8日登载的艾德华·皮尔的回忆文章。文章除了描述他在四十年代中期在鄱阳"魔鬼三角"打捞日本沉船"神户5号"所经历的险情外,特别在文章中强调说:"事后,我经过多次测试才明白'魔鬼三角'处于北纬30度的危险区域,这是令世界探险家都感到可怕的数字。"

为什么北纬30度附近会出现这些怪异现象?它们是偶然的巧合还是某种内在联系,这是无法猜透的谜。

考察队又对"魔鬼三角"水域底下搜寻了方圆十几公里,没发现任何异常。老爷庙水域水深一般在三十多米,最深处为四十米左右。湖底除了各种大大小小的鱼蚌外,未发现任何沉船,甚至连一船骸都未曾发现。那么千年来在这里沉没的千余艘大小船只,都去了哪里?考察队员陷入迷惑之中。

从二十世纪八十年代末开始,世界各国科学家纷至沓来,对鄱阳湖"魔鬼三角"进行考察。

1989年,"联合国科学考察委员会"派遣一支科学考察团赴鄱阳湖进行实地考察。沉船事件不断发生,可却找不到船骸,这是为什么?

老爷庙水域究竟有无天外来客?

老爷庙水域底部是否和昌芭山死湖相通?

老爷庙为什么呈三面立体形?

两亿年前就形成的庐山真的就是造成大风的祸首吗?

为什么丽日晴空会突然风吼雨啸?

为什么阴雨连天日却没有沉船事件发生?

一个个疑团,让我们仍未看清鄱阳湖"魔鬼三角"的真正面目。

玛瑙湖奇观之谜

玛瑙也许并不罕见，但如果说有一个地方，在几十平方千米甚至更大的面积内，遍地都是玛瑙，恐怕就没多少人敢相信了。然而，在内蒙古西部的茫茫戈壁之中，就有一个神奇的"玛瑙湖"。玛瑙湖的总面积大约4万平方千米，仅湖心地区就达几十平方千米。湖里不但有玛瑙，还有蛋白玉、风凌石、水晶石等多种宝石，是一处名副其实的璀璨宝地。但它地处内蒙古西部的茫茫戈壁之中，使得世人很难见到她的真面目。普通玛瑙在宝石中的价值并不高，但是其中的珍品却价值连城。在玛瑙湖就曾发现过世界上最为奇特的"玛瑙雏鸡"。从表面看它似乎就是一个鸡蛋形的石头，然而，当科研人员用激光照射这块鸡蛋形的石头里面时，眼前的奇迹使得他们简直不敢相信自己的眼睛。原来，在石头里面竟然有一只化石小鸡，小鼻子、小眼睛、小嘴巴清清楚楚、栩栩如生。通常的动物化石是硅化物，而这只活灵活现的小鸡却俏皮地身处亿万年风雨的杰作——玛瑙之中。这种罕见的奇观令人惊叹不止又困惑不已。

何谓玛瑙湖，从地质矿物角度上讲：亿年前或数千万年前是大海或大湖的最深处，各种优质的矿物质（石头）冲刷沉积于此，海水或湖水退去后，这些矿物的精华露出地表，经过日晒风吹，形成各种不同形状不同质地的奇石。人们来到玛瑙湖跟前，双眼望去被五光十色各种不同质地的石质所玉化了的奇石惊得目瞪口呆。但这是早在40年左右前玛瑙湖的真实写照。当时当地的人们都叫它："有各种好看颜色的石头蛋蛋坡"。沙漠之舟骆驼走进玛瑙湖都得本能地，小心翼翼地绕着走，如果不小心驼掌踏到玛瑙石上，都滑得站不住跌倒折断腿，马和羊根本走不进玛瑙湖。可见当年玛瑙湖奇石资源的丰富。

20世纪80年代，有经商头脑的人把手伸进了玛瑙湖，以微薄的价格，成千上万吨地拉走了玛瑙湖里的玛瑙石，蛋白石，玉化了的戈壁石，红碧玺石，碧玉石等等。他们把各种不同质地的奇石剖开加工成手饰或其他工艺品。成就了一批百万富翁（其中也有千万富翁）。等到当地的人们和政府认识到后，为时已晚，昔日的五光十色的玛瑙湖已变成一片黄沙。

到了20世纪90年代，国内兴起奇石热，有些奇石爱好者只身闯进玛瑙湖，有的有所收获，有的吃尽苦头徒劳而返，有的遇上沙尘暴命丧九泉，有的出高价从当地牧民手中购得质地比较好的玛瑙湖奇石。

现在当地政府出巨资用铁丝网把玛瑙湖围了起来，由数十名当地牧民严加看管，林业公安不定期地检查，严禁外人涉足，善良而天真的当地人们只知亡羊补牢，但他们哪里又知道玛瑙湖地表的好东西才是真正的奇珍异宝，而埋在地下的东西未经过数千万年的日晒风砺是根本一钱不值的烂石头而已。

如今的玛瑙湖在无声地哭泣，它失去了往日的那种绚丽多姿风采，千疮百孔地变成茫茫戈壁滩，地质演变科学证明：地球上再造就一个玛瑙湖必须是数亿年以后的事了。

大明湖形成之谜

大明湖位于山东省省会济南市内，旧城之北。大明湖呈东西长、南北狭的扁矩形，南面紧邻济南市中心区。湖周长4千米多一点，面积46.5公顷，约占济南旧城的1/4。

济南市位于鲁中南山地北部与华北平原的交接带上，北面有黄河流过，南面紧接泰山的前山带。所以这座城市正好处在一个凹陷中，而大明湖正居于凹地的底部。虽然只是一个天然的小湖泊，但却以其美丽可爱而蜚声国内。一般而言，在城市里有一个封闭式的湖非常罕见，其成因肯定是非常特殊的。大概从什么时候起、在怎样一种情况下形成的这个美丽湖泊，我们还无法确定。

大明湖

大明湖是一个由泉水在低地上汇集所形成的湖泊，湖水源主要靠南侧山麓的泉水补给。以前济南的名泉如趵突泉、黑虎泉、珍珠泉、五龙潭泉四大泉群的水或直接或间接汇入湖中，今天这些泉水大多数已经不再补给大明湖的水源，仅有珍珠泉、芙蓉泉、泮池、王府池诸泉仍注入湖内。湖水从东北隅汇波门流出，会合护城河水，流入北面的小清河，注入渤海。

这种特殊的现象，在我国还不多见，大概只为济南这样的"泉城"所特有。古时候，济南被称为"泉城"——"齐多甘泉，甲于天下"。这个古来著名的泉城究竟有多少泉水？过去说它的城内外有72处，其实远不止此数。据新中国成立后实地调查，仅在济南市区就有天然泉水108处。诸泉汇聚于地势低下的城北，形成一片广大的水域。今天这片水域的许多部分已填塞成为市街，而大明湖是留下的最大水面。济南为何如此多泉，这同它的水文地质条件有关。

科学家们认为，泉水跟倾斜的岩层也许有很大关系。济南处在石灰岩和岩浆岩这两种不同岩性的构造接触带上，这恰好为泉水形成和出露提供了有利条件。济南的南面有绵延的小群山，如千佛山等都是由厚层的石灰岩构成的，岩层略向北倾。石灰岩层内大小溶洞和裂隙很多。山地降水渗入地下，积蓄在其中，积蓄的水多了就顺着倾斜的岩层和裂隙向北流动，当流到济南北面时，遇到了组成北面丘陵的不透水岩浆岩的阻挡，便停滞下来，成为承压水，它一遇到上面地层薄弱的部分便冒出地面，成为大大小小的涌泉。而大明湖所在地正是济南北部最低洼处，众泉汇聚，所以成为湖泊。

大明湖在历史上变化很大。北宋以后，由于人类活动频繁，生态有所恶化，古大明湖已逐渐堰塞，现在的大明湖是由古大明湖东面的一片水域，即历水陂演变而来的。在新中国成立前，社会的动荡和贫困使大明湖黯然失色，失修的湖内多为杂乱的湖田，湖边为坍塌的泥岸，岸边道路泥泞不堪。新中国成立后，疏浚了湖底，用石头砌成湖岸，对环湖大道及各种建筑都进行了修整。此外，还添设了新景点、新设施，又恢复了"四面荷花三面柳"的风貌，这样，这处著名的游览胜地重新焕发出青春的光彩。

真的存在"天池怪兽"吗

矗立在我国吉林省东南部中朝两国交界处的长白山，是一座多次喷发的中心式复合火山。火山喷出的炽热岩浆冷却后堆积在火山口周围，形成一个圆锥状的高大火山锥体。锥体中央的喷火口，形如深盆，积水成湖，即闻名退迩的火山口湖——长白山天池。

天池水面海拔2194米，面积9平方千米，湖内深达373米，平均水深204米。它的水温终年很低，夏季只有8℃~10℃。从科学的常规看，这里自然环境恶劣，地处高寒，水温较低，浮游生物很少，水中不可能有大型生物。

然而，1962年8月，在有人用望远镜发现天池水面有两个怪物在互相追逐游动。

1980年8月21~23日，人们再次目睹了水怪。21日早晨，作家雷加等6人在火山锥体和天文峰中间的宽阔地带发现天池中间有喇叭形的阔大划水线,其尖端有时露出盆大的黑点,形似头部,有时又露出拖长的梭状形体,好似动物的背部。9点多钟,目击者们又一次见到三四条拖长的划水线,每条至少有100米长,这样的划水线,如果没有快艇的速度是不会形成的。翌日早晨,五六只"水怪"又突然出现在湖面上,约40分钟后才相继潜入水中。23日,5只怪兽又出现在距目击者40多米的水面,这回人们清楚地看到,怪兽头大如牛,1米多长的脖子和部分前胸露出水面。水怪有黑褐色的毛,颈底有一白底环带,宽约5~7厘米,圆形眼睛,大小似乒乓球。惊慌的目击者边喊边开枪,可惜都未击中,怪兽潜水而逃。

此后,人们又分别在1981年6月17日和9月2日再次目睹了怪兽。《新观察》的记者还拍下了我国唯一的一张天池怪兽照片,证明怪兽确实存在。

然而,对天池水怪持否定态度的人认为:天池形成的时间并不长,最后一次喷发(1702)距今只有279年,是不可能有中生代动物存活的,况且池中缺少大型动物赖以生存的必要的食物链,无法解释此类大动物的食物来源。

1981年7月21日,朝鲜科学考察团在池中发现一只怪兽,他们依据观察和摄影资料,判断怪兽是一只黑熊。而中国一位科学工作者提出质疑,认为人们所见的水怪与黑熊的形态有很大区别,且黑熊虽然能游泳却不善潜水等,因此并不能解释"天池怪兽"之谜。

于是有人又提出"怪兽"很可能是水獭。水獭身体细长,又善潜水,可在水下潜游很长距离。它为了觅食而进入天池,被人们远远看见,加上光线的折射,动物被放大,于是成了人们传说中的"天池怪兽"。

还有一种观点认为:天池中常有时隐时现的礁石从水中浮现,也如动物一样有时露头伸出水面,有时沉入水中。还有火山喷出的大块浮石,它在水中漂浮,在风吹之下也一动一动地在水面浮动,远远看去,也如动物一样在水中游泳。

难道许多目击者产生的都是同一错觉吗? 如果不是,天池怪兽又是什么呢? 它又是如何演变来的呢?

"世界屋脊"青藏高原曾经是海洋吗

众所周知,青藏高原不仅是世界上最高大的高原,同时也是世界上最年轻的高原。它的面积约250万平方千米,平均海拔超过4500米。青藏高原由自南向北绵延不绝的一系列山脉构成。巍峨的喜马拉雅山、冈底斯山、念青唐古拉山耸立在青藏高原的西南部,中间是喀喇昆仑山、唐古拉山,北面则是广阔的昆仑山、阿尔金山和祁连山。

青藏高原有世界上最高的山峰——珠穆朗玛峰。全世界海拔超过8000米的山峰共有14座,都位于青藏高原。青藏高原雄踞地球之巅,确实无愧于"世界屋脊"的称号。青藏高原上有许多美丽的风景:无数蔚蓝色的湖泊镶嵌在广阔的草原上,雪峰倒映其中,美丽迷人;岩石缝里喷出许多热气腾腾的泉水;附近的雪峰、湖泊在喷泉的映衬下显得格外耀眼。青藏高原的大多数山峰都覆盖着厚厚的冰雪,许多银练似的冰川点缀在群山之中,这些冰川正是大江、大河的"母亲"。发源于此的有世界著名的长江、黄河、印度河和恒河等,它们都从此汲取了丰富的水源。柴达木盆地是青藏高原地势较低的地方,但海拔也有2000~3000米。

人们在为这块丽景色发出惊叹之余,不禁会问:青藏高原是怎么形成的?它原本就是这个样子吗?

可能我们难以想象,如今世界上最高的青藏高原曾经被埋在深深的海底,而且,喜马拉雅山至今也没有停止过上升。对1862~1932年间的测量结果进行分析就会发现,其许多地方以平均每年18.2毫米的速度在上升。如果喜马拉雅山始终按照这个速度上升,那么一万年以后,它将比现在还要再高182米。

在青藏高原层层叠叠的页岩和石灰岩层中,地质学家们发掘出了大量的恐龙化石、陆相植物化石、三趾马化石以及许多古代海洋生物的化石,如鹦鹉螺、三叶虫、珊瑚、笔石、菊石、海百合、苔藓虫、百孔虫、海胆和海藻等的化石。面对这些古代海洋生物化石,地质学家们的思绪也回到了遥远的地质年代。早在二三亿年前,青藏高原曾经是一片汪洋大海,它呈长条状,与太平洋、大西洋相通。后来,由于强烈的地壳运动形成了古生代的褶皱山系,海洋随之消失,古祁连山、古昆仑山产生,而原来的柴达木古陆相对下陷,变成了大型的内陆湖盆地。经过1.5亿年漫长的中生代,长期的风化剥蚀使这些高山逐渐被夷平。高山上被侵蚀下来的大量泥沙则全部沉积到湖盆内。

地壳运动在新生代以后再次活跃起来,那些古老山脉因此而剧烈升起,"返老还童"似的重新变成高峻的大山。现今世界最高山脉所在的喜马拉雅山区在距今4000多万年前是一片汪洋大海。这里原本是连续下降区,厚达1000米的海相沉积岩层深积于此,各个时代的生物也埋藏在岩层中。随着印度洋板块不断地北移,最终与亚欧大陆板块撞在了一起,这个地区的古海受到严重挤压,褶皱因此而产生。喜马拉雅山脉从海底逐渐升起,并带着高原大幅度地隆起,"世界屋脊"从此屹立于世。

高原的强烈隆升,对亚洲东部的自然地理环境产生了深刻的影响,高原大地形的动力作用和热力作用改变了周围地区大气环流的形势。经气象学家研究得知,夏季,高原的存在诱发了西南季风,使我国东部的夏季风能长驱北上,给广大地区带来充沛的降水;冬季,高原的存在产生了西伯利亚高压,强大的冷空气又足以席卷南部广大地区。如果我们把高原与其周围低地相比较,便可以看出它们的显著差别。高原南部的印度阿萨姆平原为热带雨林地带,而高原北部却是极端干旱的温带荒漠;高原东缘与亚热带湿润的常绿阔叶林地带相接;其西侧毗连着亚热带半干旱的森林草原和灌丛草原地带。青藏高原恰恰处在这南北迥异、东西悬殊的"十字街头"上。高原强烈隆升的结果,使气候愈来愈寒冷干燥,并且愈往中心地区愈明显,由隆升前的茂密森林过渡到了今天的高寒荒漠。相比之下,高原东南边缘变化最小,至今仍然保存着温暖湿润的森林景观。

世界最大的峡谷——雅鲁藏布大峡谷

　　一提起世界最大的峡谷,人们就会说是东非大裂谷。现在,经科学考证后,证明这种观点是错误的。因为科学家发现,实际上中国的雅鲁藏布大峡谷才是世界最大的峡谷。

雅鲁藏布大峡谷

　　大家都知道,雅鲁藏布江是世界上最高的河流。"雅鲁藏布"是藏语,它的汉语意思就是"天河"。雅鲁藏布江发源于青藏高原西部,它由西向东日夜不停地奔流。滔滔江水横贯青藏高原西南部,被西藏人民赞为"母亲河"。在喜马拉雅山和冈底斯山、念青唐古拉山之间有一块宽为5~10千米的谷地,它就是西藏的主要耕作区——雅鲁藏布江谷地。

　　人们对这条河进行科学考察时发现,它的沿途有许多河流汇入,这些河流的汇入增大了雅鲁藏布江的水量。江水在东经95°附近有个大拐弯,巨大的水流将这个地方冲出了一段大峡谷。这段峡谷又长又深,举世罕见。这一发现引起了众多科学工作者的兴趣。后来,又有许多人来到这里,许多新的发现不断被公布于众。

　　雅鲁藏布大峡谷的自然景观壮丽旖旎。从海拔 500 米高的地方到 5000 米高的区域内,分布着从极地到赤道的不同气候带,使来到这里的人们有不同的环境体验。雅鲁藏布江之所以有如此独特的风光,主要是由于它是印度洋南部的暖湿气流进入青藏高原的主要通道。

雅鲁藏布大峡谷有着丰富多样的气候资源。海拔 1100 米以下是常绿季风雨林地区,这里的平均气温在 16℃～18℃。在这里,热带的花木果树和亚热带的植物以及喜阴的农作物都能健康生长。海拔 1100～2400 米的地区年平均气温是 11℃～16℃,是常绿半常绿阔叶林地区,这里适宜亚热带经济作物和湿热带果树的生长。海拔 2400～3800 米处的气温下降为年平均 2℃～11℃,是亚高山常绿叶林带,这里生长着青稞、油菜、冬小麦、马铃薯等耐寒农作物。另外,这一区域还是用材林的生产基地。3900 米以上气候十分寒冷,湿气重,只能生长一些草。因此,这里成为适宜夏季放牧的优质高原牧场。

这里的生物资源十分丰富,品种多样。其中,维管束植物有 3768 种,是整个西藏高原植物总数的 2/3;大型真菌有 680 余种,占西藏真菌总数的 78%;鸟类有 232 种,占西藏鸟类总数的 49%。此外,还有两栖爬虫类动物 31 种,昆虫 200 余种。

这里的水能资源也十分丰富。因为这里地势高,多峡谷悬崖,重峦叠嶂,水流至此十分湍急,遇到悬崖时就形成了许多落差大的瀑布。这里水能资源总贮量约有 1 亿千瓦,占全国的 1/7。大峡谷地区又被誉为"天然冰库"。因为这里冰雪资源极为丰富,拥有面积超过 4800 平方千米的现代冰川。

从 1994 年 4 月 13 日开始,中国科学家开始对大峡谷地区进行多次的科学考察和论证,最终证实世界上最大的峡谷是中国的雅鲁藏布大峡谷。它的核心峡谷河段最深达 5383 米,平均深 5000 米,长达 496.3 千米。这几项指标又刷新了两项世界纪录。1998 年 10 月 18 日,国务院批准命名该峡谷为"雅鲁藏布大峡谷"。

1998 年 10 月至 11 月,"1998 年中国雅鲁藏布大峡谷科学探险考察队"成立。这次考察和以往考察的不同点在于,这是第一次徒步考察这个新发现的大峡谷。从该地区的大渡卡开始行程,到峡谷腹地墨脱县的邦博结束,全程约 240 千米。这中间有大约 100 千米的地区是无人区,那里河底陡峭,常有野兽毒虫出没,树木乱石密布,基本上没有道路,为行程增加了许多困难和危险。这次探险考察也因此成为 20 世纪末人类探险史上的一次壮举。这次考察的成果,也为 21 世纪人类对雅鲁藏布大峡谷的开发利用提供较为翔实的科学资料。

现代冰川之谜

现代冰川有很多独特的景观,如冰蘑菇、冰塔林、冰桥、冰针、冰芽,还有迷人的冰川湖泊,阴森可怕的冰隧道,绚丽壮观的冰水喷泉和幽深迷人的冰洞。它们到底是怎么形成的呢?

我国是世界上山岳冰川最多的国家,青藏高原地区分布最为集中,面积达34000多平方千米,约占全国冰川总面积的80%。青藏高原的冰川可分为两大类,以丁青—嘉黎—工布江达—措美为界,东侧属海洋性冰川,西侧属大陆性冰川。海洋性冰川靠丰富的降水而存在,冰川运动速度快,进退幅度大。而大陆性冰川主要依赖于低温而存在,冰川运动速度缓慢。

珠峰地区纬度低,太阳辐射强。冰川表面局部的小气候差异,造成冰面差别消融,形成许多奇丽的景色。其中,冰蘑菇是大石块被细细的冰柱所支撑,有的可高达数米。冰桥像条晶莹的纽带,连接着两个陡坎。冰墙陡峭直立,像座巨大的屏风,让人生畏。冰芽、冰针则作为奇异美景的点缀,处处可见。最令人迷惑的还要数那千姿百态的冰塔林了。珠峰北坡绒布冰川上,发育有5.5千米长的冰塔林带。乳白色的冰塔拔地而起,一座连一座,高达几十米。有的像威严的金字塔;有的像肃穆的古刹钟楼;有的像锋利的宝剑,直刺云天;有的像温顺的长颈鹿在安详漫步,个个晶莹夺目。难怪人们都说,进入冰塔林,就把自己置身于上苍的仙境了。

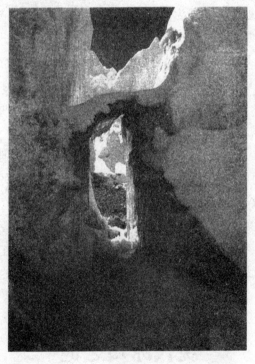

冰桥

在冰川发育地区,多姿的冰川湖泊景色更是迷人。有在冰川表面如蜂窝状的冰杯群;有呈长条状的冰面湖;有冰川末端的终碛堰塞湖。冰川湖泊的颜色也不尽相同,有乳白色,有蔚蓝色,也有褐黄色。随着气候的冷暖变化,冰川湖不时地打扮着自己,或大或小,或是碧水粼粼的湖面,或是明镜般的冰层。民间传说,冰川湖的水是圣洁的,仙女在冰川湖里洗澡,天马在冰川湖里饮水。在一些大的冰川湖里,还有着丰富的鱼产资源,这些鱼也被藏民尊为"圣鱼"。

除上述冰川类型外,青藏高原上还有冰帽和平顶冰川。这种冰川像个盖子,覆于平顶山或冰碛平台上,其面积有大有小。祁连山脉特贴拉山的果青古尔班冰川,面积达 55 平方千米,是我国目前已知的最大平顶冰川。

高原地区的冰川主要分布于西昆仑和西喀喇昆仑山区、喜马拉雅山区、横断山区、祁连山区等地。其中以西昆仑、西喀喇昆仑山区的冰川最多,规模最大。世界第二高峰乔戈里峰北侧的音苏盖堤冰川长约 42 千米,为我国目前已知的最大冰川。在喜马拉雅山区的南北坡发育着两种不同性质的冰川,南坡为海洋性冰川,现代雪线高度达海拔 4500 米,冰舌末端可伸至海拔 3000 米;北坡的冰川属大陆性,雪线最高达海拔 6000 米,冰舌末端可伸至海拔 5100 米。横断山区、念青唐古拉山和喜马拉雅山东段是海洋性冰川发育最集中的地区,冰川分布的最南界为北纬 27°。另外,在祁连山地和唐古拉山地也有较大面积的冰川。

珠峰地区悬冰川最多,其规模较小,面积一般不超过 1 平方千米,冰的厚度为一二十米。顾名思义,这种冰川的特征是冰川的末端悬挂在陡坡上,远远望去,成排的悬冰川就像一块块白色的盾牌挂在陡峭的山坡上。悬冰川一般是在古冰川残留地形上发育起来的。古冰期时,支流冰川向主流冰川汇集,由于主、支流冰层厚度、运行速度、冰蚀能力的差异,冰川主谷被强烈下切,支谷不得不悬于山腰上。现在,由于冰川规模缩小,主流冰川得不到足够的供给而退缩或消失,支流冰川仅能依贴于陡坡上,并时常因下端崩落而发生冰崩。

珠峰地区规模较大的冰川就是冰斗冰川,它们分布在山顶附近或分水岭两侧。在风化作用和冰蚀作用下,山地被切割,山岭被削成尖利的角峰、刃脊。角峰、刃脊间则为斗状的山坳,像一把巨大的座椅,冰川就发育在座椅中。冰斗冰川的形状近似于卵圆形,有的近似于三角形,向冰川出口处缓缓倾斜,有些冰斗冰川向山谷推进,呈条带状伸展,成为山谷冰川。在冰川集中的地区,往往是几条山谷冰川相连,像条条玉龙盘绕于山间。

在冰雪消融的暖季,冰川表面的河流遇到冰裂隙,就潜入地下变成冰下河流。冰川融水穿凿冰层,塑造出深不可测的冰井、冰漏斗,阴森可怕的冰隧道,绚丽壮观的冰水喷泉和幽深迷人的冰洞。冰洞一般出现在冰舌末端,洞口像古城的拱门,它是冰下河流的出水口。在冰雪消融旺盛的季节,洞口水流汹涌,使人难以接近。只有在断流时,人们才能去欣赏那"水晶宫"。这里冰钟乳、冰笋、冰柱比比皆是。冰洞内光怪陆离,有些地方洞中有洞,大小不一;有些地方枝枝杈杈,像个谜阵;有些地方深不可测,似无尽无头。

冰川是重要的淡水资源。高原地区冰川冰的储量约 1800 立方千米,是巨大的固体水库。高原上的冰川融水是大江、大河、湖泊的重要补给水源,我国西北干旱区的河西走廊就是利用祁连山的冰川融水浇灌农田的。

"雪的故乡"喜马拉雅山之谜

"喜马拉雅"一词来自梵文,原意为"雪的故乡"。它全长 2400 千米,宽 200~300 千米,主脊山峰平均海拔达 6000 米,是地球上最高而又最年轻的山系。

高耸挺拔的喜马拉雅山脉东西横亘,逶迤绵延,呈一向南凸出的大弧形矗立在青藏高原的南缘。喜马拉雅山系由许多平行的山脉组成,自南而北依次可分为山麓、小喜马拉雅山和大喜马拉雅山三个带。大喜马拉雅山宽 50~90 千米,地势最高,是整个山系的主脉。

位于中尼边境中部的喜马拉雅山,雪峰林立,有数十座海拔 7000 米以上的山峰。在这一地区,海拔 8000 米以上的极高峰也比较集中,仅在我国境内的就有 5 座,即珠穆朗玛峰、洛子峰、马卡鲁峰、卓奥友峰和希夏邦马峰。它们和境外的干城章嘉峰、马纳斯仟峰、道拉吉里峰及安那鲁纳尔峰等海拔 8000 米以上的山峰共同组成整个喜马拉雅山系的最高地段。

喜马拉雅山脉的南北翼自然条件差异显著,动物和植物的种类组成截然不同。这种悬殊的自然景观十分奇特,让人不得不惊叹大自然的造化之功。以喜马拉雅山脉中段为例:中喜马拉雅山的南翼山高谷深,具有湿润、半湿润的季风气候特点。在短短几十千米的水平距离内,相对高差达 6000~7000 米,垂直自然带十分明显。

海拔 1000 米以下的低山及山麓地带是以婆罗双树为主的季雨林带。海拔 1000~2500 米的地方为山地常绿阔叶林带,与我国亚热带的常绿阔叶林类似,主要有栲、石栎、青冈、桢楠、木荷、樟、木兰等常绿树种。林木苍郁,有多种附生植物及藤本植物杂生其间。森林中常可见到长尾叶猴、小熊猫、绿喉太阳鸟等,表现出热带、亚热带生物区系的特点。

海拔 2100~3100 米的地方为针阔叶混交林带,主要由云南铁杉、高山栎和乔松等耐冷湿、耐干旱的树种组成。植物组成具有过渡特征,随季节变化而作垂直的迁移。海拔 3100~3900 米的地方为以喜马拉雅冷杉为主的山地暗针叶林带。森林郁闭阴湿,地面石块及树木上长满苔藓,长松萝悬挂摇曳,形成黄绿色的"树胡子"。林麝和黑熊等适于这种环境,喜食附生在冷杉上的长松萝。冷杉林以上为糙皮桦林组成的矮曲林,形成森林的上限。

森林上限以上,海拔 3900~4700 米的地方为灌丛带。阴坡是各类杜鹃组成的稠密灌丛,阳坡则是匍匐生长的暗绿色圆盘状的圆柏灌丛。海拔 4700~5200 米的地方为小蒿草、蓼及细柄茅等组成的高山草甸带。再往上则为高寒冻风化带及其上的永久冰雪带。

中喜马拉雅山北翼高原上气候比较干旱,没有山地森林分布。在海拔 1000~5000 米的范围内生长着以紫花针茅、西藏蒿和固沙草等为主的草原植被,组成高山草原带。这里的动物多为高原上广布的种类,如藏原羚、野驴、高山田鼠、藏仓鼠、高原山鹑、褐背地鸦等。海拔 5000~6000 米的地方为以小蒿草、黑穗苔草等为主的高寒草甸以及坐垫植被带。主要动物有喜马拉雅旱獭、岩羚羊和藏仓鼠等。海拔 5600 米至雪线(6000 米)间寒冻风化作用强烈,地面一片石海,只有地衣等低等植物,形成黄、橙、绿、红、黑、白等各种色彩,组成独具一格的图案。

喜马拉雅山脉的东、中、西各段也有明显差异。东段比较湿润,以山地森林带为主,南北翼山地的差异较小;西段较干旱,分布着山地灌丛草原和荒漠;中段地势高耸,南北翼山地形成鲜明对照。

喜马拉雅山的顶峰终年白雪皑皑,在红日映照下,更显得晶莹剔透、绚丽多彩;一旦漫天风雪来临,它就被裹上一层乳白色的轻纱,犹如从茫茫太空中飘来的一座玉宇。

千百年来,生活在喜马拉雅山区的人们,利用河流切穿山脉的山口地带,南北穿行。喜马拉雅山区的农业开发历史约有 600 多年。

藏族和其他民族在河谷阶地和缓坡上开垦耕地,修筑梯田,他们把耕地分成"巴莎"(上等地)、"夏莎"(中等地)和"切莎"(下等地)等类别,开挖渠道,引雪水灌溉,种植青稞、燕麦、玉米等作物,在长期的生产实践中,积累了丰富的经验。他们根据高山冰雪消融引起的河流水量的变化,来判断气候的变化。他们看山影,观候鸟,观察报春花发芽、生叶和开花等物候现象,来掌握播种时节,安排田间管理。这些丰富的经验,对于发展喜马拉雅山区的农牧业有很实用的价值。

山体呈巨型金字塔的珠穆朗玛峰巍然屹立,为群峰之首。最先发现和熟悉这一世界最高峰的是我国的藏族同胞和尼泊尔人民。在西藏的历史记载和传说中,也流传着不少关于珠穆朗玛峰的故事。据西藏佛经记载,藏王下命令把这个地区作为供养百鸟的地方,当地的喇嘛教则把所有的鸟视为神。尼泊尔人民称它为"萨加玛塔",这是一个梵语复词:"萨加"意为"天","玛塔"意为"头"或"山峰",两个词合在一起便是"高达天庭的山峰"或"摩天岭"之意。18 世纪初,中国测量人员测定了珠穆朗玛峰的位置,并把它载入 1719 年铜版印制的《皇舆全览图》。

为了攀登珠穆朗玛峰,从 1921～1938 年,英国人在北坡进行过多次尝试,但都没有成功。1953 年 5 月 29 日,人们首次从南坡登顶征服了世界最高峰,其中一个是尼泊尔谢尔巴族人,另一个为新西兰人。1960 年 5 月 25 日,我国登山队王富洲等三人第一次从北坡登上珠穆朗玛峰,在世界登山史上写下了光辉的一页。

神奇的高原圣湖——青海湖

青海湖,古称"西海",藏语叫"错温波",意为"蓝色的海洋"。从北魏起才更名为"青海",青海省因湖而得名。青海湖离西宁约 200 千米,海拔 3200 米。它的周长 360 千米,面积 4583 平方千米,是我国最大的咸水湖。

青海湖风光

大约在 2000 多万年前,青藏高原还是一片汪洋大海,后由于地壳运动,海底隆起成为陆地,青海湖地区因断层陷落,而成为一个巨大的外泄湖,湖水从东西口泻入黄河。到第四纪造山运动时,湖东的日月山异峰突起,封闭了泻水口,而形成内陆湖,由于各河流水进入湖中被盐化,因此成为咸水湖。古青海湖面积很大,后来因为当地气候日趋干燥,湖面逐渐缩小,以致成为现在的样子。

青海湖的四周为群山环绕,北有崇峻壮观的大通山,东有巍峨雄伟的日月山,南有逶迤绵延的青海南山,西有峥嵘挺拔的橡皮山。湖区有大小河流近 30 条,湖东岸有两个子湖,一个是面积 10 余平方千米的尕海,系咸水;另一个是面积 4 平方千米的耳海,为淡水。在青海湖畔眺望,苍翠群山合围,山巅冰雪皑皑,湖光潋滟,雪山倒映,水天一色,烟波浩渺,鱼群欢跃,万鸟翱翔。湖滨一望无际,地势开阔平坦,水源充足,气候温和,是水草丰美的天然牧场。夏秋草原,绿茵如毯,金黄油菜,迎风飘香;牧民帐篷,星罗棋布;牛羊成群,如云飘动。偶尔从远处传来一阵"花儿"悠扬的歌声,抒怀、畅想油然而生。这如诗如画的美景,令人流连忘返;更有日出日落的壮丽使人心旷神怡。

青海湖中心偏南的著名岛屿是海心山,长2.3千米,宽约800米,高出湖面七八米,自古以产"龙驹"(从波斯引进、培育的良种马)而闻名,又以佛教古刹而显神圣。这里环境幽雅,绿草如茵,天朗云薄,淡水清泉,风景宜人。古刹白塔坐落在山南石崖前,石洞内外有经堂、殿宇、僧舍数间,其法器、壁画、白塔甚是可观,堂前壁上有多座彩色佛像和生动的故事绘画。相传历史上有不少名僧曾在此修行炼丹。登上海心山的顶端,从海拔3266米的高处可俯瞰青海湖的全貌,那海阔天空的壮观,水蓝云淡的秀美,尽收眼底,一览无余。

在湖的西北部有驰名中外的鸟岛,它是最诱人的奇观。面积仅0.015平方千米,每年5、6月份是观赏鸟儿王国盛况的最佳时期。来自我国南北和东南亚等地的斑头雁、棕头鸥、鱼鸥、赤麻鸭、鸬鹚和黑颈鹤等10多种候鸟,成群结队返回故乡,营巢产卵,孵幼育雏,栖息在这个小岛上,最多可达10万只以上。它们或翱翔于蓝天之间;或嬉游于碧波之中;或悠闲信步于沙滩之上;或安然栖息在巢中,熙熙攘攘,热闹非凡。鸟儿发出的鸣声,汇集成一首奇妙的交响乐曲,娓娓动听。岛上遍地都是各式鸟巢和各色鸟蛋,几乎无游人插足之地。这个似乎散乱的众鸟部落,如遇到"天敌",便精诚团结,群集而起,向来犯者发起猛烈攻击。万鸟齐飞时,隐天蔽日,极目纵观不由得使人心神俱往。

黄土高原的黄土从哪里来

雄伟壮丽的黄土高原绵亘千里的景象蔚为壮观,几千年来无数文人墨客在此吟诗作画。一代伟人毛泽东曾在此发出"江山如此多娇"的感叹。人们在赞叹之余,不禁要问:黄土高原上的黄土到底来自何处呢?

中国西北部的黄土高原东到河北省与山西省交界的太行山,西至甘肃省乌鞘岭和青海省的日月山,南到渭河谷地关中平原以北的广大地区,北至长城,约占中国国土面积的1/20。

黄土高原海拔约为1000～1500米,高原上的黄土主要是一种未固结、无层理的粉沙。厚厚的黄土完全掩平了这里先期形成的地形,土层厚度达30～50米,最厚的地方甚至超过了200米。黄土由西北向东南方向逐渐变薄,颗粒由粗变细。这种黄土地貌在世界上许多地区都能看到,如欧洲、南北美洲的有些地方就分布着黄土,但面积和厚度却无法与中国西北部的黄土高原相提并论了。

黄土富含钙质结核及易溶盐,石英、云母、长石、电气石、角闪石、绿帘石等许多细粒

黄土高原的地貌

矿物是黄土的主要成分,约占 70%,余下的部分则是黏土矿物。如此大面积的黄土是从哪儿来的呢？它又是怎样形成的呢？

　　地质学家为了解释这些问题,综合运用地层、古生物、古气候、物质成分与结构及年代学等领域的知识进行研究,提出了 20 多种黄土形成的假说。现在影响较大的有 4 种学说,它们是水成说、残积说、风成说及多成因说。这 4 种学说的主要分歧点是黄土物质的来源及黄土本身的属性等问题。

　　大多数学者都赞同风成说的观点。特别值得一提的是,鲁迅先生也支持这种观点。鲁迅先生在一篇地质逸文中这样写道:"中国黄土高原为第四纪初由中亚沙漠独藉风力,扬沙而东形成,并引起河水变黄成为黄河。"现代学者以大量的事实为基础,分析了黄土物质的基本特点后,得出结论说中国大面积的沙漠可能是黄土源,并且认为搬运黄土物质的主要动力是风力。黄土高原的形成的形成过程是地质历史中一种综合的地质作用过程,存在着物源的形成、搬运、分选及堆积成土这三个不同的阶段。

　　地质学家认为,在第三纪末或第四纪初的后半期时,今天的黄土高原所在地气候潮湿多雨,河流及湖盆众多,各种流水地质作用盛行。在河水的作用下,低洼盆地中堆积了基岩山区中大量的洪积、冲积、湖积、坡积及冰积物,松散沙砾及土状混合堆积变得越来越厚,黄土物质因此有了生长的基础。

在大约距今 120 万年前的第四纪后半期,气候发生了全球性的变化,气候急剧变冷,由潮湿变为冷干,新的冰期到来。中国西北部地区在西伯利亚—蒙古高压气流的影响下,冷空气长驱直入,并受祁连山的影响分为两支,一支转向东南,构成西北风进入鄂尔多斯地区;另一支向西南构成东北风进入塔里木盆地和柴达木盆地。与此同时,来自蒙古的西风及西伯利亚的西北风分别进入中国新疆东北地区的准噶尔盆地。堆积在基岩山区的部分堆积物及盆地中的松散物质被强大的风力重新扬起,随风漂流、搬运、分选,然后分别沉积下来。日复一日,年复一年,各种堆积物越来越多,今天西北地区的砾漠、沙漠和巨厚的黄土堆积也就逐渐形成了。

另外三种关于黄土形成的假说,影响并不太大。水成说认为,流水作用使得黄土由不远的物源区搬迁堆积而成;残积说则认为基岩风化就地成土,导致了黄土的形成;而多成因说则认为黄土是上述几种因素共同作用而形成的。

时至今日,尽管 4 种假说都有一定的道理,但风成说还是在学术界占有绝对的优势。但是若要否定水成说、残积说等假说,也没有足够的证据。近几年,多成因说又重新抬头,向风成说提出了挑战,并且它也似乎比其他假说更为合理。孰是孰非,还很难分辨。究竟黄土高原之谜何时才能揭开呢? 这只能寄希望于科学家的研究了。

"中国的百慕大"之谜

在四川盆地西南的小凉山北坡,有个叫黑竹沟的地方,被人们称之为"魔沟""中国的百慕大"。这里古木参天,箭竹丛生,一道清泉奔泻而出,一切都那么宁静祥和,但是这里发生的一桩桩奇事却令人大惑不解。

传说,在黑竹沟前一个叫关门石的峡口,一声人语或犬吠,都会惊动山神摩朗吐出阵阵毒雾,把闯进峡谷的人畜卷走。1955 年 6 月,解放军测绘兵某部的两名战士,取道黑竹沟运粮,结果神秘地失踪了。部队出动两个排搜索寻找,仍一无所获。

1977 年 7 月,四川省林业厅森林勘探设计一大队来到黑竹沟勘测,宿营于关门石附近。技术员老陈和助手小李主动承担了闯关门石的任务。第二天,他俩背起测绘包,一人捏着两个馒头便朝关门石内走去。可是到深夜,依然不见他俩回归。从次日开始,寻找失踪者的队伍四处出动,川南林业局与邻近的峨边县联合组成 100 余人的队伍也赶来帮助寻找。人们踏遍青山,找遍幽谷,除两张包馒头用过的纸外,再也没有发现任何蛛丝马迹。

1986 年 7 月，川南林业局和峨边县再次联合组成二类森林资源调查队进入黑竹沟。因有前车之鉴，调查队作了充分的物质和精神准备，除必需品之外还装备了武器和通信联络设备。由于森林面积大，调查队入沟后仍然只好分组定点作业。副队长任怀带领的小组一行 7 人，一直推进到关门石前约 2 千米处。这次，他们请来了两名彝族猎手做向导。

当关门石出现在眼前时，两位猎手不想再往前走。大家好说歹说，队员郭盛富自告奋勇打头阵，他俩才勉强继续前行。及至峡口，他俩便死活不肯再跨前一步。副队长任怀不忍心再勉强他们。经过耐心细致的说服，好容易才达成一个折中的协议：先将他俩带来的两只猎犬放进沟去试探试探。第一只灵活得像猴一样的猎犬，一纵身就消失在峡谷深处。

可半小时过去了，猎犬杳如黄鹤。第二只黑毛犬前往寻找伙伴，结果也神秘地消失在茫茫峡谷之中。两位彝族同胞急了，忘了沟中不能"打啊啊"（高声吆喝）的祖训，大声呼唤他们的爱犬。顿时，遮天盖地的茫茫大雾不知从何处神话般地涌出，9 个人尽管近在咫尺，彼此却根本无法看见。副队长任怀只好一再传话："切勿乱走！"大约五六分钟过后，浓雾又奇迹般地消退了。玉宇澄清，依然是古木参天，箭竹婆娑。队员们如同做了一场噩梦。面对可怕的险象，为确保安全，队员们只好返回。

黑竹沟至今仍笼罩在神秘之中，或许只有消失在其间的人才知道它的谜底，但却永远不能告诉我们了。

台湾岛形成之谜

美丽的宝岛台湾是我国的第一大岛，这是众所周知的事实，然而涉及台湾岛的成因，答案却现在还没有确定。在学术界对此持有三种不同的说法，都各有自己的道理。

一种看法是，台湾地层与大陆属于同一结构，在地质年代新生代的第四纪前即距今100 万年前后，它本是大陆的一部分，同大陆连接在一起，最多是一个半岛。第四纪后因地层变动，局部陆地下沉，出现了台湾海峡，使台湾成了海岛。持这种看法的人还指出，即使出现了海峡，澎湖列岛南部同福建陆地之间，直到 5400 年前，还有一条经过台湾礁的陆地联系着，而澎湖与台湾的陆地联系则一直维持到距今 6200 年前。

有人还从研究台湾的史前文化来证明上述见解的正确性。人们在台东长滨乡八仙洞发现了旧石器时代的文化遗址，那里出土的石制品有 6000 余件，与祖国大陆（特别是南部地区）出土的旧石器时代的石制品，无论在制作技术或基本类型上，都没有多大的差别。

此外，人们在淡水河流域还发现，那里出土
的赤褐色粗砂陶器与福建金门县出土的黑色和
红色陶器在刻纹等方面很相近，可能属于同一类
型。这些自然只能以两边曾是以陆地相连来说
明。支持这种看法的人，还从台湾古代动物化石
方面来加以证明：有人在台湾西部发现了许多大
型哺乳类动物，如象、犀牛、野牛、野鹿、剑虎等的
化石，这说明早在距今 100 万年左右，有大批动
物从大陆别地移到原属大陆的台湾。也有人在
考察野生植物后指出，台地野生植物和大陆上的
野生植物相比，大多相同或相近。据统计，台湾
洋齿类以上的野生植物达 3800 多种，其中有
1000 种与大陆完全相同，等等。

另一种看法认为，台湾是东亚岛弧中的一个
环节，它的形成与东亚岛弧的形成、发展，有着密
切的关系。所谓东亚岛弧即指东亚大陆架与太
平洋西部海沟之间的岛弧，包括千岛群岛、日本
群岛、琉球群岛、台湾岛及其附近小岛、菲律宾群
岛等。

台湾岛

东亚岛弧的形成，是以东亚褶皱山系的出现为标志。而东亚褶皱山系的出现则是
由于以下因素造成的：在地壳运动中，东亚大陆架一方面受到来自大陆方向的强大挤压
力，另一方面又受到巨大而坚硬的太平洋板块的阻抗，于是在它前沿形成了一系列东北
—西南方向排列的山脉，就是东亚褶皱山系，当它露出海面时，便构成了东亚岛弧。单就
台湾来讲，是由于地壳运动的结果，产生褶皱、隆降而奠定了其地质基础。

这大约是在地质年代中生代的三叠纪的事，距今差不多有 2 亿年。此后在很长时间
里，这里又为海水所淹没，直到新生代早第三纪的始新世即距今约 4000 万年时，地球上
最近的一次造山运动即喜马拉雅运动，使台湾及其附近小岛再次受到造山运动的影响，
又发生多次的地壳运动，台湾大部分地区因受挤压褶皱而上升，大约在新生代晚第三纪
的中新世即距今 1000 万~2000 万年时，又重新被海水淹没，只有高耸的中央山脉突露出
海面，后来长期在山脉的两侧集起大量的沉积物。

接着在地质年代新生代晚第三纪的上新世即距今二三百万年前，造山运动又再一次
剧烈进行，中央山脉再度挤压上升，其两侧也褶皱成山，显露出海面，这就是中央山脉以
东、台东山脉以西的玉山山脉、阿里山山脉，最终形成了台湾的现代地形。因为越是靠近

赤嵌楼

太平洋,受到太平洋地块的阻抗越大,褶皱山脉的山势越高耸,所以台湾的地势比起内陆的福建等都要高峻。正因为这样,台湾岛的东边比西边陡峭。

还有一种说法,认为在地质年代新生代的第四纪以前台湾同大陆是分开的,第四纪以后有过合在一起的时候。这是因为,第四纪更新世前期即距今 100 万年左右,由于地壳上升的变动和地球上气候变冷的影响,沿海地区出现了陆地面积扩大的情况,那时候台湾海峡的海水可能几乎退干,成了陆地,于是出现了台湾同大陆连成一片的局面。后来到了更新世后期,地球上气候转暖,海水上升,陆地减少,台湾海峡再次出现,台湾同大陆又被隔开。以后又再相连、相隔,如此经过了多次反复。自然相隔的时间很长,而相连的时间也不很短。台地的大型哺乳动物就是在两地相连时从大陆进入台湾的,而人类史前文化,也是在两地相连时一部分人从大陆带进台湾的。

这三种说法,到底哪一种正确?也许,这个问题更难回答,因为这三种推断听起来都很有道理,作为未解之谜尚待探索。

蛇岛为何只有蝮蛇

在我国辽宁省旅顺市西北的渤海中、距老铁山角约 30 千米处,有一个面积约 1 平方千米(长约 1.5 千米、宽约 0.7 千米),由石英岩、石英砂岩等组成的岛屿。这里地势陡峻,自西北向东南倾斜,海拔 215.5 米,多海蚀洞穴及灌木草丛。在这个岛上盘踞着成千上万的蝮蛇,因而,人们把它称为蛇岛,亦称小龙山岛。

蛇岛以蝮蛇的数目众多而闻名中外。据统计,蛇岛上的蝮蛇有14000多条,并且每年增殖1000条左右。那么,在这弹丸之地的孤岛上为什么栖息着这么多的蝮蛇?

我国科学工作者经过考察研究后认为,蛇岛特殊的地理位置为蝮蛇的生存和繁衍创造了良好的环境。

小小的蛇岛和台湾岛、海南岛等岛屿基本上都是第四纪时从大陆分离出去的"大陆岛"。蛇岛和旅顺、大连地区在地质构造、岩石性质、植物种数等方面的情况差不多。岛上的石英岩、石英砂岩和砂砾岩中,有许多大大小小的裂缝。这些裂缝既能蓄留雨水,又为蝮蛇提供了良好的居住场所。

其次,蛇岛位于暖温带海洋中,气候温和湿润,每年无霜期达180多天,是东北最暖和的地方,对植物生长和昆虫、鸟类繁殖极为有利。特别是该岛处于候鸟南北迁徙的路线上,同山东荣成、江苏盐城、上海崇明岛等候鸟栖息地连成一线。每到春秋两季,过往的候鸟有几百万只,树木茂密的蛇岛便是它们"歇脚"的好地方。由于蝮蛇有一套上树"守株逮鸟"的本领,它的鼻孔两侧的颊窝是灵敏度极高的热测位器,能测出0.001℃的温差,因而只要鸟停栖枝头,凡在距离1米左右,蝮蛇都能准确无误地把它逮住,成为一顿美餐。"植物—昆虫—鸟雀—蝮蛇",构成了蛇岛的生物链。

还有,岛上土壤相当深厚,土质结构疏松,水分丰富,宜于植物生长和蝮蛇"打洞"穴居。蝮蛇生性畏寒,洞穴为它们提供了越冬的条件。同时,岛上人迹罕至,也没有刺猬等蛇类的天敌,对蝮蛇的繁衍非常有利。蝮蛇是一种卵胎生的爬行动物,繁殖力较强,母蛇每次可产10多条小蛇。在生的多、死的少的情况下,蝮蛇日益繁盛。

如果说上述分析基本可信的话,那么,为何这些蛇竟是清一色的蝮蛇,却还是个疑谜。

有人认为,蛇岛面积很小,可供蛇类吞食的东西有限,捕食鸟类也并不容易,还往往会遭到老鹰的袭击,对于那些食性较窄、自卫能力弱的一般蛇类来说,很难在岛上生存,而蝮蛇的食性相当广,猎食和自卫能力都很强,在长期的自然演化中,蛇岛逐渐成了单一的蝮蛇的天下。

但也有人对此不以为然,他们认为,蛇岛周围海域共有5个小岛,地理环境和气候条件差不多,为何其他4个岛上没有蝮蛇,唯独蛇岛上有这样多的蝮蛇呢?看来,这个谜还有待于科学工作者的进一步努力,才能探明其中的奥秘。

唐山大地震"怪"在何处

1976年7月28日,唐山这座有100万人口的城市被大地震在数十秒钟内夷为平地,

65万多间房屋倒塌,24万生灵在睡梦中被葬身废墟,16万多人重伤……7.8级的唐山大地震是中国有史以来破坏性惨重的一次大地震,给人民带来了巨大的灾难。

南京地质学校高级讲师李泰来先生的外甥、外甥女不幸在地震中遇难,当时他立即向单位请假乘火车赶往唐山,从事地质研究的他也很想看看这次地震究竟是怎么回事。李泰来的弟弟也是研究地质的,两人的想法不谋而合。他们便扛起相机,骑着自行车在唐山市开始了地震考察。一个星期考察下来,两人发现了很多奇怪的现象,而这些现象用传统地震学理论是无法解释的。

现象一:所有的树木、电线杆直立如初,均未直接受害。例如唐山市内65米高的微波转播塔巍然屹立于大片废墟之中,而且震后两个微波塔之间仍可直接、准确地传递电视信号。

现象二:唐山的人防坑道除个别有小裂纹外,其他均未受到破坏。

现象三:在唐山地震中没有人直接死于震动,而绝大部分是因为建筑物坍塌受害。

现象四:唐山地震后,除个别地区受采空区塌陷或其他影响出现局部起伏外,绝大部分地面、路面完好如震前,很少出现波浪起伏现象。

现象五:唐山启新水泥厂的一栋三层库房,一楼二楼基本完好,三楼的所有窗柱却全部断裂。而且旋转方向和角度各不相同,现存旋转角度最大的一个右旋达40°,旋转角度更大的当时即已脱落。

现象六:建筑体的破坏尤其是砖石结构和水泥制件的破坏一般都是分段裂开、四面开花崩塌。整体歪斜的现象很少。

现象七:唐山公安学校有三栋三层楼房,形状相同,相互间隔10米平行排列。在地震中,南面一栋完全塌平,中间一栋只是部分散落。而即使在一栋房中,有的是第一层破坏比较严重,有的是第二层,有的是第三层,为什么同一区的受震程度会存在如此大的偏差?

所有这一切现象,都使李泰来给传统的地震学理论打上了大大的问号。过去的地震学理论认为地震波分为纵波、横波两种,地震破坏主要是横波造成的。可是,李泰来发现用此理论根本无法解释在唐山地震现场发现的种种现象。

理由一:根据横波破坏原理,高的建筑物(重心较重)在地震破坏对象中首当其冲。而实际情况却并非如此。

理由二:在地震现场考察中发现地震断裂均具有旋转性,而纵波、横波的振动是没有旋转性的。

理由三:不论横波还是纵波,它们的传播都是连续的,强度是渐变的,从震中向外逐渐衰减。因为在同一震区内,同样的建筑物受破坏程度大致相当。可是在唐山地震中出现的现象却并非如此。

根据对震波的应变分析,李泰来发现扭波才是地震破坏的元凶。1979 年,在南京地震学会年会上,李泰来发表了《扭波与抗震》的论文,引起了学术界的轰动。在 1996 年第 31 届国际地质大会上,他以扭波为主题的发言也引起了代表们的注意。

李泰来指出,扭波与纵波、横波乃“同卵三胞胎”,其中纵波传播速度最快,其次为横波,最后为扭波。纵波使物体产生上下振动,横波使物体前后摆动,两者的破坏都不大。但是,扭波一到,则把物体从内部扭散扭断,随即垂直坠落,造成巨大破坏。有了扭波,在唐山地震现场发现的怪异现象全部迎刃而解了。

在研究出地震扭波理论后,李泰来趁热打铁进行了抗震理论的研究。因为扭波不能通过流体和柔性物体,他提出了“轮胎”理论,即采用柔性材料如橡胶作为建筑体的“轮胎”,阻止扭波进入建筑体,从而达到防震的作用。他还针对扭波拟定了具体的防震抗震措施。

在对扭波的研究中李泰来还惊奇地发现,中国的很多古典建筑如宫殿、庙宇、木塔等全部具有除“地下”以外的 7 种抗震性能,它们都是世界上抗震性最强的地上建筑物。

但是,让李泰来觉得遗憾的是,自从 1979 年发现扭波理论后,由于经费、人手等原因,更由于扭波理论对传统地震理论的大胆否定,时至今日,扭波理论仍未得到应有的重视。唐山大地震距今已近 30 年,但其中的种种疑问还没有得到确凿的答案,需要做出科学的解释。

上海是怎样诞生的

上海坐落在长江口的南岸,是一座美丽的国际大都市,一万年的光阴使这块土地逐渐由汪洋大海变成一片沙滩,最后变成陆地,从而诞生了上海这座城市。那么,它的演变过程是怎样的呢?

约在 1.8 亿年前,上海就是古老的大陆架——扬子台地的一部分。到了 6000 万年前,上海和我国东部其他地区一样都经受了强烈的地壳运动,地下炽热的岩浆沿着地壳的破裂处涌出地面从而形成了今天的祭山、天马山等九峰。以后,上海地区地壳的趋势是逐渐沉降,于是长江带来的泥沙就淤积成这块多层重叠的古三角洲。距今 10000 年前的大理冰期结束后,冰川消融,海面上升,古三角洲的大部分又沦为浅海。其后,海面的上升速度和地体下降渐渐减缓,而泥沙的淤积速度大大加快,于是开始了新三角洲的发育。

1969 年冬天,上海农民在马桥境内开挖俞塘河,发现了大片堆积得很厚的贝壳沙层,平均有 40 厘米,最厚处达 1.5 米,由西向东贝壳沙层渐薄。沿着海岸线有几道平行的沙与贝壳混合构成的堤岸。在有些地段,这些堤岸已被埋入地下。还有高出地面一两米的,民间俗称"冈身"。冈身在松江故道的北面并列有 5 条,最西边的一条为太仓、外岗、方泰一线,楼塘、嘉定、马陆、南翔一线是最东边的一条,东西相距 6~8 千米;冈身在松江故道的南面分别有沙冈、竹冈和紫冈,马桥、邬桥、漕泾一线是最西边的一条,诸翟、新市、柘林一线在最东边,东西相距 1~2 千米。

冈身上的马桥遗址年代约为距今 4000 年左右,冈身以西则分布着许多距今 6000~4000 年间的新石器文化遗址,而冈身以东从未发现过东晋以前的文物,这说明冈身在五六千年前已经形成,而且一直维持到公元 3 世纪也没有发生过大的变化,这意味着在这一个历史时期内长江流域的生态非常良好,植被茂盛,水量丰富,江水含沙量小,所以水下三角洲尚未堆积,河口三角洲也没有发育。

从公元 4 世纪东晋南渡以后,长江流域逐步被开发,森林遭到破坏,水土大量流失,长江口泥沙沉积速度也加快了,长江南岸沙嘴也就不断地向东推进,东晋时修筑的沪渎垒已在冈身以东约 10 千米的地方了。

唐代的时候在北起宝山的盛桥、月浦、江湾,中经川沙的北蔡,南至南汇的周浦、下沙、航头一线,形成了一条与冈身平行的沙带,在北蔡西南、沙带内侧的严桥发现了唐代遗址,这说明到公元 10 世纪的唐代,今天上海市区的大部分都已经成为陆地了。

宋代海岸继续向东推进,北宋时从吴淞江口到海盐一线修筑了长达 75 千米的捍海塘。到南宋,这条海塘历经百年已经损坏,于是又修建了里护塘,其走向大约北起高桥,南经川沙、祝桥、南汇、大团、奉城直至柘林。近年来在里护塘内侧的高桥和惠南镇都发现了南宋的墓葬,大团镇西也发现了大量宋元瓷片,这说明里护塘实际上是宋代的海岸线。从东晋到南宋才八九百年,海岸线从冈身到里护塘就向东推进了 30 多千米,而东晋前的两三千年间冈身只向东移动了几千米,可见江南地区的开发对长江的影响之大。

宋代以后,长江主流改由崇明岛以北的北支入海,南岸沙嘴因泥沙不足而伸展缓慢,所以推进幅度不大。明代万历年间,在里护塘外侧修筑了外捍海塘,向外伸展最远的还不到 5 千米。清雍正年间,南汇知县钦连重新整修了外捍海塘,所以它又被称作钦公塘。光绪年间,在钦公塘外增筑了外圩塘,新中国成立后在其基础上兴筑了人民塘,这就是今天的海岸线。

"东方瑞士"青岛之谜

一个城市的名字总是和它的特色紧密相连的。位于山东半岛的青岛市风光旖旎,景

青岛栈桥

色秀丽,气候宜人,冬不严寒,夏不酷热,为驰名中外的疗养、避暑和游览胜地。国内有"花园城市"雅称,外国人则誉之为"东方瑞士"。可是青岛这个城市的名称是怎样来的,至今学术界仍无一致的说法。

有的人认为,青岛是由海上一小岛"小青岛"而得名。小青岛位于青岛湾内,与青岛市隔海相对。在德国侵占胶州湾后,在小青岛上建立灯塔,于是便用这个岛的名字来命名整个市区。而在这个岛的原名上加上一个"小"字,称为小青岛。

说"青岛"是由海上一小岛"小青岛"而得名,这种说法是缺乏文字记载的。道光年间的《胶州志》、同治年间的《即墨县志》均未明确两者的关系。从字义上说,凡带"岛"字的都是由岛命名也不确切,如青岛附近的薛家岛、顾家岛等村,都是陆地,并非海岛,这就不能说带"岛"的地名全为海岛。鲁海又引证了青岛原是一海口渔村名称,明万历年间开航为海上贸易港口。清同治二年(1863)建立海关分关。光绪十七年(1891)开始成为一个市镇,也称青岛口。1898年至1929年间整个地区称"胶澳",青岛是"胶澳"的一个市区名称。1929年后,青岛是指整个地区的名称。因此,青岛在不同历史时期有着不同含义。青岛自古以来南北航线有深水航线与沿岸航线,沿岸航线中胶州湾为必经之途。海岸线上的阴岛及麦岛以岩褐色深为著,黄岛以岭赭土黄为标志,而青岛树木繁茂,郁郁青青,可能由此而得名。

还有人认为青岛是由青岛村发展而来的。青岛在清朝末年已经是一个市镇的名称。1886年(清光绪十二年)道员刘仓芬在《查勘胶州湾条陈》中说："胶州湾湾口东青岛,高四十七八丈,有市有关,地属即墨。"文中所说"高四十七八丈",实指青岛山,在陆上而不在岛中,"有市有关",更非在岛。所以在清末青岛已是陆上一地区名,再后成为城市名。

现青岛市区历来属即墨所辖,清末属仁化乡范围,原有10个村庄,即青岛村、顾家岛村等,青岛村就位于青岛的对岸。按我国地名命名的特点,应该说青岛村以青岛得名。青岛村东部的小山,又命名为青岛山。据《胶澳志》:"青岛电报局始设于光绪十九年(1893),初为报房。"又说:"我国于1890年春设邮局于青岛,兼辖青莱沂胶境内22分局。"可见青岛应是具有一定规模的较大市镇。据日文《胶州湾》所载:1899年10月12日,德国皇帝威廉二世命名"胶州保护地的新市区为青岛",这是青岛作为城市最早出现的名称。至于"青岛"这个村庄名称是怎样来的,还需进一步印证。

还有一种说法认为青岛是源于前海的一个小岛名,即胶州湾入海口北面的青岛。清同治《即墨县志》:"青岛,县西南百里",在"山川脉络图"中标有这个岛屿,《海程》一卷中说:"青岛西圈,可容船十余只。"道光《胶州志》"广轮分率开方总图"中也画有青岛。乾隆十六年手抄本《灵山卫志》:"小青岛在淮子口(胶州湾海口名)对岸,入海者必由此道。"《莱州府志》有万历间叫"青岛海口"的记载。明万历六年(1578)任即墨知县的许铤在《地方事宜议·海防》一文中记存"青岛",这是有关青岛的最早记载。

究竟是哪种说法更接近事实,我们还不知道。但是,从上面两种不同的说法我们可以看出,青岛的发展历史还是十分有意思的。

神秘的"女儿国"

有一块神秘得像谜一般的土地,有一个深邃如梦幻的湖泊,那就是滇西北高原的泸沽湖,这里世代居住着摩梭人。在那里,无论是一棵树一座山或一片水,无不浸染着女性的色彩,烙印着母亲的情感。于是它又被人们称誉为"当今世界唯一的母系王国""大山深处的伊甸园""上帝创造的最后一方女人的乐土"。那里已经成为一个现代人嘴里的神话、一个世人津津乐道的乌托邦。

泸沽湖被人们称为"女儿国",其最神秘之处就在于"走婚"二字。情爱生活,在那里是天经地义的事情,所以又有人说那里是"爱的乐园"。千百年的岁月在那里缓缓流去,在庞大的母系部落中,摩梭儿女仍然乐此不疲地走在那条古老的走婚路上。走婚这种习俗,在泸沽湖北边的四川摩梭人中被称为"翻木楞子",是指男子在夜间翻越木楞房的壁缝,进入钟爱女子的花楼。

每到黄昏,脉脉夕阳的余晖铺在女神山上,当蜜一样的晚霞在天边闪耀时,归鸟的翅膀驮着湖光山色飞倦了,层层山峦铺满了阴影,夜晚即将笼住蓝色的梦。届时,在山边,或在湖畔弯弯的路上,你常常会看见那些骑马赶路的英俊男子。他们戴着礼帽,脚着皮靴,腰间别着精美的腰刀,跨着心爱的骏马,怀里揣着送给姑娘的礼物,也揣着足够的自信和一腔情思,朝情人家悠悠走去。

千万别以为他们可以大摇大摆地进入女方家的木楞房内,拴马,喂马,然后来到火塘边,那是会被人笑话的,因为时机还不够成熟。他只能在村边的草地上放马、遛马,等待黑夜的来临,夜晚才是属于他任意风流的时光。

当夜色浓浓地笼罩大地,群山间的夜鸟东一啼西一鸣,月儿弯弯挂在树梢,随露水渐渐重起来,虫鸣声声草丛里,寒星在空中稠密起来,人们都进入了甜蜜的梦乡,属于情人们的时间才刚刚来临,骑马的汉子才能走近姑娘的花房。如果姑娘很痴情于小伙子,并早有约定的暗号,那进入花楼就简单多了。因为约定的信号发出,姑娘会来为他们开门。按着约好的暗号,或怪鸟鸣叫,或长虫独吟,或夜猫啜泣,或丢颗石子在屋顶,姑娘就会打开花楼之门。但是,如果双方的恋情还不到火候,姑娘为了表示自己的毅力或考验男子的本事,是不会主动开门的,门栓和门杠可能还加了码。那么,小伙子要进入恋人的住所就困难了,因为一般摩梭家都是四幢木楞房拼成的四合院。如果实在没有办法,那小伙子就只能翻墙而入了,将整个人贴在姑娘

摩梭风情(走婚)

家的木楞壁上,那道走婚的门,却始终不为他敞开。他还得防着恶狗,不然走婚不成反被犬咬,那会成为传遍几个寨子的笑话。可是,聪明的小伙子们还是有办法的。白天,他们从山上捡来已开裂的松果,把饭团揉进松果的裂缝内,等恶狗一来就将松果丢给它,那笨狗就不哼不叫,只顾去啃那个松果了。在它啃又啃不完,吃又吃不到什么之时,小伙子便已来到了门口。摩梭人家的大门都是用很大的木板制作的,开门时会发出嘶哑的怪声,小伙子早已备有一点香油,将油倒入门轴上,经香油润滑,门就不会再发出"警报"。第三

步,腰刀派上了用场,里面的门杠和门栓,用腰刀从门缝中拨开,他就能进去了。走婚这一种充满了某种艰辛,但又融注着浪漫气息的婚姻形式,并非无根之木,它有自己独特的文化背景。在泸沽湖畔的摩梭人中,历来实行的是母系大家庭的家庭模式,血缘以母系计,财产由母系血统的亲人掌管和继承,家庭中只有母亲的母亲及舅舅之类,还有母亲的兄弟姐妹和女性成员的孩子们,而没有叔伯、姑嫂、翁媳之类的成员。这样的格局必须靠走婚制度来维系。家中的男子每到夜间就到情人家过夜,第二天黎明时分又回到自己的母亲家,所生育的孩子归女方家抚养,他们只承担抚养自己姐妹的孩子的义务。所以,在家庭中,他们(即舅舅们)的地位仅次于母亲,在这样的家庭中实行"舅掌礼仪母掌财",男女情侣间,没有太多的经济联系,除了互相赠送的一些定情物,并没有共同的财产。他们并不成立自己的小家庭,双方之间只有情感的联系,一旦感情破裂男的不再上门夜访,或女子不再开门接待,这段情缘就算了结。双方也没有怨言和仇恨,因为他们不必为经济发生纠纷,也不必为孩子的抚养起纠葛。孩子历来由女方家庭承担抚养教育义务,从不依靠父亲一方。分开后的男女仍可以寻访自己中意的情侣。

男女青年在恋爱时,先是秘密的,随着感情的加深,才公开来往。一旦公开来往,就不必再像前面提到的那样守夜,而是在黄昏时就可以进入女方家,共进晚餐,还可与她们家人一起劳动。无论男女双方是什么地位,有什么样的名声或来自何家族,长辈从不干涉。因为有钱有权也罢,家庭显赫也罢,都要一样实行走婚,他们走婚后,财产和名声仍属于两个各自的家庭,与他们当事人没有太多关系。所以,他们只注重双方的感情。

在灿烂的星空下,在泸沽湖清波的荡漾中,人们仍在歌唱着历史,歌唱着爱情;仍在夜幕中信誓旦旦,在黎明时各奔东西。对外人而言,他们只能是一个谜团,因为,只有在那里才生长那种爱情,泸沽湖永远是一个爱的乐园。

长寿之乡之谜

是不是生活条件越优越的地方,人们的寿命就越高呢?其实两者并没有必然的联系。国际自然医学会曾经宣布:厄瓜多尔的比尔班、欧洲的高加索、巴基斯坦的罕萨、中国新疆的南疆和广西的巴马瑶族自治县为全球五大长寿之乡。这五大长寿之乡都没有处在经济发达的地区,有的甚至是非常贫困的山区。

就拿中国的两个世界级长寿之乡来说,它们都属贫困山区,而一直作为国家重点扶持的典型贫困县的巴马县,却高居世界长寿乡村之首。1990年9月全国第四次人口普查资料表明:巴马县224043人中,70岁以上的有7523人,80岁以上的老人有1972人,百岁以上的寿星有66人。每10000人中就有3名"超级寿星",属世界绝无仅有。

这个现象真的非常有趣。也许,贫困并不总是意味着偏僻落后、穷山恶水、愚昧疾病。贫困和长寿也有什么联系吗?让我们深入巴马地区看一看。

巴马地区是举世闻名的"石山王国",平均海拔 300~600 米,最高的塔云山达 1216 米,境内峰峦叠嶂,怪石峥嵘,岩石裸露,洼地密布,形成星罗棋布、大大小小的"弄场"数千个,素有"千山万弄"之称。年降水量 1600 毫米,"暴雨一来土冲光,雨过天晴旱死秧。"20 纪 80 年代以来,这一带大部人均纯收入在 200 元以下,半数以上的人尚未解决温饱。在这种穷乡僻壤,连基本的生存条件都有困难,还能长寿吗?

在巴马,最有名的贫困之域和长寿之乡就是西山乡。全乡总面积 150 平方千米,耕地仅占 2.8%,人均口粮 105 千克,人均收入 169 元。据说大部分人尚未解决温饱,已经达到温饱的也不富裕。

奇怪的是就在这一带却多出寿星,据说在深山弄场里有,附近寨子里更多。长寿的人多不在山上,而是聚居于山下那些山间洼地的底部。一个几百平方米的洼地,从洼底到山顶,往往有二三百米,大部分山民从小到老就同这些山山洼洼相伴。开门就见山,出门就爬坡,日出而耕,日落而归,入夜而宿。寨子里有一位壮族女寿星,名叫杨美香,是年 105 岁。她曲着身体,匍匐走路,显得有些营养不良,但坐卧吃喝自如,据说她一顿能吃两碗饭,还拌有火麻油炒菜。她有 5 个儿女,大女儿年过 82 岁,小儿子也有 72 岁,生活都能自理,还能劳动。据了解,一般的百岁老人,从年幼就参加生产劳动,每天闲不着,干活可达 10 个小时以上。直到晚年,也能从事轻微的劳动。日子过得基本够吃,生活水平一般处于全省平均线之下。同发达地区相比,差距甚大。长寿老人大都为人善良,待人热忱,性格随和,不大喜大悲,或伤神动怒,甚至遇重大刺激,也是泰然处之。

在这贫困、封闭、交通不便,但却宁静、幽雅、山清水秀的石林洞乡,主产玉米、黄豆,还有红薯、水稻、豌豆、小米、火麻、芭蕉等食用作物。菜类有南瓜苗、南瓜、黄瓜、竹笋、苦马菜、红薯嫩叶。食油常用火麻子油、油茶子油、黄豆油。这里值得特别一提的是火麻子与火麻油。壮民们介绍,用火麻子喂鸡,蛋大、黄红,味道鲜美,火麻油吃了养身。据有关专家化验,火麻子含有油酸、亚麻酸、亚钠酸等多种营养物质和微量元素,且易溶解于水,便于为人体吸收,具有很强的抗衰老功能。当地作为主粮的玉米,富含维生素 D、维生素 E 和胡萝卜素,营养价值亦高于其他产地的。壮、瑶和汉民们还喜欢喝用当地粮食酿造的一种土酒、用名贵中药蛤蚧泡制的蛤蚧酒等补品,至于它们同长寿的关系还有待进一步探索。由于长期贫困、封闭,当地人民过着清茶淡饭一杯酒的简朴生活,少吃大鱼大肉,更不暴吃痛饮,一场欢喜一场愁,这些都是长寿所忌讳的。

除此之外,山区气温低,云雨多,利于避暑;林木葱茏,空气洁净;气压低,可增强人体呼吸功能;日照紫外线强,又可为空气消毒杀菌,且为人们提供天然维生素 D。尤其是山地多瀑布、喷泉、雷雨和闪电,使空气"电离",而形成有"长寿素"之称的负离子等。在巴马一带,这些基本的"长寿"条件都具备。

健康的生活方式和放松的心态恐怕也是人们普遍高寿的重要原因。比起嘈杂的城市,这里除了鸡犬之声相闻,壮族男女对歌而外,听不到高音喇叭的嚎叫和机器车辆的轰鸣,更没有现代工业的污染和"文明社会"的种种公害与弊病。人们贫而忘苦,困而忘忧,超越红尘,与世无争。"世外桃源"式的生态环境,和谐的人事关系,有劳有逸的生活节奏,岂不促进身心健康,人当然活得快乐长久了!

桃花源究竟在何处

千古名篇《桃花源记》出自我国屈原以后的又一伟大诗人、晋宋时代杰出的诗词散文大作家陶渊明的手笔。它是我国古代散文中的奇葩,传诵千古而不衰。《桃花源记》就是他亲笔绘出的理想社会图:环境优美,怡然自得。在这样的理想社会,没有君主,没有战乱,没有贫穷,没有欺诈。人们淳朴厚道,和睦相处,过着自食其力、康乐幸福的生活。1600 多年来,这篇不足 400 字的《桃花源记》,不知让多少人为之魂牵梦绕,可在现实生活中,怎么也寻它不到。"桃花源"究竟是纯属虚构,是东方的乌托邦,还是有它真实的原型呢? 它的原型又在哪里呢?

陶渊明(365~427),字元亮,又名潜,别号五柳先生,谥号"靖节先生"。原籍江州浔阳紫桑栗里(今江西省九江市西南 10 千米)人。他生于一个没落了的官僚世家。曾祖陶侃,封长沙公,赠大司马。祖父陶茂是武昌太守。母孟氏,是陶侃的外孙女。在这种家庭环境中,陶渊明自幼聪明好学。史称"潜少怀高尚,博学,善属文,颖脱不羁,任真自得,为乡邻之所贵"。

义熙十四年(418),刘裕杀晋安帝,立恭帝,朝廷大权全归刘裕。为了笼络人心,任陶渊明为著作佐郎,而"不为五斗米折腰"的陶渊明厌倦了官场上尔虞我诈的生活,无心恋政,说自己有病而不赴任,于是有了"陶征士"之称。公元 420 年,刘裕称帝,国号宋,改元永初,废晋恭帝,晋朝灭亡。第二年,恭帝被刘裕杀死。就在宋永初元年前后,陶渊明写下了他的代表作《桃花源诗并序》。

湖南的桃源县被大多数人称为陶渊明笔下的桃花源,俯临沅水,背倚青山,景色绮丽,松竹垂阴,千百年来,吸引无数骚人墨客前去寻访、探幽,留下千古佳话以及墨宝遗迹。目前有神话故乡桃仙岭、道教圣地桃源山、福地洞天桃花山、世外桃源秦人村四个景区近百个景点。桃源地域东汉时置县,名沅南县,属武陵郡。隋开始直到唐和五代,撤县而成为武陵县的一部分。宋太祖乾德元年(963),朝廷发出了分拆武陵县的政令,转运使张咏根在实地考察后,建议置桃源县。历史悠久的"桃花源",是中国古代四大道教圣地之一,有"第三十五洞天,四十六福地"的美誉。它以山水田园之美,寺观亭阁之盛,诗文碑刻之丰,历史传说之奇而举世闻名。当地的人们用陶渊明的诗文命名在此修建了观、祠、亭、洲,比如桃花观、集贤祠、蹑风亭、缆船洲等。不少学者认为陶渊明描绘的那幅美好的社会生活图景并不是他的臆想和虚构,而是桃源县实在的生活。

也有学者认为《桃花源记》是当时居住在武陵地区的苗族社会生活的写真,那时武陵地区的苗族人民已出现了自耕农的私有制,但由于生产力还比较低,剩余产品也比较少,还产生不了突出的富户和显贵人物,所以没有阶级压迫、阶级剥削的社会现象。除了陶渊明对此有记载外,另一个东晋文人在他的著作中也提到了这个"世外桃源"。此外,武陵的苗族人民素有对桃树的崇拜以及有客人"便要还家,设酒杀鸡作食"的习俗等等,这些都能说明陶渊明所说的桃花源就是指湖南武陵地区的苗家社会。

在今天的连云港市区也有两个武陵的地名:一个是《魏书》中记载的武陵郡,遗迹犹存,在赣榆区的沙河城子村;另一个是云台山脉的宿城西山麓,至今留有武陵古邑的地名。位于江苏省连云港市北云台山东南侧的宿城山凹,三面环山,山川秀丽,景物清幽,除了翻越虎口岭,与外界无路可通。宿城区山雄水秀、风光旖旎,春生奇花异草,秋染五色层林,左映清流激湍,右带茂林修竹,还有悟正庵的千年银杏、保驾山的苍松掩映、滴水崖的漱玉喷珠、枫树湾的飞金流丹等人间奇景,四时好花常开,八节鲜果不绝。陶渊明确实曾经到过这个地方,他在著名的《饮酒诗》中写道:"在昔曾远游,直道东海隅"。根据地理志的记载,陶渊明所说的"远游",正是指处于东海一角的宿城高公岛之行。而且,宿城山的地理方位与入口,与《桃花源记》中的记载相吻合。南唐诗人李中早就在他写的"犹怜陶靖节,诗酒每相亲"诗句里发出了与陶渊明同样的感慨——看到秀丽的渔村,鲜美的芳草,一径通幽的石峡小口,只想忘记世间烦恼,常住于此。苏东坡知道陶渊明是游过宿城山的,他也曾模仿陶渊明写过这样的诗篇:"我昔登远山,出日观苍凉,欲济东海县,恨无石桥梁。"陶渊明的后裔陶澍向道光帝讲述高公岛、宿城一带的太平景象时,把它们说成是与桃花源无异的人间仙境。后来,他还在宿城法起寺旁建起了"晋镇军参军陶靖节先生祠堂",还仿照陶渊明故居的特点,在门前植柳栽桃。于是昔日"山有小口,仿佛若有光"的宿城山水,如今已出入通达,一片繁华景象。

桃花源究竟只是陶渊明失望于现实中的理想,一个激起无数人对美好生活的向往的美丽的梦幻,还是真的曾经有一个那样神奇而又美丽的地方,现在还是一个无法解答的谜。